可凡倾听

五味有情

上海人民出版社

《可凡倾听》栏目组／编

《可凡倾听》编委会

目录

目录

"胡说"可凡

李 诞

收到可凡老师写序的邀请，十分荣幸，上一次这么荣幸是听说《可凡倾听》要采访我。

小时候每次换台换到这个节目，要么就会发现可凡老师对面坐着一个大熟人，要么就会想，哦？这个人我不认识，但既然曹可凡在采访他，那应该值得认识认识。

真没想到有一天我也能坐在曹可凡的对面，得以认识认识这个大熟人。

可凡老师声音洪亮，他的上海话沉稳儒雅，没有常听到的上海话里的急促，会让你有种你也能听懂的错觉。他笑眯眯过来握手，一再为场地还没准备好道歉，我则更加惶恐，只好老实交代，前一天碰到了于谦老师，我酒还没有醒。他哈哈大笑，说果然果然。

相对而坐，可凡老师送上新书，第二桩尴尬又来了，我虽然也拿着新书，可彼时只是样书，内文是空的，不送也不合适，只好送上，并再次老实交代一番，可凡老师复大笑一番。

访谈进行过半，我依然恍惚，像是坐进了童年的电视机，手摸摸索索，找不到遥控器。突然看到可凡老师准备的采访提纲，完全手写，钢笔字神采飞扬，沉稳儒雅，会让你有种你也能写能看懂的错觉。字自然是看得懂的，只是这行为其实不大懂，那不是一两页纸，是挺厚的一沓，想到可凡老师为这本书里每个采访对象都手写过这么厚的提纲，又觉得十分惶恐。虽然我并没有做错什么，但确实很久没有这样认真对待工作了，而于我对面这位朋友来说，这番工作在这么多年里已是他的日常。于是明白，沉稳儒雅，是有来处的。

《可凡倾听》这名字实在是好，可凡老师的访问毫无复杂技巧可言，或者说毫无机巧。也就是那种惹人赞叹，逼人深省，使人难堪的匕首式的问题一概没有。他大部分时候真的就是在倾听。可据我观察，这么多人到了这位笑眯眯的朋友面前，似乎也就把平时拿着匕首都问不出来的话全说了。于是明白，沉稳儒雅，是有底气的。

《可凡倾听》有个大留言簿，每位来宾可以写字留念，翻翻前后人名，再次惶恐，当天写的是，李诞胡说。

这篇序不是胡说，都是照实记录，欢迎大家翻开本书，来看看《可凡倾听》。

·················· 先行者

大医精诚——钟南山院士专访

　　10月31日，"2020第二届中国医师公益大会"在北京召开。会场上最耀眼的明星莫过于中国工程院院士、呼吸病学专家钟南山。在合影环节，全体与会者以这样一种独特的方式，集体表达对钟老的敬意。

　　（实况：钟老帅不帅？帅。棒棒的。给钟老点赞。）

　　作为大会主席，钟南山在开幕式上致辞。

开幕式　钟南山：这次我们的公益大会，实际上是刚刚遭遇了一个大考，大家知道九个多月来快十个月，让所有人看见医生的良心，看到我们广大的医生是好样的。我们医务人员的初心就是"健康所系，生命相托"。十七年前，我们在座的很多人都经历过，"非典"来了，地震来了，医务人员都成了白衣天使。但是疫情过去以后，我们有些问题，特别是医患关系又紧张了。我自己的体会，我是1960年大学毕业的，差不多六十多年的体会，中国的医务人员，从来绝大多数都是白衣天使，没有变过。当前疫情还没有结束，全球形势还是不容乐观，所以我们防疫的措施和做法是不能松。

　　随后在第一场圆桌讨论《全球疫情下灾难与应急医疗应对探讨》中，钟院士这样研判当前国内外抗疫形势。

圆桌讨论　钟南山：对这些事故或者自然灾害，或者突发性公共事件，要有充分的准备。包括思想的准备，还有物质的准备。为什么这一次中国这么快，很快检测的东西就跟上了，这个要是没有充分的物质准备不可能。

主持人：第二波疫情暴发的可能性不大是吗？在您看来？

钟：我更倾向于是的。第一波（疫情）在西欧、在美国采取了措施是下去了，实际上没下去，完了以后又回来了。你可以说它是第二波，但是我更感觉到是第一波的持续，由于国外有些地方措施不到位，它又上来了。但中国的情况不一样，中国采用这么强力的管控措施，我觉得最突出的贡献是什么，就是在社区水平的群防群控。这个是做得非常出色，有关部门要很好地总结。争取时间研发疫苗。所以我不认为中国今年底还会有，只要我们采取这个办法，中国不会出现第一波那种几万人（感染）的情况，我不相信，但是需要我们大家共同努力。

自今年年初"新冠"疫情暴发以来，"钟南山怎么说"已然成为全国人民关注的焦点。这份沉甸甸的信任与敬仰来之不易。从17年前"非典"肆虐时那一句掷地有声的"把最危重的病人都送到我这里来"，到今年一月那张感动无数国人的高铁餐车照片，从医半个多世纪的钟南山，用实际行动诠释了大医精诚、国士无双，获得了"共和国勋章"至高荣誉。就在本届中国医师公益大会期间，84岁高龄的钟院士于百忙之中抽出时间，接受了《可凡倾听》独家专访。

曹：钟院士您好！现在已经是（晚上）八点多了，您从广州赶到北京，旅途也非常辛苦，非常感谢您！10月20日是您的生日，今年2020年是个特别的年份，不知道您的生日怎么过的？

钟：每年生日一般都是，主角都是我的学生，我们从来不搞活动，自己也不会说请谁来，到时候都来了，从全国各地来。

曹：今年是不是还是这样？

钟：今年不是，今年因为疫情的关系，而且从各地说不定会来很多人，所以这一次我们办公室就特别通知以前每年都来的一些学生，当然学生现在都是主任了，跟他们说今年我们不办了，11点钟就在线上有一个活动，大家有什么祝福、有什么话说，或者送一幅画，就在线上，挺好的。

时光倒转回41年前的10月20日，那是钟南山的43岁生日。车轮飞转，一段全然未知而又满怀憧憬的旅程，正在他的面前徐徐展开。

曹：那年的10月20日，其实对您的人生来说是刻骨铭心的，因为您平生第一次要作为一个留学生的身份去英国留学，您是不是记得当时内心想得最多的是什么？

钟：我记得，那是1979年，那一天我们火车整天都在西伯利亚，我印象最深的是绕着贝加尔湖，大概走了大半天，已经下大雪了，大森林。我当时很有感触，我43岁的生日就是这么过的，但是未来会有什么东西等着我，因为我们算很不容易，那个时候国家这么困难，还有机会能够出去学习，那是非常珍惜的。

留学英国

曹：当时你们一行有多少人？

钟：16人。从事各行各业工作的，搞原子能的也有，搞数学的、工业的、机械的，航空的，还有什么？我们这里边大概有三个医生，医生年纪都比较大。这个团里最大的49岁，是肿瘤医院的一位放射科主任。

曹：你们在列车上行进了九天九夜，在这个九天当中，你们这些人，大家聊得最多的是什么？

钟：聊得最多的恐怕还是……，未来会是怎么样，很多不可预测性，为什么？一方面国外对我们的了解太少，特别是经过"文化大革命"，改革开放刚刚开始，一般都是觉得中国非常落后。聊得多的就是看看我们怎么去学习。16个人里头有几个是在那个时候的苏联留过学，所以好多了，一有问题就找他们出来讲俄文。我们虽然学过俄文，但是大学毕业以后没怎么用，所以就扔得差不多了。另外一个就是，我们出去的时候很艰苦，所以就是尽量多带一些东西。我们留学生一个一个大小包，里边卫生纸都有好几捆，这么一个状态，现在不可想象。

曹：听说你们进西德过关的时候，被要求例行检查。

钟：对，因为我们大包小包地过，当时是有柏林墙，从东德进到西德的时候，警察要检查，据说当时是有某一个国家，出现过一些事，就是海洛因的走私，所以后来把我们的包拿出来检查一下，很多留学生都有洗衣粉，警察一看到这个非常紧张，所以一边看着我们，一边就让他们把警犬找过来，闻了半天，他也不太信，后来就打开尝一尝，看看我们，觉得这味儿也不太像毒品。我说这是洗衣粉，他根本不信，他说你们怎么会拿洗衣粉，拿那么多。他真的不知道，我们真的是那个时候很困难，能够有机会出去学习已经觉得是非常难得了，国家这么困难，让我们出去，所以带了这个。当时我记得印象最深的是，还有大概六分钟，火车就要开了，我们东西撒了一地，后来又着急，因为我是组长，很着急。那时候我反复解释，后来他看了看这帮学生，也没检查出什么，走吧走吧！那个时候来不及收拾了，把东西全往火车里边扔，扔进去以后，最后火车启动了，东西撒了一地，后来慢慢再收拾。所以就因为太辛苦了，到了伦敦，我还病了一个星期，太累了，那次很紧张。

作为教育部派遣的公费留学生，钟南山被安排到爱丁堡大学医学院深造。来不及新鲜和兴奋，导师的态度给了初来乍到的他一个下马威。

曹： 您还记得当时到爱丁堡皇家医学院，见到您的导师弗兰里，那次见面，给您留下一个什么样的印象？

钟： 我记得那次见面不是面对面，而是面对背，为什么呢？他在里头煮咖啡，我就进去了，他说你来了，我说来了。他说你想做什么？我说了一下，后来他说，因为你们中国的毕业生，医学院学历在国外是不被承认的，所以你在这儿，你先去看看我的实验室，觉得看哪些有兴趣的话，你就做一些研究吧。大概也就谈了六七分钟吧，他说你去看看。所以刚见面，也就是这么几句话，你说面对面，我们没有面对面，是面对背。

曹： 所以他在跟您说那番话的时候，一直背对着您在煮咖啡吗？

钟： 对。

曹： 其实这个是有一些不太礼貌。

钟： 当时他不把你当回事，是这样，你来了就来了吧，你就看看我的实验室，再看看怎么说，没当我一回事，我想是这样的。一个巴西的留学生跟我说，他说他们把我们看成好像从原始森林走出来的人一样。我印象很深。我说不要紧的，我们好好干给他们看看。那个时候是有点，什么感觉呢？有点孤独。我觉得最重要的是什么，我就经常想，国家把你送出来很不容易，所以一定要想办法做点东西。而且人家看不上，有道理的，你原来就比较落后，你做点东西出来，让他们觉得中国人还是能干点事的。

曹： 让周围的同事对您的看法有所改变的一个关键节点，是因为有一个病人，当时用很多方法治疗都不太奏效，所以那个时候您提出用酸性利尿剂对这个病人来消除水肿，果然这个方法是奏效的。

钟： 因为我们看这个病人是由于重度的，现在叫慢性阻塞性肺病造成的肺源性心脏病，肺心病。因为有水肿，所以常常用利尿剂，用的利尿剂很讲究，我们做得多了，心中很有数，一般的利尿剂叫碱性利尿剂，会排钾排很多，造成病人碱中毒。一个疗效不会很好，另外肿不会消，而且有时候还会出现精神症状。我一看这个病人，觉得像这样。另外那个时候也结合我们中医的舌象，一般出现碱中毒，他舌头是很红的，红绛色。我一看红的，所以我说这个病人做做血气试试看，动脉血气，看看是偏碱的还是偏酸的。后来一做出来，结果正常的 pH 值是 7.35 到 7.45，这个病人的 pH 值是 7.53，这个病人一定要用一些酸性利尿剂，又能利尿，又能纠正他碱中毒。所以用了几天以后，病人果然好转了，所以有些临床大夫觉得，你还有点经验。这个不是主要的，恐怕最主要还是我做一个研究，吸烟。烟里头含有一氧化碳，吸烟吸得多以后就会出现血红蛋白和一氧化碳结合，叫碳氧血红蛋白。这个一多以后，氧气的运输是受影响。我的导师曾经用数学公式来算，碳氧血红蛋白的含量和氧运输的关系的影响。我就用实验的办法来观察，但实验需要大量血，找朋友都抽了血，但还是不够，最后就在自己身上抽血来进行，前前后后大概有七八百毫升。做出一个结果，真正实验的结果证明我导师所用的数学曲线，我就发现有一半是对的、有一半是错的。我说弗兰里教授，请你看看这是我的结果，他说你怎么做的？我说用人的血来观察的，不是数学计算，我说你这个数学计算方法，一半是对的，一半不对。他一看，很高兴，一把抓着我，他说太好了，你这个我要推荐到英国皇家学会的内科学会去作演讲。后来我当然讲了。从那一次，我觉得他的态度改变比较大。

为了进行"一氧化碳对血液氧气运输的影响"课题，钟南山以自身为实验对象，冒险吸入超剂量一氧化碳，最终得出了令人信服的结论，其成果在全英医学研究会上发表，引起国际学术界关注。1981 年，钟南山受邀赴伦敦圣·巴弗勒姆医院进行合作研究。在全英麻醉学术研究会上，他以一篇论文大胆挑战了牛津大学学术权威克尔教授，再次展示了一名中国学者的实力与魄力。

钟：克尔教授，他是这方面的权威，他说研究病人呼吸衰竭以后，当你增加氧的浓度以后，肺里头有一部分叫做分流，就是不能被氧化的曲线的变化。我就发现他做出来的结果，因为我原来在实验室做得比较多，我对氧电极很有研究，在氧的含量很高的时候，氧电极是不准的，不是像他那样。所以我把氧电极纠正了以后，得出了曲线，跟他是不一样的。我后来也跟麻醉科主任杜鲁门讲了一下，他看了看我的结果，他说这个很

重逢杜鲁门教授

有意思，是不是试试看在全英麻醉学会上讲一讲？大概 8 月份。我说当然可以，因为这是我做出来的结果。结果我投了稿去以后，马上就被接受了，那天我忘了是几号，下午我第一个发言。我先把克尔的曲线摆出来，是这样的，后来我说我发现这个曲线有问题，为什么，他测量的电极在很高氧的时候，电极是不准的，要把它纠正，纠正以后曲线是另外一个情况。所以这个我讲了以后，和他完全对立的，他没来，他的两个助手来了。讲完了以后，安静了一会儿，后来接着就问，大概前前后后问了 13 个问题。

曹： 就是他的助手？

钟： 包括助手，还有其他人，觉得你还真的对他的定律提出（质疑），推翻他的看法，觉得很出奇，这个中国人。后来大概 12 个问题，我都回答得不错，最后他们有个习惯，前面坐的将近十七八个他们最顶尖最权威的专家，大家认为钟医生的看法怎么样，是不是可以，大家觉得有没有价值？结果 12 个人都举手，认为有价值。所以完了以后，杜鲁门当然很高兴，他那时候还比较年轻，很开心，所以后来开完会以后，我们两个人就一块儿去，剑桥不是有河吗？绕着的河。我们就租了一条船划船去了。我不会喝啤酒，他喝啤酒，我也陪着喝，那天非常开心。这篇文章，这是 1981 年，后来是在 1983 年，全文在《英国麻醉学杂志》发表，第一篇，一共 13 页，很长。那个时候我就非常开心，觉得我们还是能干点事的。

曹： 您当时经历了这么几件事以后，觉得真的周围的同事会对您的看法完全改观？

钟： 有很大改观，包括弗兰里教授有很大改观。我最开心的是把这些情况写信给我父亲，我父亲也很开心，他回了我一封信，他说你做得不错，你让这些西方人懂得中国人还不是一无是处的，这个我看了以后，心里头很有感触，觉得这个时候，人能争口气是最重要的。

曹： 你们这批留学生都是教育部委派去英国留学，都是国家出的钱。其实当时等于是改革开放刚刚打开一个序幕，经济各方面的条件都还非常差，所以当时你们去的时候，你们经济状况怎么样？

钟： 有一个好处，那是供给制，我到房东那里吃饭，就是那些家庭妇女，常常喜欢让一些留学生在家里住，有些收入，吃饭的钱和住宿的钱，国家给，零用钱就 6 英镑。

曹： 一个月 6 英镑？

钟： 对。理个发就 12 英镑，6 英镑对我们来说是非常困难的，有时候连公共汽车都不舍得坐，我平常在医院里穿皮鞋，书包里有一双球鞋，晚上做完实验以后，把球鞋一换，跑步回家。

曹： 这样要多少时间？

钟： 大概跑20分钟吧，也好，就这么度过的，那个时候真是很难想象。后来所以我们都学会了理发，我也成了理发师傅。

曹： 就是你们相互理发？

钟： 相互理发，因为理一次发太贵了，我们承受不了。

曹： 当时从经济状况来说，是处在比较窘迫的这么一个状态，而且工作压力也非常大。有没有非常绝望的时候？

钟： 我的朋友，跟我一块儿去的，他们有的有，我自己好像还没到这个地步，因为我从小都有个习惯，就是再困难都得想办法闯过去，我就不信自己不行，心里头一直有这样一个勇气。这个陪伴了我差不多六十多年，就是这样，一定要争口气，这个想得比较多。所以我有非常失望的时候，也有实验做不好，有非常挫折的时候，但是没有出现绝望，没有。

曹： 您是你们这个队的队长，所以当其他伙伴们出现一些心理上的问题，出现一些情绪上的波折，您怎么去说服他们，让他们平复非常焦躁的内心？

钟： 有的去了以后，说我怎么好像进了坟墓一样，真的有这么说。后来我就说这样吧，星期六星期天到我这儿来，大家一块儿做饭吃，聊聊天。因为那时候我们很多报纸报道，总是说这个留学生出去取得什么成绩，那个留学生出去取得什么成绩，对他们压力很大。我们那个时候有严重得病送回来的，压力都很大。所以跟他们来说，可能还是互相鼓励，只能够是这样。

曹： 我们通常会讲一个人要成功，讲智商、讲情商，其实您提出一个特别不错的概念，叫做"挫商"，一个人在成长的过程当中，怎么去经历挫折、忍受挫折，然后跨越那个坎儿，只要你跨越了那个挫折，那个坎儿，实际上对一个人来说就是前进了。所以在英国的那段留学经历，是不是对您个人的"挫商"是一个特别大的锻炼？

钟： 肯定的。我记得印象最深就是有一位讲师，当时我很想问他一些问题，请教他一些问题。等了好几天以后，他说谈谈吧，我问了一些问题，他讲得很快，我根本听不懂，太快了。就完了。这种情况激发了我，这些都是一个一个挫折，激发了我要好好努力。一个是语言上要提高得快点，另外就是研究里头，我找准了一个方向，我还是有经验的，我也会动手，所以一直在坚持。所以这些技术员慢慢都跟我也熟悉了。

曹： 听说您还自己动手修复了一些仪器是吗？

钟：对，修复了一些。我也很注意观察这些技术员喜欢什么，爱做什么。比如说有个技术员特别喜欢羽毛球，我说我们中国的羽毛球很好，给他介绍。另外有一个技术员喜欢游泳，但他不会游蝶泳，我那时候就说我教你，慢慢和他们关系就很密切，所以他们有时候都愿意帮助我。

曹：您的体育特长在那个时候发挥了作用。

钟：对，发挥作用。

曹：您父母都有美国留学的经历。那时候您去英国，是不是常常也会跟父亲母亲或者妻子通过书信的方式，来传达一些情绪，给自己减压？

钟：那个时候没有电话，因为打电话太贵了，只能写信，一次来回写信大概最少一个多月，所以写信是常有，偶然有时候会寄点钱，另外更重要的，我觉得对我帮助很大，就是我去的时候，觉得很困难的是语言问题，我就写信给我的父亲，我当时写信用英文写，他回信总是很厚，我第一次就很奇怪，这么厚。后来一看，结果他把我的信寄回来了，里边用红笔改，你哪儿错了，你的语法哪儿不对，你的表达方法不对，很多信都给我，这个给我鼓励很大。为什么？我一看全是改的，一开始有点挫折，但后来觉得你看，这么好的老师，我就坚决坚持写下去。大概写了八九封以后，红笔慢慢少了，我觉得我进步了。

　　1936年，钟南山出生于南京一个医学世家，父亲钟世藩是著名儿科专家，母亲廖月琴是广东省肿瘤医院创始人之一。童年时代，钟南山随父母在战火硝烟中颠沛流离，抗战胜利后全家定居广州。在父亲简陋的家庭实验室里，钟南山获得了最初的医学启蒙。

曹：您小的时候，其实是看到过父亲怎么做实验，那种印象是不是特别深？

钟：这个时候刚解放，他是做病毒培养，用小白鼠来做。那时候政府没有钱，做研究工作根本没钱，他后来就用自己的工资买了很多小白鼠，也没地方养，结果就养在家里。我们家那时候条件还不错，三层，就养在天台上，不过老鼠养得多，就有一阵老鼠味。

曹：异味？

钟：异味。所以有时候有的人要找我们家在哪儿，有的人说在那儿，你只要走近了以后闻到老鼠味儿就是他们家了。当时给我印象，他下班以后还要自己来换水，给它加小米，给它喂食。我当时只是觉得很有意思，但是后来看他，做了解剖以后，观察它的脑子，能够作为一个病毒的培养基，等等。慢慢给我很深的印象。所以我在英国的时候，有时候觉得很困难的时候就想起我父亲，你看他这么困难的时候自己掏钱来做这个，他求什么？他就想知道一些病毒的分离和生长的规律。我说我也应该是这样，确实是这样，对我影响还是很大的。

钟南山（后排右一）与父母、妹妹

曹：我听说您年轻的时候，曾经在农村给一个肾病的孩子看病，可是您父亲跟你说了一句话，其实对您一生来说都很重要。

钟：我在农村是1969年到1970年，那时候我们到农村，"文化革命"到农村当医疗队，当时看到一个孩子有血尿，根据症状，有一位医生就认为他是肾结核，给他一些治疗。中间休息回家，我跟我父亲讲起，因为我父亲是儿科大夫，我说这个孩子怎么怎么血尿，我们用什么药。我说到一半，我的父亲反问我一句，你怎么知道他是肾结核？这句话，我就懵了，因为什么，我真的不知道，凭一个医生，根据他的临床症状，就认为他是肾结核，肾结核很重要，治疗的针对性也很强，所以那个给我一个很大的震动。他就这么一句话，我觉得干什么事、说什么，都得有点依据。他平常讲话很少，但是一讲就讲到要害。

曹：所以回顾从小到大的家庭教育，特别是父母对您的教育，您觉得这种教育对您来说，带来最大的富有营养的是什么？

钟：给我最大的教育可以概括就是一句话，当老实人、做老实事，这是给我一个最大的教育。

曹：因为您父亲也是医生，所以大家会认为，从业务上父亲对你的影响更大。其实往往有的时候，母亲在一个儿子的生活当中，她的作用非常独特。

钟：我母亲给我最深的印象，恐怕是对贫困的人的同情和爱，她很愿意帮人。举个例子，像我在中学毕业的时候，那时候家庭条件并不是很好，我要到北京来读书，因为考上了北京医学院，很开心。有一个同学考上北大，家里很穷，所以火车票真的买不起，他就跟我说，问能不能够借给他一些钱。我回去跟我母亲讲，我母亲说我们家现在都很困难，你的钱，我们都想尽办法，怎么可能呢？后来我说家里没有那就算了，结果没想到过两天，她拿了十块钱，那时候火车票也就不到二十，很便宜的，给我，她说你不是说你那个同学很困难嘛，这个拿给他吧。那个事情到现在我都有很深的印象，这几十年工作，能够团结大多数人，和大家一块儿，母亲给我的影响很有关系。

曹： 您觉得今天自己在业务上所取得的成就，是不是觉得对于父母来说，真的是一个孩子对父母最好的回馈？

钟： 我想应该是的，他们要是知道的话，应该觉得……

曹： 很欣慰。

钟： 没白养我，应该是这样。

1981年11月，钟南山结束了为期两年的留学生涯。这两年间他可谓是硕果累累，总共完成了七篇学术论文，在呼吸系统疾病研究领域取得了六项重要成果。爱丁堡皇家医院向他伸出了橄榄枝，但钟南山毫不犹豫地谢绝了邀约，踏上了回国的旅程。

曹： 其实那个时候中国和西方，从物质生活上来说，那种差距还是很大的。

钟： 好像我们那一批没有更多人，最后我知道那一批人大概五六十个，有一个留在美国，其他全回来了，那个时候好像没有这个概念。因为什么，国家这么不容易送你出来，你从良心上感觉到都不应该留在那儿或者什么，一心一意就回来。我记得那个时候，有不少人回来，因为多少还是攒点钱，那时候买电视机、买录音机，买这些东西，几大件，买回来。我那时候，他们说我，那时候我的行李很重，为什么？里边全是复印件。

曹： 资料？

钟： 资料，为什么，我买不起，书很贵，一百多英镑，我哪有钱，全给它复印，所以我一沓沓都是复印的资料，我觉得这个对

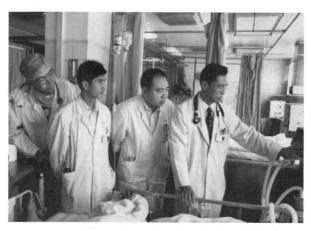

钟南山（右一）在工作中

012

我很宝贵。

曹： 您经过那段英国的留学经历，从教育理念来看，您觉得两边的差别在什么地方？

钟： 有很大差别。中国是比较重视跟随，老师怎么讲的，你表达得很好，做得很好。他们是讲究挑战，他们常常评价一个学生好不好，常常就是看他能不能多问几个为什么，能不能从这个里头看出有什么问题，这是极大的差别。所以他们独立的见解、动手的能力，比我们强很多，这个我觉得是一个很大的收获。但最大的收获是学会了如何搞好基本功。在

坐高铁餐车奔赴武汉

英国给我一个非常深的印象，没有走好第一步，不要走第二步，第一步一定要证实它是正确的，或者说是有效的，或者是重复性很好，再走第二步。第二个，因为这几次，我通过跟他们的辩论，我觉得最大的收获是什么？就是权威的话可以学、可以听，但是最重要的是自己看见的，自己看见的才是最正确的。这些到后来，特别是"非典"那个时候，SARS，那时候从北京来了很多信息，病原学，衣原体，那个时候我们就不大相信，为什么？虽然我们没有分离出病原，但是我们知道这个肯定不是衣原体，衣原体对我们来说很容易治疗，我们早就试过，根本没用，所以你说得再好，我也不信。后来还是按我们自己的办法治疗，结果挽救了很多人。

曹： 这次您去武汉考察疫情的时候，其实也是要通过自己眼睛看，您才发现……

钟： 眼睛看、耳朵听。因为我有很多学生、很多同事，他会跟我讲真实情况，讲了真实情况以后，我掌握的材料越多，我越相信自己的看法是对还是不对。

曹： 从当年SARS否定衣原体的感染，一直到新冠，您提出有人传人的现象，其实现在看起来好像是一件非常轻松的事情，其实在那个刹那的历史的瞬间，您要承受很大的压力。是不是就是父亲那句话，做什么事、说什么话，都要有一定根据。

钟： 是那句话，是主要的，但是那句话的后头，因为做什么事必须要有根据，在对病人，以及突发性传染病这个问题上，我的压力是来自病人的生命。因为你判断错了，是生是死的问题，你要判断错了，用错误的方法治疗，可能他就死了，这个压力远远比我其他压力大得多。所以为什么要坚持？就认为用这个方法，或者采用这个方法的话，这个病人活的机会大。这个给我的压力，我想当时是最大的。

青年时代的钟南山曾是一名体育健将，打破过400米栏全国纪录，有机会成为专业运动员，而他最终选择了医学为毕生事业，成就了一位妙手仁心、胸怀大爱、造福苍生的名医。从"非典"到"新冠"，十七年弹指一挥间。风平浪静的日子，他悄然淡出了公众视线，埋首于自己的医疗和科研工作；而一旦有病魔来袭，他第一时间挺身而出，责无旁贷，犹如一枚定海神针，带给惶惑中的人们安慰和力量。此时大家也才惊觉，这位步履始终矫健、仿佛不知疲倦的白衣战士，竟然已是一位耄耋老人。

曹：您形容自己是一个感情比较脆弱，甚至有的时候会出现一些消沉。其实大家心目当中，您那样一个比较沉稳、从容不迫，犹如定海神针的形象，差得很远。是不是您觉得有的时候面对很多情况，也会比较情绪化？

1958年第一届全运会比赛测验中，钟南山以54秒2的成绩打破当时400米栏全国纪录

钟：不能说情绪化，有时候比较脆弱吧，可能是。特别是有时候遇到一些问题，有时候有点优柔寡断。有时候我会更多地考虑人家的感受，应该不要让他失望，但是有时候有些事情，他的要求并不一定是对的，有时候纠缠在这个问题上。但是经过了这么长时间，因为我都熬过来了，我什么都做过，农民、工人，还烧过锅炉，什么都干过。都过来了，所以后来很多事情就不大在乎了。

曹：您已经84岁高龄，而且前几年心脏也出现过一些问题，但是依然保持这样一个高压力、高速的工作状态，如何让自己的生理和心理保持一个比较健康的状态？

游泳健将

钟：我想其中一个很重要的原因就是，好像这辈子我始终有追求，这个很重要。一个人，你以后观察一下你周围的人，只要是他有一个追求，哪怕这个追求不一定很高，但是他经过努力，就想办法要达到这个追求的时候，那一阶段他会全神贯注，那个阶段身体还显得挺好。但是一旦到一个时候，无所事事的话，身体就差了。这是首先一个，也就是说心态，一个始终有追求的人，一般会活得长点。始终前头还有个追

求，达到了这个再往前。

曹：听说您一直希望能够更好地去做一些有关慢阻肺的工作、哮喘的工作。

钟：慢阻肺研究是我的愿望，一辈子的愿望，为什么呢？现在很落后，是等到三期、四期症状很明显才治疗，实际上这是非常落后的。现在有谁说高血压等到脑出血才治疗，有谁说糖尿病以后出现糖尿病足、心功能衰竭再去治疗，早期糖尿病用点药，早期高血压就用药，后面都不会发生。但是慢阻肺，全国九千多万人，95% 都是早期的，没人管，这是我的愿望，希望通过几年的努力，我们已

钟南山与曹可凡

经做出第一步，进行干预以后，我就发现病人的情况改善了，就不往坏处再发展，这就是我的愿望。还有一个药，抗肿瘤的药，我已经奋斗了 26 年，现在还在奋斗，我估计大概不会太长就能够实现。所以始终有这个追求的时候，不想死，有这个感觉。

"赤脚"走出的国士——李兰娟专访

2020年第二届中国医师公益大会前不久在北京饭店召开，来自全国各地热心于医疗公益的医师们齐聚一堂。在本次会议上，中国工程院院士李兰娟分享了自己在疫情中的经历和经验，并从救治和防控两方面对当前的抗疫防疫工作建言献策。

李兰娟在第二届中国医师公益大会上发言

李兰娟：传染病对人类造成严重危害，尤其是当今时代一架飞机的距离就可能造成全球的大流行，尤其是从2003年的SARS到H1N1、H7N9到国际埃博拉，这一次新冠疫情，造成了严重的对人民生命安全的威胁。老的传染病消灭了，新的传染病还在不断发生，我们要高度重视。

曹： 今天我们在北京举办的是第二届中国医师公益大会，您既做过医生，也做过卫生厅的厅长，现在又是医生、又是科学研究者，所以您是三者相兼容。从您的角度来看，怎么来理解医师公益这么一个概念？

李： 我认为医师公益是非常重要，也非常适当的。因为我们医生本身就是救死扶伤，本身医务工作就是一个公益事业的项目，所以说这一次开展医师公益的活动，我觉得是我们的医生回归到公益事业上来。我们医务人员不但要救治病人，还要让人更健康，不但要治人的疾病，还要治人心理的疾病，所以要从单纯的医疗，向维护健康的方向发展。总体来讲，一切都是为了人民健康。通过医师公益这样的活动，让我们医生白衣天使的形象，得到更好展现，让老百姓的健康得到更多保护。所以这个公益活动，非常有意义。

曹： 这次武汉疫情期间，您率领您的团队在武汉一线奋战了有60多天。其实最早您跟钟院士等，作为卫健委的高级别专家组的成员去武汉考察，你们都提出了关于武汉封城的这么一个建议，无论是谁听到都会吓一跳，因为这个毕竟是有一个很大的风险，特别大的压力。所以当时你们提出这样的一些建议，您是怎么考虑的？觉得有压力吗？

"新冠"期间李兰娟在 ICU

李：武汉封城是党中央的英明决策，是习总书记亲自决断、亲自指挥的结果。我们作为专家，尤其我是搞传染病的，深知传染病的危害，深知传播会造成更多人疾病的传染和影响人的健康。所以，今年的 1 月初，武汉疫情发生以后，我以一个传染病专家的敏感性，一直关注着这个疫情的发展，每天都要跟有关专家打电话了解情况。到 1 月 18 日，我就接到通知，作为高级别专家组成员，去武汉研判疫情，我们去了六个人。到了那边以后，我首先要了解是否有医务人员感染。所以 18 日，因为买不到火车票，我们只好加了三张票，我带了两位我们实验室的同志去，挤在火车的列车员休息室里。到了那边已经是晚上快 9 点了，我告诉武汉有关医院的院长和专家，我到武汉了，你们来看看我吧。实际上我是想了解有否医务人员感染。结果他们来了以后，跟我说，"李院士，确实我们有医务人员感染了"。所以这个是非常重要的证据，一旦有医务人员感染，这个传染病问题就大了，也比较严重了，也就是说存在人传人了。

曹：可能在所有援鄂的医务人员当中，您是最年长的几位之一，您和张伯礼院士都是已年逾古稀，奔赴前线。当时您做出这样的一个决定，您的先生，包括您的孩子，都是一个什么样的态度？

李：当初因为武汉的疫情比较严重，确实有一部分医务人员感染，甚至牺牲了，所以大家也知道疾病传染性很强，所有人也都是很紧张。我要去，当然他们也非常担心我的健康，认为年龄是高风险年龄，也有好多人劝我不要去，但我是毫不动摇的，因为我是搞传染病研究的，哪里有传染病，我就得到哪里，而且必须亲自去看一看，去参与这样的一个救治。尤其是因为我在 H7N9 救治病人中积累了一套经验，在我们自己浙大一院应用了这套经验，做到了零死亡，所以我也希望把这一套"四抗二平衡"的救治策略，人工肝、干细胞、微生态用到武汉的救治病人当中去。所以我毫不动摇，他们也说服不了我。

时间回到1986年，这一年对中国的肝炎患者而言"意义非凡"。时年39岁的李兰娟，在面对许多肝病患者苦苦求医却束手无策后，内心滋生起强烈的愧疚之感。为此她毅然申请了3000元青年科研基金，开始了"人工肝"的技术研究，前后历经十年之久，"人工肝"技术终于得以成功研发，它的到来使得急性、亚急性肝衰竭病死率从88.1%降低至21.1%，慢性肝衰竭从84.6%降至56.6%。

在第二届中国医师公益大会上，李兰娟向与会人员介绍李氏人工肝的作用原理与实际效果——

李兰娟：这是我们带去的两台人工肝的机器，我们在给病人带来切实治疗，通过血液净化系统能够把患者血液当中的有毒、有害的物质通过活性炭树脂的吸附，清除炎症介质，降低细胞因子风暴。

我们在杭州可以检测四十几个细胞因子，到了武汉没有这个条件，好在他们还能检测白细胞介素-6，这个细胞因子是非常明显。经过人工肝治疗以后，每一次都能显著地下降，它是立竿见影地下降，治疗以后能很快地降下来，所以它的病死率也能够显著下降。

曹：您刚才在演讲当中特别介绍了您的一些理念，"李氏人工肝"在整个防止炎症风暴当中，究竟起到一个什么样的作用？

李：这要从人工肝的原理说起，我是1986年就开始研究人工肝，到现在已经几十年了。起初的时候，爆发性肝功能衰竭，也是病人起病以后，十天半个月就突然昏迷、黄疸、消化道出血、死亡。为什么会得爆发性肝炎？最初也是一个细胞因子炎症介

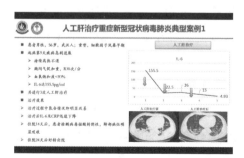
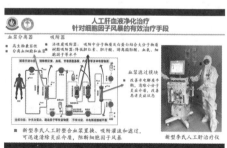

人工肝机理图表

质大量地增加，造成肝功能衰竭，所以我创建了一套人工肝支持系统，它能够迅速地清除肝功能衰竭引起的这种毒素、黄疸，以及细胞因子。所以，通过几十年努力，人工肝被证明是行之有效的方法，但从来没有用到呼吸衰竭上去。那么在 H7N9 的时候，长三角地区突然爆发这种新发传染病，一旦感染了 H7N9 禽流感的病毒，他的呼吸衰竭的 ARDS，就是"急性呼吸窘迫综合征"，发生率高达 70%。所以我们一查文献，认为这个也是细胞因子风暴，检测以后发现确实是，我就想到了我的人工肝支持系统能清除炎症介质细胞因子。所以在 H7N9 期间，我就大胆地使用了人工肝支持系统来救治细胞因子风暴的 H7N9 的患者，结果取得了非常显著的效果，大大地降低了病死率。所以，这个"四抗二平衡"经验是 H7N9 的时候积累起来的。这一次新冠肺炎突然发生，我看到肺的炎症迅速地加快、发展，病人也是一个礼拜以后突然就呼吸困难，因此我当时就预测也是细胞因子风暴导致的呼吸衰竭。我想 H7N9 的这一套办法，在这次新冠肺炎肯定也有效，所以我在杭州和武汉同时开展研究，检测重症危重病人是否存在细胞因子炎症的风暴。经过检测以后发现，肯定存在严重的细胞因子风暴，而且引起了呼吸衰竭，两个肺的炎症，甚至坏死，呼吸困难。只要是细胞因子风暴，我前面的实践已经证明，人工肝血液净化系统能够迅速地把血液当中的白介素、细胞因子清除掉，能够立竿见影地减轻肺部的炎症，病人就能够好起来。

在第二届中国医师公益大会上，李兰娟向与会人员分享救治案例——

李：这个病人是 56 岁男性患者，当初他的细胞因子很高，达到正常的 15 倍以上。所以持续高烧、呼吸困难、氧饱和度下降，两侧肺炎症迅速加强。用人工肝治疗一次以后，他的细胞因子就迅速降下来，呼吸困难就改善了，连续做了 3 次以后他就康复出院，避免了不良后果。

这个病人更是断崖式的呼吸困难，他突然呼吸频率高达 42 次 / 分，心率减慢到 35 次 / 分，血压已经测不到，为零了。这种病人一般病死率是很高的，当初他的细胞因子也很高，运用人工肝治疗以后，一次治疗以后，他的血压就开始上升，升压药的剂量可以下降，经过三次治疗以后，他转危为安，最后也被救过来了。所以我到病房看他的时候，他已经开始好转，举个大拇指，非常感谢医务人员对他的救治。

大量呼吸困难的病人正是通过她研发的"人工肝"技术迈过了"细胞因子风暴"的关口，从而保住了性命。在"新冠"疫情期间，73岁高龄的李兰娟院士，初到武汉时每天只睡3个小时。她说："一个医生一定要在病人身边，才能做出正确判断和决策，这是作为医生最起码的责任。"她曾握住重症病患的手，告诉她"挺住挺住"，正是这一句支持着这位病患与病魔殊死搏斗，并最终奇迹康复。

曹： 您一直强调，作为一个医生，一定要亲自看到病人，才能够提出最恰当的治疗方案？

李： 我必须要带着我的团队到第一线亲自去看病人，然后决定治疗方案，决定人工肝治疗，还有干细胞微生态调节的治疗。我自己做医生的习惯也是这样，不看到病人，我心里也没有底，必须要去看，看了以后，用人工肝治疗以后，要看着病人好起来，我心里才有底。

曹： 当时60多天当中，您的作息时间是怎么安排的？其中您觉得最困难的是什么？

李： 那时候病人非常多，都是很危重的。我们早上8点钟开始一直在病房，我们的护士、医生要到晚上11点才能回到宾馆休息。我们2月2日早上8点半就进医院去看望病人，进入了最危重的ICU、CCU。因为当初那边的医务人员紧缺，许多的救治物资也不能到位，所以病死率是很高的。我们进去的ICU、CCU，因为都是最危重的病人，几乎很少病人能救过来。所以我们李兰娟院士医疗队到了，能不能把这些病人从死亡线上拉回来，我的心理压力也是很大的。

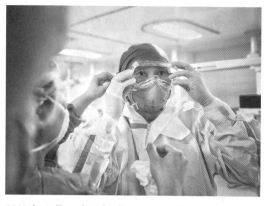

2020年2月，李兰娟院士在武汉大学人民医院东院区"红区"ICU、CCU查房

曹： 我听很多去武汉工作的医生和护士都说，其实很多年轻人，如果他们长时间戴着N95的医用口罩，都会觉得气都喘不过来。

李： 是的。

曹： 您年逾古稀，在ICU里面工作，戴着这样密封的口罩，有没有觉得真的是非常辛苦？

李： 是的，这肯定是辛苦的。因

为一方面要积极抢救病人，一方面要做好隔离防护，所以我们要穿着一层一层的衣服，戴上口罩、帽子，以及密封的一些东西。里面肯定是要直面病人，病毒肯定就在我的身边，你不严密地戴上口罩、不严密地防护，是很容易被感染的。所以我们都有一套严格的穿防护服的制度、流程，我也必须带头执行。因为我要进病房去看病人，那边很多人还要阻断我，不让我进去，但我是一定要进去的，所以我的衣服也得严密地穿好。

李兰娟脸上的口罩压痕

曹：您在武汉疫情期间一张非常经典的照片，您刚从隔离室里面出来，摘下口罩，还戴着隔离帽，脸上全是口罩的勒痕。大家特别地心疼，您年逾古稀，还在第一线。

李：我出来的时候，把衣服脱掉，我自己也不知道，是正好外面的人看到，无意中被他们拍了一张照。

曹：这张照片特别感动人。

李：其实大多数医务人员都一样，穿着这个防护服、戴着这个口罩，出来都是会有这样的印痕，其实也代表了大家。所以也足以说明我们广大医务人员当初就是在那个环境下，穿了那么多衣服。在里面脱衣服的时候，内衣全湿了，都是汗，但是没有办法。时间长，连小便都很困难，所以有的人都带了尿不湿，万一要小便的时候就这么解决了，否则脱衣服解小便也很困难的。那个场面，确确实实我们医务人员也经受了严峻的考验。

曹：您记忆当中在这里边待得最长的时间有多少？

李：因为尤其早期的时候，危重病人很多，都是呼吸困难、要做人工肝的病人，所以我们的医务人员团队在里面时间就比较长。在其他的医疗队，一般护士、医生进去四个小时必须出来换岗，但我们是从早上到晚上一直在里面。所以，我们这个团队确实也比较辛苦一点。

曹：您也这么长时间，七八个、六七个小时在里面？

李：主要是上午查房的时候，我先进去，进去以后确定医疗方案、治疗的药物，尤其是人工肝等确定好。我一般上午在里面，下午出来在外面进行讨论。

无论是如今通过以"四抗二平衡"救治策略为核心，运用人工肝、干细胞、微生态三大技术救治"新冠"重症患者，还是当年带领团队仅用五天便确认了新型 H7N9 禽流感病原，并研制了禽流感疫苗种子株惠及世界，李兰娟院士一直践行着一位医者的担当。但有着如此精湛医术的李院士，却只是出生于农村的寻常人家。因为善良，她关注农村的医疗，从而走向医学；因为好学，她嗜书不倦，从而走向专业。

曹：您自己就出生于农村，您能不能给我们描述一下当时家里是一个什么样的状况？

李：我们家解放以前是很贫困的，在我爸爸那个时代，我的大伯伯是饿死的，我大伯伯几个小孩也都是病死的。我爸爸后来有了我一个小孩，把大伯伯另外一个小孩领来我家里。解放初土地改革的时候，我家里分到了田地，我们家条件总算慢慢好起来，我才有机会读书，否则我也不一定有机会读书。但我读书也是很艰难的，曾经停学，还是因为自己一定要学才坚持下来，靠的是党和人民给我的助学金，才读完了初中和高中。

曹：为什么您对医学有自己的兴趣？是一个什么样的机缘让你走上医疗的岗位？

李："文化大革命"期间，我在杭州高级中学读书的时候，全部学生都要"上山下乡"。我是农村来的，我知道在我的家乡腰背痛的病人是很多的。所以在"上山下乡"以前，在杭州高级中学读书期间，我去"革命委员会"开了一个证明，就到省中医院去学针灸，自己还买了很多针灸的书。我是回乡知识青年，回到农村以后，因为那边要办学校，没有老师，就叫我去做中学代课老师。我一边做老师，一边给乡亲们打打针灸，所以乡亲们对我印象也很不错。后来中央发出号召，要办农村合作医疗，所以我们生产大队的领导就希望我回去做赤脚医生。那时候叫人民公社，现在叫乡镇。那个学校没老师，要叫我继续在那里做老师，两边相持不下，人民公社做老师有 24 元一个月，做赤脚医生一天只有 5 分工分，10 分工分 2 毛钱，5 分工分就是 1 毛钱，所以他们想我肯定不会做赤脚医生，肯定是当老师。人民公社说，叫李兰娟自己定吧。结果我也斗争了半天，做老师也很好，我也很喜欢，但是我想做老师，随时都能做，做赤脚医生，还有一个机会

李兰娟做赤脚医生

去脱产半年学医学知识。所以我就去表了个态，我愿意做赤脚医生。

曹：那时候他们是不是惊呆了？说你放弃那么多一笔钱，那时候 24 元钱是不少的钱。

李：是的，他们说："你这个人有毛病的，怎么会这样？"我说："我没毛病，我是想学习，想学医学知识。"另外我也觉得农村缺医少药，需要有人为大家的健康去提供服务，做赤脚医生也很有价值，所以我就决定了，做赤脚医生。

曹：在您做赤脚医生的这段过程当中，在村口田头会和很多的农民接触，现在想起来，有哪些细节，您觉得特别难忘？尽管您现在是个大科学家。

李：我后来做卫生厅长的时候，就讲过要把当年的赤脚医生找回来。那时候实行农村合作医疗以后，确确实实农民身边有一个为他们看病的赤脚医生，他们很方便。我每天都会在合作医疗站，白天的时候双抢劳动，我背着药箱到田头去给他们看病，有的中暑了、发烧了，给他们量体温，给他们带一点抗中暑的药吃吃。我一边帮他们割稻，一边给他们看看病。我会轮流去每一个生产小队。有的人家里孕妇要生小孩，他们拿个火把把我接过去，在家里给他们接生小孩，那时候比较落后，生小孩还在家里。当他们发烧什么的时候，我会给他们量体温，弄点中草药吃吃。我那时候在那里物色了六个懂草药的老农民，叫他们带我上山采草药。我在合作医疗站弄了一个很大的药柜，把草药采来炒、晒，放在药柜里，一般农民有病就给他们吃吃草药，这样的医疗费用就很便宜。那时候我们的合作医疗，一人一元钱，生产队出五毛钱，自己出五毛钱。我们 1300 个老百姓，1300 元钱，是这一年的医药费用。我们参与的合作医疗，70% 可以报销，到外面去看病 50% 可以报销，我一年用下来，还结余 200 元钱。采草药，老农民去采草药是计入工分的，不要钱的。药柜是生产队出钱的造的，也不要计入成本的。我们的赤脚医生是计工分的，也不算农民的成本，所以农民挣的钱就是用来买点西药，生病高烧的时候，打点青霉素之类的，所以我能够节约那么多钱。那时候有一个农民得了肿瘤，我还陪着他到杭州肿瘤医院看病。所以老百姓身边有这样一个保护他健康的人，就觉得放心多了。那时候毛主席号召，一定要消灭血吸虫病，我们那个乡乡是血吸虫的流行区。作为赤脚医生，我带了一些农民去田沟里找钉螺，找到以后，就把它灭掉，就是把老沟填掉，开新沟。然后我又跑到一家一户去收大便，把每个人的大便收来做大便孵化，我们 1300 个人孵化，结果 260 个人大便孵化阳性，就是血吸虫现症感染病人。这些病人呈现阳性以后，上面医疗队来了，大体看一下病情，然后给他们治疗。那时候用酒石酸锑钾治疗，很厉害的，要打在静脉里，对有些人的心脏还有副作用。当时我作为赤脚医生，天天给他们病人打针，所以我学了一手好的静脉针。那时候农村缺医少药是很严重的，但是整体的合作医疗制度建起来以后，农民生病，什么毛病都看，相当于保健医生。

曹： 实际上就有点像类似现在我们讲的全科医生。

李： 就是全科医生。农民他们脚底生大脓肿，我给他们切排，在家里给孕妇接生，流感流行来了，我们上山采了很多蓝桔梗，一个大锅子，煎了一大锅一大锅，然后拿了两个大水桶，一户一户去发给大家，说流感来了，吃这个汤能够预防流感。

1970年，这一年对于李兰娟来说，是人生中重要的转折点，她获得了难得的求学再造机会。因为常年兢兢业业的工作，她收获了乡里乡外广泛的认可，乡亲们舍不得这么一位好医生的同时，也不愿耽误她的前程，她顺利进入了浙江医科大学，在她面前即将展开一个前所未有的宽广的医学世界。

曹： 您当年是赤脚医生，您如何去规划您未来的人生之路，怎么去进一步地提升自己的学业，从而也选择了感染科作为自己的奋斗目标？

李： 当赤脚医生，后来有机会，我就被保送到浙江医科大学学了医学。做赤脚医生的时候，毕竟我是没有正规学过医的，所以许多问题，比如知道打针、知道发烧，但为什么发烧就不知道了。所以有机会就读浙江医科大学，我是如饥似渴地学医学知识。

1970年，李兰娟进入原浙江医科大学（现浙江大学医学院）学习

再加上我是1966年高中毕业的，文化基础也比较好，学习成绩非常优秀，所以最后被留在浙江医科大学了，分配到现在浙江大学医学院的附属第一医院，到现在也还在那里。当了医生以后，我发现许多医学上的难题，尤其是病毒性肝炎、爆发性肝衰竭的病人，病死率都很高，教科书里都写病死率高达70%到80%。好多病人来了以后昏迷，消化道出血，一个小伙子十天半个月突然就去世了，有的家属还跪在你面前求你。我作为医生怎么办，束手无策，心里也觉得很愧疚，所以我想，一定要攻克这个难题。于是后来就去研究人工肝，救治肝功能衰竭。

曹： 其实在临床当中，感染科算是一个"小科"，因为没有疫情来临，没有很大的传染病来临的时候，可能感染科就不太会被大家关注，当时您是怎么在学业上、在专业上，做出一个自己的决断？

李： 其实我刚刚分配到医院的时候是眼科医生，眼科是"金眼科"，应该是很好的。后来因为我视力有点远视，所以眼科医生说："李兰娟，你估计到40几岁就要老花。"我想，作为眼科医生，自己40几岁就要老花，做医生要做个好医生。我们传染科的医生主任，读书的时候也是带我的老师，他说："李兰娟，到我们传染科来，我再送你到学校去读一年书。"我这个人很想学习的。

曹： 您是一个特别好学的人，是吗？只要有学习的机会，您都不愿意放弃。

李： 所以我毅然决定去做传染科，有人还讲我，说："你金眼科医生不做，去做有传染性、危险的传染科医生干什么。"我说："我还有学习的机会，另外我认为传染科也都是急性的毛病，尽管有传染性，但是绝大多数都能治好，所以我还是决定从眼科调到了传染科。"

曹： 很有意思，您年轻的时候放弃了代课教师的高薪，后来又放弃了金眼科，选择了传染科。所以在您个性上，是不是比较特立独行的，自己想好的事，我就这么做了？

李： 是的，我主意比较大。那时候选择做赤脚医生，爸爸妈妈也骂我，"你怎么去做赤脚医生？"做医生，我选择了传染科，也有人说，"你怎么搞的，去做传染科？"我说："我需要有学习的机会，我还是很高兴的。"

曹： 您的同事都说您在浙江做卫生厅厅长的时候，坚持要让全省的农民每两年做一次体检，这其实在全国来说，我们打引号就是"骇世惊俗"的，因为大家都会觉得，这是一件不可能完成的事，可是您顶着各种各样的压力，坚持把这个事做下来。

李： 因为我从小在农村长大，也做过赤脚医生，又当了卫生厅长，所以知道农民的疾苦，知道农村缺医少药，知道农民从没有医疗保险，也没有什么健康体检。所以习书记当初就在浙江杭州提出了卫生强省建设，第一大工程就是农民健康工程，农民健康工程做三件事，第一个就是农村公共卫生服务，每人每年出20元钱，政府也出，给农民一个公共卫生的保障。第二个就是农村合作医疗，那时候我们就率先在全国实施农村合作医疗。第三件就是农民健康体检，我们认为要实现预防为主。其实给予农民健康体检，许多疾病早期发现以后，能够大大地减少农民因病致贫、因病返贫。

作为医生，李兰娟妙手仁心，救治百姓；作为行政者，她心系农民，积极推进农村合作医疗；作为科研者，她奋发进取，从最初的人工肝开拓者，到首次创立感染微生态学理论，李兰娟开创了中国医学界感染学领域的许多"第一"，并成长为国内唯一的传染病学院士。而在这份"成绩单"的背后，是一个人对她默默的付出与支持，这便是她的母亲。

曹： 父母，特别是母亲在您的生活当中，是不是给予您很多的协助？因为您太忙了。您和郑院士，你们两个都是大忙人。

李： 是的。我妈妈，我认为也是很伟大的，我妈妈斗大的字也不认识，是个文盲，因为解放前很苦，根本不可能有机会读书。但我妈妈的人品、为人给我树立了榜样。她，包括我爸爸，一直以来都是助人为乐的，帮助别人家都会尽心尽力的，自己苦一点也不计较的，而且非常勤劳，非常淳朴。所以他们的这些品德也给我带来了一定的影响。其实在我的成长过程中，都是靠妈妈给予我的帮助。我爸爸因为生病，比较早就去世了，我妈妈一直跟着我。我之所以能够全身心地投到我的事业当中，是因为所有的家务劳动、小孩的带领，都被我妈妈一人承担了。我认为她也是很伟大的，我的成功有她的一半。

曹： 在您孩子的眼中，您是一个什么样的妈妈？

李： 我的孩子也知道妈妈很忙，妈妈帮不了他们，只好靠自己学习、自己成长，所以他们反而也学得很好，也都非常优秀。老大从幼儿园开始，我会给他增加一点教育以外的知识，进了小学以后，我就培养他自学。我先会带他到图书馆，到新华书店去买书，到文化馆去报名课外培训。在小学三年级以前，我会给他增加一点知识，这是我当初做的。到三年级以后，我也比较忙了，全靠他自学的精神，他自己会去买书，自己会去图书馆，自己会去报名培训。思想品德上，我对他们要求都比较严格，所以我的大儿子优秀成绩保送杭高，他也继承了我，读杭高。他学习优秀，尤其人品好，助人为乐，同学们都对他很信任。所以我没有花什么时间，到他高中毕业的时候，跟我说，"妈妈，我能够保送"。我说："你能保送？我都不知道。"他的班主任老师，我都不太熟悉。

曹： 妈妈连孩子的班主任都不熟悉？

李： 不太熟悉。他回来就告诉我，我能保送几个地方，问我选择哪里，有好几个地方可以选择，我说浙江大学近一点，你就到浙江大学吧，就进了浙江大学的"竺可桢班"，最好的班。

1973 年，26 岁的李兰娟从浙江医科大学毕业，在自己的工作单位，浙江医科大学附属第一医院，和当时 23 岁的郑树森结缘。相同的研究方向、共同的爱好，用"志同道合"这个词语来形容两位教授再适合不过。1975 年，李兰娟和郑树森正式结为夫妻，今年已是结婚 45 周年。

曹： 您跟郑院士，你们都是同行，除了各自工作以外，在家里是不是也会进行一些业务探讨？

李： 是，我这里是大量的重型肝炎、要做人工肝的病人，人工肝救过来了，就可以出院了。但还有一部分是晚期的病人，有一些是肝硬化的，甚至是肝癌的病人。这种病人，我就没办法了，就交给郑树森给他们做肝移植。

李兰娟与郑树森

曹： 您在家里，您有时间做家务，或者给郑院士做顿饭之类的？

李： 我们两个人都没有时间做家务，家务劳动原来全是我妈妈一个人包了。我家里东西放在哪里，我也都不知道，都是妈妈最清楚，什么东西，她都会找到给我。妈妈后来也很好，活到 107 岁。

2020 年年初的"新冠"肺炎疫情，以史无前例的力度阻断了人与人之间的联系，在此背景下，"互联网 +"如雪中送炭般维系着社会生活的方方面面，从而促成了疫情期间"互联网 +"星火燎原般发展的势头。

曹： 实际上这次疫情给医院的"互联网 +"提供了一个契机，您怎么看未来互联网医院？

李： 是，互联网时代的到来，将对医疗卫生的发展起到一个变革性的作用。其实这次"新冠"肺炎疫情突然来的时候，我在 1 月 21 日就提出了要利用人工智能互联网的手段，来发现和控制传染源。只有这样，才能够很快地把所有互相接触密切的人员

李兰娟与曹可凡

找出来，来控制疫情。在这种疫情下，人与人不能密切地接触，那么看病还要看吗？人们还要生病吗？有许多健康心理问题吗？通过互联网，可以解决很多老百姓想解决的问题。通过互联网的手段，给大家进行健康教育；通过互联网的手段，给大家进行科普知识的宣传；通过互联网的手段，求医问诊。尤其5G时代的到来，图像已经非常清晰。过去我们曾经担心图像不清晰，会不会误诊等等，现在图像在网上和在现场看一样了。所以说互联网时代的到来，老百姓看病将更方便、更便捷。我们医疗也要"最多跑一次"，通过这样的手段，许多原先需要跑来跑去的问题，现在一次就能解决。

曹：好的，谢谢兰娟院士，谢谢您这么忙碌的工作环境下能够接受我们的访问，听说您昨天跑了三个城市，十二点多子夜时分才到北京，一会儿又要回家是吧？

李：是的。

·················· 穿行者

她从海上来——王琳与衡山路

冬日上午的衡山坊清新而又静谧,柔和的阳光斜斜地洒落,平添几分慵懒气息。今天我们的嘉宾与衡山路之间的故事,就从这里开始说起。

位于衡山路与天平路交汇处的衡山坊,原名叫树德坊,建于20世纪三四十年代,由11栋花园住宅和两排新式里弄构成,曾是老上海极具知名度的高档住宅区,众多文人雅士聚居于此。2014年,衡山坊进行了改建,从民宅变身为文化创意街区,在繁华的徐家汇商圈闹中取静。

曹:我要约你跟一个我们俩的朋友一块儿见个面。

胡雪桦:哪一位?

曹:肯定是跟你非常熟的,跟我也非常熟的,她说今天要在衡山和集这儿跟你见个面,聊一个事,还要给我们做一顿饭吃。

胡:真的啊?

曹:这顿饭主要是给你吃的。

胡:有这等好事?

曹:她要复刻当年她的一位老师的手艺。

胡:真的啊?

曹:让你品尝一下,是不是能够还原当时这位老师的手艺,因为这位老师跟你也有着非常密切的关系。

胡:现在不能告诉我吗?我心里痒痒的。

曹:我们等一下。

胡:今天光很好。你看这个树。

曹:这里现在就变成一个创意园区、画廊、餐厅、书店。

胡:我在这边作过一个讲座。这个地

曹可凡与王琳、胡雪桦

包馄饨

方现在也是上海一个文化地标，旁边衡山电影院，走过来两步路。

曹：这个就是原来的树德坊，等于也是一个新式里弄，现在就改成衡山坊，成为徐汇的一个新的地标了。

胡：这个地方挺好的。

曹：后滩公园7公里，徐汇滨江3.5公里，徐家汇公园就是前面。

胡：这一块地方，实际上过去在20世纪二三十年代，也是电影的一个主要聚集地，很多公司都在这附近。

曹：老上海的味道基本上还在。

胡：钢窗。

曹：原来费穆先生住在附近。

胡：费穆在1935年拍过一部电影叫《天伦》，这部电影实际上是第一次在电影当中用了中国的民乐，很厉害的。还有一个，中国的东西，他情有独钟，他拍过一部戏，你应该很熟，《生死恨》。

曹：对，中国第一部彩色戏曲片，梅兰芳先生的《生死恨》。费穆的《小城之春》，这个电影，你觉得从电影史的角度来说……

胡：这个我觉得在中国电影史上排前五没问题的，我个人是非常喜欢的，演员演得也好。

曹：李纬。

胡：李纬演得多好，表现出了那个年代那种动荡，这种实际上在很大程度上让人了解那段历史，就要看这样的电影。

曹：因为这也是跟他（费穆）个人的这种经历有关，他是一个书香门第出身的人，所以他内心这种儒家的传统非常强烈，所以这个戏也是他这种上海滩传统文化和西方思潮的矛盾，"发乎情，止乎礼"的这样一种感觉。

胡：关键我觉得这个导演对中国的民族精神的理解，他可能在某些程度上更深入一些，所以他对戏曲电影也有兴趣。

曹：我们先过去等一等我们的客人。

胡：王琳。

王：曹老师好！

曹：你好！我刚刚没告诉他。

王：雪桦，太久没见面了。

胡：他刚刚跟我卖关子，说不知道谁来，但说这个人会做顿饭给我吃。

曹：而且我说这顿饭主要做给你吃，跟我不大搭界。

王：搭界的。

曹：我是顺便。

王：都搭界的。

胡：主要是给你吃，我顺带。

曹：你这里来过吗？叫树德坊，我刚刚和雪桦去逛了一圈。

王：它是重新改建的。

曹：完全重新改建，变成了一个现在这样的创意园区。

王：很有味道。老上海的味道。

提起王琳，观众最先想到的一定是电视剧《情深深雨蒙蒙》中那个泼辣跋扈的雪姨。这个角色被她塑造得个性十足、深入人心，其中一些经典桥段更是走红网络，即便没有看过电视剧的人也是耳熟能详。

生于1970年的王琳是土生土长的上海人。在考入上海戏剧学院表演系之前，她曾经参加过一个表演培训班，而最初引领她走上演艺道路的启蒙老师，正是导演胡雪桦的母亲、时任上海青年话剧团演员的顾孟华女士。

王：很久没见到你了。

胡：是的，上次妈妈的事以后，我们就没见过吧。

王：对，没有再见过。

胡：五年。

王：妈妈去世五年了吗？

胡：五年了。

曹：快是快。

胡：我妈是特别喜欢她的。

王琳饰演的雪姨

王：其实没有他妈妈就没有我的今天，是这样的。

曹：这个巧。

王：确实是这样的，真的。

胡：我和王琳，我去美国之前是不认识她的。

王：我看到过你一次，你可能不知道，我坐在那儿。

胡：王琳会做饭，我不知道，这倒继承我妈了，我妈很会做饭。

位于衡山坊内的衡山和集美食图书馆，是一家多功能的创意小店，在这里，你可以阅读、喝咖啡、欣赏摄影展、品味时装、享用美食、制作手工、举办派对，甚至还可以自己动手，烹饪几道美味佳肴。今天，王琳就将在这里一展身手，请二位友人品尝传承自顾孟华老师的独门秘技——上海大馄饨。

王：今天我献丑，因为小的时候，我曾经吃过一顿非常非常好吃的馄饨，非常美味的馄饨，我到今天为止还非常有这样一个味蕾上的记忆，是雪桦的妈妈给我包的一顿馄饨。所以今天我见到雪桦，我非常高兴，我也想在二位面前献丑，希望雪桦能够回味起当初的味道，让他感受一下和他妈妈的味道有什么不同。

曹：太好了。

胡：搞得我很感动。

王：上海大馄饨是荠菜馄饨比较出名，它的关键是要用"五花肉"，其实"五花肉"是肥肉要多一点，放到嘴里的质感会好一点。我包馄饨的一个秘诀就是葱姜要打汁，不是切进去，就跟做扬州狮子头有一点点相同。葱姜打汁以后，把肉切成小丁，让它有一个质感，不要全部都是散的肉末，太碎了，切成小丁。

王琳恩师顾孟华一家

曹：扬州狮子头也是这样，切得太碎之后，没有那个口感。

王：对。

胡：这个我记得是这样，因为我妈是特别爱吃扬州狮子头，她就把这个东西慢慢用到了馄饨里面。

王：我记得顾老师以前在扬州工作过。

胡：对。

王：所以要把这个肉皮给先去了，皮不能要。这样做。皮去掉。好，然后切成丁。

曹：王琳这个手势。

胡：刀工可以。

曹：非常娴熟。

王：切完丁以后，来回给它剁几次就可以，剁三到四次就可以，那样肉丁就不会太散。然后把荠菜在锅里面焯一下。在热水里面焯一下，不能太熟，你看，泛着绿。再稍微让它再熟一点点，必须不能泛黄，就可以把它捞出来了。

胡：就过一下？

王：对，过一下。捞出来以后，如果太烫的话，就用冷水过一下，如果不是觉得太烫的话，就把这个水挤掉。确实有点烫。

胡：要把水挤掉？

王：要挤掉，要不然会太湿。

胡：明白了。一看王琳在家就做饭的，手上有功夫。

王：做饭也是因为我儿子的关系，我们每年带他出去打球什么的，我必须要给他做饭。

曹：她带着儿子出去比赛，打球。

胡：打高尔夫？

曹：打网球。

胡：你儿子打网球？回来我和他打一场，我喜欢打的。

王：他每年都在西班牙训练。

胡：那很专业了。

曹：她经常带几个孩子，所以她要给孩子们做饭，不是一个孩子，给儿子还有儿子的朋友做饭。

王：荠菜也不要切得太碎，让它看得到荠菜、看得到肉。这样切完了以后还是有点水，把它的水再挤一下，这样和肉混在一起。还有一个秘诀是什么？上海馄饨里面一定要放一点点榨菜。

胡：这有道理的，我妈那时候是放榨菜的。

曹：这叫"吊鲜"，上海话叫"吊鲜"。

王：我记得顾老师跟我说，榨菜放得够吗？不够的话再放一点好吗？

胡：你们两个一起做的？

王琳和儿子

王：一起做的。

曹：真传。

胡：真传。妈妈没教过我。

王：她是生病躺在床上，她就指挥我来做的。

胡：这故事我倒不知道。

王：她因为有支气管炎还是气管炎，很严重，因为在"北大荒"的时候，她得了这个病，太冷了。她还说很浪漫的故事，她说我生雪桦的时候，外面全部都是雪，然后有桦树在外面，她说我就给他取名叫"胡雪桦"。

曹："雪桦"的来由是这个。

王：对。然后为了有这个雪字，第二个儿子，她就说跟着"雪桦"，叫"雪杨"。

曹：雪花飘扬。

王：杨树。

胡：女儿叫"雪莲"。

王：他们家三个孩子的名字都非常有诗意。这个放在一起，然后还需要放一点香菇，切点香菇进去。还有一个秘诀就是香菇的汁，烫香菇的汁不要扔，不要倒掉，在调味的时候，把香菇的汁慢慢倒进去，就有香菇的香味在里面。

曹：所以这里面好多小窍门。

王：对。

胡：我们只知道吃，不知道里面那么多窍门。

王：因为你们是儿子，儿子不需要做。

曹：儿子就是粗线条。

胡：我跟你说，我妈从来没跟我说过怎么做这个事。

曹：你妈基本上把你放弃掉了。跟你说也是白说。

胡：但是我做菜也可以的。

王：真的假的？

胡：真的。因为什么呢？吃嘛，吃了以后，你肯定也会做点吧，这么爱吃。

曹：我小时候会做。

胡：就是嘛。

王：那现在呢？

曹：现在已经退化了，不行了。

胡：关键现在没时间做了。

曹：我炸猪排还可以。

王：真的假的？

曹：面包粉炸猪排还可以。

胡：我们什么时候约个时间一起做好吗？

曹：可以。

胡：一人弄两道菜。

王：然后在里面再放一点冬笋，都是吊鲜味的。

胡：这个太丰富了。我妈的馄饨是真的做得好吃。

王：好吃得来。

胡：我妈还有个红烧肉也好吃。

王：上海人说味道鲜得眉毛也掉下来。

胡：而且馄饨就是上海的，不是饺子，就是上海馄饨。

曹：这就是江南文化的代表。

王：差不多现在里面的料，荠菜、香菇、冬笋，然后再放一点榨菜，用这些和肉末拌匀，拌匀以后放盐，然后要放白胡椒粉，然后还要放鸡蛋，最重要的是什么？还要放很多香油进去。

胡：麻油，这个我记得。

王：对吧，你妈妈是这样放的吧？

胡：对的。

王：这样的话，出来就会非常香。

胡：口水出来了。

曹："哈喇子"出来了。

王：现在已经蛮香了，你闻闻看。对吗，已经蛮香了。我做馄饨还有一个秘诀，就是我不用筷子来拌。

曹：直接上手。

王：筷子拌，如果拌得不匀，馄饨馅会出水、出汁。你如果一直这样，

尝馄饨馅

就像做扬州狮子头一样，这样去打它，打的时间久以后，这个馅就算你今天包不完，到明天，它不会出水。这是我做馄饨的一个秘诀。好，这样馅已经完成了，接下来的一道工序就是包馄饨，我不知道二位会不会包？

胡：我会包。

王：真的吗？你确定吗？

胡：当然，我包得很好。

曹：水平稍微差一点，但是也可以。

胡：我包得可以的，我不谦虚。

王：我来看看雪桦包馄饨的技术怎么样。

胡：包馄饨真是我妈教的。

王：你是双层的皮还是一层的皮？

胡：一层的皮。

王：你包试试看，让我看看对不对。

胡：首先把馅放进去。

王：对的，蛮好。

胡：还有一件事，水涂一涂，折起来，翻过来。

王：很像样。

胡：灵吧。第一个馄饨。

曹：那我来一个。

王：曹老师来。

曹：基本上好像一个老师教的。

王：你这个娴熟度和雪桦比起来，有一点点好像不大灵。

曹：有一点差别。手生了。

胡：蛮好，你看。

王：很灵的。

曹：可以吗？

王：那么厉害。

胡：你来一个。

曹：这也是童子功。

王：我也来包，我和你们有点不太一样的是我妈妈教我的时候，她是说这样包。

胡：她是卷起来的。

王：这样包。但是我觉得你们两个包得比我好看。

曹：我们俩风格差不多。

王：很好看的，就是这样。

胡：一人一双筷子。正宗开始包馄饨。

王：突然间觉得这有点像个作坊，馄饨作坊。

曹：小时候我们都是这样的。

王：真的，很好吃。我家小时候……

胡：包馄饨是过年。

王：真的。

曹：包好馄饨，以前下好，吃不了那么多，都下好，放在一个竹篮上。

胡：对的。

曹：出去吃两个，进来吃两个。

王：你一顿可以吃多少馄饨？小时候。

曹：我最多吃过30个。

胡：厉害。我大概20个。

王：我也可以吃20个，小时候。我记得我在你家，你妈妈给我包的这顿馄饨，我吃了20几个，好像22个。

胡：厉害。

王：好吃。

曹：可以的。我有多少年没有包过馄饨了。

王：我一直在包。你看这真的都是上海人，包的感觉真的都很对。这只跟你有点像，胖嘟嘟的。

胡：这件事不要提了，人家现在瘦下来了。

曹：形状还是像的。

王：胖嘟嘟。

胡：福嘟嘟。包馄饨实际上是很开心的事情。

曹：其实就像北方人包饺子一样，其乐融融。

王：像过年一样。

胡：但是最关键是馅，馅太重要了。

王：对。荠菜好像是上海的一个特色。

胡：荠菜馄饨就上海有。

曹：还有我不大懂，那时候我奶奶她们，包括我妈妈她们，要试馅的咸淡。她们很有趣，我们一定要弄熟了尝一尝，她们用鼻子闻的，她们闻一闻说咸淡正好，我搞不大懂。

胡：这是本事。

曹：你怎么试咸淡？

王：我最早的时候是这样，用这个舔一下，现在我就是八九不离十了。

曹：这个厉害。

胡：厉害，不得了。我们基本上包好了。

曹：我们总归三个人的量要包出来。

胡：一人三两。有时候食品让人感觉到，让你回到了……

王：家的味道。

胡：小时候，回到那个年代。

王：我是喜欢你妈妈给我做的饭，红烧肉也好、馄饨也好，炒的菜也好，我觉得顾孟华老师很精致，她做的饭不是那么大的量，但是每一道菜都非常好吃。

曹：所以上海人会过日子，就是这个道理。

王：我每一次到雪桦家就像过年一样。

胡：我妈属于讲究色香味都要好，摆盘要好，桌子要弄干净，东西放上来，讲究得不得了。

王：你看一盘子已经满了。

胡：搞定了。

王：我们曹老师一看就是领导，你看到现在为止只有我和胡雪桦在包。

曹：我包了很多。

胡：今天人家休息休息。

曹：好好好，卖力点。

王：还是要监督的。

曹：接受批评。

胡：好了，还有吗？再来两张，搞定。我们蛮快的，一斤皮。

曹：童子功，这种属于童子功。

王：你们就吹吧，你们就吹嘘吧。

胡：真是会包的。我们三个快吧。

王：完成。

胡：搞定。

王：现在我就要开始下馄饨了，你们吃几个，自己说吃几个？

胡：你几个？

曹：10只总要的。

王：那么多？

曹：那么8只，少点。

王：一人8只好吧？我6只。

胡：我估计8只吃完以后，还要再烧一锅，先来8只。

王：我怕你们吃撑。

曹：吃不饱总归还有一锅，我们三个人吃总归够的。

王：我又想起顾老师的话，雪桦，你8只够吗？

胡：对的。

王：她是这么说的吧？

胡：对的，你们几个？

王：你们几个？8只够吗？二位爷要等一会儿，因为水要烧开，所以要麻烦你们等一等。

胡：刚才水没开就进去了？

王：没有，水开了，但是进去以后它又不开了。你有没有一点做事情的常识？

胡：我就觉得，一定是水开了再下去。

锅中的水慢慢煮沸，思绪也渐渐打开，往事历历涌上心头。对于王琳来说，顾孟华绝不仅仅是一位教表演的老师，她们之间的关系既是师生，也是朋友，更像母女。三十多年前的记忆清晰如昨，也许这一切只能用缘分来解释。

王：当时雪桦他们家三兄妹的照片，他们一直是挂在外边的，我记得好像是放在一个橱上面？

胡：对，一个柜子。

王：对，一个柜子里面，个个都那么帅、那么漂亮。我印象最深的是有一年过年的时候，雪杨从北京电影学院回来，风尘仆仆的样子，带了一些同学，都是导演系的同学。

胡：王小帅他们。

王：一进门以后，顾老师在那儿做菜，因为儿子要回来了，雪杨一进来，我记得戴了一条围巾，然后就把顾老师给抱在怀里了，就亲她，说妈妈，我回来了。当时我就觉得怎么可能那么温馨，我们小的时候父母是羞于说爱的，我和我父母之间几乎没有身体上的接触。

曹：中国人不太习惯有肢体的接触。

王：对，但是雪杨回来就能够这么抱着妈妈，然后亲她。

胡：我妈最喜欢他，没办法。

王：他说妈妈，我回来了。顾老师家给我的这种感觉就是太温馨了，这样一个家庭太幸福了，我小时候是非常羡慕的。

曹：那时候你注意到过王琳吗？

胡：我和她见面，我印象很深就是我回国以后，在机场，那是我拍《兰陵王》的时候，突然一个女孩，很漂亮，走过来说雪桦，你还记得我吗？我是王琳。因为我妈总跟我讲王琳，所以我就有印象。完了以后就算跟她，有印象了。

王：对上号了。

曹：现在浮上来了。

王：馄饨浮起来了，大概应该好了。

胡：还要放点水吗？

王：我刚刚放过了。

胡：那可以了，浮起来就可以了。

王：因为没有在冰箱里冰过，所以这个馄饨用不着烧很长时间。

胡：那可以吃了。

王：可以吃了。不知道有没有当年顾老师的味道。雪桦，这是你的，我不知道味道怎么样。

胡：灵的。你坐过来，我们一起吃了。

王：心情很忐忑，不知道好不好吃。

胡：首先样子很好看。咱们就吃一下。味道怎么样。

王：熟了吗？

曹：熟了。

王：还可以吗？

胡：基本上我能够想到我妈那个时候做的馄饨的感觉。

王：因为我觉得人生当中最感动的应该就是妈妈的味道，我也试试看。

曹：可以的。

王：可以吗？

曹：咸淡正好。

王：还可以。

曹：以前其实家里做馄饨，也算是个大事。

王：是，像过年一样。

曹：因为肉啊什么都是……

胡：不是随便吃馄饨的。

王琳恩师顾孟华

王：但我自己觉得还差一点，跟顾老师的味道还差一点，我要继续努力。

胡：王琳是一个对老师特别敬重的人，而且有孝心。包括我觉得其实我妈，我不知道我妈怎么把这个食谱给你的，从来没给过我，可能就是她在做，你在边上。今天我实际上也是学到了一招，我妈做馄饨是怎么做的。非常好吃。

王：非常感谢。其实我觉得在我到现在的记忆当中，顾老师是我一生的一个贵人，在我17岁的时候，我认识了顾老师。我第一次见到她，我就觉得她一直在咳嗽，不停地在咳嗽。她就跟我们道歉，说对不起，我一直在咳嗽，因为我在"北大荒"的时候得了肺炎，所以一直不是太好。我印象当中就是这个老师非常谦卑，向我们道歉。然后她就问我们，她说在你们中间，谁想要当演员，可以举手吗？我就觉得如果她是演员的话，我也想要当演员，然后我就把手举起来了。我记得有几个人同时举的手。然后顾老师说太好了，如果你们真的想当演员的话，我会倾我所有知道的东西来教给你们。那个时候我记得我第一个寓言故事，是中文版的《乌鸦与狐狸》，顾老师在指导我中文版的《乌鸦与狐狸》。从那个时候开始，我开始渐渐喜欢上了表演。

胡：当时我记得我妈讲过她的这些学生里面有两个特别好，女孩就是王琳，她说这个孩子好好努力的话，条件各方面，她今后可以成为一个演员。还有一个是谁呢？王志文，她说这个男孩也非常好。所以现在看来，这两个人都出来了。

曹：说明你妈妈眼光不错。

胡：我妈眼光可以。

王：我印象最深的是我们从文化宫坐15路坐到静安寺过去一站，好像北京西路那一站。这段路上交流是最多的。我印象很深的一次是，那个时候的上海，1987年，上海说普通话的人很少，我是跟顾老师学的普通话，我以前说的普通话都是上海普通话。她在公共汽车上跟我聊天的时候，她说你要跟我学普通话，她都是用一种很优雅的普通话在跟我交谈。我印象很深，旁边有一个人就一直这么看着我们俩，然后他就

王琳恩师顾孟华

问，他说请问你们是做什么职业的？顾老师一头长发，她是自己卷的，出门之前会在前面有一个卷发筒，就是老上海那种优雅的女人。她一头卷发，又长得非常美，回头以后告诉他说，"我们是演员。"

胡：这太像我妈了。

王：像吗？

胡：太像我妈了。

王：我突然之间就对"演员"这两个字觉得那么崇高，因为我觉得它能够带给很多人一种美，潜移默化地给人一种教育。我就觉得演员这个职业太崇高了，我一定要成为演员。顾老师还跟我说，她说如果你要演戏的话，我希望你能够成为演员，不要成为明星。

曹：你妈那么早就说这个话了。

胡：这个也就是我妈潜移默化给我的影响。所以我觉得老师有时候就是一个身体力行。

王：她不浮躁，她是特别脚踏实地的一个人，她又那么唯美，在我的心目当中，顾老师就是我的一个榜样和偶像。

曹：雪桦今天带来了两样东西。都是他妈妈的照片。雪桦说他妈妈过去，人家称她为"小白杨"，真的很像。

胡：这张是在什么时候？是我在纽约，我在美国演戏的时候，演《蝴蝶君》，在我的化妆室。这是我一个朋友，做电影音乐的，结婚，我和我妈去。这是和雪莲。这个是我妈演了一个电视剧《枫叶丹丹》，大概在 20 世纪 80 年代末。这是我们全家。

王：是，我见过这张照片。

胡：就是这个时候，搁在我们柜子里的。

王：太熟了，这张照片。

胡：这是和雪莲。我妈给我过生日，在美国。这是我妈年轻时候。

曹：我听说那时候你去考学校，顾老师还送你两个小道具是吗？

王：我要去南京考学之前，顾老师给了我一面那种翻开的镜子，有一面是放大的，有一面是不放大的，以前的那种镜子，是她自己喜欢的一个镜子，她给了我，然后再给了我她自己特别喜欢的一条蓝色的丝巾。她说，你要把这两样东西带上，因为你在做小品的时候，你可以用上它。然后跟我说，你一定要有一个信念，一定要真听、真看、真感觉。我带着顾老师的两个礼物到南京，第一年其实很遗憾，我没有考取中央戏剧学院和北京电影学院，最后一轮，我18岁生日那天，收到北京电影学院不录取的通知书。当时哭了很久，我跟顾老师还打了一个电话，我说我没有被录取。顾老师说不要气馁，明年再考，所以我是第二年考取了上海戏剧学院。

胡：其实我对你的了解是我妈到了美国以后，因为我妈总是要讲一些在国内的事情，她就讲到你。讲到她觉得这个孩子素质非常好，而且说王琳跟她的关系比跟她妈还好，是这么讲的。说经常晚上一起聊天，后来孩子慢慢长大以后，她们就可以讲很多事情。后来王琳到苏联去，我妈坚决支持，因为我妈和我父亲这代人有俄罗斯情结。

曹：对，他们那代人。

胡：我妈说，我就鼓励她，她问我要不要去，我说要去。

王：我就觉得顾老师像我妈妈一样，所以我什么都跟她说。她跟我交流很多，但是我印象最深的是当我到了莫斯科以后，我们经常有通信，她还给我寄衣服过来。她给我写了一封信，我印象非常深，她说你不管是演戏还是做人，她说这个"人"字要大写。她把这个"人"占了三个空间，她说"人"字要大写。其实这句话，对于我一生来讲，影响非常大。当我觉得我应该做还是不应该做的时候，我就想起这句话，做人要大写。其实这句话，我现在回想起来它的意义很深，你品格要大写。但是这个人可大，有的时候要变小，当你把自己变得很小的时候，别人就会把你看得很大，你如果把自己看得很大的时候，你的人生就会变得很小。

曹：你在苏联留学的那段经历，包括刚去莫斯科的时候，语言对你来讲也是一个很难啃的硬骨头，所以在啃语言的过程当中，是不是也会让顾老师给你一些信心和一些动力？

王：我跟她说，我说太难了，她说我知道难，但是你想你如果掌握了俄语、掌握了英语，你还会说中文，那是不是很棒？那个时候，其实她给了我很大的信心，因为我去俄罗斯的时候，我一句俄语都不懂。他们跟我说很简单，星期天俄语叫"袜子搁在鞋里"，再见叫"打死你大娘"，所以我就是这么开始学的。其实顾老师一直在鼓励我，她说你一定要把这个啃下来。

胡：所以我妈实际上是在教学生，包括跟我们讲的时候，其实不是简单讲表演是怎么回事，其实还是讲你怎么做人。

王：所以顾老师还跟我们说，那个时候很少人说什么是爱，顾老师就跟我们说什么是爱，跟我说，她说爱是恒久的忍耐，就是要忍耐，爱是不自夸，不做害羞的事情，就是人字要大写。她跟我说了很多爱，其实我现在回想起来，我心里满满的爱其实很大一部分是她给我的。说到她，我觉得都是美好的记忆。

胡： 我妈就是一个活在感情里的人，我真的挺高兴的，实际上我母亲已经走了五年，但是我在王琳身上看到，我妈播下的这颗种子，在她身上……

王： 在溪水边长大，长成树，有收获。

曹： 这种精神得到了一个接续。

胡： 对。而且我妈是个很挑剔的人，她能让一个学生在家里跟她睡在一起，这太难了。

曹： 你和顾老师就睡在一起？

王： 我们两个可以从晚上聊天，一直聊到天亮。

胡： 通宵，跟我都没这么聊过。

王： 我很幸运。

曹： 我们刚才说到王琳去苏联，而且她是很有意思，她经历了从苏联到俄罗斯的这样一个社会的变化。

王： 其实有一段，因为第一次顾老师教我的《乌鸦与狐狸》，后来我考莫斯科国立电影学院的时候，我用俄语朗诵的《乌鸦与狐狸》。俄语是 Ворона и Лисица。我是用这个来朗诵，考取的莫斯科国立电影学院。

1990 年，在上戏表演系刚念完大一的王琳，被学校公派到苏联留学。尽管只有短短两年不到的时间，但异国求学的经历以及艺术的熏陶，却令她受益终生。

王： 我在电影学院的时候，他们最常念给我听的一首诗是普希金给他最爱的女人凯恩的一首诗。这首诗的名字叫《致凯恩》。他就是非常深爱着这个女人。

俄语朗诵：我记得那美妙的一瞬，在我的面前出现了你，有如昙花一现的幻影，有如纯洁之美的精灵。在绝望的忧愁的折磨中，在喧闹的虚幻的困扰中，我的耳边长久地响着你温柔的声音，我还在睡梦中见到你可爱的面影。

胡： 可以。中国女演员里面讲俄语的就是她了。

王： 还有一个导演叫嘉娜·沙哈提。

胡： 嘉娜，我认识。

王：在莫斯科国立电影学院的时候。

胡：她是新疆人。

王：对，她是在导演系，她的俄语也非常棒。但演员可能就我一个。

胡：讲得特别好听。

王：因为他们的诗太美了，而且他们的油画，那种沉重的感觉。因为我记得我在莫斯科留学的时候，我跟他们聊天，他们说为什么我们所有的东西都那么重，因为我们的民族一直站在悬崖的边上。

胡：说得好！

曹：这句话好。

王：所以他们就很沉重，很多东西。

胡：但也很美。普希金，世界诗坛如果没有普希金，那就少掉一角，是不是？

王琳与曹可凡在普希金铜像前

王：对，太美了。所以一接触到他的东西，我还是有点激动的。

曹：你在那个地方读书，生活，现在回想起来印象最深的是什么？

王：我有一天，因为那个时候是物资最缺乏的时候，有排队的地方，我们就必须去排，因为有东西可以卖给我们了。我有一天排完队以后，我是放学，身上背着一个双肩背包，因为很重，里面有很多东西。左手拿着我排队买来的牛奶，右手拿着苹果，都很重。那个时候雪是鹅毛大雪，迎面这么扑来，气温很低，雪下面是冰，我在冰上走，一边走，拿着两个口袋，背着双肩背包，雪这么迎面而来的时候，我就告诉自己说，好的，你长大了，你独立了。

胡：很有画面感。

王：对，这是我当时的感觉。

曹：你后来又重返过莫斯科吗？

王：对，我 1999 年的时候回过一次莫斯科，那个时候跟我的一个好朋友，竟然在他们的电影节上见面了，她的名字叫玛莎，是我在莫斯科时候最好的朋友，她把我送到了机场。我记得很清楚，我写的是 1999 年 7 月 27 日："那是一个大晴天，我在飞机上写的。我写的是，明知已踏上归途，思绪却无法从短暂的相遇中挣脱，我深信冥冥之中似曾相识，是在梦中相见抑或是上世的延续，如果真是上苍的安排，那就请在我有生之年慢慢展现，让我享受你赐予我的喜怒哀乐，让它们随着生命不断地涌现。飞机载我远离那方土地，我看见另一个我站在那里，向我挥手告别。道别离，道珍重，生命路漫长，何必为短暂的分离而忧伤。飞机载我远离那个无数梦回的地方，我的身体伸出无数触角伸向远方，越来越多，越来越长。我用生命拥抱这个地方，紧紧拥在怀里，让它感受到我的心跳，无论我在天涯或海角。感谢上苍从心底唤起我忧伤与快乐，让我感到生命的丰满与可爱。假如人生没有感动，何必让躯壳存留于人间，让灵魂和血肉注入躯体，这样生命才重新有了意义。"

曹：写得很好。

胡：非常棒，感觉是在俄罗斯读过的，又有这种诗意。

曹：浸淫过俄罗斯文化。

王：因为我很少去翻到这些东西，翻到这些东西的时候，我很惊奇，我曾经是一个文艺青年。但是现在的生活，好像把我已经磨得完全没有这种感觉。

胡：继续写，我觉得她真的写得挺好的。

王：有一次在拍戏的剧组，我也写了一段随笔，"难得的下午，大雨初歇，万物透着清新的芬芳，空气湿润柔和，轻轻拂过脸颊，让久旱的肌肤享受到秋的甜润，呼吸到泥土的芳香。独自坐在屋顶的木凳上，空旷的景致一览无余，泡上一杯咖啡，架起二郎腿，眺望着余荫下的小桥流水，夕阳下的田野村庄。碧绿的稻田里传来声声蛙鸣，小鸟在金色的天空中飞翔。划过树林，隐约地看见霓虹灯的闪亮，与满天星宿交映成辉，相互倾吐着内心的思想。此刻，我远离尘世的喧哗，静静地置身于世外的天堂。"

胡：很棒。

曹：很诗意。

王：这是我以前年轻时候写的，现在让我写，我写不出来了。

胡：今天我是看到王琳讲了这么多，我还挺感动的。包括她刚才讲那么多，在她言语之间对我母亲那种情感。

曹：非常难得。

胡：而且我妈在病榻上的时候，她经常去看，我妈都会跟我讲王琳来看过我了，其实我也感谢你，对我妈那么……

王：这是我应该做的，她就像我自己的母亲一样。

胡：我真的希望我父母亲这一代人的很多东西，在我们的艺术和生活当中可以延续下去。因为这一代人，我觉得他们是有信念的。

王：是，同意。我也希望我们所有的艺术生命不是转眼即逝的，就像那句俄语一样，就是转眼即逝，不是这样的，要有存下来的东西。

胡：所以王琳这几年，其实我们已经是五年没见了，但是我还是一直看到你在做事，其实我也特别高兴，有机会咱们也合作一次。

曹：你们俩还没合作过？

王：太荣幸了。

胡：没合作过。

曹：那得合作。

胡：咱们俩合作过。

王：今天是第一次合作。

在衡山坊品尝过王琳的独门手艺——美味上海大馄饨，我们的下一站将要沿着衡山路，去寻访她的童年足迹。

曹：就是这里。

王：对的，少年宫对吧？

曹：少年宫。

王：有一些变化了。

曹：我小时候一直陪我爷爷到这条弄堂里来的，因为你们少年宫就是荣毅仁先生捐赠的。我已经不知道是哪一幢了，有一幢就是他的妹妹住在这个地方，叫荣漱仁。我爷爷和她是朋友，所以小时候就一直陪他来。

王：是，徐汇区青少年活动中心高安分中心，就是这儿，有一点变化。

位于衡山路与高安路交界处的徐汇区青少年活动中心高安分中心，前身是徐汇区少年宫，创办于 1953 年，校舍由原国家副主席荣毅仁先生于新中国成立初期捐赠。它也是上海第一个区级少年宫。童年时代，王琳曾在这里学习舞蹈。

曹：我们进去看看，感觉一下是否能找到昔日的记忆。

王：是，有一点点变化。

曹：18 弄 20 号。

王：历史建筑。

曹：那个是 1939 年建造的，80 年了。

王：我数学一塌糊涂。

曹：你还有印象吗？这个少年官。

王：我到这里来，我就觉得是恍若隔世，好像是上一辈子的事情。但是我记得"好好学习、天天向上"，我好像是记得的。我还记得在这栋楼里面，从那边走，好像后面有个食堂，因为我那个时候的老师，舞蹈老师、形体老师还做饭给我吃。我很想去找到我当时的那个练功房，因为练功房，我记得有很多把杆。有一股味道，也不能说香、也不能说臭，就是特有的那种味道。

曹：那时候你在这儿学舞蹈？

王：对，我学了大概有半年多的舞蹈，那时候我很胖。

曹：是吗？

王：那时候我的肚子有那么大，腿又短，我是学舞蹈当中好像条件不是太好的。而且我们学舞蹈不是有个转吗？就是这样转，我每一次转，都会好像要晕一样。虽然我条件很差，可是我的老师还是很喜欢我，给我做饭，鼓励我怎么怎么样。

曹：当时你们是每周来几次？

王：每周来两次，两次训练。真的，我就是记得那个把杆，我就不停地在压腿，但是我这条腿有一根筋好像有点压断了，我到现在为止这条腿没有这条腿好。那个时候小，又不懂，拼命压，只有一点点舞蹈基础，很遗憾。当时没有坚持，如果坚持的话，我想不会像现在那么硬。

曹：你后来学"国标舞"是不是跟小时候的舞蹈梦想也有点关系？

王：是，我特别喜欢"国标"，我觉得我好像，我自己觉得我有一点点舞蹈基础，就是因为这半年。所以其实也是比别人学得要快一点，可能也就是因为这半年的舞蹈基础。

曹：那我们就进去看一下吧。

王：好，进去看一眼。

曹：找找感觉。有没有当时跳舞的时候这种感觉。

王：你闻到这个味道了吗？曹老师。

曹：好像是。

王：有没有这个味道？

曹：你说起来好像是有一个特殊的味道，但说不出来是一个什么样的味道。

王：我记得以前这里好像是一个教室，我记得这里好像都是把杆。为什么？因为我们旋转，我们总是从这个角要转到那个角。我印象深的是，有的时候我偷懒，我就是坐在地下，坐在这个上面的时候，我就偷偷地看到我妈妈躲在那儿看我，我腾一下就起来了，然后就继续在那儿转。好像就是在这个房子里，我一进来闻到这股味道，我就有感觉到。

曹：可以啊，这么多年这个味道没变。

王：对，真的是没有变。我觉得应该是在这里，是有个练功房。

曹：问他们一下，老师们，这个是不是原来的练功房？

女老师：对的。

王：真的吗？

曹：就是原来那个练功房是吧？

女老师：对。

曹：那就对了。

女老师：原来的练功房，这两边是有镜子的，把杆是在两边的。

王：是。

曹：那对了。

女老师：这里是一排箱子对不对？

王：是。真的我能够记住，因为我记住这个台阶。我也记得这些地方。真的是恍若隔世。

曹：那时候多大？几年级？

王：我大概10岁的时候，1980年，40年前了。

曹：对。别暴露年龄好不好？

王：天哪！所以我一进来，这个味道，我很熟悉，这个味道依旧在。是不是以前这儿都是把杆？

女老师：对的。

王：还有这儿是把杆，是吗？这里没有，好像。

女老师：这里没有的。

王：真的啊？

曹：你记得真清楚。

王：40年前的事，我记得那么清楚。

曹：她记忆真的很清楚。

王：这个台阶的木头，这里的木头好像没有换过。

女老师：没换。

曹：这是老的木头。

女老师：这个木头是优秀历史建筑保护，所以不换了，这都是原始的。

王：没有换过。对，就是这些木头，我小时候的感觉，我小时候就是踩在这块土地上的。

曹：艺术的种子在这儿开始发芽，是吧？

王：对。曹老师，谢谢你，能够把我带到40年前。

曹：找回昔日的记忆。

王：真的谢谢。

曹：我们再上去看看吧。

王：好。

曹：这个扶手和这个大理石，应该还是过去的。

王：对，以前的。

曹：以前的东西。

王：我好像记得。恍若隔世，真的恍若隔世。小时候会觉得这个凳子很大，大了以后会觉得这个凳子很小。是吧。

曹：对。其实你在这儿待的时间也并不是很长，但是留给自己的这种记忆还是很深刻的。

王：其实人的记忆，有时候你留在一个地方时间很长，它并没有那么深刻的记忆，有的时候可能只有半年，有的时候可能只有一年，但是这个记忆会是留在你脑海里一辈子的。

曹：对，很有意思。

王：这里是一个琴房，我都不记得少年宫以前有琴房，我只记得我们的舞蹈房。这就是一个舞蹈房。

曹：还有你小时候那种感觉吗？

王：但是我们那时候是木头的把杆，这是不锈钢的把杆，是不一样的。

曹：那时候你们肯定条件差。

王：但我觉得木头的更有味道。

曹：我去采访舞蹈家戴爱莲先生，那时候她已经85、86岁，家里有一个特别小的木头把杆，就搁在家里，肯定她也不会用，但是成为她生活的一个念想，她一生就是把杆上的艺术生涯，挺有意思的。我们下了课之后，就跑到少年宫里头，有很多班。

王：兴趣班。

曹：我那时候去什么兴趣班呢？吹喇叭，就是这种号，最简单的这种号。

王：是因为你胖的关系吗？

曹：对，力气大。

王：中气足。

曹：舞蹈肯定轮不上，我从小人胖，结果有一天总算轮到了，说你可以参加一个舞蹈，我又不会跳舞，为什么叫我去？我力气大。

王：可以把人家举起来？

曹：有一个镜头，要举一面红旗，从上场门跑到下场门。我很开心，举一面红旗，要跑得快，因为旗子要挺起来。结果正式演出那天，摔了一跤，摔了很大一个跟头。

曹：还有印象吗？这些教室。

王：我对教室没有特别的印象，但是我对这些门窗印象特别深，因为我们小的时候……你看这个细节，是吗？开窗就是这样开出去的，对吗。你看，就这样推出去的，锁住，它就不会动了。这个叫什么窗？

曹：落地钢窗。

王：就是这种感觉。我小时候没有上来过，因为我觉得好像小时候不让我们上来，现在上来有另外一种感觉。很灵的。

曹：漂亮。

王：真的就是上海的感觉。

曹：老上海的感觉。

王：就是我童年的感觉。

曹：你们小时候草地，操场应该也有吧？

王：我完全不记得，我只记得食堂和练功房。

曹：玩和吃。那时候你家里哪个亲戚在体工队是吧？离这儿不远。

王：我的小姨，就在，你知道有一个叫网球中心。

曹：就在前面。

王：它以前是叫上海市体工队，我小姨在里面扔铁饼的，我小姨父是推铅球的。我每一次都找一个借口，我说我去跳舞了，但是我就偷偷溜到我小姨他们体工队。你知道为什么吗？为了吃。

曹：是不是他们给运动员吃得特别好？

王：他们每天牛奶、黄油、面包、鸡蛋，还有好多肉，他们都是不限量的，你愿意吃多少吃多少。我就馋，那时候什么都是控制的，有配给的，好像我们那时候。只有去他们那儿……

曹：凭票供应。

王：我们用不着凭票了，我就随便乱吃都可以。

曹：所以你吃得胖。

上世纪七八十年代，看电影是人们为数不多的文化娱乐活动之一，几乎每个孩子心中都曾有过一个电影梦。衡山路上的地标式建筑——衡山电影院，就寄托着王琳少女时代的电影梦。落成于1952年的衡山电影院，是新中国成立后上海新建的第一家影院，享有沪上唯一"花园影院"美誉。有趣的是，按今天的时髦称谓，它还是第一家"众筹"影院。

曹：这个很有意思，这是当时周围的企业、居民以及银行共同集资的，政府出一部分钱，周围的企业和老百姓一块儿集资，大概集资的数额（占）三分之一。当时1951年花了30万元，造了这个电影院。"衡山电影院"那五个字是陈毅市长写的。

王：你怎么懂得那么多？

曹：我们小时候也在这里看过电影，你记忆当中，小时候看过一些什么电影？

王：我小时候看过，国产的，我老师演的《苦恼人的笑》。

曹：李志舆老师。

王：对。还有《人到中年》，潘虹。

曹：潘虹和达式常。

王：对。还有《永不消逝的电波》。

曹：那就是上世纪五六十年代，后来改革开放以后开始复映孙道临老师演的戏。

王：还有《小花》对吗？

曹：陈冲的。

王：对，陈冲老师的。还有一些国外的片子，什么《大篷车》。

曹：印度片是吧。

王：对。成天在那儿唱啊跳啊，还有南斯拉夫的那个叫什么？

曹：《瓦尔特保卫萨拉热窝》。

王：对。

曹：你记得有个钟表店的老板，后来被打死的，他有一句很有名的台词。大地在颤抖，仿佛空气在燃烧。这个台词我们当年……

王：你也记得是吗？《瓦尔特保卫萨拉热窝》。

曹：还有很多日本片子。

王：我记得有一个叫什么，"真由美"那个叫什么？

曹：《追捕》。

王：那个男演员可帅了。

曹：高仓健。

王：对，还有《人证》。

曹：当时像《追捕》这些，里边这些台词我们都能背的。里边有一段台词，就是高仓健的，毕克老师配的，昭仓不是跳下去了嘛……

王：唐塔也跳下去了。我还记得他们吃药，护士要看着你把药吃掉。

曹：叫 AX，吃完以后人就变傻了。

王：然后还要吐出来，他最后吐出来，我还记得这些。

曹：你记忆当中，小时候看电影，哪些演员你特别喜欢？

王：我脑子里面突然闪现出来的就是孙道临老师的《永不消逝的电波》。

曹：那是个经典。

王：给我印象太深，就是他最后把电报稿放到嘴里吞下去，日本兵来了，那一瞬间我觉得他演得好好，感觉很真实。还有我突然间又想起江姐（《烈火中永生》）。

曹：于蓝老师和赵丹老师。

王：我非常感动。那时候很小，我觉得他们怎么能够那么伟大。

曹：这部戏实际上是赵丹的最后一部戏，赵丹拍完这部《烈火中永生》之后就没有再拍过片子。

王：所以您问我的时候，我就把这些电影全回忆起来了。

离开衡山电影院穿过马路，沿着衡山路向东步行不远的距离，就来到了另一处地标式建筑——小红楼。小红楼是上海人对百代唱片旧址的俗称，可爱的名字里流露出几分亲昵与怀旧。这座小洋楼是中国现代音乐的圣地。1921 年，法国人乐浜生在这里设立唱片公司，建起上海第一座录音棚，从此开创了中国唱片生产的历史。新中国成立后，这里成为中国唱片总公司上海分公司所在地。一代又一代音乐家在这里留下了他们的足迹，一系列经典作品在这里完成唱片的录音、制作和发行。

曹：当时很多电影的插曲，都在这儿录的。比如说我们的国歌，《风云儿女》的插

王琳与曹可凡在衡山路小红楼

曲，国歌就是在这个地方录的。还有其他一些，比如说姚莉唱的那首《玫瑰玫瑰我爱你》，也是在这儿录的。还有李香兰唱的《夜来香》，所有故事，都在这个小楼里面发生。

王： 我想说我好幸运，能够来参加这个节目，因为好多事情，我作为上海人，我都不太知道，今天听到您在跟我说，我学了很多。

曹： 还有很珍贵的一件事，就是当年金焰和阮玲玉拍过一个电影，叫作《野草闲花》，当中有一首歌叫作《寻兄词》，这首歌是阮玲玉唱的。阮玲玉是默片时代的演员，这是她唯一留存下来的声音资料。所有故事，我刚才说的都是这儿。我们进去看一下。到二楼去看看。

王： 好美，你看这个光进来。

曹： 这光好看吧。

王： 好美。

曹： 出去看看。

王： 我的语言，现在我觉得很贫乏。

曹： 词穷。

王： 我只能够用两个字来形容，好灵。

曹： 转上海话。

王： 好灵，真的是好棒。

曹： 所以你想黎锦光当时在这个录音棚，也是个"棚虫子"，每天工作很辛苦，突然那天录完音，从录音棚里头走出来，在傍晚的时候，闻到了夜来香的香味，所以他马上就来一个灵感，就写了《夜来香》。

王： 如果单单是这个场景，我还没有那么多感触，但是您再这么

王琳与曹可凡在徐家汇公园

跟我一说历史背景，我觉得这个场景比我看到的更加有魅力。

曹：还有解放以后，我们知道的一些诞生在上海的重要音乐作品，比如《梁山伯与祝英台》小提琴协奏曲，还有吕其明老师的《红旗颂》，都是在这个录音棚录的。所以你看着就是简单的这么一个楼，可是它贯穿起一部中国近现代的流行文化史，尤其是音乐史。

小红楼的所在地，是如今徐家汇公园的一部分。这座开放式公园建于2000年，一期为原大中华橡胶厂地块，如今公园一角还保留着橡胶厂的烟囱作为纪念。整个公园的设计独具匠心，布局呈上海版图形状，模拟黄浦江等水域，并有近200米长的天桥贯通。阳光和煦的午后，在这里悠闲地散散步，聊聊天，是最惬意不过的了。

曹：王琳，你小时候是一个什么样的女孩子？是比较文静，还是比较狂野？

王：我小时候，我觉得我很文静，我几乎不太说话。其实我的性格变化还是挺大的，自从我当了演员以后，可能是因为要和太多人接触，自己把自己的性格改变成一个话很多的人。但是我觉得有的时候，你的文化底蕴没有到这种程度，你话很多的时候，会被那些成熟的人觉得你在卖弄。很多时候，年轻的时候是幼稚的，我现在再回过头来看看我以前的那些言行举止，我觉得很多都是欠妥的。但是那个时候，我很文静，可能我现在又回归了，你觉得我文静吗？

曹：我觉得你蛮文静的。

王：没有。

曹：我觉得你有两面，你有文静的一面，其实你也有狂野的那一面。

王：有。

曹：你那时候考进上海戏剧学院，算是业务好的吗？

王：其实我很惭愧的是，我为什么要考戏剧学院？因为我在17岁的时候开始去跑龙套演戏，为了帮补家用。拍了戏以后，我就不太上学，数学成绩就很差，数理化很差。到了高二的下半学期，快要高三了，老师就为了提高班里的升学率，就问我，他说你到底能不能考取大学？我说您觉着呢？他说悬。那我说我应该怎么办？他说像你这样的，琴又不会弹，歌又不会唱，小样儿长得还行，你去试试考演员吧。那个时候我就有一个想法，我试试看能不能去考演员。结果阴差阳错，真的让我考上了。您刚才问我说考演员，这个业务算不算好，其实我现在回过头来想，当时也不懂什么是表演，我觉得我的运气比较好，撞大运，撞上了。以前也没有觉得自己那么爱表演，可是真正开始让你塑造角色，真正让你感动了以后，你才会觉得，原来我是热爱这个行业的。

曹：后来去前苏联读书，又回来，你觉得经过这一番历练之后，自己在演戏方面，是不是对表演专业有更深的认识？

王：其实我觉得入门的时候，大家都是一样的，所谓的要看斯坦尼斯拉夫斯基的一些书，入门，真听、真看、真感觉，入门的时候都是一样的。但是演员特别有意思的是，你的经历越丰富，你就像一本书一样，你会变得越厚。当你变厚了以后，你就可以去面对很多角色。其实去前苏联这段学习的过程，我也一直在问我自己，我学到了什么？其实我觉得与其说学到了什么，不如说你悟到了什么。其实表演是一个领悟的过程，当你去看了他们的芭蕾，当你去听了他们的音乐会，当你去看到了他们的绘画雕塑，当你看到他们的演员是怎样去塑造角色的，你不能单纯地去学，因为他们的文化背景、表演方式，跟我们都是不一样。如果单纯地去学他们的表演方式，你回来以后会变成一个"怪物"，因为你和大家的表演是融不到一起的。

曹：格格不入。

王：格格不入的。那么你要去选择，你怎样去跟你的同伴，在一个相同的频率去表演，但是在这个频率当中，你要找到自己的频率，就是自己悟到了什么、自己感受到了什么。我觉得这是我在莫斯科学习，回来以后的一种感受。

曹：所以不同文化背景出来这种表演的方式，肯定不一样。

王：不一样。我感触很深，他们的表演和我们的表演区别还是挺大的，因为真的是文化不同。他们的一个话剧，像《海鸥》、像《万尼亚舅舅》，他们表现出来的和我们排出来的，是完全不一样。今天的阳光真好。

曹：真的好。那时候你们在那儿也要演大戏吗？

王：要演，我印象最深的是我看到嘉娜他们排的《樱桃园》，还有《万尼亚舅舅》，我自己也排了一个《樱桃园》，印象很深。他们对每一个细节的要求，都非常严格，你为什么说这一句话？舞台上，你为什么说这句话？你为什么有这样的一个动作？所有的东西都在问你是为什么，我印象很深。不是很草率地去做这些事情，都有一个出处。

曹：这样挺好，一个人有这个机会在不同文化背景下学习过，我觉得尤其对于一个做演员的人来说是受益终生。

王：是，我觉得我非常幸运，这不是每一个人都会有的一个经历，让我看到了很多，让我感受到了很多，感受到一个人在国外生活的艰辛，也感受到一个人在那里能够接触到很多新的事物的一种快乐。

曹：那时候你们去那儿，生活习惯吗？

王：当然不习惯，记得我第一天到了莫斯科郊外的一个别墅里面，吃早餐的时候，我曾经写过这个日记，我一定要找出来。就是饿了很久，当你捧到一碗粥，想把它全部吃掉的时候，想不到这个粥里面全部都是奶油。当你吃完了以后，你全部吐掉的时候，你再拿到榨菜的时候，你觉得我是全世界拿到榨菜这一瞬间最幸福的人。这都是我们经历过的。

曹：那时候你们自己做饭吗？

王：自己有的时候做。

1993 年，从莫斯科回国并在上戏继续求学的王琳获得了一个机会，在当年的爆款电视剧《情满珠江》中饰演女二号张越美。这个角色让她正式走进了观众视线，初尝成名滋味。

曹：记忆当中，《情满珠江》算不算你一炮走红的作品？

王：不能说红，自从《情满珠江》开始，观众可能会知道有我这么一个演员。可是很有意思，我从来没有觉得我自己红过，因为《情满珠江》以后，大家记得的是张越美，我那个角色叫张越美。我走在大街上的时候，人家都说这不是张越美吗？最初的印象是张越美。拍完《情深深雨蒙蒙》以后，走在大街上，人家说这不是雪姨吗？我觉得我很幸运的是我演了这些角色，大家都能够记得这个角色。但是有人说你不觉得人家没有记得你吗？我觉得演员最让自己觉得开心的一件事情，我认为是记住了你的角色。

曹：尤其雪姨后来能变成"网红"，你大概自己也没想到。

王：我从来没有把"网红"和我自己联系起来过，因为我觉得我是一个"老人"，不可能成为"网红"。

曹：资深的年轻演员。没想到拍了这么多年戏，居然成为年轻人所追捧的对象。

王：是年轻人的童年阴影。

从衡山路宛平路口走出徐家汇公园，迎面一幢欧式风格的楼宇，就是我们今天寻访之旅的最后一站——衡山宾馆。这栋建筑原名叫毕卡第公寓，建成于 1934 年，曾是享誉远东地区的万国公寓楼。1957 年正式更名为衡山宾馆。

曹： 衡山宾馆，你看它的英文叫 Hengshan Picardie Hotel。毕卡第实际上是法国的一个省份，是法国最富有的一个省份。我猜想大概就是用这样一个名字，代表住在这里面的住户是非富即贵，我们查过一些资料，以前住在这个地方是犹太富商比较多一点。解放以后，大概 20 世纪 50 年代的时候，就改成一个酒店，就改成衡山宾馆。当时主要是有大量苏联专家到上海来，他们没有地方住，所以当时就安排他们住在这个酒店。

王： 所以您如果不跟我说毕卡第，我还没有注意过它还有一个 Hengshan Picardie Hotel。

曹： 因为它中文里面没有毕卡第的字样，可是在英文里面还是有毕卡第的字样在里边。

　　在这个时间点来到衡山宾馆，当然不能错过一份精致可口、充满情调的下午茶。临窗而坐，看着衡山路上川流不息的芸芸众生，与友人天马行空地谈天说地，抑或是放空思绪，任由自己发发呆，都是快节奏的城市生活中难得的奢侈享受。

曹： 衡山宾馆的下午茶还是不错的。

王： 谢谢曹老师！这个茶闻着很香。

曹： 这就是锡兰的红茶。

王： 谢谢！

曹： 王琳平时空闲的时候，是不是也会跟自己的闺蜜一起喝个下午茶，随便聊聊天之类的？

王： 可能是上海的这些小女人们，三五知己在一起喝下午茶，觉得这是一种享受。

曹： 我们先来吃一点吧。

王： 看着很诱人。

曹： 挺诱人的。

王： 我也在选这个，我也用手。那我就用手了。

曹： 用手吧。味道可以。你看，从衡山宾馆能够看出去衡山路，非常美，这是上海，始终来说是一条充满着格调、充满着历史的这么一条马路。

王： 这是我最喜欢的上海的路其中之一，因为它的梧桐树，永远都是这样盖住的。在我童年记忆当中，就是梧桐树的记忆。

曹： 对，因为这条路过去也是属于有点法国风情的这么一条马路，这条路原来叫

"贝当路"，贝当是当时法国的一个将军，用他的名字来命名。你刚才说到小女人们，大家一起约着喝个下午茶，聊个天。我特别想知道作为一个上海女人，你怎么看上海女人？

王：我以前觉得上海女人有的时候是很物质，她们喜欢把自己打扮得很漂亮，很多女人是无所事

王琳与曹可凡在衡山路

事，下午张家姆妈、李家姆妈，喝杯咖啡，我是有这种感觉。可是现在随着时间的推移，到现在这个时代，我觉得上海女人变得很强，因为她们有自己的事业，她们有家庭，她们要兼顾事业和家庭。我相信曹老师的太太，我和她很熟，她也是这样的，很强，顶起家里的一片天。所以我觉得和以前上海电影里面的那些上海太太们，完全是两码事了。

曹：你刚才说到上海女人的这种强，我觉得强并不是说态度的强，而是对于生活非常坚强的态度，信念和毅力。我觉得像你就是非常典型的上海女人，上海女人最大的特点就是能够把一切都安排得井然有序。自己要忙着拍戏，要养活家庭、养活孩子，同时又把儿子教育得这么好。你平时怎么跟孩子沟通？

王：我自己的经验是我要跟孩子成为朋友，我觉得不管我有快乐也好，有艰难的时候也好，我都要跟他分享，因为我要让他知道其实人生不是一帆风顺的，人生是要经过风浪的。而且我有的时候会扮演一个反面角色，比如说我有的时候会跟他说，我说我们能不能不学习了，我们打会儿游戏或者怎么样。他就会跟我说，妈妈，我时间不够了，我要好好学习。其实跟他成为朋友，告诉他人生要做什么，比如我一直跟他说一个责任，在他5岁到6岁的时候，我说我们都有责任。他说妈妈，什么是责任？我说你的责任就是快乐、健康地成长，是你的责任。我说我现在经常不在家陪你，但是我要告诉你说我有一个责任，就是我要去工作，我要去挣钱养你，让你有一个快乐、健康的童年。等到他初中的时候，我说你的责任变了，他说怎么变了？我说你要开始学习了，不单单是快乐，不单单是玩，你有责任要学习，掌握知识了。我觉得在这个过程当中，要让他觉得我在努力地工作、努力地奋斗。我觉得自己要给他作一个榜样。

曹：上海女人还有一个特点，我觉得就是说，她能够在不同的年龄段找到适合自己年龄段的定位。你好像曾经自己开玩笑说自己的演艺事业没有青春期，直接奔到中年。

王琳剧照

王：因为我在30岁的时候，我就演了《情深深雨蒙蒙》，我演了雪姨这个角色。我觉得我就是省略了一个过渡期，我一直站在这个位置上，一直在演妈妈，我现在已经是50岁了，依旧还是演妈妈。其实与其说是我找到适合我的角色，不如说是我被选择到一个比较适合的角色，因为我一直认为当演员，至少是我，主动权不多，因为都是处在一个被选择的状态。所以我说我比较幸运，我今年50岁了，我依旧被大家所需要，被大家所选择。

曹：到了知天命之年，自己对人生有一些什么样的新的看法，有一些什么样的新的打算？

王：在年轻的时候，总是会觉得我想要什么，我想要怎样的角色，我想要怎样的生活。可是我觉得到了我这个年龄，我就会想我能够做什么。我希望通过我能够让大家看到努力是有成果的，我希望通过我，让大家看到，你一个人也能够生活得很好。所以这是我的一个变化，我从需要什么变成了我能够给予什么。

曹：对于你来说，其实事业和儿子是你生活当中两个非常重要的砝码，当儿子去了美国之后，会不会觉得这种平衡被破坏了，你的一个角被挖空的感觉，怎么去调适？

王：其实很有意思在哪里？在儿子去美国读书之前，我会觉得我要多花时间陪儿子，我尽量减少一些工作。当孩子去了美国以后，我想我要开始工作的时候，但是你的工作量没有以前那么多了。那你在没有孩子的陪伴，又没有工作的情况下，你能够做什么？你怎样去面对生活？这是我们每一个人的课题，因为人生还有很多不确定的因素，有很多意外，我们谁都没有经历过。当这些意外，当这些经历，在你面前展现的时候，你怎样去面对它？这需要很坚强，需要很坚定。

曹：所以我们经常说人生就是一次电视的现场直播，我们永远没有彩排的时间。

王：对。而且在你没有闭上眼之前，你永远不知道这个结局是怎么写的。

曹：你知道民国时候的外交家顾维钧先生，他是90多岁才过世的，他过世前的最后一天，他写了一篇日记，这篇日记只有一句话，It's a long, quiet day。所以这个对于一个人来说，是一个最完满的结局，漫长但是平静的一天。所以其实我们中国人讲平安是福，跟这句话其实差不多，你希望每一天都是特别安静的一天，能够以最平和的心态去对待我们窗外这个喧嚣的世界。

王： 每天都是平安的一天，这太难做到了。但是你要有坚强的一颗心，去面对所有的意外，面对所有突如其来的打击，面对所有一切你认为不可能出现的事情，要坚强，不管面对什么都要坚强。

结束一天的行程，走在衡山路的落日余晖中，王琳的步伐自信而又从容，她的身影渐渐与这座城市融为一体。这是一个外表柔弱而内心强大的上海女性。作为演员，或许王琳并没有大红大紫过，但她拥有深入人心的作品，无论戏里戏外，她也始终在踏踏实实扮演着属于自己的每一个角色，而这些，就已经足够。

归来仍是少年——严屹宽与愚园路

　　2011年，一场由网友自发的，关于古装电视剧中最美男性角色的网络评选，终于在天涯论坛上尘埃落定，从此"天涯四美"的称号不胫而走，这其中就有一位土生土长的上海男人——演员严屹宽。自出道以来，他就以深邃的五官，和充满魅力的绅士感俘获了无数粉丝的少女心。殊不知，这位"万人迷"也曾是一个在梧桐树下玩耍的普通少年。

地点：严屹宽旧居原址（乌鲁木齐北路30弄）

曹：你以前就住在这一带吗？

严：这是一师二附小。小学我是在这里上的。原来是这个小区里面的另外一个门。从这个里面，这个位置是我经常去上学经过的，到这儿来上学。

严屹宽与曹可凡在长宁区少年宫

曹：你小时候长得是不是像现在一样，像外国人一样？

严：完全不一样，小时候非常普通，非常普通。

曹：什么时候开始长成现在这个希腊型的脸庞？

严：我觉得就是突然之间到了十二三岁的时候，就开始发育了，突然之间就开始"基因突变"了。

曹：你小时候是怎么样的小孩？有艺术天分吗？

严：小时候没有，就是皮，体育很好，其他的那些都一般般。在学校里还比较喜欢画画，也学过一些书法什么的，在长宁区的少年宫学过书法。一年级的时候就因为太皮，所以我父亲不得不把我调到了长宁区去读书，想换一个环境。因为说实话我的调皮不是那种……就是傻调皮。比如说发生了一件事情，打打闹闹的，都是小孩，瞎闹，因为我是从来不告状的孩子，所以我是经常被告状的那个孩子。我从来不告状，对的，因为我觉得这无非就是大家玩闹，后来就形成了一种习惯，这种习惯就是说，这个孩子是经常被告状的那个。

曹：所以就希望让你换一个学校改善一下环境？

严：对，就是重新开始做人。换到镇宁路一小，也不远。反正都是愚园路的边上。那个学校现在也拆掉了。

曹：怎么你活动过的地方都被拆掉？

严：很不幸的是我读过的学校全都被拆掉了，但是这个地方是蛮有记忆的，你知道为什么吗？因为这里以前也是这些店铺，小学放学之后会在这里，边上有比如说烤地瓜的、卖香烟牌子的地摊，卖各种各样的麦芽糖拌一拌，所以说这条是下课之后逛街圣地。小孩不知道美，其实对面的新恩堂这个教堂，回来看看，特别美。

　　严屹宽出生在一个普通的上海人家，早年因为爸爸长期在外出差，小时候的他大部分时间是和妈妈一起度过的。虽然童年时的家大多都已经拆去，长大后又经常因为工作四处奔波，但每次只要回到上海，严屹宽都会到那些曾经生活过的地方走一走，看一看，寻找那份记忆深处的上海味道。

严：我记得这边最多的就是这种杉树，特别好看，现在这里的树改了一点，但是也是很美的。以前这里是一师二附小的时候，我记得最清楚的是背面的门，后面的围墙很高，然后全是杉树，让我觉得很肃穆的感觉。因为杉树很直，跟上海的梧桐树又不一样。梧桐树是比较有各种各样的蜿蜿蜒蜒的感觉。

曹：对，我住在愚园路上，镇宁路和江苏路当中。所以一会儿我们去看看，我们成长的很多的点是有交集的。

严：说不定在哪一次吃早饭的时候遇到过。

沿着乌鲁木齐北路一直往南，我们就来到了位于愚园路路口的救火会大楼，这里曾经是严屹宽儿时的篮球乐园。这幢建于 1922 年的建筑，从最早的三层，加建至七层，可以说几乎见证了上海消防的历史。接下来我们将正式进入今天的主题——愚园路。从 1860 年筑军路开始，到 1918 年筑路完成，这条马路经历了半个多世纪方才成型。如今的愚园路横跨静安、长宁两区，全长 2775 米，历经变迁，却始终未曾易名，这在上海的老马路中实属难得。生于斯，长于斯的上海文人徐锦江在自己编著的《愚园路》一书中写道："各种故事，不断发生在愚园路和与愚园路毗连的弄堂里。愚园路上一只小小的蝴蝶扇动翅膀，也可能会引起大的时代变化。倒过来，许多大事件也可以在愚园路上找到注脚。"接下来我们就将跟着这两位在愚园路上长大的上海男人一起荡马路、穿弄堂、翻开愚园路这部石头大书。

曹：这个地方你应该非常熟悉，现在就是大家非常熟知的百乐门，你还记得吗？你现在一看就知道。小时候我们就叫红都电影院，现在还是恢复到百乐门，百乐门等于当时是愚园路这一带最繁华的一个娱乐场所，你看它的建筑都是流线型和几何型的，这个艺术的样式叫装饰艺术。英文叫 Art Deco 艺术，这个艺术实际上就是以简洁几何型的线条为主。实际上在上海，你去看有很多，尤其是在外滩，很多这种 Art Deco 的建筑。实际上 Art Deco 不仅是建筑，还有我们过去的沙发，这种流线型的。我家里有一对沙发就是 Art Deco 艺术，它是个几何型的，这种艺术的风格是融合在家具、建筑、绘画，差不多就 30 年时间。从建筑来说，在欧洲捷克这个地方，Art Deco 建筑最多，在远东的话上海是最多。这个设计师也很有意思，实际上是江苏人，我们都不大知道叫杨锡镠。所以当时在 1930 年代有这么一个建筑是非常了不起的。

曹可凡在百乐门

严：我们进入到 Art Deco 里面去看一下。百乐门。

曹：我们以前都住在这儿附近，所以我们小时候都到这里来看电影。2000 年才恢复舞厅。

严：有这么多曾经的名人在这里，包括张学良、陈香梅，卓别林都来过这里。我有幸在 2009 年在这儿拍过一部戏。

曹：当时百乐门其实就是西区一个非常重要的文化娱乐的场所，也许它对后来愚园路的繁荣起到一个非常重要的作用。按照现在的话说，实际上就是流量导入。所以你看这个地方当年很多人来过，卓别林来过，陈香梅和陈纳德，他们在这儿订婚的。陈香梅女士健在的时候，那时候回上海，她经常喜欢和她的一个男朋友来这儿跳舞。张学良和赵四也会经常来这儿跳舞。我曾外祖父的弟弟，他后来又结婚了，因为原来的太太去世了，后来结婚也是选择这个地方作为他的结婚场所。

严：好吧，你们来都是要么结婚、要么跳舞什么的，我来是看电影来的。

曹：我们都是来看电影的。小时候我们学校组织来这儿看戏。愚园路其实两个电影院，我们去得比较多，一个就是红都电影院，还有就是靠近中山公园的长宁电影院。有时候长宁还有工人俱乐部，你记得吗？在安西路口，那里有时候也去看，但这个地方去得多。这里因为店多，所以我小学的同学都会老想着吃老大房的鲜肉月饼。

严：那个好吃，然后到"九百"去逛一逛。

百乐门全称是"百乐门大饭店舞厅"，于1931年开始建造，1933年正式开业。百乐门取Paramount的谐音，英文原意为至高无上，汉语则意喻百种音乐、百种乐趣。当年看来华丽新潮的设计中，最为人所津津乐道的就是500多平方米的弹簧舞池，可同时容纳四百多人跳舞。更别具匠心的是楼上的小型玻璃舞池，以十厘米厚的磨砂玻璃砌成，下面装有彩色灯泡，可供四到五对舞伴共舞，与气势恢宏的大舞池相映成趣。上世纪30年代正是上海舞厅的全盛时期，百乐门可谓生逢其时，成为豪华与时髦的象征。在当时高楼罕有的上海，这座建筑物显得恢宏醒目。入夜时分，霓虹闪耀，被称为"远东第一乐府"。当年的百乐门生意火爆，人流如织，自然也成为都市传说的最佳背景。其中最著名的社会新闻，就是1940年舞女陈曼丽被枪杀一案。当红舞女在舞厅中香消玉殒，是秘密处决还是情杀，一时众说纷纭，至今没有定论，只为后人对那个时代的想象，增加了更多的神秘感。

曹：实际上百乐门是有两块，一块是跳舞的，还有一个爵士乐。在20世纪40年代前做爵士乐的都是外国人，要么菲律宾，要么美国的，第一支华人爵士乐队就是吉米·金，就在百乐门，他组建了一支华人的爵士乐队。

严：我买过他们的唱片。

曹：郑德仁先生还健在，他是最早吉米·金的团队成员之一，他和姚莉、李香兰都很要好。后来他们这批人就跑到和平饭店老年爵士乐队，他们把郑德仁一起找过来。吉米·金这个人很有意思，这个人后来到"文革"的时候就很困苦，好像到安徽什么劳改农场去。到了改革开放以后，金陵饭店老板很欣赏他，把他弄到南京，他就天天住在金陵饭店里，过去爵士乐都是外国人，从吉米·金开始就是华人开始做这个。百乐门也是中国爵士乐的诞生地。

曹：原来这个地方就是医院。你知道我在这个地方生死存亡，以前我们马路对面有一家小的烟纸店，嘴馋，买了吃的东西就回来，但是过马路的时候就被车撞了一下。那时候的一种有三个轮子的乌龟车，撞到我之后，他不知道，所以把我拖了一阵，行人就说你撞到人了，车才停下来。我两根骨头，胫骨和腓骨都断了，还有一根小的动脉破掉，那时是夏天，有一个行人就把衬衣脱掉，帮我包扎以后送到这个地方。这条弄堂很有意思，过去这个弄堂里面曲里拐弯，而且从这头可以通到那头，那头就叫东诸安浜路，然后这个地方住着当年很多的"汉奸"，周佛海、吴四宝、李士群一帮汉奸，所以人家俗称"汉奸弄"，但是房子很好。

愚园路749弄"弄套弄"的复杂结构，如同曾经在此居住的神秘人物一般难以捉摸。支弄内的63号、65号和67号三座房屋，当年分别居住着汪伪头子李士群、周佛海和吴四宝。这三个门牌的建筑均建于上世纪30年代，为欧式装饰艺术花园别墅。徐锦江在《愚园路》中写道：那个纷乱的奸雄当道的世界，去也。如今走进749弄67号支弄，仍弥漫着一股等待整修的颓败气，但愿有一天，那丛生的野草能变成护宅的花蕾，毕竟，建筑无罪！

曹：这就是我原来住的，这个叫"锦园"。这个地方原来是荣氏企业的一个宿舍，就是荣家企业的宿舍。最早这个地方是荣家的一个网球场，为什么叫"锦园"呢？荣毅仁的伯父叫荣宗敬，他的号就是宗锦，所以他在无锡也有一个"锦园"。因为造地铁的关系，第一排房子被拆掉。这都是后来起来的。我是生下来一直到考大学，一直在这里。

锦园的历史要追溯到1933年，比曹可凡整整大了三十岁，作为荣氏企业高级职员的后代，他在此地度过了自己的整个青少年时代。32幢楼房，全部为砖木混合结构三层，每幢建筑面积103.8平方米。一户人家单独居住一幢房屋，内里钢窗蜡地，煤卫俱全，生活条件较同时代的居民优越不少。有趣的是，因为入住的高级职员家庭几乎清一色全是无锡背景，因此整条弄堂里，无锡话成为通行语言，无锡的风俗礼仪畅行无阻，居住其中，宛如住在一个小小的无锡村内。

严：公共空间很大，小孩在这儿玩起来有劲了。

曹：小的时候，觉得环境还是蛮好。以前还有两个井，我们小的时候打水，夏天把西瓜冰在里面，今年正好是我们锦园80年。

严：80年了，也就是说80年前已经造成了这种社区型的楼房，很时髦的。

曹：所以原来这个地方是一个运动场，因为企业发展了，高管越来越多。我们家是22号。朝北的这间，"文革"当中就是我奶奶住的地方，我基本上活动场所也在这个地方。到"文革"当中就开始"七十二家房客"。这个地

严屹宽与曹可凡在"锦园"

方，这里面实际上是个天井，我们以前烧饭都在这里。但我们住在四层楼，所以烧好饭要端上去。

严：你的老家还都存在，我的老家都已经不存在了。我住过的房子全都被拆了。

曹：我发现了你待过的地方都要拆的。易中天写过一篇文章，他说刚刚到上海，他觉得上海这个地方很怪，比如这里有不同的火表，每家炉子前面都有一个灯，路灯也是。他就觉得上海人很小气，一个灯够了，为什么要四个灯？

严：每人用自己家的电？

曹：对，每人用自己家的电，如果总的火表数字不对，那个差额每户人家再平摊，你

严屹宽与曹可凡在锦园晒台上

们应该是这样。所以后来易中天作出一个结论，上海人是最讲究契约精神的。上面就是晒台，小时候很好玩的一件事，就是爬在晒台上，从这里可以爬到那里，可以爬不同的地方。

严：等于是从你家到我家不需要走正门了，从上面就走过来了。

曹：可以去爬，还有那时候钥匙

严屹宽与曹可凡在雷锋小学旧址

忘记了，就这样爬过去。在这里可以看到所谓的洛公馆，当时传说就是洛克菲勒在橡皮股票风潮当中赚了钱，就造了这个大楼。这个晒台是我们小时候玩耍的一个天地。你知道我爷爷是喜欢猫的，他养了一只猫，我们家这只猫很特别，会认人的。我祖父早上去公司上班，它一直会送到门口，像狗一样的。回来下班的时候，它就在弄堂会等的。最牛的一点，它会自己上厕所的。它会去抽水马桶，弄好会上去把抽水把手扳一扳。

严：这个智商太高了。

曹：那年我们整个弄堂里大修，搭了很多脚手架。天热，它在脚手架上玩。但那时候猫年纪已经很大，不小心滑下去，死了。我祖父很伤心，这之后就再没有养过猫。

严：也是一个非常有情感的故事。

曹：这就是我的母校所在地。这个地方就是我原来的小学，后面实际上是我原来的初中，最早叫雷锋小学。后来改成叫作愚园路第五小学。后面实际上就是我的初中，叫第十八中学。这两个学校的建制都没有了，但是这两个校址合起来，变成我们现在的长宁区教育学院。

严：小时候上学过一条马路就到了？

曹：过一条马路就到了。我记得我小时候因为爸爸妈妈双职工，所以我妈就跟我说你一定要学一点做菜，穿过这个马路后面就是诸安浜路，有一个菜场。有一天我早上去学校之前，妈妈让我把腊肠稍微蒸一下，离家时忘了关火，上一节课后赶紧跑回去把火关掉，所以很近。

严：下课的时候回去做菜。

曹：这个住宅原来应该也是个私人住宅，你看这实际上是个古典主义的建筑，你看那个柱子，在罗马柱里面叫科林斯柱。虽然它的体量没有那么大，但实际上还是一个比较严格的罗马柱。

严屹宽与曹可凡在"福1015"

严： 小时候在这里上课吗？

曹： 在这儿上课。我一年级就在这个地方。

这栋欧式独立花园别墅住宅的主人原为某银行董事，具有简约的新古典主义特点，最引人瞩目的是南立面的四根科林斯巨柱撑起的高大门廊，东西两侧窗有壁柱装饰，上有巴洛克风格花饰。"八一三"事变后，上海沦陷，愚园路一带成为汉奸、特务、流氓群集的沪西歹土。汪伪时期，五家赌场合并而成的百老汇总会在此开张，由黄金荣的徒弟朱顺林担任经理。穿越近百年的历史，这栋建筑也历经了几度加建，变成了如今的样子。其中东侧边门门廊上方加建的小屋，则成为曹可凡主持生涯梦开始的地方。

曹： 这个窗看见吗？过去我们小的时候是一个广播站。我就在那个地方做过小广播员，主持人的萌芽从这扇窗开始。

严： 大家看一下。

时近中午，我们来到一家位于保护建筑内的上海菜馆，不仅为了寻访美味，更是故地重游。早在 2014 年，严屹宽和当时还是未婚妻的杜若溪，就曾在这里接受《可凡倾听》的采访。

曹： 你还记得吗？上次我们做访问在那个房间。这是 20 世纪 30 年代，上海最有名的私家银行之一，金城银行的老板周作民先生的家。后来好像杜聿明也住过，李济深也住过。现在就是一个比较典型上海菜的饭馆，叫"福1015"，也是米其林的餐厅。所以我们等一下尝一尝比较典型的传统上海菜。你看这儿的家居，包括灯，都是比较古典的，所谓钢窗蜡地。

严： 还有切角玻璃。前面一个院子，这个格局还是没有变化。

愚园路 1015 号是一栋中西合璧的独立式花园住宅，建于 20 世纪 30 年代，建筑面积 1335 平方米，花园面积达 2000 多平方米。建筑外立面简洁，最引人注目的是面向花园的大弧度半圆阳台与大面积落地长窗。三开间平面设计巧妙，西边较东边突出，中间较两边凹进，以便让房间内部取得更好的采光。房屋最初的主人——金城银行创始人周作民酷爱收藏，当年别墅内曾布置着四处淘来的文物。几经变迁之后，2010 年，一对对愚园路老洋房情有独钟的母子在此开设了一家上海特色的餐厅。

严屹宽与曹可凡品尝上海菜

曹： 你可以先尝尝这个汤。这个汤，我们小时候都喝过，黄豆肉丝汤，最最便宜的。很香的。

严： 我已经闻到味道了。

曹： 肉丝黄豆汤，最简单的两样东西，这个就是功夫菜。要靠时间，一点点把它炖出来，黄豆里的味道。白先勇先生最爱喝这道汤，所以他每次来上海，我总是带他来吃这道汤。黄豆和肉的鲜味全部要炖出来，一点点把它炖出来，用文火把它炖出来。今天我点了几道都是上海比较有特色的，你可以先尝尝看，你喜欢吃哪个？

严： 我先从清淡的开始，草头。家里老人经常给我们做，做得比较多。

曹： 实际上草头很难炒。首先要碧绿生青，如果草头炒出来黄黄的就不好吃了，第二要喷点白酒。

严： 有点酒味，酒香味。

曹： 我爸爸以前跟我说，吃虾吃完后，一只虾的形状要仍旧保持着。上海的油爆虾，浓油赤酱，糖比较多，你看油光泛亮，而且一定要用河虾，用海虾炒出来的味道就不灵。你小时候做过菜吗？会做点什么菜？

严： 小时候做荷包蛋。家里没有大人在的时候，首先一点，煤球炉要生起来，放上煤饼什么。下面放柴爿，用报纸，把它点燃，先把第一个煤饼烧红了，第二个放在上面，还要通一通。下面扇子扇着，蒲扇扇，扇好，刚刚燃起来的时候烟很大，很呛人。先在弄堂里弄，弄好拎到厨房里。比如说酱油炒饭，这种简简单单的，炒蛋炒饭，再放点葱花，可以吃饱，那时候对小孩来说，中午吃吃蛮好了。

曹： 你那时候其实已经算是物质条件比较丰富。70年代我们小的时候，啥东西都要凭票供应，所以买个菜难得要命。所以小时候就开始自己学做菜。这个熏鱼和油爆虾，都是我很拿手的，熏鱼很难做。买回来的青鱼，切成这样一块一块，放好酱油的调料里要腌的。弄干了以后放在油里面炸，炸好以后，你另外调个酱汁，把酱油、葱姜、糖都拌好，炸好以后金黄色，马上放到酱汁里，就变成这样。这个红烧肉很赞，下面还有笋干，笋最灵。这个肉一定要新鲜，红烧肉，上海人说都不放水，放酒，一点点把它炖出来。它的肉选得好，所以特别香。小时候，长辈说哪种红烧肉好，一定要有肥有瘦，如果都是肥肉的话不好吃，全是瘦肉的话就太柴了。

严： 小时候，有的时候还挑肥肉吃。

曹： 我小时候不吃的，你别看我长得肥，我肥肉是不吃的。以前老人开玩笑，说这个红烧肉烧得好不好，肉好不好，抖三抖，什么叫抖三抖？你拍一拍桌子，你看这个肉会抖。一拍，它上面是一种脂肪的东西，会微微颤抖。这是老上海人的吃法。你再尝尝看他们的炒面，上海的粗炒面也出名的。放了点胡椒。上海炒面也算是上海小吃当中的一个特点，家里有时候也烧。这几道菜实际上就是比较典型的上海人所谓的家常菜，上海的菜在所谓的八大菜系里头是没有的，实际上上海菜就是淮扬菜加上苏锡风味菜肴的这种融合，最后成为上海的菜，实际上上海菜也就是家常菜。

严： 晚上不吃了，有了这顿就不要下一顿了。

曹： 这里面就是岐山村，过去有很多文化人住在里面，比较有名的就是施蛰存先生。上世纪30年代，文坛有一个流派叫作新感觉派，他是其中之一，就是把弗洛伊德的这种理论和小说的创作结合在一起。施先生晚年的时候，我曾去拜访他，然后他的家当时也非常简陋。我印象特别深，就是一个房间，里头两个大床，他和老太太。然后有一个很小的书桌，他就在里面写文章、看书，然后给研究生上课。他晚年做了很多的研究，他因为被鲁迅先生骂过洋场恶少，很长的一段时间就不太得意。你看这是一条非常好的弄堂。施先生过去就住在这里头。很有特点的是什么呢？因为他的很多书没地方放，就放在楼梯拐角的地方，但是因为下面都是有厨房，烟熏火燎，所以书都是泛黄的。

严： 他特别爱书。

曹： 施先生也很有意思，不愿意媒体去打扰他。我听说有个故事，电视台要去采访他，已经到他家里了，他就不愿意采访，就突然自己睡到床上，把被子往头上一盖。我看你们怎么拍。祝希娟老师以前住在这个地方。还有就是中国香港的主持人沈殿霞，小的时候因为好像

严屹宽与曹可凡讲述长宁区少年宫建筑历史

她叔叔住在这个地方，她等于是借居在这个地方。所以沈殿霞那时候回来的时候，我专门还陪她来这儿看过。

严：还真的是住过很多名人。

曹：我们少年时代的"圣地"到了。当年我们小的时候真的没注意过这个建筑有什么特点，你现在看就像是一个童话的城堡。

严：小时候光顾着进去玩，根本没有现在长大之后，你会看到这真的是特别用心的一个建筑，特别用心。真的非常可爱的地方，每一次都是系上红领巾来少年宫的。

曹：我们先来看几张照片，我们对着看，这对夫妇正好站在我们现在站的差不多这个位置，后面就是这个楼，同样这个位置，梅兰芳先生和欧阳予倩先生。也是这个位置，但是站得更靠近一些，这是剧作家于伶先生，这是大作家田汉先生，这是熊佛西先生、欧阳予倩先生。这是他们在1946年的时候，在这儿拍的照。

严：这个地方是干什么的？这么多名人名家来到这里。

曹：这幢楼实际上是个爱情的结晶，是男朋友追求女朋友才会有这样的一个建筑。当时上海有个大学叫大夏大学，后来并入到华师大。大夏大学的校长叫作王伯群，这个人后来做了交通部长，那个时候学校里面有一个校花，这个女孩子长得很好看，叫作保志宁。他就追求这个女孩，他说我如果娶了你，我就来造一个爱巢。果然就是用这栋楼打动了这个女孩，他们两个人就结婚了。

严：基本上太容易被打动，看这个楼盖的。

曹：后来王伯群做交通部长，就因为这个楼被弹劾了。这个钱究竟哪里来的？所以他为了这个楼，实际上自己把官都给丢了。而且王伯群死得很早。在上海沦陷的时候，这个地方就是汪精卫的住宅。那么为什么会出现房子里的两位新的主人呢？这是夫妇俩，这个人叫陈志皋，他的太太叫黄慕兰，黄慕兰是个红色特工，就是这位老太太。她好像是前年才过世的，活到100多岁。当时她的先生是一个律师。那时候王伯群已经死了，这个楼就被汪伪政府拿走了。后来抗战胜利，但产权一直回不来，所以王伯群的太太保志宁就去托陈志皋。因为他是大律师，果然就帮她把这个楼拿回来了。当时给律师一个允诺，除了三楼，其他都归你住。因为黄慕兰在上海交往很多，她和熊佛西、欧阳予倩、梅兰芳都很熟，所以他们在这个地方开派对。但是他们在这个楼，住的时间其实并不是很长。保志宁当时可能也缺钱，就把这个房子用三万块钱租给了别人，所以把他们赶走了。解放以后它就变成了少年宫。你小时候，在这个地方学什么？

严：应该是在二楼还是三楼，我在这儿学书法。

曹：我小时候在这里吹喇叭，不是小号，像少先队的这种军号一样，很简单，但是也很难吹。然后他们有舞蹈队、话剧队，我好像都没有份。但是那次他们排一个什么舞蹈，需要有一个人拿着一面大红旗，从舞台的一侧跑到另外一侧。他们要求找个块头大的人，就叫我去了，我很认真，开心得不得了，每天排练。结果正式演

严屹宽与曹可凡在《围城》拍摄点

出的时候一出去，摔了一跤。小时候我们一直来这个地方玩。

严：我在这里是学书法，那个时候比较要强一点，越写越觉得很开心，终于找到其中的精髓。但突然有一天老师让我去写一幅长的书法字，要去参加比赛。但是我没有完成这件事情，我生病发烧了，后来就觉得不好意思，自尊心太强了，就没敢再来见老师。小时候可能害怕，觉得自己对不起老师，现在想想还是蛮可惜的。

曹：这个地方，我都几十年没有来过，还是小时候的记忆。我们进去看看。

严：我记得门口那棵树没那么大，现在太大了。我也是二三十年了没来。

曹：对我来说就是四十年，你想想吓人吗？弹指一挥间。归来依然是少年。我们来看看这个客厅，这就是《围城》里头李媛媛演的"苏文纨的"客厅，因为当年黄蜀芹导演拍《围城》，这儿是一个比较重要的点。

严：电影拍出来的质感，绝对是好得不行。

　　这栋充满童话色彩的城堡故事多多，也是愚园路上最好的建筑之一，从形式上而言，其属于英国维多利亚时代的哥特风格，高三层，建筑面积达2330平方米，屋顶主体部分为四坡顶，正面有老虎窗，山墙作为屋面装饰，十分浪漫。室内四周均用柚木护壁，外墙及围墙均为褐色水泥浇筑的墙砖，古朴文雅。1960年至今，一直是上海市长宁区少年宫所在地。

曹：你记得是不是就在这里？

严：对，这就是我以前小时候学书法的地方，我刚才跑到二楼，我转了一圈，好熟

悉。依稀一点点存在记忆里。

曹：你看现在都是小朋友的画，依然画得很好。你说如果一个职业画家到了成年，依然保持这种童稚的天真，那就成为大师了。阳台上看看，它真的都是石头。

严：真石材，几十年、几百年都不会变的。

今天的最后一站，我们来到了愚园路的终点，中山公园。它的前身原为英国地产商的私家花园，1914年，公共租界工部局将南半部开辟为兆丰公园，当时占地320亩，大门位于长宁路和愚园路路口。1944年，兆丰公园改名中山公园并沿用至今。

曹：这是一座1935年的老建筑，是一个露天的音乐舞台的感觉。当时上海交响乐团的前身叫作工部局乐队，工部局乐队实际上是远东最早的交响乐团，那时候好像他们经常会在这儿开露天音乐会，我看到一个记载说是当时观众最多的时候差不多有1500个人，而且有大腕儿来演出的，据说有海菲茨的一个师兄叫津巴利斯特，在这个地方演出过。所以这个是最有历史感的，是个原物。

眼前的这座大理石亭于1935年落成，顶为棚架，紫藤缠绕其上，夏日荫凉透风，柱子、石阶、地坪及顶部花架等全部用白色大理石筑成，颇似古罗马廊柱式花园建筑。夏季的周六和周日，工部局乐队便在此登台演出。当时的兆丰公园是唯一拥有露天音乐台和大理石亭双"舞台"的租界公园。1922年，上海的公共租界成立了"工部局乐队"，也就是今上海交响乐团的前身。为了给乐队提供演出场地，工部局在兆丰公园（今中山公园）、外滩公园（今黄浦公园）和虹口公园（今鲁迅公园）建造了露天音乐台。现在位于中山公园2号门附近的这座露天音乐台，是在2013年时依照原样仿建的。早在1923年，兆丰公园就建成了一座外观相同的安装隔音板的半圆喇叭形露天音乐台。当时这里地处西郊，音响条件相当好，上座率持续增长，成为上海最受欢迎的夏季露天音乐会。

曹：我记得小的时候，我们经常是来参加五一劳动节的游园，或者国庆节的游园，这是我们最开心的。我们小学里组织表演节目，要穿白衬衫、红领巾、蓝裤子、白跑鞋。小时候我们来得很多。我爸年轻的时候，也经常到这里来，他每天骑自行车，从刚刚我住的805弄愚园路骑过来，要穿过中山公园到后门，就到他的学校，现在的华东政法大学，那个时候是圣约翰大学。所以每天他骑着车，到学校里，要穿过中山

公园。

严：这也是蛮美的一件事情。

曹：对，所以我老爸说就觉得很有意思。这个湖现在据说有个好听的名字，叫鸳鸯湖，当时我们不知道的，你看有个温馨提示，此处水深，请勿戏水。但在俺小的时候，就在这个地方戏水了，然后不慎落水，被我老爹一把拉出来。你那时候到这里玩什么？

严屹宽与曹可凡在中山公园大理石亭

严：我记得是和母亲早上骑车过来，健健身、压压腿，她跳广场舞，打木兰拳、木兰剑，我就来压压腿什么的。我记得中学的时候来这里比较多。因为中学的学校离这里比较近，而且年纪稍微大一点，行动范围就大了，就可以从镇宁路、愚园路跑到这里来玩，小朋友在这里玩。

曹：那最近你来过没有？

严：最近来过一次，在几个月前。我和我太太两个人，就在刚才草地的那个圈，晚上两个人来这里唠嗑。

曹：那你挺浪漫。

2007年，在波兰外交部、波兰驻沪总领馆与长宁区人民政府的支持下，一座高约7米，重约2.5吨的肖邦纪念雕像在上海中山公园落成。2019年在这座雕像前举办的"浪漫四季·聆听肖邦"首届上海长宁国际草地钢琴音乐节，为这个有着音乐演出传统的公园注入了新的活力。

时光里的月牙笑眼——薛佳凝与华山路

　　精致甜美的五官，古灵精怪的气质，她就是薛佳凝。薛佳凝凭借"哈妹"形象深入人心，之后在《赏金猎人》《租个女友回家过年》《弹孔》《大时代》等作品中，她颠覆性的演技也令人倍感惊喜。而今，可凡与薛佳凝和王冠这对闺蜜重走上海"华山路"，在华山路630号，坐落着一所艺术殿堂，这所殿堂就是被称为"艺术家摇篮"的上海戏剧学院，这也是薛佳凝和王冠共同的大学母校。

曹： 你们的母校到了。

薛： 我们的母校。

王： 变化好大。

薛佳凝、曹可凡、王冠走进上戏

薛： 我和冠冠的母校。我在的时候和你在的时候，又不一样。

曹： 最大的不一样是什么？

薛： 我们那个时候真的好像更原始一点。

曹： 凌老师好！凌老师是吗？凌桂明老师，我们大舞蹈家，《白毛女》的大春，还那么帅，那是"奶油小生"。

曹： 这个剧场那时候有了吗？

薛： 有，我们所有的毕业大戏都在这儿演出，从建校就有了。

王： 但没有这么好看。

曹： 我第一次到剧场里来，是什么呢？1987年我刚刚开始做主持人，到这儿来参加一个叫首届大学生电影节，不是主持，我是做志愿者，我主要服务的对象是谁呢？严晓频。

王：保安？

曹：你不要说出来。我把他请进去的照片。

薛：曹老师，你知道在我们行业里，这叫什么吗？这个叫经历、阅历，对以后的拍戏，以后的所有，都是很好的基础。

曹：当然不要成为病历。

王：现在学校更现代了，你觉得吗？

薛：对。

曹：现在做得很好。这个楼应该就是老楼，"熊佛西楼"应该是老楼。

王：对，那时候都在。

薛：原来是我们的道具科，我们所有人来这里借道具，然后借服装。那时候我们同学有干过什么样的事情？我们班男生有来借了服装，然后觉得服装很好看，到大四毕业了才还回来。

曹：这么"流氓"？

薛：那个时候在道具科是这个样子，觉得借到好的东西，有记录，是怎么都要还的，但是那个时候没有时间限制。

薛：那个时候表演系的男生还会穿着它去跳舞。

王：这片是谈恋爱的地方。

曹：交代一下，都谈过吗？在这个草地上。

薛：我们在学校没有谈过，没有在大学谈过恋爱。

曹：我才不相信你。

薛：我大学的时候是谈恋爱了，但是校外，不是校内的。

王：我们俩最遗憾的就是没有在大学里面，和大学的同学谈恋爱。感觉不一样。下课以后，大家都坐在这儿，一起去吃饭，从前门走到后门，就看到一对一对的。

薛：那个时候因为我和鲍蕾是闺蜜，一开始的时候，陆毅追鲍蕾的时候，全班没有人知道，只有我知道。我们班朱泳腾搞不清楚说他们仨天天在一起，陆毅到底是在追鲍蕾还是薛佳凝？我那时候其实校外有男朋友了，陆毅是在追鲍蕾。

曹：后来果然"爆雷"了。你们班里同学还有谁？

薛：景春、鲍蕾、陆毅、罗海琼。

王：田海蓉。

薛：朱泳腾。

曹可凡与薛佳凝、王冠在上戏草坪

曹：这个我不熟，罗海琼我熟。

薛：还有王一楠。

曹：你们的班全是大腕儿？

薛：我们上下几届全是，我们上面两届是任泉、李冰冰他们班，也出了很多人。下面是郝蕾、聂远他们这一班，再下面是严宽、佟大为他们那一班，大家在学校都关系非常好。

王：我觉得他们表演系95级、93级、96级这些，基本上全班同学毕业了都是还在做演员，不像我们毕业了只有两三个在做主持人。

薛：对。

曹：所以你看你多幸运。

王：遇到师父。

薛：找对了师父。

薛：曹老师，你看这个地方的草地，是我们学校特别著名的草地。

薛：这个草地，所有的上戏人都特别有情结。我记得我大学第一年走进来的时候，我和王一楠是我们班最小的，两个人想家想的都不行了，那个时候就坐在草地上，就记得是中秋节，我们俩就在这儿哭，两个人对着哇哇大哭。我们班王景春一个一个做思想工作。所有上戏人，我相信冠冠也是，都会有这个情结。

王：我们很喜欢坐在这片草地上，经常看到好多人坐在这儿聊天，晚上天好的时候也都坐满了人。

曹：我们今天再坐一坐？

薛：好呀。

曹：我很胖，这样坐得下去吗？坐不大下去。

王：找一个有阳光的。

曹：可以。

薛：草地上真的很舒服。

曹：怎么样？重新坐回当年上戏的草地，什么感觉？

薛：真的是太多年了，多少多少年前了坐在这里。

曹：当年上戏对我们来说是一个圣地，因为那时候我是很喜欢艺术，可是照照镜子，脸蛋好像不大行，算了，我还是读医学院吧。经过很多次，而且我家因为也住在华山路，所以离这儿其实很近的。

薛：曹老师，其实你是个谜，你是怎么从一个医科大学毕业的变成了上海主持界的台柱子呢？

曹：不要转移目标，不要转移话题，这个问题一会儿跟你们说。

薛：好的。

曹：除了刚才你们说的，有人舞剑，有人练武术，有人谈恋爱，也可能有人……

王：谈分手，在这里会有。

薛：还有人晚上12点，知名男演员，我就不说是谁了，当时是说只要晚上12点，看到有一个人穿着短裤，不管冬天夏天，在草地周围跑，就是这个人。

王：谁？

曹：悄悄的，我听见了。

薛：你在草地上，坐在这儿，晚上就跟看风景一样，能看到各种各样的。因为这里正好就是东排，东排到十点就关灯了，有的时候我们还没排完，怎么办？

王：他们会在这儿排？

薛：我们跑到草地上来排，所以你在草地上能看得到练台词的、排练的、谈恋爱的、跑步的。

王：有一次我记得我看到一对在吵架，我想妈呀，谈分手吗？然后过一会儿发现他们在排练。

曹：你们那会儿练台词怎么练？

王：我们是在那片草地。

曹：是不是八百标兵奔北坡？

王：对，对着一棵树在那儿练。

薛：对着一棵树。

王：为什么要对着树练，不知道，反正是上戏的传统。

薛：因为怕别人看见，对着树，就当别人没有看见自己。

王：我也不知道为什么。

三人对着在上戏大树练嗓子

曹：你们俩能不能每人找棵树模拟一下？我很好奇。

王：都是树。

曹：树可以随便挑，上戏的树只要不拿走就可以。你们找一棵树模拟一下当时的情景好吗？谁先？

王：一起来。

薛：曹老师，你喊开始。

曹：准备好了吗？准备好了，123开始。

薛：八百标兵奔北坡，炮兵并排北边跑，炮兵怕把标兵碰，标兵怕碰炮兵炮，炮兵……我已经忘了。

王：白石塔，白石搭，白石搭白塔，白塔白石搭，搭好白石塔……

薛：石塔白又大。

王：然后这个手一定要插在这儿。

曹：为什么？

薛：练丹田。

王：气息不足。大家都是，先开始说之前得咿咿咿咿，远处的人还以为是唱戏。

薛：对，分两种，像我刚才"八百标兵"就不需要气，其实就是一个口。

曹：贯口。

薛：贯口。还有《满江红》这种，要气的这种。其实当时是要练声音能穿透。

王：要穿过树的感觉，穿透。

薛：怒发冲冠凭栏处，潇潇雨歇。

曹：抬望眼——

薛：仰天长啸，壮怀激烈，三十功名尘与土。

曹：八千里路云和月。

薛：忘了。

王：就这样，每个人就这样。

薛：早上起来所有的人，我们那时候是穿军大衣，一棵树底下穿一个军大衣的孩子。

王：好多人都还没，乱七八糟的，头发也不梳，直接裹着军大衣过来了。

薛：我们班还有一次集体女生迟到，我们两个宿舍，你们那个宿舍，马上那边就是宿舍楼了。

王：对，那边就是我们的宿舍楼。

薛：我们以前的宿舍就这么高，类似这样的楼，四层楼的，比这高一点。我们两个屋的女生不知道那天怎么了，邪门儿了，闹表都没有响，男生来喊的我们，没有人洗脸刷牙，裹上军大衣，感觉是从床上滚下来的，然后从宿舍楼滚过来，刘宁老师站在那儿，一会儿我们能看到刘宁老师站在那儿等着我们，所有人迟到。

大草坪是上戏一道最亮的风景线，而走过上戏的草坪，首先就要看一看梦开始的地方——红楼。一代又一代的戏剧人，以红楼为土壤，共同孕育这戏剧之魂。红楼自然也就成为上戏的地标性建筑，成为艺术殿堂的代名词。

王：这里已经变化很大很大。

曹：有变化吗？

王：原来都没有这么现代的感觉。

薛：没有，原来其实挺古朴的，因为红楼是从建校没有变过的。

曹：现在条件好了，我们就上去看一看。

薛：一楼就是我们表演系的。我们是在那边，这是我们的表演教室。

曹：你带着我们看看。

薛：好。

王：教室里面还真的都没有变化。

薛：教室里没有。

王：味道还在。

薛：这就是积木，只是这里比较少了，这个房间可能现在没有在上课，我们都会，一楼有很多积木，可以从各个教室搬，就是这样的。然后把它搭成表演空间，还有屏风，屏风可以搭成各种表演空间。

王：原来都是自己搭的，这边过来是卧室，这边就是客厅了。

薛：还有一个有意思的事情，那时候有人谈恋爱的话，就把教室门一锁，把屏风封上，两人就在一边聊天。

曹：我还听说上戏有个笑话，排《雷雨》，就是拿这个屏风，然后就作为一个墙，演着演着突然屏风就倒下了，然后演周朴园的演员说："萍儿，把墙扶起来。"

王：我也听到过。

薛：好像这个段子是王洛勇老师的吧。好像是王洛勇老师，屏风就倒了，演着演着，然后演周朴园的演员想我救一下场吧，迈着方步走到前面说萍儿，去把墙扶起来。然后演周萍那个，啊？

曹：笑疯了。

曹：所以你们上课的话，老师怎么给你们上的？

薛：老师坐在那儿，学生们拿椅子，就这么坐一排，看片段的时候就这样坐了，看你在这个空间里演片段。我们班侯煜特别有心，我们每一学期两个片段，期中一个片段，期末一个片段。我们当时要写海报的，一会儿我们可能会去东排那儿看，贴在东排门口。她居然在大学四年，把所有的海报全收集了。

曹：有心人。

薛：是我们班郑仕明，他会书法，他写的海报，她全收集了。正好2019年"十一"的时候，我们返校，十五年庆校返校，她把所有的大字报在我们当时102那个教室，全部给贴出来了。所有人看了都好感动，当年一个一个片段突然一下子就……

王：都回去了是吧？

薛：甚至于我们走到底下，这个片段我演过吗？我和谁演的？

曹：还会记得吗？

薛：其实大学的事真的是挺多的，每一个片段都让我去记，我肯定记不起来，看到就想起来了。我们所有的同学在片段，比如我们三个演的这个，就到那儿指一下拍照，还挺有心的。

曹：挺有意思。

王：我们上戏上课基本上都是距离这么近，没有说老师一定是站着或者在讲台上，没有。

曹：和一般的大学上课不一样，老师在讲台上，学生坐底下上课。

王：我们基本上就是围成一圈。

曹：互动型的。

薛：我们上课的时候比较自由。

　　位于红楼四楼的东排练厅，简称"东排"，是一个小型教学剧场。时光流转，东排里的景物也变换了好几轮。

曹：现在我们去看什么地方？

薛：东排。

曹：什么叫东排？

薛：东排就是我说的每一个期中期末，汇报的地方，演出的地方，是不对外公开卖票的，很多外面的学校，或其他大学，纺大什么都会来。

王：他们都会来看的。

曹：那时候我读书的时候怎么没人请我来这儿看。

薛：这个东排有变化，原来这里是舞台。

曹：这是个舞台？

薛：原来就是个小型舞台，有三层台阶的舞台，之前是有观众座位的，现在成了……

薛佳凝、曹可凡、王冠在上戏东排练厅

曹：等于这边是舞台，观众坐在对面。

薛：东排就像个小剧场一样，我们在校就像个小剧场一样，你可以看我们之前的录像，就是跟小剧场一样，是有舞台，是有后面备台的。

曹：你们那时候都排过一些什么样的戏剧还记得吗？

薛：大一到大三之前所有的片段是在东排，到大四的时候会有两个毕业大戏，第一个毕业大戏是在东排和黑匣子剧场，第二个毕业大戏，最后的毕业大戏进实验剧场。当时我第一个实验大戏就是在黑匣子，演的《灵魂出窍》，毕业大戏是演的《家》。

曹：你演谁？

薛：鸣凤。我们当年，陈明正老师是"南有陈明正，北有徐晓钟"，是我们学校的老教授。《家》是他自己筹划了十几年的一个戏，最后选中我们班演，我们上戏没有过这个历史，两次进北京去汇报，就是去演这个毕业大戏。第二次是更厉害，第二次是新中国成立 50 周年大庆，上海报了五台节目，根本没有我们这台学生戏，有《苏武牧羊》，都是这种大型的，我们是北京特点的，我们作为献礼节目进北京演的，这是上戏历史上以来最……

曹：作为学生能够参加这样盛大的活动，与有荣焉。

走过东排，三人行来到了黑匣子。上戏红楼里的黑匣子剧场简称黑匣子，是表演专业学生小剧场演出的重要场馆。而这个对于外校学生来说，传说中神秘的黑匣子，究竟有多神秘呢？

陆毅和鲍蕾

曹： 当时你说了你们那帮同学后来其实都成大腕儿了，你记忆当中，如果每个人给他画一幅素描画的话，你会怎么说？像陆毅？

薛： 陆毅其实是一个内心特别淘气的人。

曹： 看不出来。

薛： 其实他生活里是一个特别鬼机灵的。他可以开各种玩笑，他反应其实很快的。我记得那个时候我们在东排演戏的时候，有一次鲍蕾演戏，演《党的女儿》。

王： 他们俩什么时候谈恋爱的？大几？

薛： 大一下学期就已经开始，应该是大二确定的吧。那时候排《党的女儿》，有一只猫从开场，他们做了个道具猫，拿了根绳要把那个猫拴住，感觉先是比较诡异的一个状态，猫跑完了以后叫。那天拽猫绳的时候，那个猫没有控制住，就看见猫在台上撞门、撞桌子。陆毅全给配下来了，配音的时候。

曹： 景春那个时候呢？

薛： 景春那个时候真的就是老大哥，其实景春在学校的时候，我一直都觉得他像大哥哥一样，大班长。

曹： 当时他有没有显示出这种表演的潜能？你看他现在已经是好几个电影节的影帝了。

薛： 说实话，我还觉得挺钦佩这一点的，之前的时候其实有人问过我，我说实话在学校的时候会觉得很多人，他演戏真的让我能看，比如说陆毅，那个时候就觉得他会红。像廖凡，那个时候就觉得廖凡的戏真好，在学校的时候，就那种感觉。景春也好，但没有让我觉得好到……

曹： 可以获影帝？

薛： 拿今天这种成果的状态。我觉得人看怎么去面对自己的人生，我觉得他不停地在关注成长，大家都在拍什么的时候，他关注的点不一样，做的方式不一样。

曹： 那时候如果排戏的话，是不是他就是演爸爸之类的？他长得比较着急。

薛： 演爸爸居多，但是我们毕业大戏，另外一个《女店主》，他是男一号。

曹： 那时候就演男一号了？

薛： 对。

薛：廖凡也是，我们班刚进校的时候，跟廖凡有一个段子：高年级来接新生，廖凡就接了我们班王洋，说师弟跟我走，王洋说师哥谢谢你，你们舞美系也这么早就开学了？廖凡气坏了。

曹：把廖凡当成舞美系？

王：进学校第一件事情就是看周边各个同学，一看这个脸，这肯定是表演系的，这肯定是舞美系的，看脸分系。

廖凡

曹：看得出你们谁是主持系的吗？

王：主持系就比较难把握了。

薛：对，冠冠其实完全可以看成是表演系的。

王：以前雷佳音就跟我说，他说我第一眼看到你……

薛：是，雷佳音说多少次了，第一次看到王冠，女神。

王：他说不用着急，肯定待会儿上课能见着，肯定是我们班的，没有，不是我们表演系的。

薛：曹老师，就是这个东排和黑匣子，最热烈的就是喝彩，你知道吗？

王：对，我们的喝彩是有意思的。

薛：上戏的学生和当年跑堂会去天津一样，你知道跑堂会，不是说到了天津以后，喝倒彩和喝正彩都是最激烈的吗？媒体的口碑看怎么样，只要是跑天津那场。上戏就是这样，上戏要是好，使劲好，要是不好，底下"下去了"。我记得当时有一个师哥，那一年都在拍戏，他为了拿大三的学分，在所有人的片段里串一下，就上去一下、上去一下。上到最后一个，坐在第一排的，据说那个时候坐在第一排那个人是海一天，跷着二郎腿，这哥们又上来了，然后就全场爆笑。上戏学生的汇报是很有特点的。

王：观众也很出彩。

薛：有一次陆毅和王一楠演一个戏，他俩是演一个苦情戏，最后结束的时候应该王一楠冲着窗户外喊了一声"柱子"，因为她爱的人跑了，陆毅就跑下场了。

曹：陆毅演哪个柱子？

薛：他的名字叫柱子，结果陆毅跑下场的时候，突然台口，王一楠一喊"柱子"，台口一个柱子倒了，所有人在底下就笑疯了。上戏那个时候，我其实后来再去看，包括去年我去《演员的诞生》的时候，让我觉得回到了我学校的时候，排片段的那种感觉，但是没有我们那个时候，因为那个时候台上台下是一片，完全就是零距离交流那种感觉。感动的地方，你也真的能看到所有人在哭，所有人在干嘛。我记得我演《家》汇报的时候……

王：因为台上台下都是演员。

薛：对，都是同校生。比如说我们请舞美系的人给我们化妆什么，他们也都会坐在底下看。还有一些校外的，真的是一片的那种感觉，是非常有意思的。

曹：很开心吧？重温旧日时光。

薛：而且这个季节也特别好，秋天的上海。

曹：而且有一点黄叶铺地，上海城市这种浪漫的气质就展现出来了。

一栋红楼，相伴四年上课排练。一个食堂，毕业生味蕾的无限回忆。上戏食堂不只是上海人的老味道，也是上戏人"思家"的味道。

薛：曹老师，你上大学的时候有没有食堂特别爱吃的东西，到现在还记得？

曹：我跟你说，说起食堂，我当时食堂里的阿姨都搞得定的。拿一个饭票，我们都是饭票，饭票是吃蔬菜的，她先把肉和鱼给我放，尤其大排，两块大排给我塞在底下，上面弄一层蔬菜，看不见。我和阿姨关系都很好的。

薛：今年15年，大家回来的时候，一看到我，薛佳凝，大排我给你准备好了。

曹：看看今天有没有大排。

薛：那个时候学校的梅干菜包子太好吃了。肉包子，那个时候都不知道为什么，早饭觉得肉包子和梅干菜包子好吃死了，怎么怎么节食都没有办法不吃。

曹：你们俩学校读书的时候胖吗？

薛佳凝、曹可凡、王冠在上戏食堂打饭

薛：胖。

王：我胖的。

薛：真的胖的。

曹：看看。

王：大排给你留好了，薛佳凝。

薛：阿姨。

曹：你们还认识她吗？

薛：没有，我认识的阿姨不在。

阿姨：我认识她。

曹：我们今天，你帮我点。

王：你知道什么好吃？梅干菜包是只有早上……

薛：大排是好吃的，然后梅干菜烧肉也好吃的，那边是什么？

阿姨：那边是红烧肉、茄子。

薛：虾也好吃。

王：那个鱼也好吃。

薛：那个带鱼也好吃。

曹：我大排要的，虾就算了，虾很麻烦的。

薛：带鱼。

阿姨：今天大排没有。

薛：那个不是吗？

阿姨：鸡排。

曹：鸡排也可以的，冒充猪排。

王：梅干菜包有吗？我要吃梅干菜包。

薛：我也要。

曹：我也要。

王：梅干菜包里面都是素的是吗？

阿姨：里面有肉，没有肉不好吃。

王：我忘记了。

曹：放在上面意思意思。

薛：那个虾蛮好吃的，然后那边红烧肉也好吃。

王：虾是好吃的。

曹：红烧肉不吃了，给我点虾，然后蛋炒什么？这个蛮灵的，够了。

王：这是莴笋吗？

曹：颜色都有了。

王：虾的汁拌饭特别好吃，我当时印象很深刻。

薛：虾蛮好吃的。

阿姨：西兰花要吗？

曹：好的。

薛佳凝、曹可凡、王冠在上戏食堂吃饭

089

王：马上给你盛汁了。

曹：饭也弄点，阿姨给我点饭，包子也来点。

薛：包子好吃。

王：又吃饭、又吃包子？

曹：我本来长的就像包子一样。

王：选一个主食，我吃什么？

阿姨：你要吃什么？

王：我要吃鸡蛋炒莴笋。

曹：赞！

薛：这个是排骨。

阿姨：香蕉还是橘了？

曹：橘子好了。

薛：这是排骨，曹老师不尝一下排骨吗？

阿姨：这是鸡排。

曹：鸡排有了，我不要了，够了。

阿姨：这是红烧肉。

薛：来一客红烧肉？

曹：算了，不吃了，身上红烧肉已经很多了，够了，这点够了，吃不下了。

王：那边是粉丝吗？

薛：我现在吃素，鸡排后面的是什么？

曹：豇豆。

王：粉丝给我来一点。

薛：西兰花少来一点，然后青菜，我不要太多，西兰花可以了。

王：可以了。

阿姨：青椒可以吗？

薛：青椒要。

曹：青椒可以的。

王：白饭。

薛：粉丝，我也要的。

阿姨：粉丝里面有肉。

薛：没关系，你给我一点。

曹：不要紧，她吃肉焖菜不要紧。

王：可以，谢谢！

阿姨：梅干菜包是吧？

王：我不要了，你还要？

曹：你给我尝一下，我没尝过。

王：拿一个梅干菜包。

阿姨：米饭要吗？

薛：要的。

王：我还想要茄子，好的。

曹：我先吃一口。

王：真的很好吃。

阿姨：要几个？

王：包子要几个？曹老师。

曹：一个。好吃！

阿姨：先坐一会儿，等一会儿好了给你。

王：好的。

曹：我们有一个拿走。

王：我来。

曹：可以。

王：我也要橘子。

曹：我们坐在哪儿？

王：他也要橘子，他喜欢吃橘子，谢谢！

曹：在哪里？这儿还是那儿？就这儿。怎么坐？

薛：就这么坐吧，我们俩对面。

曹：你们俩对面。赞！

曹：我刚才从你那儿拿了个辣椒。

王：好吃。

曹：这个菜和你们当时？

王：一样好吃。

曹：差不多吗？

薛：一样的，这个青菜几乎没有变过味道。

曹：这就是梅干菜包吗？烫死了。

王：我们基本上早饭都会来打一个梅干菜包吃，来得晚，有时候没有了。

曹：这个虾好吃之极。

王：对吧？我说吧。

曹：鲜甜味，好吃极了。

薛：我们学校宿舍食堂真的是好，红烧肉也好吃，梅干菜烧肉也好吃。

曹：你们那时候有没有这种习惯，吃厌了食堂的东西，出去打牙祭，还是说食堂的菜实在太好吃了？

薛：其实那个时候没有觉得食堂菜那么好吃，反而是毕业以后再回来，才发现食堂菜原来这么好吃。

曹：所以实际上菜，但是做得确实好吃，当中还有一些对往日时光的记忆。

薛：也真的挺好吃的。

王：以前我大三的时候不是参加挑战主持人吗？那时候大家都住校，没有办法看电视，只有食堂有电视。那天晚上，吴洪林老师就组织我们全班同学在食堂看节目。

曹：真的？

王：晚上九点多，印象很深刻。

曹：今天虽然猪排没有，我们吃一下鸡排。

薛：也好吃的，但猪排真的是好吃。

曹：鸡排也好吃。

王：后来因为有寝室了之后，有时候就会有点懒，然后就叫外卖。

曹：你们那个时候已经有外卖了？

王：有外卖，外卖还挺多的，桂林米粉什么的，那时候喜欢吃垃圾食品。

薛：那时候学校门口有一个"五号"，也特别火。

曹：小饭店是吗？

薛：没有门牌，只是知道那一家叫"五号"，门牌是 5 号。

曹：没有店名？

薛：没有店名。

王：就叫"五号"。

薛：到中午看全是上戏的人。最有意思的是，比如说当时我很喜欢妈妈做的罗宋汤，我就告诉他怎么做，以后这个叫"薛佳凝的汤"。王景春那个时候喜欢手抓饭，就是"王景春炒饭"，还有"聂远炒饭"，好多以学生的名字命名的。

王：他们家炒饭做得特别好吃。

曹：真的？

王：还有宫保鸡丁也很好吃。

薛：对，都是学生教的，各地的家乡口味。

曹：烫死我了。

王：太好吃了。

薛：好好吃。

王：好想念学校的生活。

薛：这个很好吃。好想吃。

曹：还是你们当时的样子吗？很香。

王：好像包子比原来大一点。

薛：但我们今年回来的时候有做过一次小的，我们那次回来的场面也是，一屉一屉拎进来的包子。

王：好吃吗？

曹：好吃。

薛：真的好吃。

曹：这个太大了，只能吃半个。

薛：有肉吗？

王：有。

吃过饭，离开了上戏的食堂，三人行来到了上戏的学生宿舍。

薛：好安静，这个小路走过来。

曹：这两幢楼是最老的。

薛：对，是最老的。

王：这就是我们的寝室，我住 16 楼。

曹：这是后来新造的吧？

薛：对，那个就是我们的寝室。

王：还在？

薛：你们现在住的是男生寝室，扒掉了，造了一个这么高的楼，这个四层的就是我们原来女生寝室。

曹：原来你们女生的宿舍？

薛：对。这个葡萄藤，原来是从这儿一直到那边的，然后到中午的时候，葡萄藤底下全都是坐在这儿吃盒饭、聊天的人。

曹：我是上戏的客座教授，我在里面有办公室，原来我的办公室是女生宿舍。

薛：我刚才说两栋楼，一直想建一堵墙，就是这儿。

曹：就在这儿吗？一直没有建成？

薛：对，底下这个房子是原来我们的女生接待室，很多男生在这儿叫女生，都是在这边喊下来，这是谈恋爱的，只要到中午的时候，你就听见这两个楼底下都是喊名字的人。比如说我和王冠谈恋爱了，我叫她吃饭，王冠下来吃饭了，都是这样。

王：这时候比谁台词好，谁声音响。

曹：你知道陈丹青先生，我们的大画家，跟我们讲过一次，他们小时候怎么去叫女生。

王：怎么叫？

曹：因为他不在你们学校，他是到女生的家里头，这是女生住的地方，他就叫，但是不能叫女生的名字。比如说薛佳凝，我不能叫薛佳凝，一叫薛佳凝，你爹妈就出来了，这个小伙子哪儿来的？

王：一盆水下来。

曹：你知道他怎么叫吗？他就叫自己的名字。他要找这个女孩，陈丹青陈丹青。其他人都不知道这个人是谁，只有他的女朋友知道她的男朋友来了，你说聪明吗？

薛：曹老师，可以用在戏里。

曹：这是很美妙的，叫自己的名字，让自己的女朋友知道自己已经站在楼底下，你赶紧下来，要不然你们爹妈全跑出来了，你们家"警察"全出来了。

曹：怎么样？虽然你们在不同阶段，都会回到学校里，可是像这样学校一日游还不是有太多的机会吧？

薛：其实我们俩去年认识已经15周年了。

王：20。

薛：20周年了。

曹：你们俩认识20年了？

薛：对。

王：我们是1998年认识的。

曹：怎么认识的？

薛： 关锦鹏的广告。

王： "雅倩。"

薛： 对，"雅倩"，上海选了六个女孩，当时还有高圆圆。

曹： 有高圆圆，对，我有印象。

薛： 徐君、沈佳妮，冠冠是里面最小的那个，她当时还在上高中？

王： 初二。

薛： 初中生。

曹： 出道那么早？

王： 初三，这个广告初三。

薛： 我好像也是刚刚进上戏。

王： 那时候我已经赚七千元钱了。

曹： 可以。

王： 1997年、1998年。

薛： 那时候七千元钱很了不起了。

曹： 那是很大一笔钱。

王： 我每个月可以赚七八千。

曹： 厉害！

薛： 曹老师，我大学毕业的时候，已经有五十万存款了。

曹： 我们都白活了。

薛： 因为那个时候确确实实，我大一——进来拍了十几条，将近20条广告。

曹： 那个时候五十万存款是一个特别不小的数字。

薛： 很了不起的数字了。

曹： 一个小女孩能有这么多的积蓄。

薛： 对，我妈妈就很惊讶，我大学第一次，我记得我第一年回家以后，有一个细节，我记得还真的很清楚。我爸爸以前很喜欢皮衣，北方人，他很喜欢有一个当时什么牌子的皮衣，我陪他去看过，没有舍得买，这是我上大学之前的事情。我大学第一年第一件事情就是寒假回去，就给他把这件皮衣买了。我就记得当时我爸爸的表情，现在想想都会有点……他就半天没说话，然后说爸爸谢谢你。这个细节真的令人难忘。

曹： 他穿着女儿买的大衣，很嘚瑟的。

曹： 佳凝跟我说，那时候他们做学生的时候调皮，说到隔壁医院蹭澡，让舞美系的同学自个儿画澡票是吗？

薛：我们宿舍那时候是在修建，没有洗澡的地方，条件很艰苦。我们那个时候只能去静安寺那边的浴室洗澡，或者就去华东医院的澡堂洗澡，华东医院对我们开放。舞美系的同学看到那个澡票，就临摹了很多张，发给了表演系的同学。

曹：有没有东窗事发过？

薛：事发了，后来不让洗了。

曹：等王冠进入学校之后，其实很多设施都已经相对比较完备了。

王：我们有澡堂，我们寝室也有洗手间，原来你们是共用洗手间，我们有单独的洗手间了。

曹：你们差不多20年的闺蜜，其实一个人和另外一个人，你们的成长环境都不一样，性格都不一样，能够走到一起，为什么？

薛：其实我觉得人和人之间有莫名其妙的因缘，我很喜欢去走一些地方，冠冠也是喜欢的。比如说我们两个去年一起会去藏地，会去一些小学校，包括养老院，其实有一些我们都没有拍出来，我们俩走了很多地方。

王：我们想做一些有意义的事情。

曹：王冠去到边远地区，和那些孩子们一起打交道的时候，最深刻的体悟是什么？你好像有一次哭了是吗？

薛：她哭得一塌糊涂。

王：我离开的时候，我真的特别不舍得。

曹：她很少哭的。

王：我很少哭。我是一个蛮坚强的人，我和那些小孩只玩了一天的时间，陪他们玩，我是真真实实陪他们在操场上玩。走的那一刻，那些小孩，他们开始手写贺卡，自发的。

曹：没有人告诉他们要做这个事？

王：没有人。我印象很深刻，有一个小孩追着我出来，送了我一块石头。我说为什么要送我石头？他说这是我最喜欢的东西。我说你自己留着吧，他说我不要，我说这个石头难找吗？他说很难找，我说那你就留着吧，不要，我还是可以找的，这个送给你，他把他最珍贵的东西送给我。我内心就特别感动，那一刻，您知道我很喜欢小孩，我回来也跟她讲，我说我当时就在想，我不那么执著想要生小孩的原因是我看到有那么多可爱的小朋友急需帮助，我花在一个小孩身上的精力和金钱，可以给那么多的小孩，为什么我不试一试呢？

薛：她从藏地回来就跟我说了她那个想法，因为我真的知道她有多么喜欢小朋友，她一直很希望有自己的孩子，否则我觉得会是她认为人生最大的一个不开心。

王：遗憾，不完整。

曹：缺憾，不完整。

曹：其实人在每一个不同的阶段也许都会有瓶颈，都会有焦虑。但是对一个演员来说，其实另外有一种幸运，在你塑造过这么多角色当中，有一个是被大家记住的。佳凝的哈妹大概就是这样，你看这么多年过去了，人家还是记得这个角色。王冠还记得当时看这个戏什么感觉？

王：因为那时候我们很喜欢去襄阳路那块地方，我觉得那里都是很时尚的人，她就像那里的人一样。所有我们喜欢的东西，都在她身上体现出来，她穿得很时尚，衣服、耳环、发型，整体来说就很时髦，就是一个模仿的对象。我们很多时候买衣服，都是按照她的型去买的，按照她的搭配来的，所以还蛮崇拜她的。以前我刚认识她的时候，我觉得自己好幸运，真的，没跟你讲过，不好意思说。

曹：初次表白。

王：我还能和哈妹成为好朋友，真的。

曹：佳凝现在回想起来这个角色，当时拍摄的那些场景或者细节，还有印象吗？

薛：结果其实是特别意外的，当时实在是那个戏太爆了。那个时候那段时间有很多店，很小的店都会起这个名字。

曹：当时太火了。

王：哈妹同款，很多襄阳路的店里面都有。

薛：但我那个时候好多衣服真的是在襄阳买的。那个时候为了找那个角色，常去襄阳路，就去看那些最时髦的女孩是什么样，所以那时候也在襄阳路真的买了很多东西。

王：我一直想问你一个问题，这么多年来，别人看到你都叫哈妹，你到底是高兴还是不高兴？因为我演了这么多角色，人家就记得这一个角色。

薛：其实都会有，分阶段，最开始的阶段其实是排斥的，从我根本上来讲，还是喜欢比较有智慧的人，会喜欢有主见的人，会喜欢有自己这种性格。哈妹有点没文化，当时真的是这样的。但那几年是排斥的，可是后来觉得又非常好，好在那个时间段的时候，把你的那个状态呈现给大家看了。以至于到现在为止，我觉得我就是在观众眼皮子底下成长的，看见了你的每一个阶段。但就像曹老师说的，不可避免，那个角色当时的广泛度，那个传播度，让大家都没有办法去忘记那个名字。包括陈好也是，永远大家都会记得她的万人迷，那几个人物一定是标签性的了。

王：太深入人心。

谈笑间，薛佳凝在校时的两位老师，陈明正老师和刘宁老师，也专程前来参加节目录制。陈明正，戏剧导演大师，曾任上海戏剧学院表演系主任。刘宁，上海戏剧学院副教授，硕士生导师。

曹：陈明正老师，你好！您印象当中，薛佳凝是一个什么样的学生？

陈：非常质朴，非常用功，是个素质非常好的演员，我很喜欢她。

曹：你还记得吗？当时给他们排练的时候，她的表现怎么样？

陈：她在戏当中演的是鸣凤，鸣凤有一场戏很重要的，跳河，跳湖自杀。舞台下面暗下来，突出后面她走出去，不是跑到黑咕隆咚里。但是后来我想还不过瘾，就把这个调度放在台口，放在乐池里去，乐池是一个荷花池。有的人讲陈老师，你这个设计、这个构思很精彩。我跟你讲，今天说老实话，要是没有好演员，弄巧成拙。正面对观众，你演得不真实，没有信念感，没有内心生活，假，反而把你出卖了。薛佳凝可以说是保护了我导演。

曹：陈明正导演，这句话，这个评价太高了。

刘：把她美死了。

刘：那场戏拍得很美的，如果乱来就不行。

陈：她有信念，她站在舞台中心，站在台口，面对观众，我让她喊，"觉慧，我走了"。

薛：声嘶力竭。

陈："觉慧"一叫，魂儿都给叫出来了。本来叫三少爷，现在她叫觉慧了，她是个丫头，现在叫觉慧了。

左起刘宁、薛佳凝、曹可凡、王冠、陈明正

薛：临死之前终于敢叫。

陈：此时此刻觉慧已经在她心里了，她紧紧拥抱着觉慧，跳到湖里，爱在她心中。

曹：陈导，后来她演了很多电视剧，您都看了吗？

陈：都看，她还一直保持这种朴素的表演，我觉得非常好。就是很遗憾，没有一个非常突出的角色，但还有更好的剧本来塑造她。

王：您觉得她适合演什么角色？

陈：一个非常善良的，非常安静，而且有热情的，到最后成功的，一个普通的妇女，平凡的妇女的不平凡，她身上有这个东西。

曹：刘宁老师说那会儿他做学生的时候，刘宁老师说他做您学生的时候，您曾经骂过他，您有没有骂过薛佳凝？

陈：我没有。

王：差别，刘老师。

曹：有差别，刘宁老师。

刘：当时是我捣乱，因为跑群众，不重视。

王：陈老师斩钉截铁，没有。

陈：我们有时候是要批评学生的，你说对学生不批评……

刘：不叫教育。

陈：不对，好像是老师就是一直要捧学生，鼓励学生，不应该批评。不应该去讽刺学生，不要去挖苦学生，要尊重学生的人格，但是学生表现不好或者不用功，达不到的时候，你还要刺他，甚至挖他的心，让他动起来，这个没有说不对的。她一路走来，排这个戏，都好，没有让我感觉到好像达不到。

曹：刚才陈老师说了他对佳凝的印象，刘宁老师印象当中，佳凝是一个什么样的孩子？

刘：因为我和陈老师不一样，因为我到底比陈老师年轻很多，可能和他们比较稍微接近一点。

刘：其实她在班里是很突出的，要不然陈明正老师来了就选她演女一号。

曹：刘宁老师对你严格吗？

薛：刘宁老师是批评我的，我刚进学校的时候，给刘宁老师汇报台词。因为我小的时候真的是在黑龙江省主持、演讲、朗诵，我当时的演讲全国拿过奖，我是觉得我声音非常好的。然后我就读了一首《满江红》，当时结束，我期待着刘宁老师表扬我。刘宁老师看着我，念完了？处处都是重点，其结果平淡无奇。

曹：你够狠的。

薛：但是到今天就让我特别受用，我现在会觉得我再去拍戏的时候，我不会把每个地方都去给它突出。

曹：陈明正老师，像薛佳凝他们那辈演员，其实已经毕业很久了，所以你是不是觉得她这个年龄，从一个演员的角度来说，应该是有更广泛的表现自己的表演才能的空间？

陈： 演员到这个时候是成熟了，年轻的时候靠亮丽。

刘： 外在条件。

陈： 到了这个年纪的时候是成熟了，她应该创造一些更有分量的好戏。我在这里胡说八道，插话了，这种好演员，有才能的年轻演员，不要把他们糟蹋了。搞一些什么游戏，玩、闹，搞笑。对年轻演员要保护，不要去玩他们了。

曹： 肺腑之言。

陈： 不要拿他们做资本去赚钱，给他们好角色，给他们锻炼，推他们向前走。演员很被动的，要靠好编剧，要靠好导演，要好的合作者，难了。

曹： 您觉得按照你对薛佳凝的理解，她未来会成为一个什么样的演员？

陈： 我的希望，她能够碰到一个很完整的，从年轻演到老年的戏，有这么一个机会。

刘： 她现在还行，再过十年可能就麻烦了。

曹： 所以陈老师说现在是她最好的年龄。

刘： 因为老了能演的戏，年轻的就难了。

薛： 我心里特别感恩。

曹： 刘宁老师对薛佳凝有什么期许？

刘： 其实真的是陈明正老师说的，演员很难、很被动。但是我们在这种被动之中，追求吧。我不能期许她以后成为一个什么伟大的艺术家，那是最好的，但是你要能够保持当年的那种初心，一般经验多了以后，反而这种心就容易被技术所替代、被经验所替代。我说鸣凤那句话就喊不出来了，就喊得不那么到位了，真的是这样，我是这么看的，希望你能保持。

陈： 是这样的，讲得很对。

薛： 老爸爸现在都还有孩子的眼光。

华山路上的老房子很多，大多都"庭院深深"。而位于上海华山路上的"枕流公寓"却是一幢鹤立鸡群的高层老建筑。著名电影明星周璇也于1932年在此安家，今年也是周璇诞辰100周年。解放后，枕流公寓又搬入更多文化名流和学者。即使你不知道"枕流"的涵义，仅凭直觉，大概就能猜出，它是中国古代文化和处世哲学相结合的产物。那么关于这栋公寓最早的主人是谁，就让三人行小组一起去探寻一下吧。

曹： 你好，王群同志。

王：王老师。

曹：佳凝大概不认识，王群老师。

薛：王群老师好！

王群，《可凡倾听》栏目策划，华东师范大学传播学院教授、博士生导师，枕流公寓老住户。

王群：这是一个花园。

曹：我那时候到你们家来，我觉得那个花园不大。

王群：对，我也觉得很小，但是蛮有味道的。

王：这儿天好的时候喝个下午茶挺好。这房子有多少年了？

王群：房子的地皮是1900年，当时是英国的一个商行，叫泰兴商行的大班买下来的，到了

曹可凡、王冠、薛佳凝、王群在枕流公寓花园内

后来就是李鸿章，李鸿章有个小儿子，叫李经迈，他觉得小儿子比较赢弱，在家里地位比较低。

薛：庶出的。

王群：后来他想这孩子将来怎么办呢？就给他买个地皮，弄点房子，收点房租。

虽然李鸿章为自己这个身体赢弱的小儿子的未来做好了规划，不想李经迈对自己的人生却另有打算。他早年出使奥地利，任江苏、河南、浙江按察使，又去欧洲、日本考察。辛亥革命后寓居上海，以经商为业，极善理财，遂使资产万贯，闻于一时。

曹：他有一个特点，这个人英文讲得特别好，混外国人圈子的。溥仪有一个英文老师，叫作庄士敦，就在故宫里教溥仪骑自行车的。这个庄士敦就是李经迈给他介绍的，因为李经迈和溥仪的叔叔载涛是非常好的朋友，当时他在北京也想混官场，后来不行，混不了，他这个人比较直，在慈禧太后上朝的时候，就说南方腐败什么乱七八糟，后来就被奕䜣叫到家里头骂他一顿：我是把你看成自己孩子，我不是让你来送命

101

的。后来他说我不混了，就混到上海来。然后就一直混在上海，跟一帮老外混，其实这整条马路都是他的。

薛： 曹老师，我已经有那个画面了，从故宫到这里的画面了。

曹： 从故宫到枕流公寓。

与他两个哥哥李经方、李经述比起来，李经迈在政治上、学业上都没有什么值得炫耀的业绩。分家的时候也只是把一些当时视为不值钱的股票都分给了他。但李经迈擅长经商和文物收藏，学外国人的样子，在上海西部大做房地产生意。那些原先不值钱的股票到了他手里，稍加利用，都变得值钱起来。枕流公寓就是他经商的成果之一，枕流公寓也因此名声大噪。

曹： "枕流"有什么说法吗？

王群： 枕流的说法是这样的，最早叫枕石漱流，枕在石头上，用流水洗漱。

曹： 漱口的漱吗？

王群： 对，隐居的意思。后来变成了枕流漱石，这是怎么回事呢？当时晋朝的时候有个人叫孙楚，这个人很有才气，但是很傲，他没有朋友，就一个朋友，姓王，叫王济，他有一次跟他说，他说我要隐居，当然那个时候不说隐居，他说我要，应该说是"枕石漱流"，结果说错了，说了"枕流漱石"。

曹： 就是睡在水上？

王群： 对。

曹： 石头磨牙。

薛： 用石头来磨牙。

王群： 那个姓王的朋友就问他，这个不可能的事情，他倒蛮会狡辩的，他说用水，他说我留着洗耳朵，用石头，我磨牙。像你们戏剧学院练台词一样，练口齿。他还找了个依据，最早尧帝看中了今天河北唐山这个地方，有个叫颍水，这个地方有个人叫许由，知道吗？这个人很能干，尧就想办法让他来做接班

李经迈与父亲李鸿章合影

人，他不干，跟他谈了话以后，他跑到颖水去洗耳朵了，他说你干嘛洗耳朵，他说那些话侮辱我、羞辱我，脏我耳朵，我要洗一洗。后来这个成语就变了，就从刘义庆的《世说新语》里面变成了"枕流漱石"了。

李经述

薛：这是标准的文人的狡辩。

王群：对，这就是"枕流"，其实就是隐居。其实这儿也隐居不了，这儿都是名人，隐不了。

薛：到现在反而是隐于世了，其实我倒觉得也挺有意思的，外面看着，我只是从外面走过，没有走到它的后院，走到后院来其实别有洞天，瞬间就能感觉到当年安静的那个气氛，会有一点点。

一如当初"枕流漱石"的设想，各界名流纷纷在此隐居。1932年起，周璇就在这里居住，直到她离世，住了25年。解放后，枕流公寓又搬入更多文化名流和学者。

曹：你当时楼里面见过一些谁吗？

王群：我见过多了，除了周璇没见过以外。

曹可凡、薛佳凝、王冠在枕流公寓门口

薛：全见过？

王群：说起来戏剧学院，以前学生跟这儿关系很密切，一个是乔奇，我发现很多学生到这儿来拜师，来学习。

曹：刚才王群老师说起乔奇，乔奇是我师父，是你师爷。

王：今天才知道。

薛：我们这一拨人都没有怎么见过乔奇老师。

曹：后来因为做主持人，就和他认识，因为我的声音也比较好，他的声音非常洪亮，就说你拜我做师父吧，就拜他做了师父。那时候我们常来乔奇家玩，在他们家吃饭，那时我和袁鸣搭档，他

周璇

有个外孙女，就是崔杰老师的女儿，"娃娃"那时候很小很小。

王群：和我女儿一般大。

曹：很小，跟他女儿差不多大。我去了之后，说叫叔叔，她不叫我，看看就走了。然后问她为什么，她就问她爸妈，他们俩是一对吗？那时候我和袁鸣是搭档。

王：那时候她多大？

曹：很小，小孩。完了之后，她爸妈说他们俩就是搭档，不是一对，我就不理他了。

薛：想想这个楼里住了这么多文化名人，收回来以后就分给了很多很多户，所以觉得真的能住在这里也是挺隐于世，挺开心的。

曹：那时候周璇住在这个地方，她那时候已经精神状况有一点问题，所以她住在这儿。她还有几个小孩，后来就交给黄宗英管。那时候没办法，把两个孩子托在上影厂的幼儿园，所有上影的职工就在这里头。园长是谁呢？你想象不到，吴茵老师，就是专门演老太太的。

王：我知道。

曹：所有老电影里面演老太太的，包括《一江春水向东流》，演陶金的妈妈，中国第一老太。

王群：《乌鸦与麻雀》，演赵丹的老婆。

薛：曹老师，你记不记得我上你节目还唱过周璇的歌？

曹：对，唱过周璇的歌。

薛：所以我刚才特别羡慕王老师。

王群：你跟这儿还有缘。

曹：有缘。

薛：而且我还很喜欢评弹，我超喜欢听评弹，特别羡慕你。

王：你应该住在这儿，王老师房子租给她。

王群：我听说你租过这儿的房子，那应该租给你。

薛：真的没有租过，王老师，确确实实大学的时候只知道枕流公寓，不知道有这么多故事。我相信每天在华山路上穿梭的这么多人，也只是知道这个公寓，并不知道背后的故事和这样一个院子，要知道的话，绝对租过来了。

孙道临、王文娟夫妇

电影表演艺术家孙道临先生和他的夫人王文娟女士也是枕流公寓的老住户。两人无论是从成长背景，还是受教育程度，都存在较大差别。按常理，并不能完全属于"门当户对"，可他们在一起之后，却始终鹣鲽情深、鸾凤和鸣，不离不弃。成为文艺圈传诵至今的一段佳话。

曹：当时孙道临和王文娟老师谈恋爱，还有一个小的插曲。当时文化局的领导找王文娟，说你不能和孙道临结合，他在政治上有点问题。然后王文娟老师就把所有道临老师给她写的信，全部还给他，然后他们俩好像从这儿一直走，最后等于是送她，两人就彻底结束了。后来是张瑞芳老师知道这个事以后，到了北京，跟邓大姐说了这个事，总理关心说，你们这是不对的。

王群：所以名人的婚姻惊动了中央。

曹：所以他们的婚姻是有这样的一个波折。

王群：曹可凡老师文化掌故，没有不知道的。

枕流公寓中除了有电影界响当当的人物，也有戏曲界的大家，我国著名的越剧表演艺术家傅全香、范瑞娟、王文娟就在这里居住过。这些辉光熠熠的名字几乎与百年越剧史密不可分。她们将一个个鲜活地形象展现在越剧的舞台上，耀眼夺目，流芳百世。

曹：我和那些越剧界前辈都比较熟，王文娟是我干妈。按照越剧，我们喊姆妈，绍兴话。还有一个老演员跟我关系也蛮好，她儿子现在和我也是好朋友，毕春芳老师，她是宁波人，我们叫她阿姆。有一天我们一块儿演出，姆妈、阿姆都在，傅全香老师不开心了，"曹可凡，你叫文娟姆妈，叫毕春芳阿姆，你叫我什么？"我说傅老师，我叫你妈咪好吗？

王群：洋派点。

曹：这倒差不多。所以过去老一代住在这儿的人，有一些我还认识。

王群：都走了，现在健在的也就是画家。

曹：就是沈柔坚先生的夫人。

王群：他的夫人王慕兰身体依然健朗。

曹：我们去拜访她一下好吗？

沈柔坚，我国20世纪深有影响的中国画家、版画家和水彩画家。柔与坚，是沈柔坚人生和艺术的支撑点。他的妻子王慕兰女士，是我国著名的作家。在她的作品《往事如歌——与柔坚相依相伴四十五年》中，基本上反映了曾经是大家闺秀的王慕兰的人生漫步，这显然与其丈夫沈柔坚也是密不可分的。

曹：这个房子很漂亮。

薛：对，很漂亮。这回廊也很漂亮。

王慕兰著作《往事如歌》

曹：王老师好！你不要起来。给你介绍两个小朋友，王群，你认识吗？

王群：认识吗？你记性真好。七楼，王家阿婆的儿子。

曹：这是演员叫薛佳凝。

薛：王老师好，我是薛佳凝。

曹：这也是我们主持人叫王冠。

王：你好！

王慕兰：久仰大名！

曹：打搅你。

曹：你还记得王群吗？

王慕兰：记得，他以前是"奶油小生"。

曹：你还有"奶油小生"的时候？

王群："黑奶油"，不是"白奶油"。

曹：你现在是"惯奶油"。

薛：王老师，我看到这幅字，这是老舍先生的亲笔吗？

王慕兰：对的。

薛：而且好像是拿您先生的名字做的诗？

曹：对，柔如垂柳坚如竹。

王群：眼睛很尖。

曹：柳伴桃花竹伴梅。1963年？

王慕兰：在北京开会，因为老舍夫人胡絜青是画家。

曹：齐白石的学生。

沈柔坚版画《歌德故居》

王慕兰：胡絜青和沈柔坚还是熟的，就到她家里去访问，就求老舍先生墨宝，他当场就写了。

曹：沈先生当年非常有名的一张木刻《歌德故居》，那是沈先生的一个代表作。沈先生，我记得是福建人？

王群：福建人，口音里有福建口音。

曹：而且沈先生做美协主席很多很多年，他对上海的美术事业做出很大的贡献，尤其是"文革"当中很多画家生活都非常窘困，沈先生一直是帮助他们的。他对两个老画家是很好的，林风眠、吴大羽。

王慕兰：刘海粟他生活还是比较窘迫，尼克松访华，上面下来的指示，原来的墙壁上，宾馆、车站一塌糊涂，都是标语什么，就说把这些老画家，还没平反，都叫上来了。

曹：叫画布置画。

王慕兰：文化布置。

曹：为各个宾馆画布置画。

王慕兰：还有机场。住到锦江饭店去。

曹：那时候他们都在农村劳动，突然能够画画了，然后住在宾馆里头，这都是沈先生请他们回来的。

王慕兰：包括老舍自己也高兴，做梦一样，昨天还住在牛棚里，怎么今天住到锦江饭店。

曹：主要就是1972年尼克松访华，中国改革开放的大门要打开了，有一些外国友人来。宾馆都是素白的墙壁不好看，所以那时候沈先生组织上海那些画家。

王慕兰：组织是中国美协组织的，上海是沈先生领导，一批一批分批到北京去，能够到北京去画画，这些老画家高兴极了，报酬就是两包烟，还有吃饭，真感激涕零。

王群：认可你了。

曹：所以沈先生等于是上海美术界的最高领导，他对那些老画家，虽然当时他们受到冲击，但沈先生对他们完全没有什么门户之见，对他们特别好。吴大羽那时候都是很倒霉的时候，沈先生对他很好。还有林先生走之前。

王慕兰：到我们家来吃饭告别，他不大出来，不到别人家去。好像很秘密的，在那间房间里，说把窗帘放下来。他早一点来，来了以后，唐云也来，还有关良来的，开心得不得了，三个人一起合作，画画什么。

曹：林风眠先生那时候一个人住在南昌路，生煤球炉，那么大的一个大画家，自己要拎着炉子，从屋里头跑到屋外，要生煤炉。

薛：说实话那一代的人真的很让人钦佩。

曹：对。所以他大概70年代末的时候，准许他出境看他的家人，因为他的太太是巴西人，和他的女儿林娜那时候住在巴西，所以他就借道香港地区跑到巴西。他实际上临走之前是有一点点不开心的，因为他的那些画也都没有办法带走。

王慕兰：不允许。

曹：不允许他带走。

王慕兰：限制100张，所以他好多画都处理了。

曹：那时候画家到你们家来得最多是谁？

王慕兰：最多是唐云、张乐平，他们好像没什么事就来，我们吃饭，他们也一起吃饭，喝喝酒。

曹：他们都喜欢喝酒。

王慕兰：不管有没有小菜。其他来的也很多，逸飞也来的。

曹：陈逸飞？

王慕兰：逸飞到美国去以后，回来也要到这里来。

曹：而且关键沈先生有一个非常大的优点，官位那么高，他完全没有架子，沈先生是一个完全没有架子的人，一点架子也没有。

王群：平常看见笑嘻嘻。

曹：一口"福建普通话"。

王慕兰：他司机也叫他老沈，人家都叫主席，他们都叫老沈，他后来说，有一次香港地区的画家来，他说你们香港地区叫上面的领导叫老什么老什么吗？他说没有。

王群：叫官位。

王慕兰：不会叫老沈老沈。

王群：说明他和人家的关系比较好。

曹：我记得那时候来，沈先生给我看过一张旧画，是朱屺瞻先生给他的。朱屺瞻先生那时候生活非常窘困，没钱，问沈先生借了几元钱，是吗？

王慕兰：我倒不知道。

曹：沈先生跟我说的。

王群：借钱不知道。

曹：问沈先生借钱，没钱了，沈先生就借给他，后来不好意思，把家里一张画给了沈先生，意思是谢谢你。沈先生告诉我的。

王：这笔账王老师不知道。

曹：估计沈先生借钱的时候，这笔钱是私房钱，没有告诉老婆。

王慕兰：他不管钱的，钱都是放在抽屉里，不知道到底里面有多少钱。

曹：他搞不清楚？

王慕兰：搞不清楚，100元叫他数，数不清楚。

王群：不管钱。

曹：你是哪一年住进来这里？

王慕兰：我是1956年。

王：住了多少年？60多年了。

王群：63年。

曹：你住进来的时候，周璇还住在这里吗？

王慕兰：搬走了。

　　作为枕流公寓的老住户，王慕兰女士曾在她的作品《随风云掠过——王慕兰散文》中这样写："我们是1956年9月底前，搬入枕流公寓的，过届不久，六楼搬进一家新的住户，整套家具都是新添置的，电梯司机告知新主人是《文汇报》总编辑、老报人徐铸成。其他文艺界知名人士先后入住的有：上海戏剧学院副院长、著名导演朱端均，电影、话剧演员乔奇、孙景璐、徐辛，文艺理论家叶以群，作家峻青、周而复，越剧名演员范瑞娟、傅全香、王文娟，电影表演艺术家孙道临，评弹演员余红仙等近20位文化名人，可谓明星荟萃，盛极一时。"而文艺理论家叶以群的经历，也让她难以忘记。

采访枕流公寓老住户王慕兰

曹： 他是非常伟大，但是今天的人对他不太了解。

王慕兰： 他是很伟大，但是他很悲惨，在这个时候受到冲击了以后，他忍受不住委屈，从我们这里的阳台跳下去。

王群： 我们都没说，其实这个楼既是名人汇聚的地方，又是名人的整个历史都在这儿呈现，包括悲剧。

王慕兰： 跳楼死的。悲惨的结局，和他作的伟大贡献，这里面，说不清了。茅盾对他很好的，因为一路上很危险的，要走过很多敌人的封锁线，后来平安到达，功劳很大。他也不单纯是茅盾，还有别的很多人，等于是要临近开国大典了，越多越好的流出去的人流回来，一起来庆祝新中国的成立。

曹： 当时要把很多民主人士、文化人士请回来，包括那时候像宋庆龄是在上海，是邓大姐专门到上海把她要请回到北京。像李济深、沈钧儒那些民主人士，要请回北京。

王群： 这段历史很少有影视作品反映。

曹： 从香港地区转回来，后来许鞍华拍了一个这样的片子。

　　告别枕流公寓的老住户，仿若告别了一个更迭的世纪，再次漫步华山路，三人行来到了上海滩久负盛名、保存最为完好的老洋房之一丁香花园。丁香花园的盛名，不仅在于其建筑本身，还在于洋房主人身份的传奇色彩。

曹： 这个就是丁香花园，传说和李鸿章有关，但没有什么关系，里面有一条龙壁，你看见吗？所以如果是李鸿章家，这样就是犯死罪了，龙是皇上才能用的。为什么会有龙呢？和你们的行业有关，那时候这里是个片场。

薛： 拍戏用。

曹： 那个龙是拍戏的时候做出来的。但为什么叫丁香花园，有很多考证，说李鸿章的谁谁谁。

薛： 七姨太？

曹： 但是这个都不靠谱，没有史料认证，但是我们可以去看看前面的一个小白楼，那个才有意思，是白杨老师的家，可以去看看。

梧桐树的掩映下，有一座清新雅致小白楼。虽然没有大别墅的气场，却有着小洋楼的姿态，小白楼曾经的女主人是著名的艺术家白杨。白杨，中国著名电影、戏剧表演艺术家。1936年以《十字街头》成名，1947年主演的《一江春水向东流》和1957年主演的《祝福》使其艺术成就达到了顶峰。1950年，白杨与蒋君超结婚后，在华山路购置了这幢洋房，外墙被刷成和白杨的姓氏一样的白色，称为"小白楼"。

曹：我们来看看，这个就是所谓的华山路上的小白楼。我们来看看它的介绍，是个历史的建筑，当年白杨老师就住在这个地方。其实那个时候买这样的一个楼也是挺贵的，这不是国家分配的，是他们自己买的。因为白杨先生的丈夫叫蒋君超，也是一个导演，也是一个演员，但是听说他演戏之余也做点投资，他那时候做一些药品投资。

王：演戏之余做点投资。

曹：据说他们做盘尼西林。

薛：药，那很紧俏。

曹：所以他那时候就赚到比较多的钱，就住在这个里面。

薛：那个时候盘尼西林是要拿金条换的，好像是。

曹：他那时候就做盘尼西林，这是听别人说，所以他们家就比较富有，当然白杨老师也是一个出道很早的，仅次于胡蝶、阮玲玉她们这一代，第二代的中国女演员。

薛：她比秦怡老师要早？

曹：比秦怡老师应该早半辈。比如说她早期的这些作品，像《十字街头》《一江春水向东流》，还有解放之后的《祝福》等等，都是白杨老师的代表作。我那时候刚出道，经常会来接白杨老师，当时文联的一些什么样的活动有时候请她，我那时候算年轻人，就来接她。白杨老师是一个非常讲究的人，一口京片子，也很漂亮，但是很讲究。通常你到这儿来接她，你

王冠、曹可凡、薛佳凝来到白杨故居"小白楼"

电影《一江春水向东流》海报

可以晚到一点，但绝对不能早到，因为她还没有准备好。

王：要化妆吗？

曹：当然，要化妆。她是纯粹北京人，她有个姐姐是很有名的作家，就是《青春之歌》的作者杨沫，所以她原名姓杨。

薛：所以叫白杨是？

曹：白杨可能就是后来起的艺名。有一种说法，说这个楼原来不是白色的，就因为她买了这个楼以后，白杨老师的丈夫就让人把这个楼给弄成白色，因为她叫白杨。50年代的时候，周恩来总理到上海视察的时候，专门到她家里来作客，很少有国家领导人在这儿吃饭。请了当时的一些演员，秦怡、张瑞芳、王丹凤，每一个女演员都从家里带一个菜来，请总理在这儿吃饭。这是个现代主义的建筑，非常地漂亮，那个年代有这样一个独立式的别墅，在这样一个黄金地段是非常难得的。

薛：现在也很漂亮。

曹：现在看也很漂亮。白杨老师人生接受的最后一次采访，是接受我和袁鸣的采访，那个时候是大概1997年，她已经中风了，她在北京参加全国政协的时候突然中风，但是康复了，住在北京的一个四合院，她儿子蒋晓松的一个四合院。那时候我正好拍一个叫作《京沪两地大拜年》，我就想办法找到她的电话，就问她，我说我来采访你可以吗？当中还出现一个乌龙，她就问我，你们是几个人，我一想白杨老师是很讲究的人，我怕我们这么多人去，吓到她。我们其实八个人，我就跟她说我们是六个人，我们就去了。去了之后，下大雪，我们早到了半小时，不敢进去。我和袁鸣两个人在四合院门口，冒着雪待了半个多小时，进去。但那个时候我们就看到白杨老师状态已经不是那么太好，但是她很坚强，她还一个手撑着，在屋子里边想办法能够进行康复。在采访的时候，其

白杨故居"小白楼"内景

实她那时候因为中风的后遗症，我们大概几分钟，袁鸣就要给她掖一下嘴，有一些口水会渗出来。所以那个采访很艰难，我们做了40多分钟，做好我们就准备撤了。白杨老师不让我们走，说我已经准备好饭了，你们就在我家，今天我请你们吃一顿饭。我一走进饭厅，我就知道我闯祸了，为什么呢？她请我们吃火锅。

薛：人数报错了。

曹：人数报错了，我报了六个人，但是上面确实八个小火锅，有一个是她的保姆，一个是她自己吃的。一看，我们人数不对，她就不吃了。然后她就坐在轮椅上，坐在旁边看着我们吃，指挥他们家的阿姨上菜、上茶。这是我最后一次见白杨老师，好像半年之后还是一年之后，白杨老师就过世了。

薛：很有意义。

曹：我和她有最后的这么一段交往，虽然那时候她岁数已经很大了，而且生病，但是她把自己打扮得特别美，还自己化了妆。一个手化妆，另外一个手已经不太能动。

薛：听您说这些细节，她其实是大家闺秀的那一种教养出来的。

曹：对，所以也很有幸，曾经进来过这样的一个地方，在华山路上有这么一个非常有意思的建筑。

薛：冠冠，我们什么时候能进去看看？

王：对，好想进去。

曹：现在因为他们家都已经不在这，好像租给一个公司什么，就不太清楚状况。

薛：里面是有院子吗？

曹：你看有一个不大的，院落不是很大，院落不是特别特别大。

王：两层楼。

曹：但采光非常非常好。

王：这个空置着，不是太浪费了吗？

薛：但是真的应该让大家去参观一下，看一下。

走过小白楼，三人行来到了坐落于华山路1626号的复旦中学，她是复旦的根与源。

曹：欢迎来到我的母校，叫作复旦中学，陈毅元帅题的词。

薛：从我们的学校到您的学校。

曹：对，华山路那头走到这头。

王冠、曹可凡、薛佳凝在复旦中学

王：这是我梦寐以求的校园，从来没有进来过。

薛：太漂亮了。

曹：复旦中学的历史非常长，实际上脱胎于复旦公学，它的创始人是马相伯先生，就是我们现在看到的铜像。当年他创立了复旦公学，后来复旦公学又慢慢地分开，到了江湾那儿就变成复旦大学，这儿就变成它的中学部。当时复旦公学的校董很厉害，他是校长，校董里面有谁呢？有孙中山、有于右任，所以你看那个图书馆是于右任先生题的。还有当时的启蒙思想家叫作严复，还有邵力子先生，当时的社会贤达都担任了我们这个学校的校董。最早学校的校址并不是在这里，为什么会搬到这里？现在我们在的这个区域，过去是李鸿章家的祠堂，李鸿章家族就把这块地捐给了马相伯先生，捐给了复旦公学，所以这个学校就开始从这儿起来。所以我们今天看到江湾的复旦大学，实际上它的母体就是在这里。

曹：所以我们看到的校训，其实和复旦大学的校训差不多的。

薛：一样的。

曹：我们前面去看一下。所以复旦公学，就是复旦中学的校训，和复旦大学是一样，是差不多的，一会儿我们可以看一下。我们站在老祖宗前面看一看。马相伯先生当年有一句话很有意思，他说我是一条狗，是一条叫了一百年的狗，什么意思呢？希望用近代教育和近代思想，对中国人民进行一种思想的启蒙、教育的启蒙，要突破过去封建社会的这种藩篱和窠臼。所以他是一个很有革新精神，希望用教育来改变社会、来改变我们人的精神面貌的这么一个想法。现在大概是个行政楼，当时也是一个教育楼，所以那个时候我刚考进来的时候，就在这个楼里面上课。当时我们高中那时候只有读两年，这两年非常重要，对我来说，因为我原来读的初中是一个很一般的初中，比较差的这种初中。所以我等于要从比较差的初中里面，要考到一个好的高中，其实是有点困难的。

薛：非常难。

曹：非常难。当中还有一个很大的，对我来说很困难的地方，就是语言，为什么呢？我的小学和初中是当时上海很少几所学校学俄语的。

薛：同志（俄语）。

曹：同志（俄语）。我考高中，外文是考俄文，我俄文非常好，我初中考高中的俄文是98分。

薛：你和鲍蕾一样，鲍蕾以前初中也是，她外语学的是俄文。

曹：所以到了这儿以后，同学们都是学英文的，我就是从头开始学。还好我爸爸因为是圣约翰大学毕业的，是教会学校，所以在家里教过我一点英文。还有那时候我从中央电视台一个英文节目里面学过一点英文，当时有个节目叫《follow me》，练口语的，我学过一点。所以进来有个摸底考试，第一次摸底考试40多分，从来没40多分，还算不错。到这儿以后，我们的英文老师王怀生特别好，天天盯着我，揪着我，一般同学大概八点钟不到一点来上学了，王老师每天就让我七点钟到学校里面，七点到八点之间让我做一张卷子，做完以后她给我批，有什么错再倒回来改正。然后通过一个学期，我英文就变成80几分。

薛：厉害。

曹：到了高二以后，我们当时开始分理科班和文科班，我的理工科，实际上理科不大好，数学和物理有点问题，好像不太有感觉。但我是喜欢文科，所以我跟老爸说，我说我能不能去文科班，被我爸臭骂一顿，文科不用学，自己学学就可以了。我说英文，英文有什么好学的，英文是工具，又不是目的，你学了这个没用的，你还是要学个手艺，将来有用。非得让我在理科班，我读得非常辛苦。所以那时候班主任都以为我是考不进大学的，但是最后我这人是一个考试型的，平时考50分，正式考试就可以考多10分。

薛：我觉得您那时候给我的形象，您知道像什么吗？很像一个哆啦A梦，真的，我就觉得你随便拿出来一个，都是有文化的，都是宝贝，以后我决定我就叫你"哆啦A梦"了。

曹可凡在复旦中学教室内回忆学生时代

王冠、曹可凡、薛佳凝在登辉堂

曹：我们可以去那个楼里看一下。

薛：跟曹老师走走他的校园。

曹：对，我也很多年没回来。

王：还记得是哪个教室吗？一楼还是二楼？

曹：我好像一楼二楼都读过。你看当时给邵力子先生写的，邵力子先生做校董。你看，佳凝，地砖都是当年从国外进口的地砖，已经有这种立体感，以前都没地儿配。

薛：曹老师，现在道具都做不出来。

曹：你们上戏绝对做不出来。

王：被踩了一百多年了。

曹：对，1905年的时候就有。这个都是新的了。

薛：那个花砖真漂亮。

曹：这个楼原来和那个楼并不连在一起的，后来他们改建过之后，再把两个楼连起来了。这个楼，我也上过，好像到高二的时候我就在这儿，在这个楼。但是具体在哪个教室，我就完全搞不清楚了。

薛：这个教学环境太舒服了。

曹：很舒服，你看那个树木葱茏。

薛：真是。

曹：虽然这是螺蛳壳里做道场，但是还是非常美。可以进去看看，但这种课桌和当时不太一样。

王：来，做一回学生。

薛：现在全是这种塑料课桌了吗？

王：现在都是这样吗？不知道。

曹：不知道。

王：以前我们都有铜桌。

曹：小朋友好多东西都放在这儿。

王：这么多书都放在课桌里边，不带回去。

曹：高中的。现在复旦中学是一个市重点的学校，你坐那么边上干吗？

薛：我坐到您后面去，我坐在冠冠后面吧，那个座位上有东西。

曹：没事，都有，你看英语听力。我特别好玩，因为那时候数学和物理学得不太好，所以我的物理老师到今天碰到我，经常会埋汰我，凭良心说，曹可凡；你的物理从来没有读清楚过，一辈子没有弄清楚过。

曹：这个其实过去就是李鸿章的祠堂，后来改成"登辉堂"，因为马相伯之后，复旦公学的校长，后来也是复旦大学的校长李登辉先生，就改成"登辉堂"，现在就变成一个校史馆。所以你看上面有，建筑的上面有万代公侯这四个字。

薛：一般祠堂都会有这个字。

曹：都会有这个东西。这两个应该也都是老东西，我们小时候读书的时候都在。我们读书的时候，就算是一个大礼堂。

曹：这就是一个校史馆。

王：历任校长。

薛：蔡元培先生和这里有关系？

曹：所以这是他们的校训，博学而笃志、切问而近思，复旦大学其实也是这样的一个校训。所以这个就是马相伯先生，蔡元培先生、于右任先生、邵力子先生，这都算是校董。这个就是土山湾，靠近徐家汇那个地方，马相伯先生那个家可能就住在这个地方。

王：故居。

薛：这是他的墨宝？

曹：应该是。他的书法挺多的，因为有一段时间，他为了筹款，好像很短的时间内在家里写了两百幅字，好像是这样。

薛：还有错别字，手稿？

曹：对。到里边看看，我们从这儿走过来。当年初中的，你看当年初中、高中学生的合影等等。这个亭子就是当时的亭子，这就是老校长在讲话。

王：英文演说会、中文演说会，很

王冠、曹可凡、薛佳凝行走在华山路上

多剧社。

曹：剧社，有演戏，有表演。

　　有人说，华山路的底蕴是用"星光"来打底的，内涵是用教育为基石的。还有哪条马路像她那样，几乎走出了中国演艺界的半壁江山？又有那条马路像她那样，孕育了众多栋梁。华山路现在的姿态，归功于那些依然笔挺矗立在街道两边的建筑。华山路上的老房子和新房子，都是上海人文的聚集所在。如今，走在华山路上，虽然已经没有旧时那些富豪贵族的身影。但是，我们依然能感觉出华山路那种与生俱来的高贵气质。如今那些往事虽然时过境迁，但给我们留下的却是抹不去的记忆！

教我如何不想他——余笛、王述专访

　　2007 年 4 月，中国著名男低音歌唱家温可铮因突发心肌梗塞在北京去世，享年 78 岁。13 年后，他的弟子余笛以一首自己创作的《琴歌》，饱含深情地致敬温可铮老师与师母王述教授这一生"为艺术为爱情"的美丽人生。作为中国流行美声跨界组合"Vocal Force 力量之声"成员之一，近年来，余笛的名字被越来越多的音乐爱好者所熟知。尤其是他在声乐竞演节目《声入人心》中的出色表现，体现出他扎实的音乐功底和独特的儒雅气质。在今天的节目中，让我们跟随余笛的音乐，怀念这位爱乐成痴的低音歌王曾经带给我们的美好。

曹： 我已经很久没有到这里来了，十几年前来这里跟温先生做访问的情景还是历历在目，好像也是在这个位置。这么多年过去了，非常感慨。但是看到王述老师身体还那么好，还是觉得很欣慰。

王： 谢谢。

曹： 余笛还记得第一次来温先生家，是一个什么样的状况？

余： 那也是历历在目，我考上海音乐学院之前，当时也对温老师不太熟悉，上世纪 90 年代，温老师一直在美国。因为我是从部队来考的，所以不太认识学校的老师。学校老师说你分到温老师班上，好多人说温老师可严厉了，听说是要扔谱子的，对学生很严格的。来的时候我就很害怕。一敲门，一个白头发的胖胖的老爷爷打开门，非常和蔼，坐下来之后，问我的第一句话就是，你有多爱唱歌？我说我非常非常爱。他说非常爱好像也不够。我当时"傻大兵"嘛，就说我"酷爱"。温老师说"酷爱"这个词我喜

余笛与王述

欢，他说，如果没有达到一定的热度的话，你可能会放弃，因为这一行是很苦的、需要去修炼的，需要耐得住寂寞的一行。而且要有在石头里面也能够长成参天大树的精神，这种爱才能足以支撑你。第一次见面就在这个地方，这是温老师当时坐在这边跟我聊的第一段话。

2001 年，余笛凭着自己的努力考上了上海音乐学院声乐专业，此时的他还是一个刚刚从解放军北京军区某军乐团退伍的"傻大兵"，虽然曾经以军鼓手的身份参加过 1999 年的国庆五十周年大阅兵，但在声乐方面无疑是一张白纸。能够得遇良师，是他最大的幸运。

曹：王述老师还记得余笛第一次来家里，给你留下一个什么样的印象？

王：很瘦，个子很高，年纪很小，看起来很单纯。温老师还问了一句，你是军人出身，我相信军人是最不怕困难的，你一定会学好。

曹：余笛当时你进到这个学校里头来，觉得跟其他的同学相比，自己各方面的音乐素养也好、艺术修养也好，算是在一个什么样的程度？

余：我觉得我从声乐上来讲，几乎是白纸。我以前是学打击乐的，在军乐团待过，音乐素养还是部队培养的嘛。但是对于声乐、演唱、发声来说，几乎是一张白纸，所以说是从最基础开始的。温先生问我，他说你会唱什么意大利语的东西？我眼睛一转，我只会唱一首就是《绿树成荫》，就是考试的时候，因为要外语歌曲，所以说就准备了一首。他说，唱给我听听看，我就那一首外语歌曲。

王：还是我弹的伴奏。他的程度是浅了，因为他当时作品也少。唱歌的整个状态，就是一张白纸。但是温老师喜欢这样的白纸，白纸能够画出辉煌的画。

曹：所以你唱完了之后，温先生跟你说的第一句话是什么？

余：说了三个字，没毛病。当时我百感交集，这个到底是一个什么样的水准？说完没毛病之后，他说我给你一首最古老的意大利语的老的艺术歌曲《我亲爱的》。就是所有学声乐的人的

当兵时期的余笛

第一首的，应该说是最基础的，但是它又很难，它有很细腻的东西。他说，这一首因为词比较容易，你去学。这个你唱过没唱过？我说没唱过。当时温老师心里肯定说，这孩子真的是没学过。

温可铮与余笛

曹：我觉得温先生最大的特点就是，因材施教，根据每个人的特点，来制定不同的这种教育的这样的一种方法。所以你觉得温老师给你上课，通常是从哪个方面着手？

余：我觉得对于我来讲，就是我最深刻的印象是温老师最善于用比喻、用修辞，很多我们想不到的，不可能联系到的但是一旦联系起来又非常生动。比如说有一次温老师说，喉头要放松要落下去。他说你如果走在一个十字路口，三排红灯，我们现在上海不是有左拐、右拐、直行吗？他说左拐的是往这边，右拐的是往这边，中间有一个红绿灯，正好两个灯，往左往右拐的时候，绿灯落下来的时候，你的喉头，那个箭头就是让你往两边放，打开，喉头落下来，绿灯就绿了。所以说现在我就每次开车开到路口，看到这个红绿灯一落下的时候，我就想起喉头放下来，老师讲的。

曹：王述老师，因为你曾经看见过温老师跟各种各样不同的学生上课，你觉得温先生上课，他的秘诀是在什么地方？

王：他上课就是很生动，他不是像一般的老师说，你这要用气，你喉头要打开，唱到上面去，到头声，他不是。他都是很简单的用很多简单的例子，比方他常常说，放风筝。他小时候在北京，在屋顶上放风筝的。他说你这个风筝放上去，下面一根线老要拉着它，这根线其实是你的气息的控制。你假使放松，它就飞走了，你使劲拉，它掉下来了，就是说你要恰到好处。温可铮一开始进上海音乐学院他就强调，喉头不管男的女的都得下，一直到什么时候才真正解决呢？吉诺·贝基到学校来有一次座谈会，我们有个老师就问了，说专家，这个喉头到底应该摆在什么地位上？后来吉诺·贝基就说，越低越好。但是温老师说，压又不行，使劲压，出不来声音。你就是都是要恰到好处的，又不能使劲压，又不能不管它，但是你管它又要管得很巧妙，这个就要考老师的耳朵了。

曹：当时温先生有没有跟你聊过余笛，他的优点在什么地方，他最大的障碍在什么地方?

王：他最大的优点就是一张白纸，温老师要他怎么做，他就跟着怎么做。他在那班最初是最后一名，到半年以后，考试第一名，后来就一直第一名。他们同班同学吓死了，余笛怎么会进步那么快？每次温老师都示范的，就会告诉同学，这个声音不对，这样唱不对，你应该用这样的方法唱。就是有形象给他们，他主要是自己会唱、能示范。

余：我们经常说这间屋子有一个能量场。一进来的时候人就定下来的，就很安静，很专注。因为老师的声音其实是很有表现力，他的整个表达，他的整个示范都是百分之百到位，这个就会让我觉得通过几次课就有肉眼可见的进步，给人感觉很安心。所以其实每次上课对于声乐学生来说，安全感是一种很重要的感觉。老师给我的路标，我按照这样走，它是不是百分之百能够达到我们想要的这个方向。来到这间屋子之后，这个气场一定是对的。

曹：是不是老师对你特别信任，一直把你带在身边？

余：对，然后好多上课示范就由我来做，我一年级的时候就在录教学带。所以说现在很可贵的一些资料里面我能看到老师给我上课的很多的那些镜头，然后我能随时想到，当时这个问题是怎么解决的，那个问题是怎么解决的。等于形成了我自己的一个备忘录，同时也能给声乐爱好者，或者是学生能够作一些借鉴，我觉得这个是非常珍贵的资料。因为很多简单的道理，你在不同的年龄、不同的阶段去听它是不一样的。所以说这些资料给我很多很多的帮助，而且现在是很多美好的回忆。

曹：温先生有没有很严厉，或者批评得很厉害的时候？

王：好像对余笛没有过。对其他人有过，那个学生福建普通话怎么教也纠正不过来。老师实在没办法了，发火了，你怎么搞的啦？那么我就跟温可铮说，我说你别发火了，他没办法改的，一生一世都没法改的，你去随便让他唱吧。中国歌一唱就是福建普通话味。

曹：余笛，当你听老师自己唱歌的时候，是一种什么感受？

余：享受，崇拜。我们是十点钟上课，十点钟之前的一个小时，就是王老师陪温老师练他自己的歌。所以有的时候我们来得稍微早一点，能够偷听到老师练唱。就觉得这个真的是在唱片里听到的声音，然后在走廊里一边往上走，我们就屏住气，听老师唱完，然后再开始上课。可能一切的说教，都比不上这种真正的身体力行，我能唱成这样，然后我来要求你的时候这就是我们应该达到的，每次他一个小时唱完，然后讲两个小时的课之后，兴致来的时候，他还要再来一曲。三个小时下来，照样嗓子倍棒，唱得非常好。

曹： 因为我是外行，但是我觉得温先生的这个演唱是有魅力的。因为我第一次近距离见到温先生，我还是一个十几岁的孩子，在上海音乐学院里头，他一边在音乐学院的院子里边走，一边还在哼着《跳蚤之歌》。我觉得这歌很好听，我就问我姨夫，我说这人是谁？他说叫温可铮。小孩也不明白，回去跟我爸说，我爸说那是大歌唱家，他的老师是苏联人，叫苏石林。所以你想，实际上他的粉丝是横跨几代人的。所以我们如果从专业的角度来看温先生的艺术风格，你会怎么说？

余： 我本科毕业读研究生了，触及各种风格之后我才明白过来，温老师是贯通了俄罗斯学派、意大利学派、德国学派，几种他都研究，而且都研究得很透彻。俄罗斯的是什么样的发声方式，它的语言和它的声音之间有什么区别，带来一种什么样的特点。德语它因为辅音很多，然后它的位置在哪里，比如偏暗一点的这种声音是怎么出现的，意大利学派那种明亮、那种通透、那种直接传达到歌剧院的这种方法。我们学生非常幸运的是从一年级、二年级开始，就可以跟老师一起办师生音乐会。

王： 温老师最最强调的一点，就是声乐艺术不能靠课堂，课堂里培养不出歌唱家来，一定要让他们在舞台上滚出来的，要实践。所以他到暑假或者节日，他有办法就把同学们组织起来，我们去上海第二医学院、第一医学院、复旦大学、同济大学、上海师范大学，甚至带他们到博鳌。

余： 博鳌论坛那场太深刻了，就是只能用震撼来表达。我们学生就是在前半场一人唱一首两首。后面是整个温老师的后半场，精彩到让我无以言表，《跳蚤之歌》也有，《酒鬼之歌》也有，然后中国歌曲，我们很多人觉得好多唱西洋唱法的人，可能中国歌曲的吐字可能不一定那么讲究、那么清楚。但听温老师唱那些老的中国艺术歌曲，既能听到中国戏曲的味道，像《凤阳花鼓》、《红彩妹妹》这样的中国民乐的咬字行腔，又能听到西洋的那种发声方式，然后满场的这种喝彩。

曹： 这个跟温先生小的时候学京剧、喜欢戏曲都有关系。所以他唱那些中国的艺术歌曲也有他自己的特点。

王： 我跟他刚结婚他把我带到北京去，他带我上哪去？上天桥。我那时候糊里糊涂，天桥什么地方？那里全是小摊，里头京韵大鼓、乐亭

温可铮京剧扮相

125

大鼓、单弦、说相声的、杂耍。他就去听，我还是第一次去听，我是上海人嘛，我说这个东西不好听。他说，你仔细听听人家的吐字多清楚。因为他父亲喜欢京剧，所以他就带着我，去荀慧生家、张君秋家，找杜近芳、马连良，都是大角。和人家聊会儿天以后，他就上去说，我摸摸你肚子好吧？你唱两声给我听听，你怎么用气的？温老师去摸他肚子，然后他就唱。他们京剧是小肚子往里缩的，跟我们意大利方法不一样。但是作为京剧演员的吐字他讲究。温老师跟单弦老师学了一年，学唱单弦。为什么？他说，我就要学习他们这个吐字。然后他说，作为一个中国的歌唱家，当然外国的艺术歌曲，歌剧咏叹调一定要把它唱好，而且要比外国人唱得好。但是中国歌唱家也有个任务，要把中国歌唱好。一般以前人家都是说，你们男低音唱歌都是呜噜呜噜，声音么挺厚的，字么听不清楚的。所以温老师说，我就要把这个字，一定要让每个观众都能够听清楚，所以他就在家研究。

深受京剧等中国传统艺术影响的温可铮最终选择歌唱作为自己终生的事业，1946年至1950年他就读于南京国立音乐学院声乐系，之后便开始了自己的教学和演出生涯。但温可铮从未停止过学习的脚步，从1946年开始，他就师从苏联声乐教育家苏石林教授，并坚持了十年，每周辗转南京上海两地求学，为日后的歌唱事业打下了坚实的基础。

曹：刚才余笛说了，温先生其实试图把各种不同的流派糅合在一起，有意大利的学派、有德国学派、俄罗斯的学派，同时他也研究中国传统的这种戏曲的发声的方法，所以他在日常的实践，或者说教学理念上，是不是也是在做这样的一个探索，希望把各家不同的这种风格融汇起来，形成自己的风格？

王：他在家里头，我看他研究，他当然意大利学派他唱意大利歌，他常常是一首歌，比如《谣言是阵微风》，他听各种不同的演唱版本。听他们每个歌唱家，他们有他们的特色，然后他再自己唱，录音录下来，再来相比，我跟他们像不像，像不像意大利人唱，我是要把他们的味全要做到。上海也没有老师，也没有钢琴伴奏指导来帮他怎么提高。

曹：完全靠自己琢磨。

余：自己琢磨，他用功是真用功，家里阿姨说，到你们家来就没听他空着，不是听就是唱。

曹：反正都是乐声飘飘。

虽然温可铮的艺术之路走得十分坎坷，但只要一有学习提升的机会，他一定会不惜一切代价牢牢抓住。他一生所求唯有歌唱，而这一切都离不开他生活与事业上的伴侣王逑教授在背后的默默支持。

曹：这么多年来，王逑老师一直是跟温先生相伴相随，他唱歌总是你来伴奏，所以余笛从一个学生的角度，怎么看老师跟师母这样的一种鹣鲽情深，他们的这种艺术生活上的相扶相持？

余：我觉得这是我们最理想的爱情的一个状态，就是爱情、婚姻之后的一个状态。在事业上两个人是永远在同台，然后同时做一件事情，我觉得王老师和温老师永远是并肩向前，我们一生如果说能够有这样的伴侣，可能就是人生中最幸福的事情。

曹：那王逑老师，其实你一辈子都等于是为温先生作嫁衣，你们之间的这种艺术的交流、生活当中的协调，怎么能够做到这么完美？

王：他早上起来吃完早饭就练唱，自己练声，练完声，逑，快点来伴奏。我赶紧所有家务事放下来，就来给他伴奏，起码一个小时。他唱的歌实在太多了，比方我们上完课以后，下午有的时候学校假使有教研组活动就参加，没有我们就在家里。然后两架钢琴，他就在那边自己练新作品，我在那边练伴奏。到第二天开始合练，所以每一首歌，基本上我们两个都是一起成长，然后成长中间也有争议的，也有吵架的。我说你这个不对的，我说我听唱片不是这样的。他说，你不对的，你听错了。那么两人就吵半天，一听，他错了，他就承认。

余：这个故事是第一次听。

王：对，他说家里有个伴奏是最幸福的，我随时想唱，我就来了。找个外面的伴奏，我这时候想唱，他没空，不能够随心所欲的，我想这时候干什么就干什么，他说这是我最幸福的。

作为温可铮晚年最欣赏的弟子之一，余笛受恩师的影响颇深。他在选择成为一名声乐老师的同时也没有放弃开拓自己的表演舞台。2014 年 5 月，余笛与上海音乐学院歌剧系校友宋罡、王志达组成中国首个流行美声跨界组合"力量之声"。2018 年，他又因为参加声乐竞演节目《声入人心》而成功破圈，成为大众追捧的音乐偶像。

曹：其实作为一个艺术家来说，余笛也蛰伏了很长时间。这几年突然被大家所认可，被大家接受。虽然温先生没有看到他大红大紫的那一瞬间，但是作为师母来说，你看到余笛能够成为大家喜欢的大众偶像，而且古典音乐可以通过这么帅的小伙子让大家折服，是不是也会感到很欣慰？

王： 他有一次在"力量之声"那时候，在上海戏剧学院演出，那次是母亲节。我听他的音乐会，那次我带了一束花，我一直走到台口，把那个花献给他，全场是轰动了，一下子不得了，比他唱的时候还要轰动，没想到一个白头发的老太太给他送花，他跪下来接这个花，那时候我们俩都哭了，激动得不得了。

余： 那天很特殊，就是我们当时组合"力量之声"三个人的第一轮演唱会。那一天正好是母亲节。刚刚唱完一首歌，本来大家都很感动，我就看远远的白头发走上来，我想到了在学校的时候我的第一场演唱会。开演唱会之前，温老师总会悄悄地走上来，要跟我们说一些什么秘诀，然后如果说你找不到方向的时候，你看我这个白头发，我这个白头发在任何一个地方坐着，你都看得见，没有方向你就看我。然后看着王老师，一步一步走上来的时候，我当时就是整个人涌出很多很多在学习的时候的很多景象。而且当时温老师不了，所以说我感觉一种很复杂的力量走过来。我就跪下去抱着王老师，然后把花接过来。我大声地拿着话筒说，这是我的师母，今天母亲节给我送了一束花，然后我当时有多么激动，哭了。

王： 那些观众也很激动。

曹： 其实我觉得王逑老师不仅是温先生最好的合作者，生活的伴侣，而且王老师特别坚强。2007年温先生去世，十年以后，您的女儿也走了，所以从学生的角度看，师母是一个什么样的人，她为什么有如此坚强的毅力，在亲人离开之后，能够依然以乐观的一个心态，来继续自己的生活，帮助温先生打理战场。我看到王老师给温先生整理的那些资料，我觉得都挺感动的。只有充满着爱的人，才能把这些工作做好。

温可铮全家福

余： 没错。王老师年轻的时候是大家闺秀，首先是有修养，任何事情是克制的。即便是很开心，或者很伤心，王老师都会七分克制，三分让我们看得到。然后就像刚才您讲的，所有的事情都是因为爱，王老师和温老师最大的信仰，就是一切都为了爱。王老师经常讲，温老师走了，那还好我现在身体很好，这么多年可以帮温老师整理这么多的资料，他的学术，以前的一些回忆的东西。我们俩如果说一起走了，那就没有人帮他整理了。这种乐观，而且同时觉得一边在整理的时候，学生也陪在身边，就好像老师传下来的这些弟子，和她在一起，陪着王老师在做这件事情。我觉得这样的优雅，是我们在现在很难见到的一种品质。

曹：其实我看到王老师送给我的，你整理的温先生的这些资料，我就会想起杨绛先生。杨绛先生那时候在钱钟书先生走了之后就说，挺好，我把丈夫送走之后，我还身体不错，可以帮他打扫战场。把钱先生所有的那些读书笔记，最后全部出版了。我觉得这个是一件，只有亲人才能够做的事情。所以当时您怎么想到，花这么多的精力，把温老师的宝贵的资料能够重新整理出来。在整理温老师的这些手稿，他的资料的时候，自己想的最多的是什么？

王：我想的是他这一生，献给了艺术，献给了音乐艺术，献给了声乐艺术，那么他刚刚走的时候我是不行的，我完全是觉得一个人没意思了。但是他们这些同学非常好，不断来陪我，来安慰我。慢慢我好像有个思想觉醒了，我这么下去，他在天上不高兴。我的事情还没做完。他是突然走了。我的事情还没做完，他那个时候一直说，我要唱到不能唱为止，他曾经跟我这么说过。那我想现在他突然走了，留下来那么多东西，我有这个责任继续它。因为这个事情我一直在想，他所留下来的所有的东西，都是给后代留的，是我们国家的宝贝，我不能把它放弃掉，我要把它整理起来，我就是这样的一个思想支持自己。然后你知道我们老人就不会电脑，我全部拿手写，写回忆录什么都拿手写。到后来自己也糊涂了，也不晓得这句搭哪句了，搞不清楚了。后来有同学就跑来，像余笛也来跟我说，说王老师，你不行的，你要学电脑。我说这个电脑对我来说太难了。后来他们都劝我，我就找了一个电脑老师来学。还好这个电脑老师住在重华新村，离我家里比较近，那么我就学电脑，一有问题就找他。所以到后来我这个回忆录，整个我都是电脑上写的。

曹：那么厉害？我们以前上海人说60岁学吹打，您80岁学电脑。余笛这次怎么想到要用一首音乐作品的方式，来怀念老师？

余：这个想法其实还是缘起于王老师。去年的时候，其实这件事情王老师已经准备了很久了，就是要出版温老师的手抄谱。因为以前温老师唱男低音，很多歌是女高音和男高音的，他把它移调移成男低音的谱子。这个资料其实对于男低音学生来说是非常宝贵的资料。去年在发行这个谱子的时候，我们同时还搞了一场纪念音乐会。纪念音乐会下来之后，我捧着这本谱子，我心里就有很多的感慨。同一个乐谱，几十年的交汇，我觉得这个事情太浪漫了。我当时心里就想，我一定要为此写一个东西。当时我就跟给我填词的伙伴说，我们要不写一首歌叫《琴谱》吧，这个琴谱真的是捧在手里沉甸甸的感觉，真的是好棒，这感觉就是很浪漫、很美。我和我的填词的伙伴都是一起，看完了王老师写的回忆录《为艺术为爱情》那本书之后，把那本书里面所有的一些情感，写成了一首歌。后来写完之后，我们商量说，这个歌干脆改成《琴歌》，其实就是琴声和歌声永远放在一起，琴瑟和鸣。所以从去年10月份音乐会，一直到今年的春节里面，写完，然后录完。写完之后我没敢给王老师听，我怕她激动。但是到最后了，我说我们拍个MV，如果能请王老师出镜的话，这非常有意义。然后是在录之前，我才抖抖豁豁地跟王老师说，您要不先听听这歌？还把歌词抄了一遍给王老师。所以说镜头里面王老师看的那张纸，是我抄的歌词。

王： 看歌词的时候，我已经要掉眼泪了，然后在他放歌给我听的时候，我听了好多好多好多遍。到后来闭着眼睛听，我眼泪一直不停地流，就是一直在激动，一直不停地流。我们阿姨跑进来，她看到我在流泪，她说你干什么？我说没事没事，后来我才告诉她。就是让你话也说不出来了，我觉得他把我心里的感觉，对温老师的思念，都写在里头。

余： 其实那次拍得很快，镜头就是王老师走出来打开琴盖，去弹琴的那些一幕一幕。可能这就是几十年的生活，可能是作为一个钢琴家来说，最简单的动作，但是光影之下拍出来，就觉得一个白头发的"90后"的师母，做完这些动作之后，我们所有在场的人都觉得震住了。就说没有任何一个演员能做得到这样的一种动作，所以说，我觉得我要谢谢王老师，留下了这些资料。

温可铮与王逑这对音乐伉俪携手走过了人生最美好的时光，音乐不仅是他们为之奉献终生的事业，也是令他们得以相知相识的缘分，1950年，刚刚大学毕业的温可铮来到南京金陵女子大学文理学院音乐系教书，开始了他的教师生涯，彼时的王逑还是一个尚在求学的大学生。

曹： 你现在回想起来，年轻的时候第一眼看到温先生，他给你留下一个什么样的印象？是不是这个景象到今天，一直留存在你的脑海当中？

王： 很深刻，是永远不会忘记的。他的脸就是娃娃脸，那时候他们学校，南京国立音乐学院要搬到天津去，我有一个同学在他们学校学钢琴的，他那天说他们学校要搬家了，有个告别音乐会叫我去听，那么我就去听了。那天是去晚了，那时候他才19岁。就听到一个很年轻的声音，在台上唱《哀伤的父亲》，就是威尔第写的歌剧咏叹调。我就跟我那个同学说，你们这个男低音唱得好，声音很漂亮，很好听。他就说，这个学生叫温可铮，他是我们学校唱得最好的学生。后来他唱完了，跑到我们旁边，同学就介绍了一下。这是我同学王逑，这个是刚刚唱歌的温可铮。他跟我很客气，点个头，我也点个头。那么第一印象觉得他唱歌唱得好，很有礼貌。谁晓

温可铮与王逑结婚照

得过了不久，我考进了金陵女子大学嘛，大家老师同学一起，像今天一样坐在这儿见面、介绍。我一进去一看，那个唱歌的男低音怎么变我们老师了？所以他20岁就进金陵女子大学当老师。后来我是听他自己跟我讲，那个时候他因为解放战争的关系，跟北京没有联系，生活成问题了。所以他一个同学，把他介绍到鼓楼礼拜堂做唱诗班指挥。吴贻芳校长每个礼拜都去做礼拜，听他唱很喜欢他，想聘他做老师。吴贻芳是很厉害的一个教育家，她先要了解他的人品，因为我们是女校，他那么年轻的才20岁的一个青年，到我们女校来。

曹：别犯错误。

王：就是。到教会里头，了解这个人是个好青年，然后再找他谈话。就是我们聘你，但是你要注意你的整个举止言行，因为我们是个女学校，后来就这么请来了。

曹：结果最后还是把女学生"拐走"了。所以你当时是出于一个什么样的想法，觉得这个小伙子是可靠的，我可以把自己终身托付给他？

王：那是我们一起去"土改"，到皖北阜阳，那时候苦是苦得不了。我当小组长，又当卫生员，背了个医药箱。那时候我们都是去买了解放军的那种绿的球鞋，因为我们要走很长很长的路。他也不晓得，去买了一双美军那时候留下来的大皮靴。他走路就穿这双鞋，走了大概没多久，我们就看他一瘸一瘸，都说怎么回事？他说脚疼得不得了。到了个地方了，我是卫生员，我说把鞋脱了，看看怎么回事。一看打了好多泡，那我就仔细地把他泡都给挑了。挑好了，给他涂药。涂药了，先马马虎虎走。一直是我帮他治好整个脚，我是很仔细的一个人，后来到了农村，叫我们为贫下中农演出。我小时候学过芭蕾舞，他会唱歌。后来工作队队长就说，你们两个排一个《兄妹开荒》吧。你会跳，他会唱，那么好，我用大本嗓，他用西洋唱法，两人唱《兄妹开

131

荒》。到处演出，还特别受欢迎。

曹：所以还是因为艺术结缘。

作为温可铮的夫人，王逑老师的一生是与音乐相伴相随的一生，也是与爱人相互扶持的一生，在温先生去世后，她把自己的爱与思念化为最坚强的毅力，陆续出版了回忆录《为艺术为爱情——和温可铮在一起的日子》、唱片集《生命的咏叹——低音歌王温可铮声乐艺术集成》和温可铮教授手抄版乐谱《男低音声乐作品集》等，为后人留下了大量珍贵的艺术资料。

王：我整理温老师的录音，这个里头故事也是很好玩的，你想他过去录的都是那种，那种开盘带，那么大，还有盒带，要变成CD怎么办？这个是上海人民广播电台帮我做的事情，刚好他们那个时候都要整理。我那时候正是不晓得该怎么办的时候，我把所有东西都拿过去了。所以你现在听的那个CD，都是他们做的。也没要我一分钱，我当时真是很感动。他说，我们王老师唯一一个要求，你让我们播出。我说最好了，我送给你们一套，你们对我来讲已经是天大的好事了，所以我真是很开心。

1952年，由于全国院系调整，温可铮到上海音乐学院任教，在教学过程中也坚持自我学习，在那个生活并不富裕的年代，他和夫人王逑将省吃俭用存下的生活费用来购买大量原版音乐书籍和唱片，抓紧一切机会向外国专家讨教、学习。温可铮为歌唱不惜一切代价，也从歌唱中获得了最大的力量。20世纪80年代，同样是为了歌唱事业，他以64岁的高龄携夫人远赴美国，开始了另一段艺术之旅。

曹：王老师，我听说当时你们在美国，温先生自己是大歌唱家，可是他还花钱去上大师班？那时候花多少钱上一堂课？

王：300美金。我跟着他去，本来讲我是旁听，应该也要付钱的。结果一看是老头老太太，算了，我就免费了。

曹：余笛第一次开音乐会，是不是就在贺绿汀音乐厅？

余：对。因为我们学校是这样的，每周学生都有一个汇报，每学期你唱满多少次，才有资格参加期末考试。所以第一次演唱会，我就是在这里。贺绿汀音乐厅原址是一个老的犹太人俱乐部，老礼堂。第一次唱之前紧张得一塌糊涂，老师也知道我紧张，专门跑到后台来跟我说，你就盯着那个白头发，我在下面看着你，你就不害怕了。他说

我会给你眼神，给你提示，上课
的那些动作。

曹：当时给余笛上课，你们刚从
美国回来，是不是那个时候温先
生在美国学了很多新的东西，他
又特别渴望，把那些东西能够教
给学生，所以正好那时候余笛出
来了。

余：非常幸运。

王：回来的目的就是想全部要教

温可铮与王述在美国演出

给同学。很多新的理念已经跟以前的观点完全不一样了。

曹：他因为自己也在进步，所以他希望学生也能够运用他所学到的那些理论，同时进
步。他真是好学，一辈子都在学习。温老师给我一个感觉，就是作为一个演员，同时
可以做老师的这样一种可能性，让我觉得到学校去当老师的时候，我依然要站在舞台
和讲台两边，都可以实现，是一个绝好的榜样。

曹：今天跟王老师、余笛我们一块儿吃个中午饭。我想问一下，那会儿余笛来跟温老
师学习的时候，有没有到你们家来蹭过饭？

王：那太多了，上完课就蹭饭。

曹：余笛你还记得老师家吃的最多的是什么？

余：现在还记忆犹新，还很想念，吃的最多的就是红烧肉，而且是加鸡蛋的红烧肉。
因为师母总是说，太瘦了，多吃点。所以说每次上完课之后一定要留我，把饭吃了再
走。一边吃饭，一边讲故事，一边吃红烧肉。

曹：余笛自己会做菜吗？

余：我会做川菜，但是从小出来久了之后就不大吃了，就是吃觉得会有点辣。但是来
久了之后，就上海菜其实对我的影响很大，特别是在老师家里，师母经常会有烤麸什
么的，这种是我以前没吃过的。因为老师年龄比较大，然后就不去学校了，我们每次
是骑车到家里上课。我才能够走进上海家庭，那个时候我是从四川出来，从北京当兵
回来，对上海不了解。但是在上海家庭里面的生活是在老师家里，吃到这种上海的，
包括什么生煎包还有什么烤麸、腌笃鲜、熏鱼，这种都是以前没吃过的。

曹：以前你跟温老师，两人喜欢吃中餐多一点，还是西餐多一点？

王：还是中餐。

曹： 他还是老北京的口味吗？

王： 后来倒是喜欢吃上海菜。

曹： 被你改造了。

曹： 余笛刚到上海来的时候，习惯不习惯上海的生活？

余： 我觉得还可以，刚来的时候主要是听不懂上海话，我觉得除此之外我都很好。因为我觉得上海人特别认真。我一开始没有想到，温老师北方人这么细腻。我还记得有一次上课的时候，我唱到一半，练完声之后，温老师说，没伴奏嘛，就邀请王老师。然后我说我去叫王老师。温老师说，不，去请王老师，去请。后来我就毕恭毕敬的，王老师，请您。温老师特别细腻。

曹： 所以温老师跟温师母是相敬如宾、举案齐眉。

余： 我两个"魔咒"，一开始是说，你太瘦了，唱歌的人唱歌剧一唱三个小时，你受得了吗？你得胖，得多吃。到后来之后你上台，上镜你得瘦，又得瘦，这两个矛盾。

曹： 声乐的都得壮一点，胸腔共鸣可能更好一点。

王： 对。但最终还是没胖起来。他现在在台上帅着呢。那天我去看他演音乐剧。我进去一看，就我一个老年人，白头发，全是年轻人。听完了以后，他的确唱得很好，演得也很好。观众一下子站起来，全部跑到台上去，叫啊，跳啊什么的。我没见过这个场合。我们那时候开音乐会，没有见过这种场合，人家会跑到台上的。

余： 古典音乐都比较克制，现在年轻人比较疯狂、比较热情。

王： 那个时候观众就拼命鼓掌，返场返场。那天把我吓一跳，怎么余笛那么多粉丝呀？

曹： 他现在粉丝特别特别多，所以是不是看到特别高兴？温老师的学生终于成材。

王： 对呀。可惜温老师没看到，温老师在天上高兴。

曹： 王老师知道他太太陈辰是我们同事吗？

王： 怎么不知道。常看到你跟她两个人搭档，什么电影节，反正国际方面的这种活动，都是你们两个搭档。

余： 我们是快"既成事实"的时候，赶紧跑到师母家里，跟师母报告了这个消息。

王逑为余笛伴奏

王：我很惊奇的。他一直瞒着，我不知道。

曹：所以你对他们小两口有什么嘱托，他马上要做爸爸了。

王：我相信余笛会做个好爸爸的，这孩子是个品德很优秀的孩子，所以粉丝那么多。

余：主要是我是在老师的爱情的这种榜样滋养下。

曹：对，榜样的力量是无穷的。

余笛和东方卫视主持人陈辰自低调完婚以来，一直是粉丝们眼中的神仙眷侣。8月5日，陈辰在自己的微博官宣弄瓦之喜，余笛也随即表示，自己是从十月怀胎到自然分娩的全程陪同者，见证了人生最伟大的成就！细心的余笛在妻子怀孕期间就默默做好了成为父亲的准备，事事亲力亲为。祝福有幸成为"女儿奴"的余老师，未来的日子一定越来越甜。

曹：王老师现在还参加一些社会活动。

王：参加欧美同学会，我帮他们组织了一个合唱团。最初是我给他们弹伴奏。现在我老了，有的时候眼睛会花掉的，所以我就请了一个年轻伴奏，给他们弹。

曹：王老师还给我表姐弹过伴奏，音乐会。她就业余时间喜欢这个声乐。

王：她跟好多老师学的，在美国遍请名师，真叫作痴迷了。

余：唱歌很开心。我记得老师说，他在低落的时候不能唱，然后他可以心里面有谱子。心里面有那些谱子的时候，有那些歌词的时候就不会寂寞。

王：对。"文化大革命"最后"牛棚"就剩他一个了，他凡是唱过的歌，一个一个都背。等到"解放"出来了，过一年到北京，四场独唱音乐会，85首歌。

曹：所以每天在脑子里过那些歌。

王：他每天过。所以北京的那些同行问，温可铮，你这个人真是奇了，85首歌，你什么时候练的？他说"牛棚"练的。啊？你"牛棚"还可以练歌？不是不是，我偷偷地练。但声音不行，到底没有发声。

曹：这种就是有天分的，卡雷拉斯也是，卡雷拉斯很有意思。那时候他不是白血病要做放疗嘛。一个人进去做其实是很痛苦的。大概就十几分钟的时间，但是人是挺难受的。所以他每次进去，就是想好几个咏叹调。脑子里过一遍，唱是不能唱，但是脑子里过一遍，等你两三个咏叹调过完以后，这个治疗也就结束了，我觉得这是个挺好的方法。

余：而且脑子里过的时候，你可以交响乐队想多大就多大。千人交响乐团帮你伴奏。

曹：所以挺有意思的。所以音乐家的生活可以跟普通人不一样。

余：因为他比较简单，他可以快乐在自己那个世界里头。

王：那时候在美国，温老师去听大师班的课，有的时候回来，我看他开心得像个小孩一样。我说你今天怎么那么开心？今天我听这个大师讲，我有好几道题跟他是一模一样的想法，高兴了。开心得就好像小孩今天考试考了第一名一样，这种感觉。

曹：所以他一辈子就迷在这个音乐里。他是不是其他生活当中的事都不太明白的？

王：演出，我全部要给他样样东西摆好，配好，弄好，他就行了，走了。早上起来，述啊，我那个袜子你给我拿一双。我给他拿。述啊，我有什么东西在什么地方？我帮他拿。他自己全不知道，所以他爸爸看到他就骂他，你呀，唱歌，唱成疯魔了。家里有亲戚来，那你要敷衍敷衍，他没话说，坐在那儿脑子里可能又在那想歌词想什么了，就发呆。亲戚走了，爸爸知道了问，你怎么回事，一点没礼貌？他说我挺好的，我怎么没礼貌？他说，你怎么不说话？他就不响了，他也不说他在想歌词。可是他碰到同行，像沈湘教授，到我们家来，话多得来。他爸爸说，你看到沈湘为什么话就那么多？你看到亲戚怎么一句话也没有？沈湘教授每次到上海来都住在我们家，然后他们俩吃完饭就讲声乐，讲啊讲，讲到后来两个人都快睡着了，两人就睡觉。一睡下去我就睡不着，一个是高音打呼，一个是低音打呼。两个胖子，沈湘比他还胖，简直把房顶都要掀掉了。

余：王老师，这张是我们一个粉丝朋友给我们画的。就是上次纪念温老师那场音乐会，去年10月份，他在后台给我的。我看到之后特别激动，我拿到这个我就冲上舞台了，我就跟所有观众讲了一遍。温老师当年我们拍教学带的时候，穿的这个羊毛衫，然后衬衣什么的都是一样的，然后我穿的这个小高领衫。我觉得很好玩的是，把温老师画成个大白。

曹：很慈祥、温暖的。

余：然后他一直呵护着。他就是这种感觉，你看旁边还有很多细节，退伍的大盖帽。他给了我两份，我送一张给王老师。

王：我要把它摆在钢琴上。

曹：如果我在学生当中花这么多的时间，得耽误掉多少

王述、余笛与曹可凡

时间，自己的时间得耽误多少，他自己还有演出。

余： 对。像我现在就是，我觉得这件事情很难。教学要兼顾，然后你还要在舞台上活跃。上次我有个学生，跟我同台演音乐剧的时候，他说余老师，有一次考期末考试的时候，我很紧张，一排考评，我也在考评席坐着。我都生怕错了，我一看到你，我心里就安静一点。而且他说，我发现你一动不动在那儿，大气都没喘。之后他问了我为什么，我说我怕我动完之后影响你的情绪，他特别感动。当时我突然就想起，我第一次上舞台的时候，温老师跟我说那个话，你看着我，你就心定了。我突然觉得，这也许是很细腻的一种传承。

曹： 一种默默的传递。

用影像记录时代——刘香成专访

上海徐汇滨江一带，坐落着一栋造型独特的建筑，尤其从空中俯瞰，由数个半椭圆形构成的三角形外观十分别致。2015 年，这里被打造成为"上海摄影艺术中心"，是中国第一家非营利摄影艺术机构。而它的主人，就是美籍华裔摄影艺术家刘香成。在数十年的职业生涯中，刘香成用他独特的视角和灵动的镜头，记录了 20 世纪两个极为重大的历史事件——中国的崛起与苏联的解体，并因此荣获普利策现场新闻摄影奖，成为当今世界最具影响力的摄影家之一。如今在上海安家落户，刘香成致力于为本土观众提供国际化的视野，为发展中的中国摄影打开一扇交流之窗。

刘香成现场

曹： 作为一个足迹踏遍世界各地的摄影家来说，为什么最终会选择在上海落户？

刘： 这个房子是 2013 年上海为举办上海建筑设计双年展请美国建筑师 Mark Lee 先生而做的一个建筑草案。2014 年，徐汇区要打造西岸文化艺术走廊，就邀请我来上海。看到这个地方的时候，我的记忆马上回到 1970 年，我在美国上大学的第一年，那个时候纽约的国际摄影艺术中心，我当时看展览的时候，我深深地被影像的力量所打动。上大学我学的是国际关系，最后一年有 10 个学分，你可以选你自己喜欢的课，所以我偶然就选了一个摄影，我的教授老师，后来我才知道，是美国《生活》杂志的一个很著名的摄影师。这堂课结束了以后，他看了我的作品，我的功课，他就邀请我去当他的助手，到了美国《生活》杂志那里。

曹： 听说您父亲过去也是做新闻工作的，所以从小是不是对您有一些耳濡目染的影响？

刘： 多多少少有一点，我父亲的工作在一个报纸，负责一个国际版。我父亲经常给一些美联社、路透社的短篇稿叫我去翻译，然后他替我改。

1951 年，刘香成出生于中国香港，童年在母亲的老家福州度过，中学时代回到香港，20 岁时又去往美国留学。多元文化的熏陶，为他日后的职业生涯打下了有益的基础。大学的最后一年，刘香成在摄影选修课上获得资深摄影师基恩·米利的赏识，并在毕业后成为他的助手。

曹： 你们师生之间，平时在工作当中聊得最多的是什么？

刘： 聊的事情跟摄影其实没有直接的关系，他们那代从欧洲到美国的艺术家、知识分子，谈话还是围绕着这种上层建筑上面，他跟我的对话经常都是，我们工作结束了之后，会坐下来，他给我倒一小杯威士忌，他自己也倒一杯。然后分一个香蕉、苹果，他的桌面前挂了好多那种报纸的剪报，摄影的剪报。从我们这一年的接触里面，他传授了我一个概念，打开我的思路，就是一张作品是可以阅读的。阅读跟看一张相片，其实是两回事。这个内容跟看的人，它要产生一种情感互动的话，这个东西它是可以阅读的，为什么说阅读？因为每一个人阅读得到的反馈都不一样。

曹： 您在美国是不是经常有机会，阅读到有关中国当时的一些情况的照片？

刘： 那个时候还没有，我记得，我一直很注意基辛格访华，之后就是尼克松访问中国，打开了一个局面。20 世纪 70 年代初的时候，我作为一个学生，又有当年在福州的生活体验，我对中国是很感兴趣。

1976 年毛泽东去世，时任美国《时代》周刊记者的刘香成主动请缨，回到中国进行报道。

刘： 由于去不了北京，这反而给了我一个机会，在广州珠江两岸拍普通人的图片的时候，我突然觉得中国人的肢体语言，跟我童年看到的中国人的肢体语言有很奥妙的区分。我看到他们的脸孔，看他们走路的步伐，看到他们的肩膀，有一种新的气氛，比过往要放松，人的脸部表情，他们看着外面回来的人的眼神，当时我直接的感觉就是说，中国会变。但是怎么变，我也没有能力去猜，但是我感觉到中国会变。然后我想，如果我有机会，一定要拍毛主席以后的中国。当时我已经知道，中国是一个巨大的故事，这个故事不是你拍一天两天的故事。过一段时间，1977 年我又回到上海。

曹： 当时可能像西方来的记者，在中国拍摄，还是非常惹眼的。因为您是中国人，可能相对来说这种关注度就会稍微低一些，要不然一个外国人在大街上，肯定会引起很多百姓的注意，那时候人还没有那么开放。

刘：是。那个时候我拍上海人早上吃早饭，豆浆、油条，后来他们就指着我，为什么你会拍我们这些"阴暗面"？但是我觉得我的工作能够克服这一点，很重要的一点就是，你对事对人，带着一种关怀的同情心所在，我觉得这个是摄影师的眼睛的一个核心问题。如果对这个地方带着一种健康的同情心的话，这种带着希望的温度，在画面上它会表现出来的。

曹：我听说您到一个矿上去拍照。矿上的人就要求，是不是让矿工洗完澡之后您再来拍。

刘：是。

曹：不希望您拍到他们乌漆墨黑的形象，希望留下光鲜的形象。

刘：是。

曹：是不是类似的故事还有很多？

刘：很多很多。有一次我去，美国第一次访问中国，建交之后副总统蒙代尔来，我记得到北京琉璃厂去参观的时候，新华社记者希望这个画面是四平八稳的，他们已经习惯了这个画面，怎么去管理这个画面。所以我每一次看着我的相机，我就看到一只手，会把这个烟灰缸拿过来，一只手会把这个东西拿开，他要这个画面很干净。

曹：干干净净。

刘：对。但是同时，新华社记者他们也很爱护我，因为他们中央组的摄影师，相对来说都是我年龄的两倍，每一次在人民大会堂拍中国领导人也好，来访的领导人也好，中央电视台、新华社，他们说小刘小刘，你来中间。

曹：把最好的位置让给你。

刘：位子让给我，对。

自 1978 年到 1983 年，刘香成在中国工作了五年，他形容那是"在恰当的时间被放到了恰当的地点"。据不完全统计，那段时期西方世界所看到的有关中国的照片中，有六成以上都是出自刘香成之手。他以新闻工作者的敏锐眼光和带着温度的镜头，记录下了中国改革开放起步的时代，他的摄影集《毛泽东以后的中国》也成为享誉世界的经典之作。

曹：这本书里边有很多非常经典的照片。有几张特别有意思，我想请您来给我们说

说，这些照片背后的一些故事。比如说有一个青年，在故宫里拿着一瓶可口可乐。当年可口可乐对于我们中国人来说，是非常新鲜的事。

刘：中美建交之后17天，可口可乐就宣布要在中国恢复生产，你知道它过去在中国有生产。

曹：对。

刘：当时因为中国做玻璃瓶的技术还没跟上来，所以可口可乐那个"腰"，中间那个"腰"生产不出来。所以后来他们解决了这个技术问题的时候，故宫就开始……

刘香成1980年在北京

曹：当时故宫有卖可口可乐。

刘：对，所以我就赶快去，看到这个年轻人，穿着一件军大衣。我说我给你拍一张相片吧。他就说他们不习惯，觉得可乐有点像咳嗽糖浆一样。

曹：还有一张照片是三个男青年戴着墨镜，完全是一张非常经典的"中国朋克"的这样一个照片。

刘：这张图片是在云南的西双版纳，有个小镇叫景洪。那次我是去看泼水节的，我在马路上看到前面远远来的这三个人，怎么长得这么像？他们往我这边走，我往他们那边走，所以就拍了这张相片。

曹：还有张照片也很有意思，就是您把溥杰先生带到故宫里头拍摄，那个地方等于是过去他的家，他重返他过去的家。当时怎么想到把溥杰先生带到故宫去拍？

刘：我跟他认识了之后，他说话那个口音很细腻、很温柔，声音不大。我们聊起来的时候我就说，我希望我们回到你老家去拍一张图片，就是故宫。他说好好好，我就给他出了一个难题，我说我希望这个故宫里面只有你。他轻轻松松地就说，这样吧，你星期几下午三点半在那里等我。结果真管用，因为他知道，这个时候是清场的时候。因为故宫是四点钟就

刘香成作品《故宫喝可乐的青年》

141

关门，他叫我三点半过去。所以人家都出来，我们就往里面走。我就到处去找，替他找一个椅子。我们走到太和殿前面，我说我们在这里拍。所以我给他拍了那张相片以后，他也给我拍。

曹：他也给您拍了一张？

刘：他也给我拍了一张，我也是一个人，整个故宫。完了以后，有幸他是我的导游，就带我故宫走一下。他说，我在那个地方被我哥哥骂。我说他为什么骂你？他说我穿的黄颜色不是我的颜色，是他的颜色。他说，我在那个地方是庄士敦，我学英文是跟他学的，在那个院里面学，然后在那个地方我学骑自行车。

曹：所以那个经历还是很有意思的，当年的皇族成员带您参观故宫。

刘：对。

曹：其实在这个摄影集里头，更多的还是一些普通人的照片。比如有一张我看了就很感动，在天安门广场拍的，很多孩子席地而坐，在那儿复习功课。

刘：对，那张画面是恢复高考之前，那个时候我印象中在上海也是这样，上海基本上晚上七点钟就黑黑的，什么地方都没有光线。那天晚上我也是去天安门广场。我看到这些女同学在那里，在读书。我想表现中国的精神，因为这种画面我走遍全世界都没有。这种同学的努力、肯学习，因为家里光线不好，她们就到天安门广场去读书，准备考试。所以我就拿了一个测光表，连测光表都看不到光线，没有光线。所以我就凭着自己的感觉，用一个小小的徕卡相机，趴在天安门广场的地上，我就人工数，给它一个 23 秒的曝光。

曹：那么长一个曝光时间。

刘香成作品《天安门复习迎考的学生》

刘：23秒的曝光，因为我要很深的景深，这个场面，如果你景深不够的话，你看不出整个天安门。所以从女孩子一直到人民英雄纪念碑，毛主席纪念堂都在我景深里面，所以那个光圈很小很小的时候，我按住这个B快门，1、2、3，我数了23秒。

曹：当时您在拍的时候，那些孩子们似乎浑然不觉。

刘：浑然不觉，你看她们有那么多个人，那张画面里有好几个女同学，一动不动。

曹：这个很有意思，如果今天我们去社交媒体招募一下，看看那些当年的女孩子，现在在干嘛。如果能够找到她们，重新拍一张，那就很有意思。

刘香成作品《拍婚纱照的新人》

刘：对。

曹：还有几张照片是我觉得很有趣味的，一张是您拍一对新人在拍新婚照，这个新娘的婚纱是半截的，还有一张是有一个女孩去开双眼皮，可只有开一个眼睛。这两张照片是怎么来的？

刘：第一张是偶然的，那张是在上海西藏路拍的，当时他们的结婚照就是这里到这里，对吧？所以她为了经济，省一点钱，她就没有借整套。所以我一直都跟很多朋友、同学聊的时候，我说你们对新闻的概念有点狭窄。因为他们觉得，新闻是你去中南海，或者上天安门，这个才是新闻。说到这个双眼皮的图片也是，那个时候东单是第一个，我也是看报纸，我有一次看到一条消息，东单第一个医生做美容手术，我就上门去。那个医生有好几本画册，画册里面都是把图片摆在里面，都是欧美的漂亮的演员，近照，都贴在那个上面。这个女的说，我的双眼皮就是要像索菲亚·罗兰那样。

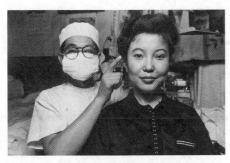

刘香成作品《割双眼皮的女青年和
私人整容医生》

曹：意大利演员。

刘：对。所以那张图片就是可以说话的图片，说什么呢？说中国人多务实。因

143

为她跟我说，她说这个我做了，如果我两边都做了，包着纱布，手术之后，我怎么骑自行车回去？

曹：她是骑着自行车来。

刘：她只好做一个眼睛，她还可以骑自行车回去等这边恢复了，她再来做第二个。

曹：听说您把这个照片拿到美国去，大家都认为，单眼皮那只眼睛好看。

刘：是。

曹：所以东西方的审美，是不一样的。

刘：不一样，是的。

曹：政治人物也是你拍摄的一个非常重要的部分。其中有两张照片，一直到今天被大家所津津乐道，一张就是尼克松在火车上，扮着服务员，给大家送啤酒。这张照片是怎么来的？

刘：那一次是我第三次跟尼克松先生碰到，就是工作采访见过他。《上海公报》十周年，希望他回来看一看。我觉得他（尼克松）带着一种，一边是感恩，一边是觉得他的政治生涯里面，中国对他来说是一生最大的突破。然后他旧地重游，心情非常好。乘专列，在杭州回上海的路上，这个画面下左侧的那个是李肇星。当时他是管我们美国记者的。尼克松还没过来，他就说，刘先生，你的相机呢？我说我有啊。他说，准备好啊。我还没有什么准备，我就看尼克松走过来，带着一桶青岛啤酒。

曹：手臂上还搭着一个毛巾。

刘：一个毛巾。然后他往我们这边走，因为记者都坐在前面，过来给我们送啤酒。后来我就拍了，可能就是两张不到。然后回到上海，我就到锦江饭店那个旧的楼那里，在厕所里面洗图片。全世界酒店的卫生间，都是我的暗房。所以我很快就洗了一张照片，然后就下去锦江礼堂宴会。我就把这张照片给尼克松，我说，送给你。他看了这张照片，看了一番以后他说，刘先生，你还有没有一张？我说好，你等我一下。我就回房间，又拿一张给他。所以他就在那张照片上给我签字了。

如果说刘香成拍摄的尼克松给记者送啤酒，捕捉到了政治人物轻松活泼、妙趣横生的一面，那么他的另一件代表作——戈尔巴乔夫辞职，则以其严肃厚重的历史意义，给人以震撼的观感。1992年，刘香成凭借这幅作品获得普利策现场新闻摄影奖。照片的亮点在于对戈尔巴乔夫手中讲稿的动态捕捉，为了抓住这个瞬间，刘香成动足了脑筋。

曹： 能不能给我们回忆一下，当时拍照是一个什么样的情况？那时候你在苏联担任记者。

刘： 对。1990 年，美联社又派我从首尔去莫斯科，他们都说，你去了哪里，事情就在哪里发生。有一天我在莫斯科的马路上开车的时候，CNN（美国有线电视新闻网）

刘香成作品《送啤酒的尼克松》
（右下角为尼克松为刘香成签名留念）

董事长给我打电话。他说，刘先生，你今天晚上有没有事情？你跟我一起去克里姆林宫。他也没有告诉我是什么事，后来就知道，戈尔巴乔夫要辞职，他就跟 CNN 作了一个特别的安排，说我辞职之后，第一个接受采访的是 CNN，不是苏联的电视。所以董事长亲自从亚特兰大飞到莫斯科，来主持这个电视采访。所以进去了克里姆林宫这个房间的时候，我才知道，原来今天晚上有这样一个重头戏。我就看到摄影师，那个时候摄影师的录像机不像现在这样。

曹： 那个时候摄像机都很庞大。

刘： 那个时候有这个柜子的一半，好巨大，然后那个很大的三脚架。我就说，我最好的位置就是在三脚架前面，所以我就面对着，等于你是戈尔巴乔夫，我就面对着你。我坐下去之前，房间里的"克格勃"就说，刘先生，你的快门会影响到直播。这个是非常合理的一个要求。我说好，我不拍。但是我坐在三脚架前面，我就面对着戈尔巴乔夫。我说天哪，我现在这个机会怎么搞啊？说不拍，能不拍吗？我就想，如果拍，我只有一个机会，所以我就想，这个机会我应该在他扔稿的时候拍，因为那个是历史的结束。整个故事的点，是在那几张纸那里。怎么搞？所以我就把我的快门，把它降到三十分之一秒，不是很快的快门。我说三十分之一秒，他稿扔下来的时候，这张纸还可能会动，就是虚的。

曹： 对，现在看起来有点虚，有点动感。

刘： 对。但是如果他（戈尔巴乔夫）也动的话，我就什么都没有了。但是我也是有备而来，因为平常经常在欧洲度假，我会去看看法国的教堂。在里面我经常会用四分之一秒，有那个景深，我也拍过 23 秒天安门，所以我对我的快门是有一点把握。但是这个事情太大了，如果有一点点动，我就什么都没有了。所以我就看他一页一页地

刘香成作品《戈巴乔夫宣布苏联解体》

翻，到最后一页的时候，我拿起我的相机，他把稿放下之后，我就拍了一张。

曹： 就一张？

刘： 就一张。然后"克格勃"那个人站在大三脚架（后面），他就从三脚架之间这个空当里面给了我一拳。

曹： 打在你什么部位？

刘： 打在我背上。CNN董事长就站在他旁边，用眼神跟我交流，他说有没有事？我说没事。因为那个三脚架太大，他离我太远。

曹： 所以那个冲击力不算太大。

刘： 不算太大。我说我来的目的达到了，不好意思，我要先撤了，那个"克格勃"说，好不容易来，现在还没有开始，你就走？我就用我的破俄语说，我得走。大门打开，我就走下去。那个红地毯很长很长，克里姆林宫的红地毯。我跑啊，我就像刘翔一样。跑到转弯的地方，全世界的记者都在外面等着，看到怎么刘香成一个人跑出来了，他们知道坏事了。所以都给我一个中指头。

曹： 羡慕嫉妒恨。

刘： 我也当看不见，就直接冲出克里姆林宫，到红场，我的车停在红场。我进了车的时候，俄罗斯的旗升上去，苏联的旗降下来。我就赶回去，暗房洗出来，看一下，我心里就有把握了，人没有虚。所以第二天，全世界三千多份报纸的头版。

曹： 都用了这张照片。

刘： 都用了这张图片，那个也可以说是冷战的结束，也是苏联的解体，都在那么一个瞬间。

刘香成的身份不仅是摄影师，也是一名新闻记者，在他的职业生涯中，曾经六次深入战场，冒着枪林弹雨进行拍摄报道。

刘： 真正跟子弹擦肩而过的情况，还是在阿富汗。卡帕曾经说过一句话，你的相片不精彩，是你离现场不够近。对吧。所以我们有时候会跟这个画面，一方面冲下来，这些游击队，跟在坦克后面，坦克是他们的，等于是一个盾，保护着他。

曹：掩体。

刘：所以我们这种三十度的角度，拍他们开火箭炮。

曹：你也不害怕？

刘：当然害怕，说不害怕的人都是撒谎。但是有时候工作需要这样，你就上去，对吧。所以有一次在阿富汗，那个时候，苏联准备从阿富汗撤兵。我就跟一个法

刘香成在阿富汗战场

国记者，去机场那里，看一看这些苏联兵。车开到机场。有一个苏联兵，拿着 AK47 枪。我们下车就想拍，他说不行。我说好。所以我们就回到车里面，他不愿意拍，我们就回到车里面。回到车里面，本来我在右边，法国记者坐在左边，我们就调了一个位置，没有意义的，就调了一个位置。

曹：无意识的。

刘：无意识的。我们的车一开，这个苏联兵 AK47 就开枪了。一颗子弹可以打 14 个人的身体。所以他开枪的时候，那颗子弹就通过轮胎，进了这个车的铁皮，经过弹簧，经过沙发，就打到这个法国记者的屁股，子弹就进去了。我们赶快把他拉到红十字会的医院里面去，那个医生就把这个子弹一小片拿了出来以后，他说，你运气真好，差你的生殖器就是半公分。我吓出了一身冷汗。

曹：那个位置原来就是你的位置。

刘：而且我的屁股比他的屁股小得多。他的大屁股才差半公分，我的屁股就直接上去了。这种事情太多了，有时候开车，游击队让你停下来，枪就对着你的脑袋，叫你出车。

曹：当时你们在拍摄战争的过程当中，比如说怎么去冲印照片？怎么去发稿？

刘：我跟你说，发稿这个事情，本身我就可以写一本书。去阿富汗，那个时候我们带着卫星电话，卫星电话也是像这个柜子一半那么大。还有一个很大的伞，要对着挪威的，或者印度洋的卫星。没有自己的电话的话，你去靠阿富汗的电报大楼去发的话，整个国家只有三条电话线，那个时候一张彩色的图片要传三次，黄、蓝跟红，三个，然后合在一起，才是一张彩色的图片。每一个颜色要传八分钟时间，就卷，滚筒卷，八分钟时间。有时候断了，就要重新来过。所以我后来又回去阿富汗战场，我说该带自己的电话，那时候第一代卫星电话就来了。去了那个地方以后，发现没有电。没有

电，我就跑到市场去买一个发电机。但是又没有柴油，又去找苏联兵，我说卖一罐柴油给我。柴油买了，发电机也有了，又没有电线。因为那个锅要装在屋顶上面，下面它抓不到卫星不行，要到屋顶去。所以在我们这个工作里面，发稿你说是技术问题，条件不成熟，这句话我们说不出来的，因为总社是不听这套的，你问题你解决好了。

曹：所以你全权负责。

刘：全权负责。然后又回去，回新德里，到了机场，我的行李八十公斤，器材、暗房、传真机、卫星电话。结果最后到了机场，我们坐的那个飞机，航空员的玻璃上有一颗子弹。

曹：吓人。

刘：吓人，我们就坐在跑道上，等五个小时，他换那个玻璃，然后再回去。战地其实也没什么好说，我就觉得我们既然要做新闻工作的话，冒险本身就是我们的工作。

20世纪90年代后期，刘香成先后就任时代华纳集团驻中国首席代表、新闻集团（中国）常务副总裁等职务。他在北京买下了一座四合院，这一时期，他的职业生涯里不再有分秒必争的新闻现场和生死一线的战火硝烟。众多名人名家纷纷走进他的镜头，在这些生活化的照片里，你依然能感受到一丝与众不同的力量。

曹：我觉得陈凯歌那张照片挺有意思的，就没有看到过他那种状态，脱了一只鞋，趴在地板上。是你要求他这么拍的吗？

刘：是啊。他们开始都是跟我说，他说刘先生，那个人（陈凯歌）很难搞的。那个是我的四合院，他来我家里。我说怎么拍让他放松一点，不要给我看那个"鬼脸"。我说你把鞋脱了，你就趴在这里。结果他很配合，他就趴在那里，他的太太陈红就在

刘香成作品《陈凯歌》

边上看，他就趴在那里，怎么拍都可以。我觉得从尼克松到陈凯歌到这些人，摄影师跟被采访的人、被拍的人，我觉得我们之间有一个无声的语言来沟通。他对你怎么样，他都在他的眼珠里面告诉你。我们要在最短的时间里面，跟一个有时候很陌生的人，怎么建立一个最起码的互信，我

觉得是很重要。

曹： 周有光那张是不是真的在一个玻璃上写字？

刘： 不是，那张就是我的恩师基恩·米利在上世纪40年代有一个历史里面很经典的一张画面，他去拍毕加索。毕加索在他楼下，地下室的画室里面，很暗，他当时就给了一个小电筒，给毕加索。他说你就画。所以他的《斗牛》这张画，就在他的相机前面结束的，

刘香成作品《周有光》

就是我老师拍的。所以我知道那个技术是怎么样，所以我拍周有光的时候，我就说，你在我相机前面写你自己的名字。给他拍了两张，一张他写中国，一张他写他自己的名字，也是他在家里。

曹： 在你后来拍摄完了之后，跟他们这些艺术家，是不是还有交往？

刘： 有，像吴祖光先生，像黄苗子，侯宝林，他们来我家里吃饭，侯宝林教我怎么吃螃蟹，吴祖光先生就跟我说，一般情况，你把一个螃蟹吃完以后，你就要写一首诗出来。所以我很感恩，我对中国的认识是从他们给我说他们的故事。我经常跟我美国或者欧洲的朋友说，如果你不对中国的前35年有一点认识的话，你会完全不明白后35年的速度为什么会这么快。

曹： 其实从您的照片当中，完全能够看到中国改革开放40年的这种飞速发展，如果我们仔细去阅读那些照片的话，而不是看。

刘： 对。其实不需要通过这种很宏观的东西，而是通过一张张画面，按这些细节一张张累积起来，你就看到中国改革的过程。

曹可凡与刘香成合影

曹： 你觉得在现在数码技术飞速发展，自媒体飞速发展的态势下，传统的摄影记者，如何作一个自我的重新定位？

刘： 我觉得应该有一种信仰，就是以不变来应万变。在这个信息爆炸

式增长，量在增长的时代，有一个东西没有变，就是你我之间，我们互相说故事。要说一个真实的故事，要说一个感人的故事，一个生动的故事，这个需求没有变。那么变的是什么？变的就是说，你今天这个数码的东西，你拿一个芯片下去，你就可以继续拍700张，我那个时候只有36张。但是我出去采访，我从来不会说，每一个相机36张都拍完的，我都是20张、21张，总有十几张是废的，说浪费也好，就浪费了。因为我从来都不要说，这个事情正在我面前发生的时候我再换胶卷，这个是我们工作里面最忌讳的事情。所以我有这种信仰，就是说我们工作还是需要很认真，我们报道既要广，又要有深度，要把这两样事情都做好。只是我们说故事的平台换了，一个好的记者，还是难能可贵的。

曹：比如说，因为现在手机的拍摄功能越来越好，所以现在每个人习惯到哪儿用手机拍一张照，然后可能发到一个朋友圈，或者发到一个头条等等。你有这个习惯吗？

刘：我现在也用手机了。

曹：您也与时俱进。

·················· 践行者

菊坛伉俪"日月"同辉——孙正阳、筱月英专访

戏曲界历来有不少夫妻档，彼此既是生活伴侣，又是艺术知己，夫唱妇随，琴瑟和鸣，传为佳话。孙正阳、筱月英就是这样一对菊坛伉俪。京剧表演艺术家孙正阳素有"江南名丑"美誉，曾与顾正秋、李玉茹、童芷苓等旦角名家长期合作，留下无数经典作品，更以现代京剧《智取威虎山》中的栾平一角为观众所熟知。他

孙正阳、筱月英现场

的夫人筱月英是越剧表演艺术家，以《孔雀东南飞》《女中郎》等剧目闻名，还曾得到过梅兰芳大师亲授。如今他俩虽已是耄耋之年，依然身体健康，精神矍铄。

曹：好久没见到你们俩，你们俩还是特别精神。

筱：老了。

孙：老了。

曹：孙正阳老师今年应该是虚岁90岁了吧？

孙：虚岁90岁了。

曹：月英老师？

筱：我89岁。

曹：厉害！

筱：比他小一岁。

孙：我属羊，她属猴。

筱：他属羊，我属猴，他是"太阳"，我是"月亮"。

曹：正好，多配啊。你们俩今天的衣着也特别配。我前天在看顾正秋老师的回忆录

《休恋逝水》，里边看到一张照片，说是你们俩第一次在学校里扮戏，《苏三起解》，您扮的是崇公道，这是苏三，那时候你们有多大？

孙：我进学校的时候才8岁还是9岁。顶多9岁，因为我进去的时候小，瞒一岁进去的，我们收的时候都是收10岁的，因为我考的时候都会唱些戏了，《小放牛》《拾黄金》什么都能演了，我一考，今儿唱这个、明儿唱那个，老师很喜欢我，没关系，你就说10岁吧，就这么进来了。

1931年，孙正阳出生于上海，因为属羊，所以原名叫孙小羊。他的家庭并非京剧世家，只因家境贫寒，为了谋生几个孩子陆续入了梨园行。1940年，9岁的孙正阳因为表现优异，被上海戏剧学校"正字科"破格录取，专工丑行，成为日后赫赫有名的"正字辈"一员。

孙：我们家里就属于条件很差的，因为我父亲很大年纪，我们弟兄几个，就靠一个职员养活家庭，所以那时候没辙了，念书念不起，读书怎么办？干脆就学戏。因为第一个开始，从我姐姐开始，我们那会儿来的时候住"马立斯"那边，都是京剧界的人很多。我姐姐第一个，就请了个老师，说戏，学戏快，拜一个老师，她后来就学戏。她一学戏，我们家就开始了，我从小时候就跟着她，到外面去，到杭嘉湖去。我姐姐那时候不是什么很有名的演员，在杭嘉湖一带演出，我小时候跟着他们一块儿坐船上，都在船上坐着，一宿。

筱："草台班"。

童年孙正阳

孙："草台班"，下去到茶馆店喝茶，再吃点心。我一个人就跑到台上东转西转，翻翻弄弄，跟着一块儿混，所以从小我就在戏班里混。

筱：戏班子里出身。

曹：孙老师，我们过去看电影《霸王别姬》，看到那些孩子们学戏是非常辛苦的，如果有一个学生犯了错误，犯了戒，其他学生都要一块儿被打，叫打通堂。

孙：打通堂。

曹：所以您记忆当中小时候被打过吗？

孙：我这点不错，因为我从小，我从5岁就上台，一开始是唱《小放牛》，我就能上台。所以我考进学校的时候已经不错了，那时候进去，我已然《拾黄金》什么都能演了，学个麒派什么都可以。老师都挺喜欢我，我那时候个儿小，我考进去的时候八九岁，个儿又矮，好多老师看过我戏，说，孙正阳，看见你被抱上去的。从前舞台上的椅子，我坐不上去，往里一坐，崇公道往里一坐，来个检场一抱，往里一坐，台下就乐了。所以说抱上去。

青年时代孙正阳剧照

筱：老师又喜欢他。

孙：老师很喜欢我。

曹：您从小大概比较乖巧？

孙：对，我从小挺听话又挺乖，而且我又差不多戏都会。

曹：学戏又有天赋。

孙：对，所以我进学校，老师特别喜欢我。我们上海戏校有个老师叫刘嵩樵老先生，他不喜欢女生，老派，觉得不应该有女的，要收男学生。小时候就喜欢我，我一到那儿，每天上午一吃早点，总有我一份。一去了，我站那儿半天，他抱我坐他腿上。我们的老师，罗文奎老师，一站队打通堂，他就说阳儿，到我屋里来，小子别出去，出去就得挨打。我说好，就待着。

曹：把您给择出去了。

孙：把我择出去了，所以我在学校里人缘是比较好的。

与孙正阳的为生计所迫不同，筱月英从艺完全是出于兴趣爱好。1932年出生于杭州的她，童年时代不知怎的就迷上了越剧，从此一发而不可收。

筱：我是从小就喜欢看戏，读书不行。因为我看戏的时间比读书的时间抓紧，我把书包一藏，就看戏去了。后来被我妈知道了，不许我看，我也要看，后来把我关起来，关在家里，晚上不能出去。我无论如何要逃出去，再去看，我妈气坏了，把我扔在外面，门关起来不让我回去了，我就在马路上睡一夜。人家早上五点钟有很多人走路，说蛮好的小姑娘，怎么会这么落魄？我醒过来再回去，挨一顿打，明天又去看了。所

青年时代筱月英剧照

以这样看着看着，我就一定要学戏。那学戏是怎么进去的？我是帮他们后台倒茶水，热天给他们扇扇子，他们说这个小家伙倒蛮好的，对我已经有感情了，多数老师都认识我了。后来人家介绍沈月英，我拜她做先生，所以我叫筱月英。

曹： 筱月英是这么来的，先生是叫沈月英？

筱： 沈月英。三年拜师，三年要帮师，赚来的钱要给老师的，所以我到16岁基本出道了。

曹： 16岁出道以后，可以靠唱戏赚钱？

筱： 养家糊口。

曹： 月英老师，您那时候在戏班里学戏，辛苦吗？

筱： 我是蛮辛苦的，因为我等于是老师单独带我的，要帮老师做点家务事，还要抱抱小孩。最重要的，我是帮每个老师买东西，这个人要抽烟了，那时候演出在城隍山上演出，要抽烟了叫我去买，我就从城隍山上跑下去。刚刚上来，又有人说天热要吃棒冰，我再去买。我一天城隍山跑上跑下起码十几次。

曹： 相当于练功一样。

筱： 练功一样，老师都喜欢我，所以我那时候在杭州，还没演出，我妈后来看见我有点苗头了，就帮我做行头了，所以我后来服装蛮好的。我们家随便什么钱不用，节约，但总归要让我台上漂亮。

曹： 现在说起来，就是开始投资您了。

筱： 投资了。后来我出去演出，到杭嘉湖一带演出，我妈是跟着的。早上到一个地方，进去演出的时候，进去，我妈就把我送到剧场后台，床搭好，坐好，她到外面，大饼油条买回来给我吃。一敲头场，我化妆，化好妆，晚饭又是在这里吃。我今天进去，假如演出半个月，我要半个月以后，剧场要换了，人要换地方了才能出来。所以观众要看筱月英，看不到，怎么办呢，他们说她只有进去的时候，你可以看到，出来的时候可以看到，其他时候是看不到的。说明我妈是管得很严的。

曹： 孙老师，听说您入了戏校之后，第一次上台是陪麒麟童（周信芳）和筱翠花演出是吗？也是演一个小孩吗？

孙： 演《杀子报》，那时候我进学校，因为我小时候已经会唱，筱翠花和麒麟童演《杀子报》，要借一个小孩，结果就把我借去了。因为那个小孩，杀他的时候有大段唱，反二黄《托兆》。

156

曹：那时候您一个小孩，陪两位大师唱戏，紧张吗？

孙：因为我小时候上过台。

曹：所以您也不怵。

孙：我也不怵，我很小就唱《小放牛》了，那时候《拾黄金》什么都能演。所以把我借去，有大段反二黄《托兆碰碑》。

曹：真不容易。

孙：筱翠花，我从前看过他表演，真棒，筱翠花，绑着跷，就是谁的老师。

曹：陈永玲。

孙：陈永玲的老师。那个表演不得了。

曹：听说筱翠花就是嗓子稍微弱一点？

孙：嗓子差点儿。

曹：我听的录音，觉得唱弱一点。

孙：嗓子不大好，唱用手儿带上两扇门，他那个表演特别好。李玉茹跟他学过。

曹：听说他的跷功也是一流。

孙：他的跷功特别棒，杀那个孩子的时候，那个表演真棒。

曹：筱月英老师，还记得您第一次上台吗？

筱：第一次上台我唱《武家坡》，我一出去，观众一个碰头好，我就晕了，不知道唱什么了，停了一会儿再唱出来。还有椅子弄开来，不是要看薛平贵吗，观众一个喝彩，我把凳子扔了。那时候小，只有十三四岁，刚刚学戏，13 岁学戏，到 14 岁只有一年，我是虚岁，还小。后来胆子大了，开始的时候，我可以说是五肩旦唱到四肩旦，四肩旦唱到三肩旦，三肩旦唱到二肩旦，二肩旦唱到头肩旦。

曹：这个过程有多长？从五肩旦唱到头牌。

筱：开始都是演丫头，唱到二肩旦的时候需要机会，正好头牌花旦怀孕要生孩子了，老板看我有点苗头，叫我顶上去，结果我一顶上去，好了，顶住了，观众认可了，我从此以后就是唱头牌了。

曹：所以唱戏这件事要有运气的。

筱：要有运气，要有机会。

曹：孙老师，我知道当年你们戏校除了一些固定的老师之外，那会儿还请了很多现在看起来都是大师级的艺术家来给你们上课。

孙：有瑞德宝。

曹：还有谭富英、马连良、王瑶卿、张君秋。

孙：所以我们学校有这点好，什么好角儿到上海来演出，程砚秋来了，顾正秋马上去拜访，拜访完了，您留一出走。

曹：什么叫留一出走？就是得教一出是吧？

孙：您得教一出戏走，因为那会儿他们来，都是义务性质。像王金璐他们一来，《连环套》什么都给我们说。还有丁永利，杨派的专家，《夜奔》什么都是，他一到上海来，您留一出走。因为我们的老师都是富连成的老师，梁连柱、关盛明，都是盛字辈的。一到上海来，您得留一出走。所以我们学校的学生说实在的，那时候真是。

筱：角儿来留一出，这多好。

孙：张君秋在上海最红的时候，《汉明妃》。他演完，我们科班的跑竹马，都是小孩配的，我们在台底下看戏。一直到演出，所有三个老师，我的王龙是跟萧盛萱先生学的，马夫，还有旦角，张君秋老师都亲自教。所以我们学校这点不错，看的老师多，看得多、演得多，这是一个最大的好处，学得多。

曹：你们平时是一个什么样的生活状态？因为北京的戏班、戏校，基本上都是住读的，我听说你们属于是走读的是吧？

孙：我们叫戏校，走读，没有正式管饭，都是早上去，我们上学，早上五六点钟就去了，练功、学戏，完了排戏，一到晚上基本上都住家去，因为它那儿没条件，就在马当路。

曹：那时候在马当路吗？

孙：马当路那儿，马当路有个大华书场你知道吗？

曹：我知道。

孙：边上是我们学校，我们学校边上有个小学，我们就在那块地方，地方很小。

曹：你们当时生旦净末丑，一块儿加起来有多少学生？

孙：学生大概有一百多号，来来往往，有的来了待一下就走了，比较长的就像我们这拨老学生，考进去一直在那儿好多年。

曹：好像说练功的时候，女孩在一层，男孩都在一层是吧？

孙：基本上分着来的。

曹：那时候练功房有多大？

孙：也就是一个大厅，有几个小房间，像我们丑行什么，一个一个小房间，一个大厅排排戏，底下一个大厅练练功，翻跟头什么都在底下那个厅，中间那个厅就排排戏，条件那是相当差。

和大部分学戏的男孩子一样，初入科班的孙正阳也想学老生，因为这个行当日后能唱主戏、挑大梁、挂头牌，风光无限。相比之下，丑角属于"绿叶"，在舞台上很少有担当主角的机会。然而，孙正阳却偏偏被分入了丑行。

曹：当时您入了学校，是谁觉得你入丑行是比较合适的？

孙：那会儿，因为我艺考的时候，一听我是北京口，我们上海招的学生都是南方人多，小花脸没有北京口不成，开始就让我学了小花脸。实际上刘嵩樵老先生很喜欢我，让我学娃娃生，我跟他学《甘露寺》，甘罗十二岁身为太宰，让我扮个小孩什么都蛮好。后来就不成了，就让我学小花脸了，因为好多孩子，他们南方口音多，不会说北京话，所以开始让我学小花脸。我又演过《小放牛》，这一下就给我定了性，进了丑行。

曹：您心里会打鼓吗？因为丑角来说，肯定是不可能当主角的。

孙：不会，打鼓倒没有。

曹：丑角组班，除了叶盛章之外，没有其他先例吧？

孙：不太有先例。因为叶盛章那时候文武丑，一般来说小丑挑梁很少。

曹：筱月英老师，您那时候刚开始唱戏，当时最喜欢看哪几位老前辈的演出？

筱：我印象最深的是在杭州，十大红星到杭州来大会串，就是尹桂芳、筱丹桂、竺水招、袁雪芬、范瑞娟，她们十姐妹都来的，我天天看。看了以后，我真的是入了迷。

曹：您最喜欢谁？

筱：我最喜欢袁雪芬。

曹：所以您的唱腔实际上也是从袁派来的？

筱：以袁派为基础。我那时候看了以后，我那时候年纪是蛮小，只有18岁，但是我觉得我们唱的戏都像"路头戏"，她们唱的戏好像都是剧本戏，而且都有人物性格。我看了以后，真是从心底里佩服，我就想我有机会一定要到上海去，再重新去看她们的戏，再向那里的老师们去学习，否则我是永远不能提高的。我有这个决心。

筱月英虽然从艺很早，并且16岁就在家乡杭州的戏班挂头牌挑大梁，但真正成名却是在上海。1950年，初到上海滩的她凭着出色表现一炮打响，就此站稳了脚跟。也是在这里，她遇到了艺术生涯中非常重要的两位搭档——著名越剧小生陆锦花和丁赛君。

筱月英与陆锦花合作《夫妻之道》
（左一为张小巧）

筱：一到上海，人家就给我介绍王文娟，王文娟一看我，很喜欢我，觉得我和她蛮像的，叫我进玉兰剧团。带我到上海去的老生跟我说，你不要进玉兰剧团，她们花旦很多，王文娟下面有很多人，轮到你不知道是五肩旦还是六肩旦了。他说这样，你做惯"婆婆"，不要去做"媳妇"。

曹：这句话有道理。

筱：你"婆婆"做惯再去做"媳妇"，你肯定升不上去的。他说你自己在外面挑梁，挑得上就挑，挑不上再说。

曹：回过来也没关系。

筱：没关系。他是介绍人，我听他的话，他把我介绍到河北大戏院，那时候老石桥那里有个河北大戏院，登台。第一出是《沉香扇》，第二出《碧玉簪》、《三看御妹》，三个打炮戏一唱，红了。上海就知道杭州来了个小花旦，那时候上海的公会什么对我都很重视了。我唱下来以后，"六月戏"，陆锦花休息，庞天华那一批人唱，就叫我去和她们唱，国泰大戏院。唱了以后，又很好，我唱古装戏，还唱现代剧《枪毙张春帆》，我演筱丹桂，演得蛮好，陆锦花看中我了，因为本来就是她们的班底在唱"六月戏"，陆锦花就考我一下，我要点你一出戏，点什么戏？点《叶香盗印》。她也内行，《叶香盗印》是基本功的戏，碰到我《叶香盗印》是最好，因为我从小喜欢练，搓步，手，都会练，我正好演《叶香盗印》。《叶香盗印》演下来，当夜陆锦花就叫我签字，进少壮越剧团。意思是培养我。进了少壮越剧团以后，就和陆锦花排了一个《哪吒》，第二个就是《夫妇之道》，是现代剧，演得蛮好。后来陆锦花盲肠炎开刀，休息了，丁赛君出来了，组织天鹅越艺社，把我挖出去。

曹：您那时候有没有看过比她们十姐妹再稍微前面一点，比如"三花一娟"？

筱：没有，这些都没有看到过，看到她们十姐妹已经算

少年时代的孙正阳演出
《法门寺》

是早的了，因为年龄的关系。

曹：那时候是不是"三花一娟"已经开始不大唱戏？

筱：已经不大唱了，就是无线电里听听，姚水娟十八个"我为他"。

曹：我总算见过王杏花。

筱：王杏花我也见过。

曹：因为她活得比较久，所以我还见过王杏花，"三花一娟"算见过这么一个。

筱：袁派算是和王杏花有点关系的。

曹：您算正式拜过袁雪芬吗？

筱：没有，但是袁老师蛮喜欢我的，我到中国香港去演出《棒打薄情郎》，她还帮我整理剧本、整理台词，都是她教我。我演出《孔雀东南飞》，她来看了很满意，回去跟她们说那个"小孔雀"很好，你们"大孔雀"去看看，叫她们"大孔雀"来看看。对我们蛮重视的。

说起来，孙正阳、筱月英都曾与京剧大师梅兰芳先生有过一段渊源。1945年抗战胜利后，梅兰芳在美琪恢复演出，孙正阳等一众戏校学生在《游园惊梦》中为他配演花神、云童。与此同时，孙正阳还曾在梅先生的大轴之前演出过《法门寺》中的"贾桂念状"。

孙：那次演出，我还真出了个洋相，那会儿我正在仓门上，正倒仓，紧张。那会儿我们学校都唱堂会，一唱堂会，演《法门寺》，念大状，"谨状啊"，我就收了，习惯了。正好那次演出很重要，梅先生大轴好像是《断桥》，我们头里是《法门寺》。我上去就紧张，台底下都是内行，我到了念大状的时候，我倒仓又紧张的时候，一下念了几句忘词了，"谨状啊"，我就收了。台底下都是内行，忘词了。

曹：叫倒好。

孙：下来，我难受。梅先生和我们在一个屋子里，我正在说，有些记者说，那小孩刚才忘词了。梅先生正看见我，孩子，你叫什么？我叫孙正阳。过来过来，你多大了？我那会儿才刚15岁还是14岁，大概14岁，我说我就是仓门紧张。梅先生说，这么大，早着呢，我像你这么大，天天挨倒好。

筱：他这个人很好。

孙：一句话，要不我僵得要命。梅先生，我就说真是大师，几句话把我那害臊的劲儿完全打消了。

而筱月英虽然是越剧演员，却曾经得到过梅兰芳的亲授。1954年，她在永安戏院排演越剧《杨贵妃》时，梅先生亲自辅导了"贵妃醉酒"一场，并且在造型、道具各方面给予建议。

曹：据说那时候梅太太，还有马连良先生的太太，都是您的戏迷对吗？

筱：对。因为那时候我在长江大戏院演出，《钗头凤》《孔雀东南飞》，她们天天第三排包掉的，每个人一朵栀子花，梅先生的太太、马连良太太，还有冯六爷。

曹：冯耿光。

筱：冯六爷太太，还有七姑太，她们都是一排。有一次我紧张得要命，上面袁雪芬、范瑞娟、傅全香包厢，下面都是梅家、马家的人。我台上唱《梁山伯与祝英台》，和丁赛君，"三张状纸告起来"唱了两遍，昏掉了，吓坏了。戏散场，马连良太太叫我到她家吃夜宵，我散场到她家吃夜宵，基本上到她家要到十二点多了，十二点多他们动静也没有，大家还在说话，我想什么时候吃？我已经肚子饿了，我问马家姆妈，我说什么时候可以吃？她说早呢，老先生还没下来，奶油蛋糕先吃点。等到三点钟。

曹：凌晨三点钟？

筱：三点钟刚刚开始吃夜宵。

梅兰芳与筱月英

曹：梅先生、马先生都来？

筱：梅先生不来，就是马家。梅先生家里，我饭去吃得比较多，因为梅太太喜欢搓麻将，教我搓麻将。那时候梅葆玖还躲在小房间里搞无线电。

曹：对，他一直弄无线电。

筱：我是他们家的常客，一直来来去去。那时候陈正薇，我们三个人拍照，都在梅家拍的。我正好要演《杨贵妃》，我跟梅家姆妈说，我说我演《杨贵妃》，请梅先生做艺术指导好吗？她说一句话。跟梅先生一说，好了，他帮我拍照，他叫他的化妆师，叫顾宝森，帮我去化妆，他说你不要像我们京剧这么化，保持越剧的风格，像我《洛神》这么打扮。好了，一手一脚教我《贵妃醉酒》。我下腰的时候，我下到差不多的时候，梅先生说，还要下，要下到底。他说你这时候不能学我现在的梅派，我现在年纪大了，观众原谅我，我稍微一下腰，观众就鼓掌了。但是你不行，你要到底，所以要求蛮高的。排好了以后，带乐队，基本上一支队伍到他家去响排。

曹： 排场很大。

筱： 到他家去响排，他们一桌菜请我们吃饭，红烧肉什么的，梅先生一直夹菜给我吃。

筱月英与丁赛君合作《钗头凤》

曹： 他们说梅家的菜都很有特点，您还记得他们有些什么菜？

筱： 他们家的菜有点苏州味道，有点甜甜的。

曹： 浓油赤酱？

筱： 浓油赤酱，好吃。

曹： 你还记得有些什么菜？

筱： 红烧肉。

曹： 还有呢？

筱： 红烧肉烧得是真好吃。另外鱼，清蒸，他们好像有个大厨的。梅先生的为人真好，他夹菜给你们，这块肉如果掉在这里，他另外夹一块给你，这一块夹给他自己吃。这种风格是很高的，很感动。

作为一代丑角名家，孙正阳功底扎实，文武兼备，嗓音脆亮，念白爽利，表演谐而不俗，并且对南北流派艺术兼容并蓄，形成了独具个性的表演风格。几十年的艺术生涯中，他曾先后与多位旦角名家长期合作，成为舞台上珠联璧合、相映成辉的黄金搭档。

曹： 早期就是和您的同学顾正秋。因为我们大陆的观众，说实话很少看过顾老师的戏，我也是从一些视频当中看了她晚年的《锁麟囊》这样一些戏。程砚秋先生据说当年来你们学校，也认为她是一个很好的坯子。从你们同学的角度，您怎么看顾正秋？

孙：我们同学来讲，在上海来讲，那时候我们最红的就是顾正秋。

曹：你们那个班里头，是不是旦角她是最红的？

孙：她最红，因为她有个最大特点，嗓子好。从前她《玉堂春》一贴，《玉堂春》一般唱四个小时，她不带喝口水的。她唱《起解》，"苏三"，翻着唱。她的戏是"开包银戏"，那时候开不出工资来了，《玉堂春》一贴准满座。她演《玉堂春》，我小时候，什么戏她都要我一块儿陪着演出，一出《玉堂春》，我头里演沈燕林，后头赶崇公道，崇公道下来，我还赶个禁婆子。

曹：所以您是"一赶三"？

孙：我"一赶三"，所以她（顾正秋）演什么戏，配戏总归是我，什么活儿都让我盯着，习惯了，别人她不要，她不喜欢。

曹：后来你们再合作就是50年以后了。

孙：我那次到中国台湾去，就是因为她邀请去的。

曹：时隔这么多年，你们演了哪几出戏？

孙：到那儿演出，第一出就是《昭君出塞》，她说落地就演，我们落地就说戏，说戏就演，她高兴极了。后来一个马夫，翻得不灵，结果后来一看，她说你甭演了，让李宝春，你赶一马夫。我们在台湾地区演出，那时候效果非常好。我一落地演出完了，都很熟，顾正秋就说，你们瞧见没有，我师弟这王龙才是真正的王龙，你们好好学学。她确实是喜欢我。后来还演出《凤还巢》，我跟她一块儿演，顾正秋非常喜欢，我到台湾地区一演出，每次她都到场，请我到家吃饭，她一般不让人到家来的。

曹：她脾气挺怪的。我到中国台湾去，想找她采访，她不理我。

孙：不理，脾气很怪的。

曹：后来很长一段时间和李玉茹老师合作。

孙：中间和李慧芳，一块儿也不少日子，武汉什么的，都和她一块儿演出。因为李慧芳有点童芷苓的路子，《大劈棺》《纺棉花》她都演。她又唱老生。

筱：嗓子好。

孙：嗓子又棒，那时候和李慧芳在一块儿待的时间很长。我后来1953年就参加了上海京剧院，上海京剧院前身是华东实验京剧团，一参加，我和李玉茹就开始改革，头一出是改了《小放牛》《拾玉镯》，我们加工、改革，把化妆都变了，从前就是化一小花脸，戴一个水纱，老小花脸的《小放牛》。后来李玉茹开始，我们改革，从化妆、表演、动作。

曹：我觉得您和李玉茹后来合作像《小放牛》《柜中缘》，过去实际上这种都是打炮戏，你们俩唱完之后可以唱大轴了。

孙：我们从前演，李玉茹一演总是双出，所以我们那会儿，《小放牛》《拾玉镯》，头里《小放牛》，我又是舞蹈、又是唱，她的《小放牛》也真好，李玉茹绑跷，她有跷功底子，小碎步。

曹：这我们就没看到过。

孙：后头《拾玉镯》，李玉茹的《拾玉镯》是真棒。

曹：《拾玉镯》我看过。

孙：《拾玉镯》，我的彩旦，我们那会儿演双出，我跟她演出就满座，李玉茹小戏特别好，因为她的跷功底子好，表演好。一有她的戏都得有我。像我们的《贵妃醉酒》。

曹：你们俩的《醉酒》和梅先生演的是有点不太一样是吗？

孙：不一样，也只有她这么演。一般来说都是按梅先生的路子。李玉茹这点好，舞台上，一个李玉茹、一个童芷苓，舞台革新，不是完全按照老的意思。像《醉酒》，一般来说到后头戴帽子就没什么戏了，可是她演，她让我发挥，给我戴帽子的动作，她有好多动作大概是筱翠花的东西，戴帽子、小碎步，我这儿踢褶子、咬褶子，好多表演她都让我发展。李玉茹不像有些旦角害怕，别人搅了她的戏，她不一样，到后头你就得发挥，我到后头我快没戏了，你加玩意儿。一个童芷苓、一个李玉茹，我最佩服她们这点。有的人，我们跟小旦角演出，有时候不乐意和孙老师演，台上他老抢灯光。

曹：怕您搅和。

孙：怕我搅戏，可是童芷苓、李玉茹就没有，不管什么戏在台上，正阳，你加玩意儿，你们得加玩意儿。我说我这么压都压不倒她们，说明人家真是名演员。童芷苓也是，到台上，你发挥。

曹：我那时候看过您和童芷苓老师的《铁弓缘》。那个真的好，炉火纯青，我就说你们俩一搭一档，严丝合缝，不洒汤不漏水，话不掉地下。

孙：童老师那会儿老想拉我过去，我们那会儿，我们是一团，他们是二团，那时候童老师挺喜欢我，因为我们演出风格差不多。可是我那儿不行，李玉茹不放。

曹：因为我看《铁弓缘》是很有体会，就是您和芷苓老师台上那个热闹劲儿。

孙：小丫头劲儿。

曹：对，小零碎的东西特别多。

孙：特别好。

曹：特别好。

曹：我们经常说演员的搭档很重要，刚刚筱月英老师说，那时候您和陆锦花合作，虽然只有两部戏，但是对于您当时还属于年轻演员来说，这是相当重要。

筱：很重要。

曹：后来您和丁赛君，实际上您和丁赛君合作，应该说从艺术上来说，你们俩实际上是一个黄金期。

筱：正好是个起步。和丁赛君合作是意想不到的，她请我去了以后，头一出是《屈原》，在九星大戏院演出，第二出马上就到卡尔登大戏院，现在叫长江大戏院，在卡尔登演出《孔雀东南飞》《钗头凤》。那时候观众排队，12月里铺盖背来排队，冷天，生意好得不得了。那时候我赚600元一个月。

曹：不得了！

筱：1952年600元。因为讲票子的，一元钱一张票，我每天20张，一个月就是600元。

曹：对的，你们那时候是算票子。

筱：丁赛君是25张票。我们那时候演，如果你是客满的话，还可以双工钱，养家糊口没问题了，全靠那时候演出生意好。丁赛君和我合作了一个阶段以后，她后来身体不好，就停下来了。后来我就和陈琦、王玉春（合作）。邵文娟是后面了。

曹：我只看过您和邵文娟。

筱：邵文娟已经是后面到卢湾越剧团了。丁赛君那时候，本来我们大家要进越剧院的，傅全香来请的，她说给你们成立一个越剧院三团，丁赛君、筱月英为主，三团，工资给我200元，那时候国营剧团，200元。我妈思想太老，我妈说不要去，跟你说过了，"媳妇"不要做，要做"婆婆"，不要去。丁赛君和我两个人就这样拆散了。

曹：我没见过丁赛君。

筱：后来她就和夏梦演了一些戏，《三看御妹》什么的。越剧院她主要《孟丽君》里演了皇甫少华，她没什么戏，她也唱范派。人很好，那时候在长江剧场红得不得了，我们两个人那时候，可以说淮海路、南京路全是我们两个人的照片。

曹：厉害的。

筱：那时候是蛮厉害的。也是一会儿时间，几年下来，团解散了就不行了。

他们一位是京剧丑角，一位是越剧花旦，最初是怎么走到一起的呢？

曹：您和梅兰芳先生拍过一张照片，我好像在陈正薇老师那儿也看见有一张差不多

的照片。

筱：对的。

曹：你们是不是一起拍的？

筱：一起拍的，三个人也拍过一张。

曹：而且你们两个，您和孙老师认识是不是和陈正薇也有点关系？

筱：有关系。因为那时候我觉得

孙正阳、筱月英合作《小放牛》

自己唱越剧基础差，我想京剧的基本功好，想学点本事。陈正薇跟我说，我给你介绍孙正阳，他教花旦的戏很好。正好带我到京剧院去，正好他们朝鲜慰问演出回来，孙正阳背着铺盖，第一次大家见面。

孙：一个背包。

筱：他说我家很近，我把铺盖去放一放再来，他回去铺盖放好再来。陈正薇就跟他说教我戏。那时候我在永安大戏院演出，《杨贵妃》什么的都在永安大戏院演出，早上他就来教。我们那时候蛮重视的，孙正阳来教我身段，我早上蛮辛苦的，早上九点钟还请谢晋、黄祖模来教表演。

曹：两个电影导演。

筱：电影导演来给我上表演课，那时候他们对我都很好。后来认识孙正阳，他就来教我《小放牛》，好了，一教教了谈恋爱了。

曹：你们大概教了多长时间开始谈恋爱？

筱：教了大概一个多月。

曹：你们蛮快的。

筱：本来是只有星期一教，后来变成一三五了，后来二四六也教了，再后来好了，他送我回去了，最后他来接我了，越来越接近了，然后请我看电影了，到他家去吃饭什么的，就越来越熟了。那时候沈晓梅，南京的。

曹：南京沈晓梅。

筱：沈晓梅什么的一起，大家在一起学《小放牛》，有一天说，筱先生，你今天皮鞋怎么擦得这么亮？叫他请客。他没钱，他怎么请客？结果看见他口袋，他穿一件尼龙衬衫，五元钱透得出的，他妈妈给他五元钱放着，他可以放几个月。那天沈晓梅一定要叫他请客，吃美味斋菜饭，就在永安大戏院那里，菜饭、明虾，五元钱可以请客我

167

们好几个人。

曹：那时候孙老师家里的钱都是他妈妈管的对吧？

筱：都是他妈妈管的，所以我们谈恋爱的时候，说得难听点，他三轮车钱都不付。也不知道怎么搞的，结果谈恋爱，后来年初一来拜年，他也空双手，一点东西不拎。

曹：那您妈妈要不开心吗？

筱：我妈是要说了，我妈说这个人很小气的，将来你家庭有负担的。他算得那么清楚，那怎么办？这个人不行的。我想想他倒是三轮车钱也不付，我后来去调查研究，调查研究下来他不是小气，要小气的话，他的工钱交给他妈妈，三兄四弟吃在一起的，他怎么肯呢？肯定要分开过。

曹：对的。

筱：他就是对经济没有概念的，工资拿来原封不动交给他妈妈开销，他要去看女朋友，要他妈妈知道，他妈妈给他买点礼品，他妈妈不知道，他自己偷偷来的，就只好空手。

曹：孙老师，您当时给筱月英老师说戏，大概你第一次见她是个什么印象，你还记得吗？

孙：从前印象也不多，我们因为那时候也一块儿看过戏，那会儿我们在红旗剧团，都是我们正字辈成立的，那时候我们就一块儿……

曹：以前是知道对方的是吧？

孙：认识。

筱：知道，看过戏的。

孙：关正明老拿她开心。他们都挺熟的。

筱：关正明那张嘴喜欢辩论，我也喜欢和他辩论。

曹：他们说关正明是你们这帮同学里面最"花"的是吧？

孙：最"花"。他比我们大。

筱：最活络。

曹：你们大师兄是吧。

孙：他们是大一拨的，王正堃他们这拨比较大，我是最小的，顾正秋是属于中间的。那时候在一块儿……

筱：红旗剧团看戏，我一直去看。

孙：从前我们老一块儿看戏，我们在红旗剧团的时候，到他们越剧团去看过一回戏，他们拿我们开心，我们看越剧看不懂，每人拿块手绢，假装擦眼泪，逗，开玩笑。后来我们请他们看过戏，那会儿我们演了一出《三姐下凡》，我演一个灯官，她看过一回，她对我印象很好。她看我这个小花脸在台上干干净净，动作漂亮，她那会儿就有点印象，就认识我。后来和她怎么认识的，就是《小放牛》的介绍，正好陈正薇，我们从朝鲜演出回来，正在团里交背包，她来了，陈正薇介绍，一开始教《小放牛》，我们就熟悉了。每天给他们说戏，我在他们团里人缘挺好。

《小放牛》这出妙趣横生的京剧小戏，成了孙正阳和筱月英的定情之作。时光流逝，当年青春正好的牧童和村姑我们已无缘得见，但在筱月英五十岁生日时，他们夫妇再度合作了这出戏，举手投足、一颦一笑间，分明还是当初那份青涩而又甜蜜的少年情怀。

孙： 后来我老到他们团去，没事到后台去玩。有一次我生了病，那时开始有了感情了。因为我到他们后台去，我怕难为情，老去找她，可是一到晚上我又要去接她，她在演出，我在后台待着不合适，我就在外头转。

筱： 又下着雨。

孙： 外头又下雨，又挺冷，我后台待着难为情，不好意思。等她完了戏去，他们在解放剧场。

筱： 解放剧场。

孙： 结果着了凉，饿了又不吃，吃点什么东西不舒服，后来我肠胃炎发得很厉害。她认识一个医生老师，我以为闹肚子没什么，谁知道上吐下泻，闹得很厉害。结果她那会儿就挺关心我，请了一个老医生，去看我，一看我肠胃炎，上吐下泻，结果他一看完了，验大便，赶紧给我送医院。就那次开始，她去医院看我什么的，关系越来越好。

筱： 说他得了癌症。

孙： 结果那时候去检查胃酸，说我胃酸低，可能是癌症。我验了三次，检查胃酸，后来还是一个老医生看完了

青年时代的孙正阳、筱月英夫妇

以后，他说你们别给他吃药，他胃酸低，你们给他吃的胃药都是减低胃酸，别给他吃药，就给他吃酸的东西。

筱：那我出场了，吃酸的，拷扁橄榄、山楂片、话梅，我天天买给他吃。

曹：您派上用场了。

筱：派上用场了。

孙：结果她老去看我。

筱：本来急死了，我妈说这下好了，生癌了，这下你新娘未做先吊孝了。后来话梅山楂片吃下去，好了。

孙：后来我们关系就越来越好，一块儿说戏。

筱：通过患难。

曹：对，患难之交。

孙：完了以后还有一条，就是平常他们排戏，基本都找我去，帮他们一块儿，教教他们舞蹈，身上怎么样，给他们参考动作。

筱：技导动作都是他来教的，音乐我总归请何占豪。

孙：唱腔都是何占豪。

　　一出《小放牛》，成全了孙正阳和筱月英的百年好合。作为丑角的孙正阳，之所以能够指导作为旦角的筱月英，其实也是缘于丑角这一行当的特殊性。都说隔行如隔山，但对丑角来说，必须生旦净丑样样拿得起，才能在各种剧目间游刃有余。可以说，一位优秀的丑行演员，必定是京剧领域一专多能的全才。

曹：孙老师基本功好，虽然唱丑角，其实您生旦净末丑都会。

孙：对，基本上都拿得起来。

曹：基本功好。

筱：他教戏蛮好的。

孙：教身段什么，我基本上都参加。

筱：年纪大了，否则到戏校去很好。

曹：是的。可能很多观众，那时候最早都是通过现代京剧《智取威虎山》认识您，栾平。栾平其实在戏当中，戏份其实不算太多。

孙：就两场戏。

曹：就两场戏，可是给大家留下非常深刻的印象。我这次做资料准备的时候，我还第

170

一次知道原来您还演过杨子荣。

孙：对，我演杨子荣的时候，童祥苓还没演，我们在1964年出国一块儿演出，和祥苓，我们一个团，到欧洲演出。一回来，结果1964年开始说老戏不让演了，都要演现代戏。我们刚刚落地，我们团排戏来不及，那会儿正好李仲林和纪玉良演《智取威虎山》。

孙正阳在《智取威虎山》中饰演的栾平

曹：纪玉良演少剑波，李仲林演杨子荣。

孙：他那会儿完全按武生的演法，有打虎，真的打虎什么的。结果怎么办呢？正好他们团那时候下部队，我们团就把它接过来了，干脆你们先演吧，老戏没有，排新戏来不及，我和童祥苓，我演了杨子荣，童祥苓演少剑波。

曹：他演少剑波。

孙：贺永华还是坐山雕，最早是我演的杨子荣，那会儿杨子荣完全是个武生打扮，有打虎、有打枪，都有，唱得没有那么多。后来开始加强唱，童祥苓演杨子荣。后来说让我演栾平，召集开会，正阳，你有没有意见？这是我本行，我可以演，后来开始我演了。不管是配角、主角，我演这个角色，我一定要把它演好。我要把所有内容，杨子荣的戏、台词，尽管我词不多，我都要衬托他，根据他的表演，设计我的反应。

曹：栾平和杨子荣在威虎厅的那段戏其实特别精彩，当时您在设计的时候是怎么想的？

孙：没别的，我们俩在演的时候就是互相了解，他的表演，我应该知道他的动作怎么回事。而且我们丑行演戏要特别注意，不能正不压邪，你看动作，我跟他，我们什么动作配合他，他演什么，是是是，栾大哥，基本上我的内心动作，他的台词，我都得有动作，所以互相才有交流。贺永华也是，他把我揪起来一摔这么一个动作，他那个动作，一抬胳膊就好像多大力气，一揪我脖子，我往那儿一摔，等于一个人很轻盈给拽过去的动作一样，互相完全是配合的关系。

曹：筱月英老师，您在家里看到孙老师怎么准备栾平的角色？

筱：他们都是在北京排的，我不大碰得到。

孙：我们在北京两年，排《智取威虎山》。

曹：两年？

孙：在北京待两年，排好几次。

筱： 我在家里要带三个孩子，还有两个老的，他妈妈和我妈妈，责任也蛮重大的。三个孩子都只有五六岁、七八岁的时候，老人都是七八十岁了，我责任也蛮重大。

长期艺术实践中，孙正阳的丑角表演形成了自己的风格，经他塑造或革新过的角色，许多都成为后辈演员们学习和模仿的典范。在他看来，丑角虽以丑为名，但必须丑中见美、谐而不俗，并且要力求做到千人千面，避免雷同。

曹： 我喜欢孙老师的戏，我觉得您虽然是演丑角，可是我们能够从丑中见美，我知道您一直以来的理念就是忌脏、忌丑、忌俗是吧？

孙： 对。

曹： 因为丑角、丑行在舞台上，有的抓现哏，如果抓得不好，实际上就会特别俗。

孙： 庸俗。

曹： 您在现场抓哏抓得特别好，怎么去掌握那种分寸？

孙： 我在这方面，一般学老戏，他们老的东西不动，老先生教的。但我这点不一样，我跟刘斌昆，刘斌昆也有点新式范儿，我演戏我一定要改革，我演什么角色，我一定要重新分析，台白、哏，有的是现代哏，我是不管，我照样抓。《凤还巢》，现代的哏，我都会。化妆是很重要的。我小时候演小丑，不乐意演，觉得小丑太脏，化得难看，上去逗个馊哏，北方的有些小花脸，我不大喜欢。

曹： 馊哏。

孙： 我不喜欢。所以我只要演个彩旦，尽管化得比较丑，还是很滑稽的。

曹： 他们说您化妆，一般人认为丑行化个妆很快，他们说您就不是这样。

孙： 我化妆起码一个多小时，我化得很慢。我这点蛮好，现在继承我的就是严庆谷，我到后台化妆，他都跟着我，我化妆、脸谱、扮相，什么他都学我，严庆谷是这样，他学我台上东西，干干净净。我从前不乐意演小丑，我老觉得小丑太脏、太贫，特别北方有些小花脸化得挺难看。

严庆谷：舞台上就是要干净。这个我特别受孙正阳老师的影响，他说演丑角不能以丑为美，要丑

孙正阳剧照

而不丑、丑中见美。所以孙老师在扮戏的时候是抹底彩的，以往按北派的演法，小花脸是不抹底彩的，就是扑点粉，刷点干胭脂，然后就勾这块白了。孙老师是打底彩，从今以后现在南北是小花脸、是丑角，都抹底彩，干净、漂亮。师娘也经常说，你们孙老师的扮戏，像扮旦角一样，师娘是一口绍兴话。他真的是，化妆非常细致，所以这个是受孙老的影响。

孙：尽管是丑，我们必须要丑中见美。演什么角色都要演得干干净净，艺术的本身就是美的享受，不能弄得挺恶心。我演个彩旦，演个《凤还巢》，尽管是丑，但是滑稽，也是美的享受。所以我在这方面来说，我觉得我还是尽了一些力量。

曹：我觉得孙老师演戏，您能够站在一个全剧的高度，不是说我就演这么一个角色，我就看我这个角色，您能够站在整个一个剧目，整体是个什么样的。我知道后来成为李玉茹老师代表作的《梅妃》，其实汪正华是您给介绍的，最后促成了，实际上是成为他们俩的代表作了。

孙：对，《梅妃》这个戏，汪正华，我喜欢他的表演，李玉茹也是。

曹：我是很喜欢汪正华的。

孙：汪正华真好。

曹：杨派唱到汪正华，那就唱到顶了。

孙：我们是亲戚，他是我外甥。我们是亲戚。

曹：你们是同学，怎么是您外甥呢？

筱：小娘舅、大外甥。

孙：他是我大姐的儿子。

曹：真的啊？

孙：他学戏还是我带去的。他那会儿念书也不乐意念，老跑到我们学校门口晃悠，跟我说他要学戏，他妈妈不舍得，就这么一个儿子，不肯让他学。后来我就介绍，我还教他一段《刀劈三关》，让他去考试的。后来他学老生。从前我们上学校去，那时候下雨，他老背着我，背娘舅，他比我大三岁。

曹：这蛮好玩的。

孙：我们关系相当好。

筱：小娘舅、大外甥。

孙：汪正华也喜欢看我的戏，我们演《梅妃》的时候，我的高力士，他的唐明皇，我们那会儿演出，跟李玉茹。艺术上我喜欢汪正华的戏。

曹：《梅妃》，我觉得都是这两位艺术家的巅峰之作。

孙：就是。

曹：我们说起海派京剧的丑行，实际上有三位大师，第一代就是刘斌昆先生，他是从徽剧里头慢慢出来的，陪麒老牌（周信芳）唱这么多年。第二代可能就是艾世菊先生，他完全是北京的风格。

孙：世字辈的。

曹：然后就是您。从您来看，因为这两位都是您的前辈，其实你们三个人的特点是非常鲜明的，我觉得你们这三个人有时候唱戏的时候，选的角色其实也有一些错落有致。比如您的婆子戏是特别有名。

筱：彩旦。

曹：有一些戏可能，那时候艾先生演的时候你就不太演，从你的角度，您怎么看刘先生和艾先生？

孙：我对这两位老师都非常尊敬，刘斌昆先生，因为我和他很早很熟，我母亲那会儿在的时候，他管我母亲叫二婶子，他儿子一看见我，让自己的孩子叫我爷爷，因为刘斌昆管我母亲叫二婶，辈儿不是太高。他很喜欢我，我也很尊敬他。我觉得刘斌昆在丑行来说，我很尊敬他，他有创造性。像《大劈棺》的二百五，都是他新创造的，我很尊敬他。艾世菊老师也是，他是北京正宗小花脸的路子。因为我小时候学的戏，我们老师北京的也有，我看的戏也很多，我又喜欢武丑、我又喜欢彩旦，我个个都喜欢学。我对他们这些老先生，我都很尊敬。特别像彩旦，为什么我彩旦演得好一点，上海从前有个叫盖三省的老先生，他就演彩旦，他别的活儿不演，他本身是唱梆子花旦的。北方的小花脸，彩旦都有点男不男女不女的，所以我在演彩旦方面，我学南方的表演，从化妆上、从表演上，我都有点不大一样，所以那时候我就很受盖三省老先生的影响。还有南方先生，像刘斌昆的一些，特别是他的《活捉》，这些戏特别好，所以我都看。

曹：那时候我读书的时候，看王吟秋来上海演《锁麟囊》，刘斌昆前面是梅香，艾先生后头的碧玉，这两位老先生在同一个舞台上演出，这是非常少见。而且我和刘先生是邻居，所以那时候夏天，我老看他在院子里给学生们耍佛珠，教耍佛珠。私底下你们仨有一些什么样的交往吗？

孙：刘斌昆先生很喜欢我，我也跟他学戏，跟他学了《下山》什么的。

曹：艾先生其实也是很有趣味的一个人。

孙：他这个人是北京的那套，很讲究义气。

曹：我去他们家特别逗，他住在底楼，住在高安路淮海中路那个地方，在院子里头，他搭了一个"永定门"，因为他小时候就住在永定门，那会儿永定门拆的时候，他让徒弟把那些城墙的砖又从北京一块一块给他搬回来，在院子里搭一小永定门。

孙：艾老，我们非常好，我们从前在老房子的时候，我们住对门，"马立斯"那儿，他住对门，我们住这儿。他跟我大哥特别好，我大哥因为演武丑的，艾世菊刚到上海，北方人来到上海，戏不熟，朋友不熟。他跟我大哥挺好，所以没事就找我大哥，我大哥把老的这帮武戏人和他搞得很熟。所以那时候老房子，没事就跑我们对面，"和尚"，他管我大哥叫"和尚"，到我家喝酒来，到家来。艾老为人非常好。

筱：年年给我们送红枣来。

孙：每年一到过年。

曹：我那时候一直到他家去玩，我很喜欢丑角。

孙：年初一红枣弄好就给我送来，到我妈那儿给我妈拜年。

筱：每年有的。

孙：艾老是非常忠厚、非常好的一个人，而且非常讲义气。有一回我记得我们一团演出，张学津刚到上海，张学津在二团，演出《群英会》。因为张学津我不大熟，他一听艾老在这儿，《群英会》，那蒋干得请艾老，结果一请艾老，艾老说你演《群英会》，你让我演蒋干？正阳在那儿呢，我不演，他扭头就不演。这样弄得挺僵。

筱：讲义气。

孙：他说正阳在这儿，我不演。后来他们又来请我，我一听他们请过了艾老，我就有点吃酸，我说对不起，他们相信京派的，我说我演不了，我也不演。团长僵了，没辙了，结果把刘斌昆请来演出。

曹：结果是刘斌昆去演的蒋干？

筱：刘斌昆不知道这个故事。

孙：他不知道这个故事，他才演。正阳在那儿，你请我算怎么回事？我不参加。艾老就不演，脾气挺怪的。我跟他说这有什么关系，他说不成，他这人很讲义气。

自1957年结婚至今，孙正阳、筱月英夫妇举案齐眉，相濡以沫，已经携手度过了六十多年风雨人生。他们之所以能健康长寿，也是得益于幸福美满的家庭和知足常乐的心态。

孙：我们说实在的，像我们从前来说，最早我们可以说是艺术夫妻，因为互相对艺术

童年孙正阳和姐姐

上有帮助，有感情，所以我们这么多年，我们结婚60多年，从来没吵过架，我们都是互相尊敬。

曹：这个很难得，从来没红过脸。

孙：孩子都这么说，我们俩从来……

筱：没吵过。

孙：吵架从来没有过，都是互相比较谦让。

曹：人家从前说起来，婆媳关系最难处理。

筱：我们好得不得了。

曹：而且他结婚前，他的钱都是他妈妈管的，结婚以后肯定都是您管了？

筱：也是她管的，也是他妈妈管的，所以说气量要大，他妈妈管，我后来想通了，跟我妈说，我说不是小气，因为他妈妈从小管惯了，后来他妈妈为什么和我关系好，因为我不和她计较经济，我说孙正阳赚来的钱全部归你，因为你要去养哥哥弟弟，有很多人要养，侄子什么的。

曹：那您也派头大的。

筱：派头大的。

曹：他赚来的钱给他哥哥用。

筱：他赚300元，我要赚600元。

曹：您苗头比他足。

筱：我600元，我给我妈200元，我婆婆这里钱到月底要不够的，我塞点给她。老人嘛你塞点钱给她，她最开心了。平常我和她也不大有什么纠纷。

曹：这不容易。

筱：我这个婆婆有点捧角儿的，只要你是角儿，她样样……

孙：从小我姐姐唱戏，她就跟着，所以哪个艺术好，她喜欢得不得了。

筱：现在来讲，她比较爱才，只要你是有才华的，或者你是个角儿，她样样可以，给你烧菜，给你梳头，对你很好的。

曹：这个不容易，您结婚以后钱还是婆婆管，这是很少的。

筱：不但是管钱，他还要带两个人过来，带他的一个侄子、一个外甥女。

孙：我侄子孙顺贵，因为我哥哥开销大，好几个孩子，顺贵跟着我。

筱：还有个姐姐留下的孩子，一个是侄子，他们老房子因为开销吃不消。我结婚就是带着英哥、冬妹，我等于秦香莲，两个小孩跟着我。

曹：对，月英老师不容易。

筱：我说现在哪个小姑娘做得到，你要带两个小孩。

曹：而且您自己也是角儿。

筱：而且工钱没有的，钱全

孙正阳、筱月英全家福

都要我来用的。当初的时候，我也不知道怎么会对经济上没有什么概念。

曹：你们这代人可能就是比较单纯、简单的。

筱：比较单纯，只要这个人比较好，大家合得拢就可以了。所以家里开销什么的，我觉得没什么，因为我那时候赚300元已经（很多了），你想1951年、1952年赚300元，那时候用个保姆只要七块钱，所以我们要出去唱戏，家里就交给保姆，小孩都是……

孙：那会儿大饼才3分钱一个。3分钱一个大饼。

曹：油条是4分是吧？

孙：对，油条4分。

筱：所以家庭关系是很好的，我们两个从来不吵架，婆媳两个也从来没有。

曹：非常难得。

筱：我得出一个经验就是气量要大。

孙：我们俩从前是艺术夫妻，互相在艺术上尊敬，互相干什么都很好。后来我们是患难夫妻，"文化大革命"开始，说实在的，"文化大革命"她吃的苦很多。

曹：您那时候还可以是吧？

孙：我还好。

曹：因为你们样板团受保护。

孙：样板团受保护。她就逃走了，她逃到乡下去躲起来，逃跑。逃跑了以后，从前躲在乡下，从前没有粮票、没有钞票都不行的，粮票、油票。

曹：多有钱没用，没粮票你就寸步难行。

孙：团里上午还得上班，一到下午的时候，我就去看她，给她送粮票。

曹：您逃到哪里？

筱：嘉兴，乡下。

孙：嘉兴乡下。

筱：蚂蝗塘桥。

孙：叫蚂蝗塘桥，我去找她，我去的头一天，白天去我不知道，晚上好了，坐的慢车，很慢很慢，到那儿下来了，蚂蝗塘桥下来了，我下去，一片田野，乌黑，什么也没有，都是田地，老远就一个灯，问路连人都问不着，我去找她那时候，摸黑才找到地方，田埂里走路，哪儿认识，我去看她，给她送粮票。

筱：比较同患难。

曹：那个时候您在样板团里头，是不是还是坚持练功的？因为我看您1975年和张美娟的《挡马》，您还是意气风发。

孙：我倒是练功没断过。因为我们在样板团，也每天坚持让你练功，要排练、练功，每天像威虎山的滑雪，我们都要练功。一直到《智取威虎山》，我那时候跟着学学《挡马》，那时候我岁数已经不小了，椅子功夫都有。

如今，90岁的孙正阳和89岁的筱月英每天仍然是曲不离口，中气十足，宝刀未老。

曹：孙老师，您的小丑念白是很有特色的。

孙：我们京剧演员说实在的，要求也是挺高的。尽管我们是小丑，但是京剧讲究的就是唱念做打。念白，丑行是基本功。

（孙正阳《打渔杀家》：我练过大十八般兵器、小十八样武艺、一切的拳脚式、软硬的真功夫。大十八般兵器我练的是，刀枪剑戟、斧钺钩叉、鞭锏锤抓、拐子流星、镗棍槊棒，这都算不了什么。小十八样武艺我练的是，手撑子、护手钩、双手带、二人夺、拦马橛、避手橛、链子锤、链子槊、金镖、银镖、毒药镖、红绒套索、黄绒套索、线鞭、七节鞭、马前弩、马后弩、低头紧背花装弩，这也无非是味儿事。还有点儿拳脚式、软硬的真功夫，我练过，大洪拳、小洪拳、罗汉拳、太极拳，还有猴儿拳，远的长拳，近的短打，缩小绵软巧，挨帮挤靠。上练油锤贯顶、下练铁裆、铁布衫、金钟罩、达摩老祖易筋经，内练一口气、外练筋骨皮，皮里抽肉，肉里抽筋，左瘫右痪，腰瘟痨背，食积奶积，大肚子痞积。）

曹： 真不容易。月英老师唱一小段。

筱： 我不大行了，嗓子不行了。

孙正阳、筱月英与曹可凡合影

（筱月英《绣荷包》：一绣天上明和月，二绣平地绍兴桥，三绣三尊如来佛，四绣黄旗插得高，五绣五龙来戏水，六绣六月荷花浪里飘，七绣南北星中间挂，八绣八仙过海浪滔滔，九绣王母蟠桃会，十绣西湖六吊桥。翻转身来瞧一瞧，反面要比正面好。绣起一只活宝宝，不像老鼠又不像猫。身穿灰色羊皮袍，一根尾巴笔直翘。眼睛好像紫葡萄，鼻子好像烟囱罩，晓得明白我知道，原来上山松树下山来，下得山来偷葡萄。）

耳濡目染之下，他们八岁的小孙女对戏曲也颇有兴趣，一直跟着奶奶学越剧，如今已经能唱得有板有眼。

弦索春秋——张如君、刘韵若专访

对于喜爱评弹的观众来说，张如君、刘韵若是两个如雷贯耳的名字。他们既是戏台上的黄金拍档，又是生活中的恩爱夫妻，琴瑟和鸣、比翼双飞已超过六十载，成为曲艺界的一段佳话。而他们的代表作《描金凤》《双金锭》《李双双》《弦索春秋》等剧目，也早已成为评弹艺术经典，为观众所喜闻乐见，为后辈所学习传唱。

曹：首先想问两位老师，您二位今年高寿？

张：你看我有几岁？

曹：我看您最多三十几岁。

张：虚岁九十。

曹：九十啦？

张：实足八十八。米寿。

曹：米寿。那刘老师呢？

刘：我虚岁八十四，实足八十三。

曹：你们两位，一位是"80后"，一位是"90后"。高博文，从你的观察来看，两位老师为什么到耄耋之年仍然保持这么好的状态？

高博文（嘉宾主持）：我觉得两位老师，一位是"90后"，一位是"80后"，能够有这样的状态，其实就一点，他们对评弹事业的酷爱，非但爱，这把年纪应该是退休颐养天年了，两位老师真的在事业上还不断耕耘。张老师，我记得是80岁出了好几本书了。所以两位老师经常对评弹的创新传承，点子很多，在家里一直动脑筋，一直动脑筋人就不会迟钝，

节目现场

一直动脑筋，一直有事情做，人就精神百倍。所以你看两位老师活力充沛，虽然头发白，精力好起来，有时候我们年轻的朋友望尘莫及，要向你们学习。

曹：张老师，您说说看，你们两位长寿的秘诀在哪里？

张：几十年来从事评弹，有惯性了，不写不行了，已经写惯了。最近疫情这样，我又在写，写一部书叫《琵琶弦上说春秋》。多写不会得老年痴呆症，所以我一直在写。

刘：他说要写写，要谈谈创作的提纲。我现在等于是家庭妇女了，也蛮忙。

曹：我听说你们俩当年的婚姻是周恩来总理认证的，这个规格蛮高的。

高：周总理认证的。

曹：这个属于"国家级婚姻"。

刘：这是怎么回事呢，第二次周总理接见我们的时候，是中央在上海开会，在晚会上江苏的杨乃珍同志陪着周总理过来，指着我们俩说他们是一对。总理说哦，你们是小两口。所以张如君开心得不得了，说我们夫妻，国务院批准了。

曹：这属于国家级。

高：是的是的。

曹：高博文，你给大家介绍一下，评弹界夫妻档蛮多的，夫妻档和一般的搭档来说，有什么特点？它的好处在哪里？

高：评弹界夫妻档比较多，所以我没拼夫妻档，人家已经觉得蛮奇怪，你怎么不拼夫妻档？的确，因为我们是拼双档，一对双档，男女双档艺术上要合作，我们还要"出码头"。我们现在行话，到江浙沪各个地方去演出，我们现在还是这个习惯，其实现在都是高速公路开车子，没有"码头"了，还叫"出码头"。两人拼档出码头，的确一对夫妻在生活上可以比较好地照顾，大家出去比较方便，所以夫妻档比较多。但是夫妻档无论从生活上、艺术上，而且口碑上，都得到大家交口称赞的，我觉得张刘档首屈一指。

曹：从评弹艺术角度来说，他们两位老师这对夫妻档的艺术特色在哪里？

高：夫唱妇随，珠联璧合，在这两位老师身上真的是绝配。他们年轻时拼档的时候，说传统书，这也是一流，不得了，非常好。因为夫妻档，说老实话，有时候，因为一个是丈夫、一个是妻子，如果是工作上的关系，有

张如君、刘韵若合作《双金锭》

时候探讨起来可以激烈点，这回书有些什么不好，这回书接下来要怎么样。我们讲说噱弹唱演，有时候可能下手差一点点，上手好一点点。张如君、刘韵若两位老师，他们这对夫妻档说噱弹唱演，还要编，这六个字在他们身上可以说是淋漓尽致。

曹：我想问问张老师，你们两位搭档，在艺术上怎么分工？这蛮重要的。

高：听谁的？

张：两部书，《描金凤》她听我的，《双金锭》我听她的。

曹：倒摆得蛮平的。

张：因为《描金凤》说表多，《双金锭》弹唱多，所以我听她的、她听我的，比较平衡。

刘：《描金凤》因为多数都是以他为主，《双金锭》以我为主，两个人蛮有特点的，听众也认可。有争论也是正常的，艺术上没有探讨、没有争论，艺术不会进步的。但是我们有一个目的，要让听众都认可，那我们自己就没有意见了，就是这样。

曹：张老师，你老实说，你看见刘老师怕不怕？

张：人家说船头上吵架，船艄上搭话，我们夫妻船头上不睬，船艄上一起吃饭，因为不敢吵架，喉咙哑了没得吃饭了。因为那时候是民营的，不敢大声吵架，所以基本上不大对就不说话，过一会儿再叫她，夫妻没有隔夜仇对不对。所以和她相处得还是比较可以的。

曹：反正我听出来了，家里总归刘老师是董事长，你顶多是总经理，是不是？在刘老师领导下的家长负责制。

张：对。

曹：所以漫画家丁聪先生叫他妻子沈峻老师，叫她家长的，北京都知道的，丁聪家长就是他妻子沈峻老师。

高：张老师的家长就是刘老师。

曹：刘家长。高博文，我要问你一个比较敏感的问题，一般如果不是夫妻档，上手和下手出码头演出，钱怎么分法？

高：那是要看的，我们双档有多种多样的形式，有些是师徒档，先生带学生，有些比如是父亲和女儿，是一家子也无所谓。有些可能艺术上，上手好一点，下手差一点，所以分档有对半分的，也有四六分的，甚至有三七分，这里面自己去协商好，协商之后都是合理的，都不要紧。

曹：所以夫妻档就不存在这个问题？

高：夫妻档都在一个口袋里，基本上总归谁掌权，就谁支配。

曹：那你们不要客气，今天交代交代，你们这个口袋是你的口袋，还是刘老师的口袋？

张：我们的经济，真正是比较公开的，比方伙食费一万，大家拿五千出来，剩下的大家自由。

曹：要吃一万啊？

张：比方，举个例子。

曹：吓我一跳，家里条件好得来。

青年时代的张如君、刘韵若

张：基本上这样，我和她从来经济上不吵，对钱还是看得比较淡。

刘：经济方面，我们相互谅解，因为他也有他的父母要养，我也有我的父母要养，所以大家分开，有点自由，有什么情况，要给老家添点东西，我这方面也蛮注意的。比如上海到杭州的飞机刚刚开通，我要请自己父亲，总归把我公公一起请过去，这样家庭就没有矛盾了。再有我伙食费省下来，我要给自己父亲买个保温杯，那时候保温杯是蛮稀奇的，不像现在。那我自己父亲买一个，我要给公公也买一个，大家开开心心，就是这么回事。

曹：您平常有没有私房钱？

张：总归有点。

高：今天都招出来了。

曹：可以跟我们说说，您一般私房钱藏在哪里？张老师不好意思说。

高：因为现在说不定还藏着。

张：不能说出来。

曹：说出来，我们两个去找出来了。

　　说来也巧，无论是现如今的上海评弹团掌门人高博文，还是评弹十级业余爱好者曹可凡，当年第一次走进剧场听的书，同样都是张如君、刘韵若二位的作品。

曹：大家知道我喜欢评弹，有一个评弹的情结，对评弹的喜欢和两位老师有关系，因为那时候我大概读初中一年级。

高：小朋友。

曹：我班级里还有一个同学和我关系蛮好，我们两个，不知道谁给我们一张书票，就到西藏书场听书，那时候不知道什么叫评弹，听了一出《李双双》，就是两位老师演的。那时候因为不懂，但是觉得评弹蛮好玩的。尤其张老师的说表，嗲得不得了，所以就喜欢评弹。那么多年和两位老师认识，不做访问，我总觉得缺了件事，所以这就是我和评弹的关系，和两位老师的渊源。高博文，你和两位老师有什么渊源？

高：我现在从事说书唱评弹，两位老师可以说是领路人。我们张如君老师像洪常青，因为是听了他们的书。我小时候住在红星书场隔壁，红星书场在四川北路，现在是没了。小时候和可凡老师一样，也是小时候，那时候我已经喜欢听评弹了，属于蛮稀奇、蛮另类的。

曹：你这个年纪，小时候没人听。

高：没人，不大有小朋友听评弹的，而且无线电听听可能是有的，跑到书场里去听要有勇气的，因为书场里老听客比较多，一个小朋友进去，吃的东西倒拿了很多，老伯伯说你是不是来看录像的？你弄清楚，这里是评弹，我说是来听评弹，这个小孩要听评弹，大家都过来看了。这个人送两块糖吃，那个人给两块巧克力吃，弟弟，你坐着听，我讲给你听。还解释给你听。

曹：把你当"珍稀动物"。

高：因为听众也是觉得有小朋友，年轻的来听书也是有接班人了。我记得听的就是张刘两位老师那时候写的一个中篇，就是《弦索春秋》，那时候叫《说书先生》。上集，那时候还卖关子，上集在红星书场，我听了觉得怎么听书这么有趣，张老师嗲头好，而且角色传神。当时还有赵开生老师，有黄嘉明、王惠凤等等，这是在红星书场。上集出来之后，我读书不要读了，一天到晚等下集，下集什么时候出来？下集我还记得是到江湾文化馆去听的。

张：对的。

高：那时候又没有微信，不知道在哪里演出，专门打听下集什么时候演出，跑到那里去听。所以听了《说书先生》上下集之后，加深了我要学习评弹这么一种愿望。想不到后来开始学评弹，从事评弹，现在说书，所以张老师、刘老师，一直感激他们的《说书先生》这部书。

曹：功不可没。

高：功不可没。电台里当时还听到《描金凤》《双金锭》。

张：我今天来做节目，感触也蛮深。一个中学生，现在变成文化名人。

曹：不敢当。

张：一个小青年听书，变成《弦索春秋》主演，评弹团团长，肯定是勤奋，勤奋出人才，这两位是勤奋出人才。

曹：不敢当。

张：你们是我学习的榜样。

曹：也不容易，听评弹听出一个团长，听出一个主持人，也不容易。

高：陈云同志从小听评弹，党和国家领导人。

张如君、刘韵若合作《李双双》

曹：那时候我家住在愚园路，江苏路和镇宁路当中，805弄"锦园"。你们俩是不是也住在愚园路？这个地方离西藏书场蛮远的。

张：蛮远的。

曹：我同学骑自行车，我坐在他后面，那时候我也蛮胖的，我同学从愚园路骑到西藏书场，蛮吃力的。

高：蛮吃力的。

曹：每个星期去听。

高：《李双双》这部书的确是，曹老师，从我们上海评弹团这么多作品当中，《李双双》可以说是一流的作品，现代作品当中。而且《李双双》曾经，从评弹来说，有好几个团改编过作品，我觉得张刘两位老师改编的《李双双》的确是在这些作品当中，是好的，非常优秀的作品。

曹：而且我们以前说笔墨要随时代，他们两位的艺术也是随时代。

高：随时代。

曹：所以不但打动老听客，我们那时候年轻的时候听了也蛮开心。

高：是的，你初一能够听这部书，能够听得进去，说明张老师的确是说得深入人心。

1932年，张如君出生于江苏苏州一个曲艺世家，父亲张玉书和兄长张国良都是评话名家，以说《三国》而闻名。所谓"评弹"，是评话和弹词的合称，其中评话为一人表演，只说不唱，俗称"大书"。弹词则多为二人搭档，边唱边弹，俗称"小书"。

曹：我们知道张老师是苏州人，您家都是说书的，您的父亲、您的哥哥都是说大书的，您怎么不去学大书？

张：有这个意思的，两个都说评话比较难，一个大书（评话）、一个小书（弹词），两个人可以越档，可以合作，哥哥可以带带兄弟，大书小书一起合作，两个都是大书就不行了，所以我学小书，他学大书，一文一武。

曹：您当初去学说书，是因为喜欢，还是想养家糊口？

张：苏州人有两条路，一条读书、一条说书，因为什么呢？

曹：总归是书。

张：因为在解放前，在店家做个"阿大先生"，月薪五六块银洋，说书先生到无锡去做一档生意，两三个月赚两三百块，回来可以买几间房子了。所以大家不是说书就是学说书，所以苏州人学说书特别多。语言不成问题，拿出来就是，就学弹唱，所以大部分都是学说书。（读书和说书）两个书。

曹：您当时学说书，小时候觉不觉得苦，还是喜欢？

张：也不苦，我跟两位先生，第一位先生叫赵湘泉，他说话老派，开头是音乐上启发我，叫工尺，你知不知道？

曹：知道。

高：工尺谱。

张：工工四尺上，合四上。

高：这是老古董了。

张：叫工尺。

曹：工尺谱。

张：这位老先生本事很大，身体不好，不出去。再去跟凌文君先生，这两位先生都说《描金凤》《双金锭》，凌文君先生海派，所以后来跟凌先生，跟过这两位先生。

曹：张如君这个艺名，是不是和拜先生有关系？

张：老师提的，我像他，他是名家，学生叫如君，像我，就是这个意思。

曹：我听说您先生那时候只允许您在他说书的场子里听他的书。

张：我因为跟赵湘泉，赵湘泉老师身体不大好，不出去，我就窝在家里。我父亲跟凌文君打招呼，你也说《描金凤》，我孩子也在学《描金凤》，能不能让他听听？一部书叫"同册"，不能听的，你偷我关子啊，不许听的。所以打个招呼，让他听听。凌文君说，好的呀，来金谷书场听，只听一遍。听完金谷，他下面还有一家书场，再去听变成两遍，不允许听的。所以他坐包车走，我一路奔，他上台，我在夹弄里听。他一说"请听下档"，我转身就出书场，转个弯从养育巷回去，一路说，听两遍说一遍就熟悉了。以前"同册"是不能听的。

曹：一般你们学说书，老师怎么教的？

张：不教的，我们老师不教的，太忙，不教的。我想完了，学不到了。机会来了，他（凌文君）进上海拼双档，叫我去，拼双档必定要教了，他说上句、我说下句，所以学会了。从前在上海只有三节，年初一说到端午，端午到八月中秋，八月中秋到年底，三节，几十回书，所以我的《描金凤》是学得比较全的。最最稀奇，"斩尾巴"了，传统书都不能说了，那怎么办，我老师去请一位叫杨小雄。要求四只盘子半斤酒，请他吃，让他说，《张文祥刺马》。我老师动脑筋，明天怎么说法。到十点半，你回去吧，叫我去睡觉吧。明天上场，上场前半个小时，给我两档片子，今天你唱，上去说书。

曹：排练也没排过。

张：没排练。真家伙，人也急得死，就上去说。好在从前说八家，每家说半个钟头，第一家听客刚进来，不大听书，我们两个就像排书一样。等到说到最后第八家，确实是好，凌文君先生说得好。《校场杀马》，真经典。就这样，我在锻炼当中得到才智，基本上是现吃现吐现卖的，吓死人，不排书的，台上见。以前越剧团两个老先生，也从来不排的。

曹：路头戏。

张：叫"幕表制"，老法，要吃饭，等米下锅，只好上去，剧本什么都没有的，以前都是这样。

20世纪50年代初，张如君与师父凌文君组成"凌张"双档，以一出《金陵杀马》风靡上海滩，成为当时最受欢迎的三档组合之一。而小他五岁的刘韵若，当时正跟随她的叔父、一代弹词大师刘天韵先生学艺。

曹：刘老师，您怎么会喜欢评弹？听说您小时候实际上蛮喜欢绍兴戏（越剧）对吧？

刘：我小时候喜欢文艺，读小学的时候看放汤戏。

曹：什么叫放汤戏？

刘：就是剧团来演出，临结束前十分钟开门了，小朋友、没买票的观众都可以进来。

高：看个尾巴。

刘：夹着个书包进去看放汤戏，看完

凌文君、张如君师徒档合作《金陵杀马》

回去把浴巾披在身上做水袖，就学着演。喜欢看越剧，主要服装好看。喜欢评弹，因为我父亲喜欢听书，有时候我到书场里也去听听书，所以学评弹是这样的。八岁这一年，我师父和大师兄谢毓菁来演出，不得了，因为那时候刘谢档已经蛮红了，家乡人看见自己培养出来的人这样，捧场、吃饭，我看得蛮眼红。看他们钱也赚得多，出手也阔绰，我家里因为父亲自己身体不大好，也比较穷，我将来就要像我叔父这样，能够赚钱、能够养家糊口，所以我就想学评弹。

曹：高博文，我想知道一下，因为刘天韵先生，我们都没碰到过，他在评弹界的地位，以及刘天韵先生的艺术有什么特点？

高：刘天韵先生在整个评弹界地位是相当高的。

曹：他是你前任的前任的前任的前任。

高：他可以说是首任。

曹：首任评弹团团长。

高：1951年上海人民评弹工作团成立，刘天韵是首任团长，当时也是曲协副主席，所以他属于是曲艺界、评弹界一个代表性人物。刘老师其实解放前就红了，刘谢档，就是刚刚刘老师说的，刘天韵和他的学生谢毓菁老师，也是我们"十八艺人"之一，他们两位都是上海评弹团创始人。所以刘天韵老师，他的《三笑》，包括《落金扇》书是相当好。而且特别在上世纪五六十年代，他在一些中篇当中的表现，被吴宗锡老师称之为现实主义表演大师，也得到了很多当时文人雅士、著名人士的推崇，觉得刘天韵的表演是开创了评弹角色表演的一个新的境界、新的名牌。可惜他在20世纪60年代中期就过世了，但是到现在一些录音，包括他讲学的一些录音，现在听听的确是相当受益，刘天韵老师是一位大师级评弹艺术家。

曹：刘老师，我听说您一开始想拜叔父为师，他不是非常赞成？

刘：他是拒绝的，他说刘家不吃第二代开口饭。后来我怎么会学呢？就是解放以后思想都开放了，他收女学生了，那我也就拜师了，就是这么回事。

曹：您记得他第一次给您上课，是怎么教你的？

刘：上课也蛮艰巨的，在过街楼里，教我唱俞调，"西宫"，作孽，我只有14岁，上来跟他学，这个腔又长，他教得吃力，我也学得吃力。后来在过程当中，他说你学不要都根据我的，因为我是男的，你是小姑娘。你好好学，要根据你自己的特点。做了演员以后要平易近人。总而言之，身教重于言教。我说件事给你们听，我们弄堂口有个大饼摊，买了几次大饼就成为朋友了，他（刘天韵）日书场下来，总是和他攀谈，今天生意好不好？卖了多少？天冷有没有穿堂风？天热太阳大不大？他就是这样，所以这个卖大饼的也蛮感动。三轮车送他到门口，他总是多给点车钱。他对我说，他们赚的都是辛苦钱，所以他对劳动人民蛮同情的，把自己生活中的体会都化到艺术当中去，所以他演的这些人物特别活，演活了小人物。特别是有一曲《林冲踏雪》，这一曲陈调是我们评弹团的经典节目，这个曲子当面唱给毛主席和周总理听过，周总理还帮他改词，这个情节别人不知道，因为我和他两个当时在场，周总理说《林冲踏雪》最后一句，顿使英雄恨满胸，他说这个"恨"字不能代表全部感情，我来改一个字，改"怒"，"怒满胸"就有反抗精神。我叔父听见，这个字改得好，以后就唱"怒满胸"。

曹：您自己记不记得第一次正式登台演出，情况是怎么样？

刘：记得的，那次出的洋相不得了。

曹：出洋相？

刘：我和堂姐、师姐三个档，到富春楼，第一次"破口"，只带了一个琵琶，不行，要两个琵琶，书场里去借一个。我应该要拿起琵琶弹一下，断了，我吓一跳，不要紧，心定下来，再弹第二根弦，又断了。那时候我婶娘在下面听书，她吓死了，想这个小丫头不知道还能不能下得了台。赶紧逃出去。真的那些老听客实在好，老听客在下面说小先生，你不要慌，慢慢来，所以我对听众感情深也就在这里。洋相出足，以后我就知道学艺术一定要勤学苦练，在台上少出洋相。

曹：您记忆当中什么时候开始观众接受您，您开始世俗意义上，您红了？

刘：应该说是有一次在无锡演出，我自己不知道，唱开篇《杜十娘》，"窈窕风流"四个字唱出去，下面哗一声，我吓一跳，我想怎么唱错了？不会的，每天我要练功的。后来我静下来，一段开篇唱完，没想到不是我唱错，他们认为这个蒋调味道好。书结束，马上外面都排队买票了，连续客满到我演出结束，老板因为生意好，每天给我吃一只童子鸡。

曹：每天吃一只童子鸡？

刘：每天一只童子鸡，是的。

张：关键是什么，她一直在沧州书场听台上的演出，听上海团的东西，所以拿出来的东西比较大气、比较上路，听客觉得这个东西比较正宗，实际上是名师出高徒，这班师资好。

高：我记得我是听老先生说的，刘老师那时候还没有和张老师拼档，和其他演员拼档，到无锡去，刘老师红得不得了。人家问怎么拆账的，就是钱怎么分的，一般上手拿得多，下手可能少一点。比方说四六拆。人家说，下手六，你四啊？说明刘老师当时艺术得到了大家的认可。

张：他（上手）拿四成，你拿六成。

高：听客这样说。

一位是风头正劲的青年才俊，一位是初露锋芒的艺坛才女，张如君和刘韵若就这样在书场中相识相交，渐渐擦出火花，自然而然地走到了一起。

曹：张老师，您什么时候听说有刘韵若这么一个人，这么一个演员，什么感觉？

张：是上下档，我和我先生拼双档，她和别人拼双档。

刘：上下档。

张：上档下档，这样认识，年龄又差不多，就情投意合。

高：情投意合。谈谈恋爱经过。

曹：当时你们两个是同行，您怎么看刘老师的表演？

张：她唱得蛮好听，人么……

高：蛮漂亮。

曹：蛮标致。

张：人家说情人眼里出西施。

曹：什么话？人家真的是漂亮，您这个现在行话叫"凡尔赛文学"。刘老师，您第一次知道张老师是什么时候？

刘：就是在做上下档的时候，因为我自己说的书都是二类书，《小二黑结婚》《借红灯》，包括《梁红玉》。他说的书好听，因为是传统书，名字叫《金陵杀马》，实际上就是《张文祥刺马》，这个书很好听，觉得这个下手（张如君）也不错，就是这样认识。

曹：当时你们俩谁先捅破这张纸？

高：谁主动？

张：说不清楚。

曹：刘老师还记得吗？

刘：也不记得了。

曹：那你们怎么约会？您第一次约刘老师出去约会，怎么约的？

高：是喝咖啡还是看电影，还是吃小馄饨，还是逛马路？

曹：我们要帮他算算当时用掉多少钱。

张：招上来。

曹：从实招来。还记得那时候你们谈恋爱怎么谈法？你们那个年代怎么谈恋爱？

刘：这个怎么说呢，因为大家相互了解了，凌张档有这样一个男下手，我在无锡，那时候演得还可以，他也觉得这个人有前途，两个人相互都看中，自己的兴趣、爱好、前途，所以后来到了上海，两个人就经常联系。

张：这也是个机会，上海评弹团去治淮河了，上海真空了，上海没人了，上海三档书蛮红的，一档叫周徐，周玉泉徐翰芳，还有一档是祝逸亭和蒋云仙，还有一档是我先生凌文君和张如君，反正六家场子两个电台，那时候是比较红的。因为蜀中无大将，廖化作先锋。

高：您谦虚。

曹：您客气。

张：那时候 20 世纪 50 年代初期是比较红的。

曹：你们什么时候开始拼双档？

张：1954 年。

刘：我们开始拼双档，因为大家都谈得拢，看看我，觉得这个小姑娘也蛮有前途，两个人相处得比较好。要拼双档，就觉得两个人还是先结婚，因为拼双档是长远的事情，结了婚就拼夫妻档。

高：先结婚，再拼双档。

刘：就名正言顺了。

曹：那个时代比较保守。

高：比较保守，先结婚再拼双档。

曹：两位老师结婚以后，你们的看家书，一个就是《描金凤》，一个是《双金锭》，高博文介绍一下这两回书在评弹里是属于怎么样的书？

高：这两部书，说起来《描金凤》，我们有句行话叫"说煞《描金凤》"，《描金凤》对说噱这方面功夫要求特别高。《描金凤》又称"五毒书"。

曹：什么叫"五毒书"？

张：就是五难，难说、难放噱头、难唱……

高：难演，五个难。

张：所以叫五毒，实际上五难。

高：这五个毒是蛮难攻破的。我们评弹说起来，十三门半角色，《描金凤》里都有的，所以要说这部书是难度蛮高的，说这部书要红出来蛮难。因为我自己也说过

《描金凤》，当然也没说好。但是我就觉得……

张： 你客气。

高： 这部书要去好好说，花多少工夫都是研究不尽的。

曹： 那《双金锭》呢？

高：《双金锭》这部书，其实两位老师在《双金锭》故事发展上做了很多事情、很多贡献，比如角色的塑造，特别是张如君老师的戚子卿，特别感兴趣。

张： 这部书是反腐倡廉，吴宗锡团长特别欣赏，觉得这部书好，所以写了篇文章，他赞成这个小姐在观前街上拦住轿子拦舆申冤，叫《弱女子的抗争》，写得蛮好。

高： 是的。

张： 这部书的角色现在已经深入民间了，里面有个"小二官"，苏州人说你这个小鬼笨得像戚子卿家"小二官"，生活里都有了。叫戚子卿家"小二官"。

高： 对的。

张： 家喻户晓了。

高： 说话有点杂七杂八。

张： 杂七杂八。

高： 蛮风趣的。

张： 戚子卿说，我待你不错。你对我是再好没了，别人家吃三顿，你给我一天吃四顿。小鬼你知道就好。你当哪四顿？有一顿、没一顿、打一顿、骂一顿，四顿。这种笑话多得不得了。

张如君在节目现场

高： 这就是评弹的妙趣。

张： 妙趣。

曹： 小噱头。

张： "小卖"，蛮多的。

高： 刘老师给我印象非常深，就是龙梦锦这个角色，从京剧当中吸取了很多角色的塑造，所以刘老师非但唱得好、演得好，她的手面，在评弹的女下手当中，她的手面，她的眼神、表演也是首屈一指。

曹： 刘老师是不是从京剧当中吸取很多养料？

刘： 对的。因为龙梦锦的角色，唱腔是蛮难的，我从评弹当中所有曲调当中去找，找不到，后来觉得杨调还比较接近点。结果香港回来演出，一个老听客对我说，他说你这个年龄，现在要唱你自己的东西，你要根据这个角色唱，我想想倒也对的，我就把刘天韵的长腔，他的腔往上面走，都往上面去的。后来觉得味道还不够，就把蒋老师的蒋调的韵味运用进去，还不够。一个听众说你去看京剧，京剧的雉尾生，你可以借鉴过来。这个我喜欢的，喜欢谁，喜欢叶派，叶盛兰。叶盛兰过世了，结果看见叶少兰到上海来演出，那时候我正巧在松江演出，我想看，我就通过文化局演出处每天帮我订好票子，我日场在松江演出，演出结束赶到上海来看戏。

高：那时候松江到上海……

曹：不得了。

高：（没有）九号线哪有那么方便，真家伙。

刘：看好戏，过了夜，马上第二天早上……

张：开日场。

刘：再去开日场。所以在创作过程当中，我也摸索了一些，后来朱介生老师，蒋月泉老师都帮我听，提意见，我再唱给陈云首长听，陈云首长也肯定我用功，所以我也稍微用了一些功夫，说得好是也不见得。

曹：您客气。

刘：真的。

曹：我想问问张老师，《描金凤》是上手为主，《双金锭》是下手为主，所以这两回书，你们在排书的时候，怎么充分发挥上下手的特点。

张：她的唱，我托她，因为都是说白。把她的唱烘托出来，就是这样。《描金凤》她帮我，《描金凤》说多，《描金凤》是好书，真是好书。实际上都是经典，传统的经典，学好传统方能创新，对吧？

高：对的。

张：这是蛮要紧的，传统基础打好才能够创新，所以《描金凤》，我觉得蛮喜欢这部书。

20世纪五六十年代可以说是评弹艺术的黄金时代，张如君、刘韵若这对夫妻档的艺术生涯也逐渐步入鼎盛时期。1958年，他们加入了民营红旗评弹队，1959年又作为业务尖子，被吸收入上海评弹团，从"散养"的民间艺人成为国家院团重点培养的青年演员。

张如君、刘韵若夫妻档表演

曹：高博文，你当时有没有听说，两位老师当时红到什么程度？

高：我听说的，两位老师那时候年轻，像刘老师台上一坐，口没开已经卖钱了。我记得蒋月泉老师说我们唱曲艺的、唱评弹的，不是开口唱了才卖钱，走两步路出来坐到台上，对下面一看，身上旗袍穿着已经卖钱了。所以刘老师是在女演员当中，她的格调比较好。当时张刘档，我小时候，上世纪五六十年代我肯定没有听到过，从老师嘴里，因为我的老师，饶一尘老师、赵开生老师，跟他们可以说是差不多一起长大的，张老师那时候还是他们的领导。

张：红旗队。

高：那时候还没进上海评弹团，叫红旗队，评弹演出队，张老师是队长，手下精兵强将非常多。那时候只有几岁，也只不过二十几岁。

张：二十几岁，进中南海的时候二十一岁。

高：那时候朝气蓬勃。我就觉得现在他们还保持那么青春的朝气，真的是不容易，所以这对老师红了几十年，我觉得现在还是非常好。

曹：张老师，您给我们回忆一下，当时你们俩说的书，究竟有多受听客欢迎？

张：那时候我到中国香港去，听客疯狂，喜欢听，都是老听客。那时候特别是报纸上说，《描金凤》好，大标题《描金凤》好，那时候大概是金庸在做《明报》主编。

高：还有一点就是从经济收入，那时候团里一档一档，出去演出，有多少收入，票房如何，我们张刘档老师始终总归是数一数二。

曹：那时候大约可以赚多少钱？

刘：一天。

张：一百多块。

曹：那是什么年代？

张：1958年。

曹：1958年一百多块。

张：九十四块一两金子，我一天赚一百多块。

曹：一两多金子？

高：他一个人一百多块。

张：在杭州。

曹：我们还没生出来，人家已经一两多金子一天。

高：那时候收入高到什么程度，我听我老师说的，他们是青年队，那时候只有二十几岁，三十岁不到，到一个什么厂里去参观，这个厂的产品是有磁性的，手表都要拿下来，要放在外面，不能进去。手表全部放在桌子上，他们进去了，外面的人一看，这是什么团啊，都是劳力士、欧米茄，都是金表，都是好手表。

张：劳力士。

曹：刘老师，您现在回忆起来，当时你们俩那么年轻的时候，观众给你们的反馈怎么样的？

刘：我只觉得观众热情，那时候我们也说不上艺术，就是年纪轻，身体好。

张：闯劲足。

刘：中气足，那时候年纪轻是靠力气。进了团慢慢"修仙"了。

曹：我听说后来愚园路买的房子就是用自己赚的钱？

张：就是一两金子一天的时候攒下来的。那时候顶房子是七千块，七十两金子，一百块一两金子，我七千块顶下来这间房子。

高：这七千块是靠七根弦线，二十四根"肋骨"（琵琶 24 个品位）。

曹：弹"肋骨"弹出来。

当年作为评弹界的第一个国家院团，上海评弹团名家云集、佳作迭出。在这里张如君、刘韵若不仅以夫妻档继续合作，也分别与蒋月泉、杨振雄等前辈艺术家搭档演出，在实践中学习进步，艺术水准更上层楼。

曹：进了上海评弹团以后，您是和蒋月泉老师在一组里？

张：那时候是两个队，蒋月泉是队长，还有一队严雪亭是队长，那一队的副队长是杨振言、陈希安，这队的副队长是张鉴国、张如君。

曹：大家知道蒋月泉老师对艺术是非常精益求精。您和他一起合作，得到什么艺术上的养分？

张：我刚进去二十几岁，说《战上海》，解放军和国民党的军队两军对峙，当中隔着苏州河，要说一座座桥。我想来了，外白渡桥，浙江路桥，一口气说完，下面满堂彩。下台以后，蒋老师说如君啊，这回书说得蛮好。我知道不灵光了。他说，你对

195

刘韵若在节目现场

不对？我说怎么？他说两军对峙，说桥要说出紧张气氛来，一座桥一座桥，你像三和酒楼的跑堂，再来个炒三鲜，鸡鸭血汤，五香豆腐干。我觉得对。他说随便什么技巧都要服从内容，要入情，最最要紧。他话不多，一世受用，柳敬亭说的，乐人易，动人难，要重感情。对我一世受用。蒋老师一言点醒了张如君。

曹：说得好！刘老师好像是和杨振雄老师在巡回演出中合作过是吗？

刘：对，我进团就派到一个任务，到西南、西北去巡回演出，和杨振雄老师合作一回《絮阁争宠》。我对这个书不熟，唐代历史也不知道，他耐心给我排练。我也算蛮用功，背，读，但是到台上忘记台词了，听众没觉得，杨老师觉得了，怎么办？他一声"啊，妃子"，被他这么一声，我一口气换过来了，我真正感激得不得了，因为这就是爱护青年。假如出洋相的话，这个青年很坍台。所以我心里很感激，这就叫艺德，我直到现在脑子里记得很清楚，杨老师好，德艺双馨。

随着艺术上的日臻成熟，张如君、刘韵若在继承、模仿前辈的基础上，也开始尝试创作，打造属于自己的全新作品。1963 年，刘韵若创排了中篇评弹《晴雯》，为了塑造好这个角色，她在叔父刘天韵的指导下刻苦钻研、悉心揣摩，投入了大量心血。

曹：晴雯算不算您第一次独立创作的人物？

刘韵若与叔父刘天韵合作《三笑》

刘：对的。因为什么，《红楼梦》的剧目在评弹当中不大有的，这个中篇是全新的，也没有什么借鉴，所以领导要我们通读《红楼梦》，再请复旦大学的教授来给我们讲解。再加上刘天韵叔父辅导我这个角色怎么塑造，因为补裘是很难的，贾宝玉和第二知交的情分。为什么这件衣服这么重

陈云与评弹演员们（左一张如君，左三陈云，右一刘韵若）

要？老太太赐给他的，明天要出席，要穿的，结果他烧了一个洞，假如不穿这件衣服，老爷太太要骂，请外头人去补，工匠不会补，晴雯是巧手好针线，她自己在生病、发烧、咳嗽，但是为报知己之恩，所以她拿这件裘，抱病补裘。得到了天韵叔父教我，加上自己努力，总算完成了这个任务。

曹： 刘天韵先生怎么教您？

刘： 他就跟我说，你要注重人物，你先要摸索这是什么人物，她为什么做这件事。所以我在这方面摸索感情，这一点是非常重要的。

曹： 我听说陈云老首长那时候"文革"以后留下来的录音里面有两个"补"，一个就是《晴雯补裘》，一个就是《李双双补苗》。

刘： 对。陈云首长"文革"之后第一次到上海来，看见我，刘韵若，在"文革"中，我很多评弹资料都丢失了，你有两个"补"，我还保留着，一个是《李双双补苗》，一个就是《晴雯补裘》。

曹： 好像20世纪80年代初的时候，《人民日报》还登过一张您和陈云老首长的照片。

张： 实际上各大报纸都转载的。回来以后，吴团长说张如君，你好好地做好承上启下工作，《人民日报》是不大容易登的。我晓得，我有数，他说这是对你的鼓励，我也自己知道，主要是鼓励我，我做得不够。

曹： 陈云老首长听过你们多少次表演？

张： 好几次。

刘： 说不清了。

张： 首长听书，真的首长亲切得像家人，他每个人都要听的。

刘： 有一次我们在杭州大华书场演出，他每天看报纸的，后来没看到我们了，结果有两个保卫局的同志和市里的同志来看我们，在卖鱼桥，我在生煤炉，他回去对老首长说了，结果唐耿良老师跟我们两个说，你们害人，害得陈云首长散步的时候一直在说，怎么张刘自己烧饭？后来叫我们去了，看见我们，你们到哪里去了，我看报纸的，你们大华不是满座的吗？我说我们到嘉兴去演出半个月，现在再回过来到郊区演出。他说哦。在卖鱼桥演出，他看看我们也苦恼，自己掏腰包还请我们吃了顿饭。我们演出时间蛮多的，演出次数蛮多的，所以和他比较熟悉。他经常问，你的师妹现在还在皮鞋店？现在凌文君怎么样了？刘天韵死了？因为他对我们很熟，对评弹界的演员熟得不得了，对我们也鼓舞蛮大。

曹： 高博文，是不是陈云首长对上海评弹团的老艺术家，每个人都熟得不得了？

张： 都熟。

高： 都熟的。因为我是余生也晚，没有当面看见过陈云同志，但是听我们那些老同志，包括秦建国这一批，他们和陈云同志也有接触，所以一直感觉到陈云同志对评弹的关心。的确他对这些老艺术家非常熟悉，特别是上世纪五六十年代他自己养病的时候听评弹，其实他也是作调查研究，而且他也戏称自己是上海评弹团的名誉团长。他说我都了解，哪些老艺术家擅长什么，包括杨斌奎老师，包括薛筱卿老师，他们说的书里都有河南，都在说河南书，情节说哪里到哪里是乘船的，他还专门去研究，明朝的时候这条水路到底通不通。那时候不像现在网上查一查就可以，北京图书馆去调出来资料，你们去查一查，历史上要说得通，是不是通这条水路，后来一查是通的，所以他还专门提供给老先生。包括"文革"之后，哪些老先生生病或者是受到冲击，他都了解，都要问的，所以大家感觉到陈云老首长虽然是中央的领导人，但是对评弹是真心喜欢，而且是真心关怀。

　　在张如君、刘韵若的诸多作品中，根据同名电影改编而成的《李双双》是相当重要的一部。当年为了改编好这部新书，夫妻俩携手下农村体验生活，精心打磨、反复推敲，最终成就了一部享誉书坛的经典之作。

曹： 当时你们俩怎么会想到去编这样一回书？实际上高博文说全国各地都改编，为什么你们的《李双双》就留得下来？

张：《李双双》电影是经典，我们把它改编过来，不能就把电影解说一遍，要根据评弹的说噱弹唱，幽默风趣、含蓄，评弹有评弹的东西。所以我在团里读剧本，读完一回，下面就拍手，说明有好听的东西，有评弹的东西，好听。上海《李双双》连演连满，大概所有评弹团移植蛮多的，移植我们上海的《李双双》蛮多的，移植电影当中算比较成功的。

刘韵若为出演《李双双》下农村体验生活

曹：刘老师，您记忆当中说《李双双》，观众和你们演员有什么互动？

高：呼应。

刘：说《李双双》，因为李双双大公无私，脾气爽直。我觉得说这个人，我也开心，听众也开心。生活当中，我因为也在向她学习，有些不公平的事情，我也要出场的，向李双双学习。听客也能够接受我。说到《李双双》的创作，实际上是陈云同志起了很大的作用，他跟我们说，你们要到农村去，要熟悉农村生活，农民会送鸡蛋给你们吃的。所以我和他（张如君）两个人，因为我们农村演出的时间比较长，对这方面生活也比较熟悉，所以得到听众的认可。

曹：在那个时代能够出《李双双》，也是评弹的一个非常有特点的作品，在当时的环境下，实际上是蛮不容易的。

高：的确是。

曹：因为那时候实际上思想还没有那么解放，我们有句话叫戴着镣铐跳舞，有很多束缚的东西，所以你觉得两位老师在那个时候，能够把这部凭良心讲，不是讲江南故事的这样一个故事，能够用评弹的方式来表现出来。

高：的确是，那时候只是开始一点点唱，两位老师，我觉得他们跟上时代与时俱进，我是非常佩服他们。《李双双》这部作品好在哪里，刚才张老师说不是从电影当中去拷贝下来，因为评弹要讲细节，要有细节，要有小人物，要有活的人物，才能衬托出主要人物。光靠喊口号，或者比较空洞的事实，评弹观众是不要听的。所以陈云老首长说的《补苗》，《补苗》里面我们说"小话"，一些人物的塑造，张老师是用尽用绝，他文笔又是好，写得好，再加上表演。因为我们说书，老先生一直说自己写出来的书，读一遍蛮讲究的，有时候作家写出来，读出来，写出来辞藻蛮好看，我们是口头文学，读出来不行。张老师这点，我觉得他自编自写，达到了一定的境界。所以《李双双》这部书当时非常受欢迎，又是嗷书，效果相当好，是有一定道理的。

曹： 高博文刚刚说细节非常重要，因为连环画大家贺友直先生画过连环画《李双双》，其中有一个细节就是李双双跟喜旺说，我们这个家不会开除你，文学描写这几句话很容易，画面怎么表现？贺友直蛮聪明，他画一个画面，李双双叫小孩把家里的一把钥匙交给喜旺，用这样一个细节表示我们家里不会开除你，这个蛮妙的。

张： 画龙点睛。喜旺这个人实际上忠厚老实，就是怕事，李双双一直管着他，但是他是喜欢李双双的，这个女子爽直，真正大公无私，所以对她也是真的爱情。两个人的矛盾冲突，一个老好人，一个大公无私，但是这对夫妻是好夫妻。表演上，听客接受这种形象，所以演得还是可以的。

刘： 李双双在和孙有婆吵架的时候，村民去和喜旺说，你老婆又在吵架了，你快点去，他过来，我正巧在和孙有婆吵架，他站在旁边，孙有婆在说李双双，那个么叫李双双回去，李双双就是不回去，两个人就有矛盾了。孙喜旺是老好人，你不要吵，他是和事佬，生活当中张如君也有点的，所以我们俩演到这里还是比较真的，人家觉得舒服。

曹： 您属于生活中的孙喜旺。

20世纪90年代，年届六旬的张如君、刘韵若逐渐淡出舞台，但他们退而不休，依然勤耕不辍，将《描金凤》《双金锭》等一系列原本只靠口传心授，并无文字剧本的作品加以整理出版，为后辈的学习传承创造便利，为评弹艺术宝库留下了珍贵资料。与此同时，他们也致力于创作，其中长篇弹词《弦索春秋》由他们早年创作的中篇弹词《说书先生》丰富发展而来，前后耗费十余年心血，表现了评弹艺人的酸甜苦辣、悲欢离合，而这部荡气回肠的作品，也正是两位艺术家为评弹事业奉献一生的真实写照。

曹： 当时你们俩怎么会想到写一部描写弹词艺人的长篇？

张： 我觉得评弹艺人可歌可泣，要成名成家是奋斗人生，因为是自己的生活，我就把评弹艺人的一生奋斗，怎么奋斗，就写了一部书。有几回书非常精彩，特别我们高团长演的，光裕社，别人都不知道的，什么光裕社，评弹的行会是光裕社、普裕社、润裕社。光裕社里，这回书，高校里两个教授写信给我说这回书精彩，都展现了问题，玄妙观，牛角浜，都不知道的，我都在这里面展现了。

高： 唱电台，我们过去电台怎么唱。

张： 电台怎么唱。以前的东西，我都搬上舞台，留住了时光，留住了场景，所以人家要听。

高： 整部书，而且是集齐了评弹界当时，可以说是所有中坚力量，我说得最多，我本来四回书，后来张老师再给我加了一回书，说了五回书。

张： 红星书场的小听客成为弹词艺术家，主演。

曹： 这句好！

张： 不得了，真是不得了。

高： 当时坐在下面听《说书先生》，这种仰慕的心情，所以我说《弦索春秋》特别亲切。

曹： 你们现在收不收学生？

张： 沈仁华、丁皆平两个学生，现在还在教徒孙。

高： 现在教徒孙。

刘： 徒孙是辅导辅导。

张： 辅导，唱得也还可以。

高： 有时候先生自己演出忙，阿爹阿婆关心得多，什么时候你们要演出了，你们通知我。两个小家伙害怕，不敢通知他们，我说我来通知，因为我都知道你们在哪里。

张： 有个小囡说我看见你害怕，不敢来，看见我害怕。

曹： 看见徒孙演出，您在台下，觉得不灵会不会骂他们？

张： 我要说他们的，看见我怕的，但是蛮有良心的，最近冬至节，特意从苏州开了车送东阳酒给我吃。

高： 怪不得您说吃了东阳酒。徒孙好的。

曹： 徒孙蛮好。

张： 说明一点心意，也是小囡对长辈有心。

高： 好的好的。

刘： 现在我们这把年纪，没什么事可以做了，年龄关系，唱也唱不出，说也说不动，能够把经验说点给他们听听，是应该的。

张： 实际上评弹是很好一门艺术，要传承下去。

曹： 我想那时候喜欢评弹的艺术家实际上很多，像导演桑弧、谢晋，刻图章的陈巨来，文化人都喜欢。

张： 都喜欢，雅俗共赏。

曹： 那时候陆澹安写了多少评弹。

高： 不得了。

张：顾锡东，写《五女拜寿》的，写了很多文章。

高：平襟亚，原来都不是评弹作者，都是作家，鸳鸯蝴蝶派作家，或者是报馆里办报的。

张：陆文夫，苏州人，他说我听书带笔记本的，写小说第一人称、第二人称，你们评弹很容易。

曹：评弹最好是跳进跳出。

高：前年碰到濮存昕老师，他说我们其实戏剧当中的很多问题，你们评弹都解决了。

曹：解决"第三堵墙"的问题。

张：艺术的口诀也蛮好，快而不乱，慢而不断，高而不喧，低而不闪，类似这些警句。

曹：还有那时候我听桑弧导演跟我说，你要多听评弹，因为它就是画图当中的白描，对人物的白描，所以我印象蛮深的。

高：我昨天还看见一篇文章，配音的苏秀老师写的，他们陈叙一老厂长，那时候他们配音，就关照他们有一点，多听听评弹。这篇文章里写的。所以评弹还是得到了很多成功人士的喜爱。

张：实际上语言艺术当中，评弹比较完整，是比较完整的艺术。

曹：谢谢，今天非常开心，我和高博文两个。

高：我也非常荣幸。

曹：共同主持今天这个比较特别的采访，采访张如君老师、刘韵若老师。今天蛮好的机会，听说你们三十年没有上台了，给我们表演一段。

高：这是《可凡倾听》特供。

曹：特供。

高：特别节目。

张：三十年没有说书了，我们来表演一段，没多长时间，说上一段。

《描金凤·暖锅为媒》

张：明朝万历十二年，十一月天气，苏州大雪纷飞，路上行人稀少，家家人家关门闭闼，千山鸟飞绝、万径人踪灭。在盘门外头吴门桥堍下第三家小户人家，当家人姓钱，叫钱志节，掷笃筶走江湖，玩世不恭，喜欢喝酒。但是这个人心地善良，他只有一个独生女，女儿叫钱玉翠，长得漂亮，今年17岁，人称盘顶，盘门的顶。还有一个绰号叫八百两头，大户人家小姐是千金，她值八百两。正巧在门口扫雪，路过开典当行的老板叫汪宣，一看这女子漂亮，谁家的女儿？一打听，钱笃笤的女儿，钱笃笤是老酒鬼，请他吃老酒，席面上求亲。派人把钱笃笤找到店堂里，两人在大厅里坐定。

现场表演《暖锅为媒》

刘：开典当行的老板叫汪宣，他是徽州人，因为在苏州时间长了，一开口，一口徽苏白。看见钱笃笤来了。老先生。

张：钱笃笤50多岁，寿桃胡须。老板啊。

刘：你一向好吗？

张：颟？颟就是肿。你说什么？

刘：我问你，你一向好吗？

张：站起身来，跟你再见。

刘：怎么了？

张：你开头就触我霉头，苏州人说脚肿面孔颟，定做棺材（离死不远）。跟你明天会。

刘：老先生，你误会了，请坐！苏州人说好，徽州人说"颟"，我问你一向可"颟"，就是一向可好的意思。

张：苏州人说好，你们说"颟"，你们的"颟"就是我们的好。

刘：是的。

张：好的好的。这个"颟"得厉害了，你浑身都"颟"，再"颟"下去要崩开来了。

刘：真会说笑话。老先生，这么冷的天，你身上怎么不穿一件长袍呢？

张：长袍么，我给了徐惠兰那个穷读书人穿回去了，不去和他多说。想他是开典当行的，收来的旧衣服很多，弄件衣服来披披。老板啊，别提了，穷人衣服总是不够穿，你开典当行的，有没有旧衣服弄一件来披披？

刘：有的。来人啊，到隔壁典当行里去关照朝奉先生，拿一件天马皮的海青出来。

张：老板，太差的你拿不出手。

刘：那是的，拿件九成新的。

张：那么头上和脚上，你也稍许要照顾一下。

刘：要的，来人啊，再去拿一顶乌绒棉折巾，水牛皮皮靴。

张：再带双袜子出来。

刘：带双丝绵块的棉袜出来。

张：钱笃笤换上去，头上乌绒棉折巾，身上天马皮海青，丝绵块棉袜，水牛皮皮靴，穿得像个老员外一样。老板啊，所以说人要衣装、佛要金装，现在和刚才像换了个人。现在假如外面进来一个人，一看，像父子。

刘：一样的。

张：我在占他便宜。不好意思。

刘：汪宣也是有意思的，想你的女儿嫁给我，你就是我丈人，丈人和父亲不是一样吗。一样的，一样的。老先生，来来来，请用参汤。

张：参汤？苦得来。

刘：老先生，苦是苦，东西是好的。

张：又好了？怎么说？

刘：参汤喝了补身体的。

张：贵不贵？

刘：贵的。

张：出大价钱吃这么苦的东西？

刘：老先生，喝参汤补血、活血的。

张：补血、活血用不着喝参汤，蛮贵的价钱，补血活血，我有一张方子。

刘：有什么方子？

张：喝酒，一喝酒面孔通通红，不是补血活血吗？

刘：不对的，喝酒的面孔红，一会儿就要退掉的。

张：那喝这个不退吗。

刘：（喝酒）伤身体的。

张：我也忘记了，有个朋友约好，陆家公馆的陆老爷约好我去喝酒，我去了。

刘：老先生，今天吃我家的，我是诚心诚意请你老先生喝酒。

张：别人家……

刘：别人家下次再去。

张：别人家是原桌的。钱笃笤说话老江湖，要吃要原桌的。别人家原桌的请我吃。

刘：我也是请你吃原桌的酒席。

张：那就不好意思了。陆家人对不住了。

刘：你客气了。来人啊，关照厨房去准备，鸭吃暖锅，狗吃盆子。

张：老板，鸭吃暖锅，狗吃盆子，那人吃什么？

刘：老先生，你们苏州人说起来，一二三四五六七八九，我们徽州人说起来，一二三四五六七八九，鸭吃暖锅就是一只暖锅，狗吃盆子就是九只盆子。

张：一只暖锅、九只盆子，你们叫鸭吃暖锅，狗吃盆子。

刘：对。

张：那厨房就去忙了，进进出出、多多少少，一桌酒弄好，在暖房摆好，汪宣陪着钱笃笤到暖房一看，满台佳肴，绍兴酒的酒甏盖子已经打开了。样样都好，就是酒杯太小。那钱笃笤就关照换个大杯子呢，他不直接说，又兜又转。老板啊，你知不知道我父亲是怎么死的？

刘：怎么现在问这种事？老先生，不知道你父亲是怎么回事。

张：不瞒你说，我爸是喝酒喝死的。

刘：什么？

张：横泾酒作里开甏原烧请我爸去品味，我爸性子急了点，酒杯小了点，我爸嘴巴大了点，性急，一下子酒杯扔到嘴里，哽在喉咙里，梗死的。

刘：有这种事？

张：我想你今天酒杯这么小，我这张嘴像我爸，吃到嘴里梗死，出人命的。

刘：汪宣看看蛮好，兜兜转转在嫌弃杯子太小，来人啊，呆头呆脑，快给老先生换个大杯子。

张：用人对钱笃笤看看，真正老江湖，去拿个大碗，钱先生，这个大碗总梗不下去了。钱笃笤对他笑笑，我这里交代，碗里没有酒会倒，壶里没有酒会添，我只说喝酒不说倒酒。拿起碗来，大概四两左右绍兴酒。

刘：老先生，海量。

张：刚刚开始。

刘：老先生，请用菜。

张：是不是猪头肉？

刘：对他看看，怎么说得出的，开典当行，请你吃猪头肉。老先生，这是白毛南腿。

张：白毛南腿，好的。

刘：尝尝看。

张：他这样横着搛，三块，怎么吃呢，竖起来要戳在喉咙里，横着吃，像吃削光的嫩荸荠一样。

刘：味道怎么样？

张：好，一分价钱一分货。

刘：老先生，来，这个暖锅好得不得了，来尝尝看。

张：暖锅盖掀开来，看见暖锅里一条条都是黑的。老板啊，厨房里不干净。

刘：什么？不干净？

张：你看，一条条蜒蚰粘着，黑乎乎的蜒蚰一条条，是不是蜒蚰。

刘：汪宣一看，忍不住笑出来，老先生，这不是蜒蚰。

张：不是蜒蚰是什么？

刘：这是海参。

张：海参？钱笃笤用筷子去搛，搛来搛去搛不到。老板，你用海参请客倒是好。

刘：怎么了？

张：搛得轻，滑掉；搛得重，断掉。吃到明天也吃不到。

刘：老先生，吃海参，要有窍门的。

张：什么窍门？

刘：因为你今天用了象牙筷，象牙筷发滑的，海参也是发滑的，滑碰滑你就搛不牢了。

张：那怎么吃？

刘：你吃海参之前，先用象牙筷在醋里蘸一蘸。

张：醋里蘸一蘸？

刘：再去搛海参就不会滑掉了。

张：醋里蘸蘸。来了来了。

刘：你尝尝看。味道好吗？

张：这个海参怕难为情，到了嘴里还没站稳就到肚子里去了。

刘：来，再尝尝看。

张：拿起酒来连吃三碗，稍许有点醉意了。你也吃呀，不要光看我吃。

刘：老先生，不瞒你说，我是不会喝酒的。

张：不会喝酒？

刘：我是陪陪你。

张：喝酒要学的。

刘：喝酒要学的？

张：酒和人离不开的，一生一世离不开酒，你想小孩刚生出来，吃三朝酒。等到满月再吃剃头酒，大起来学生意了吃拜师酒，生意学好了吃谢师酒。

刘：对的。

张：娶老婆吃喜酒，过生日吃寿酒。

刘：对的。

张：死了还要吃开吊酒。年初五接路头酒。

刘：是的。

张：生病落痛吃虎骨木瓜酒，进屋吃搬场酒，造房子吃上梁酒，人离不开酒。

刘：有道理。

张：不要说别人，古人喝酒有多少？

刘：古人喜欢喝酒？

张：文的，李白人称酒仙；武的，关云长温酒斩华雄。

刘：有名气的。

张：皇帝喝酒有多少？赵匡胤酒醉落花宫，唐明皇醉酒戏皇姨。女人喝酒有多少？贵妃醉酒。

刘：是的。

张：连妓女也喜欢喝酒。

刘：妓女也喜欢喝酒？

张：花魁喝醉了呕得一塌糊涂，卖油郎去服侍她，后来嫁给他，卖油郎独占花魁。

刘：有趣！

张：别说凡人喝酒，仙人也喜欢喝酒。

刘：仙人也喜欢喝酒？

张：吕纯阳三醉岳阳楼。喝酒的人多了，叫皇帝万万岁，小人日日醉，对不对？

刘：对的。

张：再会。

滑稽百年 "青春"流芳——童双春、李青专访

　　独脚戏于1920年前后发源于上海，当时文明戏艺人王无能在演出时，因一人说笑话、讲故事、唱京戏、学方言，扮演多种角色，便自称为"独脚戏"。滑稽戏是抗日战争时期，由"独脚戏"受到了中外喜剧、闹剧和江南地方戏曲的影响而逐步形成的新兴剧种，约同时期，独脚戏艺人大多数开始兼演滑稽戏。到20世纪40年代后，以姚慕双、周柏春为代表的第二代独脚戏、滑稽戏艺人开始崭露头角，并且随着演员人数的不断增加，这两种艺术形式得到了蓬勃发展，而童双春、李青则是继"姚周"之后的第三代最具代表性的传承者。

曹： 尽管和你们住得非常近，而且和两位老师也认识很多年，不过今天倒是第一次到你们这里来。

童： 你贵人多忙。

曹： 不敢当！不敢当！我从一开始做主持人的时候就非常仰慕两位老师，因为我非常喜欢滑稽戏，尤其是对"姚周"（姚慕双、周柏春）系列艺术风格非常喜欢。我知道双春老师的绕口令说得非常好，在今天正式采访之前，能不能先给我们来一段绕口令？

童： 今天和你在一起很高兴，大家聊一聊，回顾从前，好像好朋友又碰到一起了。这个绕口令是我自己编的，绕一段是可以，绕得不好，气不足的地方，请主持人多加谅解。

曹： 谢谢双春老师！

童： 我的绕口令是写我在农村劳动的感受。有四段，我想说其中一段，叫"白伯伯"。白伯伯在农村里晒大麦碰到的一些事情："有位农民本姓白，名字叫做白柏发，白柏发发又白，今年年纪五十八，大家叫他白

童双春、李青做客《可凡倾听》

伯伯,白伯伯叫白柏发,白柏发是发又白,头发雪白五十八,人人叫他白伯伯。有次村里收大麦,收了八百八十八斤大的麦,村里收大麦,大家叫伯伯,白伯伯摊大麦、看大麦、管大麦、晒大麦、收大麦、不让风来吹大麦,不让雨来淋大麦。白伯伯在晒大麦,突然间场头跑来八只白的鸭,要吃伯伯晒的八百八十八斤白的麦,伯伯晒大麦,跟来八只鸭,八只是白鸭,白鸭只只白,只只白的鸭,要吃白的麦,白柏发看大麦赶白鸭,赶走白鸭保大麦,赶走八只白的鸭,收了八百八十八斤白的麦。"

李: 好!

曹: 厉害!双春老师八十七岁高龄,口齿那么清楚,一气呵成。

童: 说得好!

曹: 这是基本功。那么刚刚双春老师表演过他的基本功了,我们李青老师,我知道你脸上的表情非常丰富,百变谐星。

李: 试试看?

曹: 来一下好吗?

李:(做表情)耳朵不动就是不动了,很怪了。

童双春,外貌英俊帅气,多扮演正派小生角色,尤擅长说唱和戏剧创作;李青,则其以憨厚的形象和百变的表情而备受观众喜爱。在独脚戏、滑稽戏发展的百年历程中,两位从艺已有七十余年,搭档亦有四十余年。

曹: 双春老师八十七岁,李青老师八十九岁。

李: 我比他大两岁。

曹: 你们两个人精神还是很好,而且你们两个人可以说是见证了滑稽戏非常重要的一段发展史。现在回忆,你们什么时候开始成为固定搭档?

童: 应该是上世纪80年代,正好做《性命交关》的时候和他搭档的。怎么开始呢?有一次温州有两个剧场的经理,一个是解放影剧院的,还有一个什么剧场,来请我们去演出。他在上海看过我们的《性命交关》,看过开心得不得了,包二十场,我自己也觉得很高兴,有底了。演出刚开始效果非常好,七八场下来后情况有些不一样,温州话和上海话相差太大了,下面观众的反应不是很强烈,有些折扣。那么剧场经理跟我打招呼,说是不是可以哪个节目变动一下?大戏歇两天,唱两个小戏。因为剧场经理非常好,在我们上码头的时候,帮我们搬道具、帮我们搬布景,像自己团里的同志,我就答应他。当时演《性命交关》的时候,姚周两位老师没参加,就是我们四个

"双字辈"担纲，还有袁一灵，一排节目缺了几档。王双庆和陆梅瑛搭《各派越剧》，那时候《各派越剧》在上海相当红。吴双艺和翁双杰一档《啼笑皆非》，袁一灵和筱咪咪（张金生）搭档，另外有一场说唱，排下来只有四五档，时间不够，只好再加。导演李尚奎说：双春，你是不是可以再加一档？搭李青，你们两个人去考虑搭什么。当时李青和王双庆先搭档过，有一个节目叫《莺歌燕舞》，驾轻就熟，我们两个人就排了一个《莺歌燕舞》，比原来的节目稍微再丰富一点，包袱点再改动一下。在温州剧场演出效果相当强烈，很轰动。回到上海以后，专门接待业务的人就经常把我们这套节目介绍出去演出，所以两个人在演出合作上频繁起来，感情逐步接近了，以后我有什么创作就请李青来。

曹：所以从某种程度上来说，你们的搭档是市场决定的。

童：市场是很大的因素。

曹：一个启动因素。

童：就是剧场效果因素，效果不好大家也不会继续。再加上我和李青也是有缘，从搭档开始，两个人还比较投机。

曹：而且你们两个人在舞台上反差很大，很有意思。

童：李青身上有很多"宝"。一个"宝"是形象可爱，那时候比现在还要胖，肚子大、块头大，身体分量又重。第二个"宝"呢，嗓音洪亮，话一说出去，全场都听得见。第三个"宝"，肌肉丰富，脸上的肌肉都会动。第四个"宝"，表情丰富。李青还有一个好的特点，在两个人合作当中，他自己甘当绿叶，没有说要做"上手"，我创作作品的意图，他基本上都很认可，在这方面，大家蛮谅解的。李青如果噱了，我就让你噱，因为你噱就是我噱，段子噱观众就欢迎。

曹：我从年轻的时候就看你们两个人演出，实际上在噱头方面两位老师是旗鼓相当。

童：有时候他比我噱。

曹：所以李青老师，作为"下手"来说，您是不是觉得特别幸福？你们两个人在出噱头、做包袱上都有各自的特点。

李：凭良心说，我这一生当中搭档很多，说到这种事情，心里很难过。最早的时候，我和筱咪咪搭档，我一天到晚到他家里去，总希望有机会在一起演出，想不到他和孙明搭了。

曹：他和孙明搭也是按照你作为模板，他要找胖的人。

李：我到上海滑稽剧团，找王双庆和我搭《莺歌燕舞》，后来他和陆梅瑛搭了，我又没搭档了。后来袁一灵老师说和我搭《调查户口》，我和袁一灵的《调查户口》不是《七十二家房客》里的《调查户口》，是他说我写、背下来的（新创作的）《调查户口》，袁一灵老师后来又和筱咪咪搭了。王双柏跟我搭《瞎子店》，王双柏讲，我写好之后上台，蛮嗲的，王双柏后来出去了，又和别人搭了。

曹：这叫"无搭头"。

李：后来和童双春搭好以后，我跟他说，我的心里不要"七搭八搭"，要搭就搭住，否则我又要难过，我的噱头刚刚铺垫好，在你身上又不行了怎么办。他说好。

曹：不肯放了？

李：我们蛮"狠"的。到中国香港去演出，第一档是张如君和刘韵若的评弹，他们下来就是我们两个人上去，童双春说一句，下面彩头一个，蛮噱的。光香港我们去了六七次吧？

童：七次。

童双春、李青的搭档虽源于偶然，但能够收到热烈的观众反响亦有必然。二位一瘦一胖，一正一谐，一个擅长写作，一个擅长表演，可谓相辅相成，相得益彰，两人也有一个非常可爱的合称叫："青春组合"。同时两人开始搭档的 20 世纪 80 年代，也是独脚戏、滑稽戏发展的十分鼎盛的时期，即所谓"时势造英雄"，也可谓"英雄造时势"，在时代机遇和个人努力的双重作用下，互相成就了一段段佳话。

曹：20 世纪 80 年代你们滑稽戏的生意好得不得了，人家都排着队来买票。

童：挤碎两块大玻璃。

李：引起火灾。

童：真是破历史。

李：解放剧场。

童：那个时候做《满园春色》，正好年底非常冷。发生几件事，一次是挤碎大玻璃。晚上八点钟排队买票，要等到第二天上午八点钟，买两张票子。

曹：要一晚上？

童：因为半夜里不卖票，上午八点钟开始卖票。

曹：前天晚上八点钟开始排队？

童：晚了就排在后面，所以人家要早点来。六毛一张票子，拿去外面就翻倍了，可以卖到十二元，翻二十倍。人家用一双皮鞋，再加两包凤凰牌香烟。

曹：一个黄壳子。

童：还有拿一本《基督山恩仇记》的手抄本，换两张票子。

曹：五花八门。

童：有一次在虹口剧场，两个排队买票的人太冷了，拿对面水果店里卖水果的篓子，塞上报纸自己生火，火光窜上去，虹口联防队看见了，以为是失火，救火车开过来，一看是一场虚惊。后来我们就改了，票子不在剧场卖，是放在街道、居委会，每一包里二十张票子，六张是当中的位置，还有十四张是楼上楼下、前后左右的位置，否则都是好的，坏的谁买？就这样办。那时候真是好，自己听听都蛮有甜蜜的感觉，我们的戏和人物，确实是红。剧团当时做了小分队，一支大团演戏，小分队演曲艺，大的演戏出人物，小的演节目培养出名，独脚戏容易出名。顾竹君十四岁已经得了很多奖，全上海都知道她。

曹：顾竹君那时候红得不得了。

童：大戏出人，对人物的要求比较高，什么时候出来不知道，因为要经过几本戏，观众才对你有印象，你才能够出名。曲艺班子有龚柏康、顾竹君、姚勇儿、王辉荃，都是青年，让他们和观众直接接触，让他们了解观众的反响，究竟怎么在舞台上放噱头。我原来是这样安排，但是有些人不理解，分到小戏去，说变成低人一等，都要往大戏挤，大家认为到大戏才有出息，其实到大戏是群众演员，台词都没有一句，就在这时候出了一句话，排一个角色非常不容易，要推翻三座大山"姚周袁"，推翻四座小山"双字辈"，搬走一个"飞来峰"。

曹："飞来峰"是谁？

童：严顺开。三座大山、四座小山、搬掉"飞来峰"，才能走出一个角色来。

曹：您刚刚说到严顺开，严顺开实际上属于"学院派"，他到滑稽剧团后，他的很多理念或者对喜剧的看法、出噱头的方法，和你们传统的做法或者思维的方式都不同。

童：我觉得严顺开带给我们剧团什么新的东西？有一点就是对人物的理解、刻画。他有一套专业的创造角色的经验，我们比较简单点，可能有些岔路。他的表演方面，我个人认为是有特色。还有一点，他对创作的看法、思路很上规格。

曹：那时候上海滑稽剧团阵容非常强大，而且梯队也比较完整，都是好的演员，所以你们排了很

《路灯下的宝贝》剧照

多大戏，从比较早的《满园春色》，一直到您刚刚说的《出色的答案》《性命交关》。

李：都得奖。

曹：《路灯下的宝贝》《GPT不正常》，我可以说这些大戏几乎都看过，受滑稽戏的影响还是很大的。您现在回忆起来，当时是什么样的创

《满园春色》剧照

作氛围使得集中爆发出那么多现在看起来还是能够经受得起时间和观众考验的好的作品？

童：好的艺术从内部来说，内部团结。大家都是奔着这个戏，创作的戏，质量要好，所以好戏一本接一本。那时候文化局叫我去开会，汇报的时候称我们滑稽是戏曲之首，戏曲界的第一块牌子。当时朱逢博唱歌，万体馆客满，我们曲艺界的几个人，去万体馆可以卖三场客满。

曹：就是靠独脚戏，万体馆就可以客满？

童：我们去过三天，唱过三场。当时世界杯照放，我们《路灯下的宝贝》照做，我们《路灯下的宝贝》可以和世界杯"打对台"，那时候世界杯多么热烈，大家都要看，包括我自己也要看世界杯，晚上两、三点钟还在看。

曹：那时候你们排戏，有没有一两个例子，比如《性命交关》《GPT不正常》或者《出色的答案》，是怎么把人物、把噱头慢慢磨出来？

童：那时候大家看戏，相互关心。我不知道李青注意了吗？李青当时演《性命交关》，我给他出过点子。他问我病员的角色怎么出噱头，噱头他找不到，我跟他说你应该怎么做。"你什么事情？我有开刀"，我说，你去开刀，脚一蹬，这个噱头就来了。《红姑娘》有一个噱头就是周老师失恋了，自己到外面去借旅馆，吃安眠药片自杀。结果死之前，怕人家不知道怎么死了，打个电话给别人，告诉他们我在什么旅馆，我吃安眠药死了，你们到时候来收尸。打好之后药吃下去，睡了半天没死。鲍乐乐查房来了，问，你干什么？你不会死的，你吃的不是安眠药，是苏打片，我帮你换了。这个时候，事先打电话叫的救护车来了，担架抬上来。"你们搞错了，这里没有死人。""这不行，我们出来了，怎么可以空着回去？"把他按在床上，抬下去，很噱，下面满场哄。

《GPT 不正常》剧照

曹： 李青老师现在回忆起来，当时哪几个戏里的人物噱头出得很有趣？

李：《路灯下的宝贝》的噱头是比较多的，还有《性命交关》盲肠炎开错了，也蛮噱的。

曹： 好的滑稽演员往往是这样，哪怕是一场过场戏，他都能够处理出不同的喜剧效果。比如我们那时候一起参加的《海上第一家》，绿杨老师的角色实际上没有什么戏。

李： 白相人嫂嫂。

曹： 她上来一只脚一搁，"我弄点苗头给他们看看"。她这样一个动作，一句话，人物的个性就出来了。

童： 你的灵感怎么来，噱头是灵感，笑料的引子非常重要。

曹： 比如说演独脚戏或者是演大戏，是不是有这种情况？原来都安排好的剧情、人物，但是在台上，就像童老师说的，有一个灵感迸发，会出来新的噱头？

李： 有的，临时突然想到的噱头，本来排的时候没有，突然想到这里可以加噱头。

童： 我举个例子，《步步高》里面，吴媚媚演戏，没有导演跟她说过怎么演，但是在现场出了很多噱头。自己要上吊，凳子没有，找凳子放好，绳子又没有了，总之自己想了一大串，临场塑造了一个非常有噱头的人物。

曹： 我记忆当中，1979 年的时候，有个喜剧大师鲍勃·霍普到上海来拍喜剧片，专门请一些滑稽演员去参加，当时是哪几个人？你有吗？

李： 我有的。

曹： 好像有翁双杰对吧？有袁一灵？

李： 有翁双杰。一共三个人。

曹： 你还记得是怎么拍的？

李： 我们做《性命交关》的时候，他的代理人李普敦看见我们的票卖得很好，他就打电话给鲍勃·霍普，请他到上海来。他到上海来后，就请我们去拍

美国喜剧大师鲍勃·霍普

214

打高尔夫，出了一些噱头。后来袁一灵和翁双杰两个人表演剃头，袁一灵老师做剃头的，翁双杰做被剃头的，欧阳山尊让我在旁边等他们剃头，看着他们的动作做出一些反应。最后一次演好以后，我要唱首歌，结果调头起得太高了，"蓝蓝的天上白云飘"，这首歌唱到后面唱上不去了，出了洋相。

曹： 这个也蛮有趣的，应该说是滑稽戏第一次和世界接轨。

李： 鲍勃·霍普的夫人是唱歌的，在世界上很有名，所以他对我们喜欢得不得了。当时美国庆祝 200 周年独立，演出好了就请我们到大使馆去吃东西。我倒了一些酒，坐在沙发上，大使馆的人还提醒我不好坐的，鸡尾酒会要站着。

　　在艺术上心无旁骛、团结一心的创作，是当年独脚戏、滑稽戏备受观众喜爱和追捧的重要原因。而童双春和李青这对"青春搭档"更是十分具有典型的代表，因为两人不但在台上是一捧一逗的搭档，在台下还是楼上楼下的邻居，平日里既互相串门、聊聊家常，更经常在一起讨论作品，所以这搭子一搭就是四十多年，似乎也就不足为奇了。

曹： 后来分房子的时候，你们全部选择了田林新村，而且住在一幢楼里，是不是也是觉得两个人切磋艺术比较方便？干脆就搭住，艺术上搭，住也住在一起。

童： 就是这个因素，过程是李青先过来。

曹： 李青老师先搬进来？

李： 对。

童： 因为当时我到他家里去拜访过，他住的地方很艰苦，家里面六个人住在一起。讨论分房子的时候，我说让李青先进来。

曹： 那时候您是团长？

童： 副团长。他过来以后，也希望我能过来。那个时候我住在南京路，河南中路九江路的地方，沿马路口，住得比较中心。他跑到我家里来，下午就一起到解放剧场去演出。后来有一趟到同济大学演出的时候，中山西路在造高架，交通不方便，车子把我先接到剧场里，再去接他，等到他来的时候，我已经先上去演了将近一刻钟。

曹： 迟到了。

童： 这是一次误场，第二次在永生金笔厂演出，也是接了我再去接他，又误了。而且两个人一起误了，场子空了三刻钟，人家剧场职工都要回去吃年夜饭，为了看这个节目，等了三刻钟，才等到我们来演。那时候我就说，观众有什么要求，尽量满足。

李：他不知道演了几个。

童：我演了大概五个还是六个，将近一个多小时。这两次误场印象很深。正好田林新村的房子还没有分完，李青他说让我搬过来，两个人至少工作上方便点。打报告批下来的时候，就剩下一套了，这么一说，我也心动，多一间房子，也是非常不容易的事情，我就搬过来，住六楼。那时候年轻，五十来岁，身体还可以，装修这个房子的时候，一个上午跑过九次还是十次，一会儿钉子没了，一会儿马桶坏了，要去买东西，那时候我跑得动，和小外甥住在一起，他和我两个人一起跑，我比他跑得快。

曹：童老师一直是手脚很轻健，他在舞台上也是很活络的。

李：快的。足球踢中锋。

曹：是吗？

童：踢后卫。

曹：那么你们搬过来以后，互相来来往往多吗？比如说我们举个例子，一个礼拜互相到对方家里几次？

李：我到他这里多。

童：李青相当客气，人相当实惠，隔三岔五要上来一次，像视察一样，看看我在吗。话不多，到家里坐大概五分钟不到，人又已经下去了。隔一天又来了，又是这样。非常热情，到现在为止还是这样。

曹：为什么上来几分钟就下去？

李：我看着他吃早饭，他吃早饭很晚的，我很早起来。我吃安眠药，吃三粒只能睡几个小时。

曹：所以童老师睡眠还是不错？

童：睡眠相当不好，自己觉得精力不充沛，晚上睡觉和李青一样时间很短，真正睡着的时间不到两三个小时，睡眠现在是我最大的薄弱点。

曹：你们搭档那么多年，从 20 世纪 80 年代到现在，有没有吵过架、红过脸？

李：没有，绝对没有。

曹："相敬如宾"。

童：人家说搭档是夫妻，确实是这样。我和李青两个人，我自己掌握一点，在公开场合从来不谈艺术上的事情。今天李青出什么毛病，我不会说你怎么这样，这个绝对不可以，你要尊重对方，假如有什么纰漏、差错，你公开一说，表示你算很好吗？回来以后，两个人在车子里再说，这段一句话有什么不对。我觉得包括我自己也一样，假如我有错，你指责。

曹：不开心。

童：其次，名利，当我们演员最大的
一关，所以我觉得对这两个字要非常
注意，名的问题上、利的问题上怎么
处理。一个在对待名的方面，名字人
家（讲排序），有时候说童双春、李青
或者李青、童双春，我也不去介意，

童双春　李青　剧照

李青、童双春也可以，人家只要知道我们两个人就可以。至于你自己在观众印象里怎
么样，这是你自己付出去的艺术，人家对你的反馈，你没有到，人家不会过度夸赞
你；你到了，人家不会委屈你，问题是你自己怎么去努力。利上，我们两个人平均，
没有什么你超越我。

曹：所以我就要问您一个比较敏感的问题，因为有很多独脚戏的搭档，上下手的利
益分配相差特别大，有些四六开、有些三七开，甚至于二八开，你们两个人是平
均的？

童：我和他两个人，基本上艺术水平相差不大。还有一点，我觉得要能够容忍，我和
他有过不开心，他不知道，我没有跟他说过，跟家里人也没说过。有一次我跟他说
了一句什么话，他回答我"随便你好了"。我当时一愣，我没说话，后来事情就过去
了。所以我觉得相互之间有不愉快的时候，要能够容忍，往往这个时候，一句话一
顶，大家就生气了。

曹：一顶就翻了。李青老师，双春老师他是领导，他做了团长以后，您觉得他对您是
更加严格点呢，还是有很多事情会对您网开一面？

李：没有，我也做过演出队的队长。

曹：也做过领导？

李：但是我做不好。他很客气，我一直说我和童双春两个人的关系像夫妻一样，不能
吵，一吵架就算数了。

童：包括对有些问题的看法上，他要这么做，我要那么做，这个问题怎么去解决。一
个方面是根据问题本身，我考虑他的说法对吗，他的对，应该根据他的方法去做。所
以我觉得我和李青，艺术上来说是非常圆满的，所谓圆满，李青在作品上能够增色不
少，同时作品经过李青这么演，他可以使效果更好一步，这不是我今天当面捧他，李
青确实是个好演员，我觉得找一个搭档确实是很难的。

独脚戏发源于1920年前后，对于出生在20世纪30年代的童双春和李青来说，青少年时期他们对于这门当时的新兴艺术还是相对陌生的，而之所以会选择其成为职业，多多少少都有些机缘巧合。

曹： 我们现在回到当时怎么会学艺术的话题，双春老师您当时是怎么开始喜欢滑稽戏的？

童： 我小时候最喜欢的是京戏，之所以喜欢京戏，是因为我旁边住着一个拉胡琴的哥哥，他又会拉京胡，又会唱。他唱的时候看见我在后面，就教我了。比如像《空城计》《捉放曹》《投军别窑》《四郎探母》《乌盆记》，那时候我会唱十几个曲目，而且嗓子很好。我看连台本戏，一本连一本得看，不肯停，《血滴子》看了几十本，孙悟空《西游记》看了几十本。

曹： 后来怎么从京戏到滑稽戏呢？

童： 有一次大人带我去看滑稽戏，在红宝剧场看"三飞"：包一飞、朱翔飞、唐笑飞，"三飞"闹红宝，红宝剧场真的闹得不得了。唐笑飞那时候很红，"三飞"里，唐笑飞、包一飞最红，朱翔飞因为是幽默滑稽，尺寸是高的，笑料好像并没有那么轰动。我去看了以后笑得不得了。当时邻居老太太有个破的收音机，我和她两个人经常会听。我小名叫永江，永久的永，长江的江，有一次她听见招生消息告诉我：永江，你那么喜欢滑稽戏，你去考考看。因为我正好小学毕业，初中读了半年不读了，经济条件比较差，那时候大概十五岁辍学了，吃家里的自己觉得有点难为情。为了求出路，我去考了。

曹： 一考就中？

童： 一考就中。那个时候实际上对我来说，等于有了职业，当时其实并不是对滑稽戏非常爱好，是喜欢听。

曹： 找一口饭吃吃？

童： 对，是出于这个动机。

曹： 您爸爸那时候做什么事情的？

童： 我爸爸做裁缝的。过去我爸爸从农村出来的时候，也有过好的时候，自

童双春获得"终身成就奖"

己勤奋，开过店：洗衣作坊、成衣铺，都不善经营，关了。关了之后，再回老本行做裁缝，做裁缝就是家里做，不是开店。我家对面有一个小学，我怎么读书呢？根据对面读，对面打铃上课，我也上课，我爸在做衣服，我在这边坐着读书，读《百家姓》。对面打铃下课了，我也下课。读到四年级的时候，校长的夫人说让我进去读书，学费付不起，用做衣服补点学费，有时候稍微免掉点。四年级我考了第一名，跳了一年。四年级下没读、五年级上没读，跳到五年级下，两年算我小学毕业。所以我的数学基础非常差，五年级、六年级，我都考第二名，

滑稽演员李青

和第一名的差距就是数学，他考七十几分，我只有六十来分，我的语文比较好。

曹： 您后来考的是哪个滑稽剧团？

童： 是杨笑峰的训练班。杨笑峰在旧社会有个名称叫"头寸滑稽"，专门"别头寸"。他当时搞了一个学校叫滑稽训练班。

曹： 像后来你们"上滑"（上海滑稽剧团）搞学馆一样？

童： 比学馆差。

李： 学馆是正宗的。

曹： 李青老师怎么会喜欢上滑稽戏？

李： 我说起来心里很难过。一个人任何事情，你在做、天在看。我小时候家里很享福，但是我不是享福，我在"作"福，今天没有败光，我不吃饭。本来我们住在卢湾区，楼下人家是卖竹板的，大小姐生煤炉失火了，大火着起来，我们住在二楼，家烧没了，很难过。他是读到四年级，我也是读到四年级的时候，家里发生这件事，我们就搬家搬到南市区，南市区那时候的房子是最差的。我怎么喜欢看戏呢？南市区蓬莱电影院旁边有个南方剧场，专门唱文明戏《山东马永贞》。家里没什么钱，我就爬在窗子上去看这个戏。弄堂里有几个一起踢足球的好朋友认识了张利音，张利音看中我，收我做学生。我爸给他一笔钱买馒头糕，在后台发发。1951年拜先生，后来1952年成立大公滑稽剧团，就是现在的人民滑稽剧团，跟着先生一起进去。当时大公滑稽剧团就是杨华生、张樵侬、笑嘻嘻、沈一乐。

曹： "杨张笑沈"。

李： 张利音、绿杨这批人，一共有61个，报纸登过。

如果说要在童双春和李青从艺七十余年的人生经历中找到最重要的一步，那一定是拜师"姚周"，而所谓"姚周"就是姚慕双和周伯春这对同胞兄弟的合称。"姚周"作为独脚戏、滑稽戏第二代传承人，其作品深入人心、备受观众的喜爱和追捧，在滑稽界亦享有盛誉。

曹：你们什么时候开始拜"姚周"？

李：怎么会拜"姚周"？我在城隍庙，待七年多。

曹：在城隍庙干什么？

李：做营业员。

曹：主要卖什么？

李：我开始卖热水瓶，后来到塑料商店卖塑料，在光明缝纫机用品商店还卖过衬衫。

曹：您销售成绩好吗？

李：顾客知道我唱滑稽，过来看看我。

曹：您这个蛮时髦的，按照现在说，就叫"直播带货"，人家跑过来一看，就买了。

李：我空了就去太仓路姚老师家里玩，姚老师要收学生，有一次和方艳华一起拜师，姚老师和周老师两个人就答应了。

曹：这是哪一年？

李：大概是 1985 年。

曹：很后面了。

童：上世纪 80 年代，建团（上海滑稽剧团）以后。

曹：童老师是上世纪 50 年代？

童：我是上世纪 50 年代。还没拜师"姚周"的时候，我在杨笑峰举办的国际大戏院训练班，上课在国际大戏院剧场，没有后台，又没有团部，白天上课，晚上就在这里演出，剧场就是团部。我那时候进去没有几天，1950 年元旦第一次上国际大戏院的舞台，有一个大戏叫《王老五复仇记》，我在里面当一个工人群众，这个戏是符合反欺负、反压迫的，还算比较进步的。我第一次上台，看见下面黑压压一片，自己吓死了，脸都不敢给观众看，几次被老演员转过来。那时候当然杨笑峰的剧团人也很多，老的演员有陆希希、陆奇奇，人员是很庞杂的，不灵光，杨笑峰去请"姚周"来，"姚周"一到，马上客满，虽然位子不多，只有两百多个。人家老板要包"姚周"，要包到八成，就是我请你"姚周"参加，我要卖到八成以上才能够赚，八成以下是蚀本的。"姚周"来第一本戏，我记得是《开路先锋》，第二本戏是《红姑娘》，《红姑娘》是周柏春男扮女装。我是在这个时候，大概1950年春节过后，正好"双字辈"有个演员叫李双俊，有一个角色，到临开演了，人没来，舞台监督急了，他让我上去。我那时候名不见经传，刚刚学习滑稽，不像其他的小青年，其他的小青年都是"小开"，到后面去玩要带女朋友去，我比较安分守己地看戏，舞台监督请我上去代戏。一代戏，代下来了。

周柏春与姚慕双

曹： 台词您看熟了。

童： 所以皇天不负苦心人，是有道理的。
姚老师那时候看到我，觉得这个小孩蛮聪明的，也不是欣赏我，我那个时候没有什么可以欣赏的地方，只不过看着很喜欢我，平常我在后台也很尊重老师，从学校刚刚进剧团，学生的举动还没改掉，看见老师都是一鞠躬，至少九十度。人家为了这件事，还批评我，弄得这么点头哈腰，以为我有什么事。杨笑峰那时候到哪里了呢？已经到中国香港去了，为什么到香港去了？请了"姚周"加进来以后，"姚周"的生意好了，杨笑峰当时也是社会上的一个名流，也算有他这三个字的，但是这三个字没有"姚周"那么红，"姚周"那时候可以说真是红遍上海滩，他只好到香港去，我记得他当时临走的时候和朱翔飞两个人哭了，觉得自己的艺术受挫。

滑稽戏演员杨笑峰

曹： 没面子。

童： 在这之前我已经拜师杨笑峰，杨笑峰说你们这些年纪轻的人，我如果到香港去，你们在国际大戏院又不能留下，所以我的学生拜"姚周"，请他们多照顾。我是在杨笑峰临走之前，拜了"姚周"，一拜了之后，我真的比什么都开心，认为自己一脚跌进了青云里。

曹： "姚周"主动提出来收你做学生？

童： 主要是姚老师，一般姚老师发言还是蛮重要的，那个时候两个人全部是姚老师养下来。拜先生，他们都在，我一起拜。当时就托马秋影把我引进。

221

曹：按照传统来说，那时候拜师是不是要给先生红包，请一桌饭？

童：我都没有。我记得我拜的时候，张双勤到后台来玩，那时候他是大学生，穿着西装在后面玩玩，师母当时说，双勤来得正好，拜先生你没有磕过头，一起给老师磕个头，所以我是和张双勤一起拜先生的。

曹：所以就在剧场后台？

童：就在剧场后台鞠躬拜一拜。

曹：您有没有买点水果？

童：没有，什么都没有。为什么？经济情况不允许，我自己特别感恩，觉得很幸运，我最向往的艺术对象，给我这么一个机会，要不然我不可能有这个机会。

曹：李青老师拜师的时候有仪式吗？

李：我拜姚慕双、周柏春老师，借了文联，和方艳华两个人鞠躬，过了一个时期，我请他们吃顿饭，有仪式的。

曹："姚周"当时在滑稽界真是风头很健，他们电台的滑稽生意好得不得了，我爸告诉我，他小的时候一直在家里的堂会看到"姚周"，因为我太外公那时候过生日，或者家里有什么事，"姚周"是必定会请的一档堂会。他们的滑稽和从前地摊上的肮脏滑稽不一样，已经有非常多改良，蛮有档次，现在去听《新老法结婚》《骗表》，还是觉得很高级。你们现在回忆起来，"姚周"当时究竟红到什么程度？形容一下他们有什么特色？

童：我说一句话，我们唱滑稽不要争，没有一个人能超过"姚周"，到现在为止没有一个人。江笑笑、鲍乐乐，我都看过。鲍乐乐，我还和他同台演出过，刘春山，我没看见过。

曹：但是江笑笑、鲍乐乐都看见过？

童：我看见过。

曹：从噱头来说，从艺术来说，确实不及"姚周"？

童：江笑笑是前面都不噱，后面一两个包袱点。那时候挂霓虹灯，南京路上最醒目的地方，新世界楼上两层到三层楼的地方，在转角，"姚慕双"每一个字，比这个圆台面还大，三块牌子三个字，六个字摆在那，整个阳台上的面积全部占了。夜里霓虹灯一开，多么醒目，这是一个。艺术水平来说，滑稽界自古以来没有像他们这样的，我最近听了一个学习。

曹：是好。

童：出一个噱头，怎么出法。

曹： 因为我出道的时候，他们已经岁数很大了，姚先生知道我懂英文，他那么有名的艺术家，有一次竟然打电话给我，问我几个词可以出什么噱头。他叫家里小孩拨好电话以后，他就给我打电话，我已经忘记怎么回事，但是我知道姚先生一直到年纪很大的时候，还在研究艺术。

童： "姚周"两位老师有这个成就，不是无故的，皇天不负苦心人，他们自己用功。

曹： "姚周"两位老师的独脚戏，如果举一个例子，童老师，您觉得哪一个最好？

童：《英语翻译》学英语，我觉得在滑稽史上是无人超越的。后面他表演的节目，我喜欢《各地堂倌》。还有一个《十三个人搓麻将》。

曹：《十三个人搓麻将》真好。

童： "姚周"两个老师，姚老师的特点是方言好、人物好、沉稳，比如他说广东话，是像个老广东，节奏没有周老师灵敏、没有周老师轻快，戳一句、闷一会、停半拍、抢戏，周老师有独特的地方，反应灵敏，我觉得他上手下手都好，昆乱不挡。我觉得我们两个老师非常好。

曹： 李青老师最喜欢两位老师什么作品？

李： 我喜欢他们两个人的《十三个人搓麻将》，但是我讲不好。

曹： 人物性格非常鲜明。

李： 特别是姚老师，他哪怕戏只有一点点，也一本正经做，当回事做。不是说推脱不来了。对我来说，唱戏上做人的事情，姚老师教了不少。

曹： 你们两位和老师相处那么多年，有没有一件事情你们印象特别深？

童： 应该说触动非常大，一说就要激动，我自己控制一下。这是我一步走对了，找了一个好的老师，引导自己怎么从求职业、求生活中发展到从艺术上去提高自己，怎么搞文艺、怎么创作人物。第二，我找到了一个好的组织。我觉得这是我一生当中走对的两步路。后面一步是，自己有个努力的目标，做人应该为什么，懂得三观对自己的影响。

曹： 老师平常和你们碰头会说些什么？

童： 周老师没有说过话，但是我从周老师身上学习了很多东西。我觉得他对滑稽事业非常有贡献，在20世纪50年代的时候，周老师是上海曲艺改进协会主席，那时候周老师只有二十几岁，他就知道组织蜜蜂剧团"三编两导"，剧本怎么请电影演员来厂里演。1950年建蜜蜂剧团，十年当中把我们带到这个程度，功不可没。如果说我后面有什么成就，就是老师的行动在前面，为我们打下了根基，这个成绩应该是归功老师。当时我们剧团用人，原有的人要怎么用好？进来的人要怎么慎重？经过剧团里待一段时间，自己稍微懂得点事情，过去我一点不懂，我也是白纸，自己在实践当中慢慢摸索出来的。

曹：我记得我们圈子里很多人都很喜欢模仿他，我也很喜欢模仿他，而且我学他很像，我也出过丑。有一次我在后台模仿他："缺西"，我不知道他站在我后面。他也很热情，他站起来回我一句"缺西"。

童：周老师很幽默。

曹：姚老师会比较多点说艺术吗？

童：姚老师说艺术比较多。

李：要说的。

曹：李青老师，您记得姚老师经常会跟您说什么？

李：有时候我在台上噱头出歪了，就要说。比如我做外国人，我不会说外国话，在台上说，"走吧"。姚老师说小鬼，你怎么不会说外国话？走吧，就是 Let's go，我就知道了，拉了一只狗。

　　在滑稽界，大名鼎鼎的"双字辈"是滑稽大师姚慕双、周柏春弟子的统称。男学生在取艺名时，中间都要有一个"双"字，如：沈双亮、吴双艺、王双庆、童双春、翁双杰、张双勤等。而女学生则以复姓表达"双"字。在"姚周"的亲授下，"双字辈"个个身怀绝技、风采灼灼。

曹：你们"双字辈"当中都有一个"双"字，李青老师，您的"双"怎么掉了？

李：我那时候问老师，老师他们又像真的不像真的，说，你叫"李双双"拉倒了，那时候有个电影《李双双》。后来童双春告诉我，外面不管怎么样有点知道你了，就叫

"姚周"与"双字辈"师兄弟

李青算了。我的李青也是张利音给我起的。

曹：所以李青也是艺名？

李：我的名字很噱，本来最早的时候叫李万松，一万、两万的"万"，"万"字简写，接生的人写的时候上面点了一点墨水，变"李方松"了。那时候不能改，我一直叫李方松。到

中国香港去演出，要打报告给派出所。

曹： 所以你户口簿上还是叫李方松？

李： 我要求改回李青，把原因告诉派出所，派出所给我改了。所以今后我走了，我也叫李青了。我在想一日为师、终身为父，张利音是我第一个先生。

曹： 你们几个师兄弟当中，其他几位已经过世了，吴双艺老师、翁双杰老师，还有王双庆、王双柏。吴双艺是你们的大师兄吗？

李： 大师兄，他前面还有。

童： 以前在剧团里"双字辈"当中他算是最大了，外面还有其他的。

曹： 你们现在回忆一下，吴双艺是什么特点？

童： 我们双字辈的特点，各人都不同。

曹： 每人都不一样？

童： 各人自己发展。

曹： 王双庆实际上比较像周先生，阴嗓。

李： 我们五个人在一起的话，"生旦净末丑"都在了。双春小生、吴双艺老生、王双庆百搭，花脸是我。

曹： 翁双杰属于？

李： 小丑。都走了，我们两个人还在。

曹： 你们几个"双字辈"的老师，每个人的艺术风格都不大像，都有自己的特点。

李： 对的。

童： 我觉得为什么人家看我们上海滑稽剧团、看我们的剧种和看其他的不一样，包括我们去看人家也有些不一样。我最近在看自己的一个《日本越剧》，看了几遍，我觉得经得起看，我自己也经得起看。一个是我和他两个人投入，大家非常认真，不是"哈痒"，有真的东西。我唱，人家听听还可以，不是一定唱得很好，但是听得下去。另外就是看你们的表演，不是两个人在弄着玩，好像真的是发生这种事。我现在觉得今后，我们滑稽界要慎重考虑，没有一个剧种是以笑成名，只有我们滑稽，"笑"是人民大众都欢迎的，这是得天独厚。但是又非常难创作，所以我们从业人员的文化水平要提高，没有高手，想创作好的、有质量的作品，很难，这是我觉得第一个要改变的。第二个就是老的演员走了，青年断层，不像当时那么旺盛，也没有刚开始做滑稽戏兴起的时候，有几百档节目，现在有危机的感觉，我谈到滑稽又要难过，阵容没了，人员没了。你怎么办？

曹： 人马不齐了。

童双春捐款照

童：我觉得我们每个人要有强烈的事业感，怎么为这个剧种做贡献。我们现在已经没有办法了，所以寄希望于青年一代，寄希望于观众能够多支持。

曹：刚刚说两位老师一位八十七岁，李青老师八十九岁，你们现在身体状况怎么样？李青老师瘦了很多，您是刻意减肥吗？

李：胰腺炎，生了病以后，不吃饭，吊葡萄糖，血糖上去了，眼睛现在看见吗？

曹：流眼泪？

李：一天到晚看电视，看坏了，不看又没事。我本来一个礼拜要上来三、四次，现在很久日子没有上来了。

童：电话来。

曹：双春老师还可以吗？我发现走路没有以前那么好。

童：今天因为和你讲话我还兴奋点。我的情况，自己觉得有退步，腰腿不好。

曹：这次新冠肺炎的时候童老师还捐了三万党费，当时您怎么想的？

童：这点我自己说可能不恰当，组织来问我的时候，说团里有活动，要捐钱。我想外面病毒那么严重，那时候买个口罩要上百元，甚至于到两百块，有的还买不到。我们捐钱，人家就买三分之一只口罩或者买半只，这怎么办，我觉得应该多一点。另外应该宣传的是这些解放军战士、白衣天使、抗战新冠病毒的志愿者、科学家、社区工作者，这些人应该宣传。我自己做的事情很微薄，记者来采访，我说不要谈，谈了反而很惭愧，那么小的事情。企业家、慈善家捐了那么多。

曹：三万元对您来说是很大的数字，您也是靠退休工资过日子的。

童：还算好，这次因为得了

童双春、李青和曹可凡合影

终身成就奖，文联对我有一点奖励，这个奖励是我有生以来最大的一笔钱。我已经不是尽自己所有的力量，这是我的真心话，现在一宣传，我反而觉得很为难，自己好像不自在。

曹：和你们认识差不多三十年，第一次听你们比较完整地回忆自己从艺的过程。

童：我也非常开心，因为跟你没有这样长谈过。

曹：是的。

童：我觉得我们谈自己的事情，也没有这样的深入，今天给我自己也是一个回忆，非常好。

曹：谢谢！谢谢两位老师，祝你们身体健康！

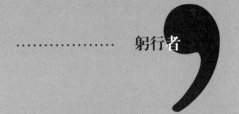
···················· 躬行者

道是无情却有情——陈燮阳专访

提起指挥家陈燮阳，观众眼前立刻会浮现出一个极富艺术家气质的形象，他那几十年如一日的标志性"地中海"发型，已然成为一张深入人心的个性名片。当然，形象只是表面，真正令人折服的还是他那炉火纯青的艺术和忘我投入的激情。被誉为"中国第一棒"的陈燮阳，曾先后执掌上海交响乐团与中央歌剧院多年，成就卓著，蜚声国际。

陈燮阳在节目现场

如今他虽已年至耄耋，仍活跃于古典乐坛，宝刀未老，风采依然。

曹：其实我在学生时代就见过您，当时我在二医大读书的时候，我们学校成立一个交响乐爱好者协会，您亲自来授了一个锦旗，然后给我们作了一次演讲。

陈：讲座，我有印象。

曹：那天那个活动就是我主持的，但是您讲什么内容，我已经忘得光光的。

陈：我还记得。我这个人就是崇拜两个行当，第一就是医生，为什么医生呢？因为医生会救活人，治病。第二个是开车的司机。

曹：为什么开车司机呢？

陈：因为司机开不好车要轧死人的。

曹：命悬一线。

陈：对。我也不会开车。

曹：大家说起您的名字，首先脑子里出现的第一个印象就是您的"地中海发型"。这是自然形成的，还是您年轻时候就刻意留成这样一个发型？

陈：两者都有，因为头发少了，只能在边上留长一点。

曹：我们那时候还年轻，就说陈燮阳老师头发有点像贝多芬。

陈：原来比较长，现在剪短了。

曹：您今年是踏入"80后"了吧？

陈：81岁。

曹：81岁。您这么多年身材没有变化过？

陈：稍微胖了一点，比以前胖。

曹：而且我发现您在台上一直是精神饱满，而且整个状态特别好。

陈：我想跟职业有一定关系，因为作为一个指挥，你如果平时萎靡不振，或者在台上、在排练的时候没精神，那是不行的。

曹：那您平时饮食起居有一些什么自己的特点吗？

陈：比较注意。不抽烟、不喝酒，以前抽过烟，现在不抽烟了，也不喝酒。吃东西比较控制一点，不暴饮暴食。

曹：您锻炼吗？

陈：从不锻炼。我爸爸也是如此，人家都问他，你那么长寿，是什么原因？是不是锻炼的？他说我干嘛要锻炼？应该是保存体力，不应该消耗体力。

曹：我那时候去采访丁聪，漫画家丁聪，人家都说要他锻炼，他说锻炼干什么，乌龟从来不动，活得很长。

陈：有一定道理。

曹：有点道理。这些年您虽然已经从上海交响乐团的音乐总监卸任，但是一直还是在全国各地忙碌。当您沉醉在音乐当中的时候，会忘记自己的年龄？

陈：对，平时就把自己年龄忘了，我觉得跟以前也没有什么太大区别，虽然是年龄上去了，我觉得还是都可以保持着。

曹：您对艺术的喜爱、对音乐的喜爱，是不是跟家庭氛围有点关系？

陈：非常有关系。因为我从小生长在一个文化艺术氛围比较多的环境，我外祖父是国画家，我祖父是前清秀才，我妈妈无师自通，也是国画家，她会唱昆剧，也会唱京剧。

曹：琴棋书画都会。

陈：都会。我爸爸就是个作家，所以从小在这个氛围里面，听外祖父、妈妈吹笛子、唱昆剧、唱京剧，从小教我，所以有一定影响。虽然我跟我爸爸不生活在一起，但是他写的那些歌我还都知道。

在 2011 年《可凡倾听》春节特别节目《我有一段情》中，我们曾特别邀请费玉清现场演唱了这首脍炙人口的经典老歌。而这首歌的词作者，正是陈燮阳的父亲陈蝶衣。作为上世纪三四十年代的著名作家、一代"词圣"，陈蝶衣创作的《凤凰于飞》《香格里拉》《南屏晚钟》《情人的眼泪》等歌曲都成为经典，传唱至今。

曹： 您记忆当中小的时候，尤其在教育方面，妈妈对您的影响更多一些，还是爸爸对您的影响更多？

陈： 肯定是妈妈，我从小和爸爸不在一起，他也没管过我。

曹： 您妈妈平时是一个什么样的教育方法？

陈： 就是逼我背英文什么的，这个那个。

曹： 妈妈教您画画什么的吗？

陈： 没有。

曹： 写字之类？

陈： 也没有，那是我自己一看就会的。

曹： 无师自通。

陈： 无师自通，因为我美术也很好，文学也很好。

曹： 您还有没有这个印象，大概到几岁的时候，父母就开始不生活在一块儿？

陈： 等我有印象已经不生活在一块儿了。

曹： 实际在您很小的时候，他们就……

陈燮阳的母亲

陈： 就分居了，我跟妈妈在一起。我爸爸是偶然有的时候回来看看，看一下就走了。

陈燮阳的父亲陈蝶衣

曹： 每次如果父亲回来，他通常会跟你们说点什么？在您印象当中，父亲是个什么样的人？

陈： 什么也不说的。如果他来了，就这样坐着，我是小孩，他也就这么看着。

曹： 你们两个就"白板对煞"？您也不跟他说话？

陈： 没有，没有话的。

233

曹：他也不问，你功课好吗？父母总是这样。

陈：没有的，见他也没多少次，说实在的。一个月一两次。

曹：那时候对一个孩子来说，您有没有觉得家里有什么缺失？

陈：我看到妈妈不高兴，反正是那种状态，还是有一定影响。

曹：您妈妈其实在你很小的时候也过世了？

陈：对，她去世才 39 岁。实际上就 38 岁，那时候是讲虚年龄，太可惜了。

　　极少露面的父亲和郁郁寡欢的母亲，这是童年时代陈燮阳对家庭的主要印象。在那个讲究父母之命、媒妁之言的年代，也许正是这段缺乏感情基础的包办婚姻铸成了悲剧。母亲英年早逝之后，年仅 12 岁的陈燮阳被送到了常州乡下的祖父母家中，而父亲则很快从他的生活中彻底消失了。

陈：后来我爸爸到香港去了，我也不知道他走掉了，把我送到乡下去了。

曹：那么那里是谁照顾您？

陈：祖父祖母，那是很贫困的，父亲也走掉了，妈妈去世了，孤儿一个。

曹：您跟你姐姐……

陈：我姐姐到朝鲜去了，抗美援朝，志愿军，参军去了。

曹：姐姐比您大很多吗？

陈：大 6 岁。

曹：所以小时候会觉得孤单吗？

陈：孤单。

曹：您小的时候，知道不知道您爸爸写过那么多有名的作品？

陈：我知道。有的时候他跟我姐姐一起去看一个电影，他说去看个什么电影，我知道那个歌是他写的，但是我没看到他的名字，电影里面，因为他用的是笔名，不是他真正的名字。

曹：那您小的时候对爸爸写的歌，哪几首歌你是最喜欢的？

陈：《香格里拉》《凤凰于飞》，大概就是这样。那时候在上海写的就是这些歌，其他歌，比如说《南屏晚钟》《我有一段情》，那是在香港写的，他去了香港以后写的。说实在的，我小时候没见他几次。

曹：那您父亲 1952 年去香港之前，有没有特意回来看你们一次？

陈：来的，来了一天两天，就走了，我也不知道他到哪里去了。

曹：他也没有跟您特别嘱咐。

陈：跟家里所有人没说，跟我祖父祖母都没有说去哪里。

曹：您爸爸够怪的。

陈：有点怪。也不好说，那时候不好说。

曹：您知道不知道，自己的父亲其实那时候在上海文坛，是一个特别牛的人？

陈蝶衣手稿

陈：我知道他是有点名气的，但是我小，不大清楚。

曹：所以那时候您对父亲没有特别的概念？

陈：真的没有概念，他给我的就是他的基因。

曹：就是热爱艺术的那个基因。

陈：他的智慧给了我，身体给了我，别的没有。

曹：那么，父亲陈蝶衣在离开上海去了香港以后。

陈：没有消息了。

曹：有没有信？

陈：没有音信。

曹：一点音信都没有？

陈：一点都没有。

　　渐渐长大的陈燮阳，在14岁那年迎来了命运的转折。在姐姐的提议下，这个从未系统学习过音乐，但却浑身洋溢着音乐细胞的乡下孩子，顺利考入了上海音乐学院附中，一扇新世界的大门在他面前缓缓开启。

陈：我姐姐从朝鲜回来，分配到南京去。那时候叫解放军艺术剧院，现在叫前线歌舞团，她在那里，报纸上登，中央音乐学院华东分院附属中等音乐学校招生。说里面生活费什么全部由国家负担，她（姐姐）把我从常州带到南京，在路上跟我说，我建议你去考。我一小孩，也不懂什么东西。

曹：那您有基础吗？

陈：没有基础，五线谱什么都不认识的，没有基础。

童年时代的陈燮阳与姐姐

曹：听说您小时候自己会拉二胡？

陈：自己瞎拉的，在乡下，小朋友打了个蛇。打死了以后把那个皮蒙上，自己做了把二胡。

曹：自己做二胡？

陈：对。

曹：您很厉害。

陈：小朋友一起做的。把那个蛇皮蒙上，把牛毛，我们家没有马，我们乡下没有马，只有牛。黄牛，把那个尾巴（毛）剪下来做弓子。

曹：二胡其实不会拉的人拉出来很难听。

陈：是难听。

曹：像锯木头一样，很难听的。

陈：很难听的。后来我去南京的时候，南京解放军一位二胡演奏员，他把二胡送给我了。我就带着这把二胡，从乡下到南京，南京到上海去考，考上音附中。

曹：考点什么项目呢？

陈：唱歌。

曹：唱歌。

陈燮阳就读上音附中时期合影（后排右五，个子最高的为陈燮阳）

陈：瞎拉二胡。

曹：自拉自唱？

陈：不，二胡管二胡拉，唱歌管唱歌。《歌唱井冈山》，这是李焕之写的。二胡拉什么知道吗？《歌唱二郎山》，"两座山"让我考取了上海音乐学院附中。几千个人考，招收51个，发给我特一号准考证。

曹：据说当时一开始学校是有点犹豫。

陈：报名晚了。后来我姐姐说，他从小喜欢音乐，是不是你们给他听一听，当时几十个人考我一个人。

曹：几十个人考您？

陈：对。招生办公室所有人都在。

曹：您那时候觉得害怕吗？

陈：小孩子也不懂，肯定紧张的。钢琴上弹音叫你唱出来，什么音，然后记谱，简谱，我不会五线谱。弹一个旋律，让你记下来。打节奏，让我听。

曹：您可以的。

陈：应该可以的。

曹：属于很聪明。

陈：他们说你就不要参加初试了，直接参加复试。后来发榜了，等了好久，特一号陈燮阳。

曹：您属于"加塞儿"是吧？

陈：对。就这么进去了。我姐姐说，这样，你就先学钢琴，后学作曲，填志愿，后来就进去学钢琴了。从此命运改变了，完全改变了。我如果不是那次，我不知道我会怎么样。

曹：所以其实您考进附中，钢琴你是要从头开始学的？

陈：那当然。从认识五线谱开始。

曹：厉害。您记得花多少时间以后，可以赶上其他同学的水准？

陈：我啊，学得快。我比较聪明，应该说还可以的。试场里我都第一个交卷，而且我上海没家，星期天也不到哪儿去，就在琴房里练琴、听唱片，就这么度过的。

曹：您从一个音乐白丁，后来成长为一个指挥大师，其实在附中的那段学习和生活的经历，现在想起来最难忘的是什么？

陈：基础打得好，我们附中有七年，初中三年，高中四年，现在没有那么长了。基础从五线谱开始认识，钢琴，然后看各种演出，音乐会。

曹：所以附中那段时间，其实是您一生当中特别美好的时光。

陈：对，太美好了。

曹：那时候你们可以听一些什么样的音乐会？

陈：很多，那时候都是苏联、东欧的（音乐家），到上海来访问，基本上都要到学校里来的。奥伊斯特拉赫，杨·沃伊库，罗马尼亚小提琴家，都到现场来演奏，苏联的、匈牙利的交响乐团，都来学校，能听很多音乐会。

曹：您从什么时候开始，把指挥作为您的一个主要的学习项目？

陈：我在附中的时候，大学的一位同学，赖广义先生，看我那么喜欢音乐，十几岁，看我条件也可以，手也比较长，喜欢作曲什么的。他说陈燮阳，你将来可以学指挥去。因为当时指挥系成立了，刚成立指挥系。他在大学学指挥，合唱指挥，他说你将来可以学指挥。我说好呀。他说我帮你练。他就帮我练耳朵什么的。

曹：我一直不懂，指挥怎么练法？

陈：那时候老师教我对着镜子，去看，怎么怎么，这样。练动作是一个方面，主要是其他的，什么配器、作曲、和声这些基础理论。

曹：我听说指挥要有这个本事，实际上就把谱上的音乐，在脑子里能够立体化。

陈：看到谱子就要产生音乐了。

曹：对。不同的声部就在您的脑子里竖立起来。

陈：对，你就想象这个音乐出来什么样子。

曹：这个是不是有天赋的？

陈：学音乐没有天赋别学。

　　1960 年，陈燮阳从上音附中毕业，顺理成章地进入了上海音乐学院指挥系，师从中国指挥界一代宗师黄晓同教授。黄晓同早年毕业于莫斯科柴可夫斯基音乐学院，三十多年教学生涯中，为中国培养了一大批优秀的指挥人才。

曹：其实你们师生挺有意思的，黄晓同老师只比您大 6 岁，其实你们差不多算是同龄人。

陈：但是在我感觉里面，他很大了。

曹：是不是觉得他那时候已经很老了？

陈：不是老，就是已经高不可攀了。他从莫斯科回来，把苏联很先进的指挥教学艺术带过来。

曹：您现在回忆起来，跟黄晓同先生学习的时候，有些什么样的细节吗？

陈：他很喜欢我的。因为我基础好，他教我就特别投入、特别认真。跟我两个人一起弹四手联弹，教我总谱读法、作品分析，我学得也比较认真，有的时候他生病，躺在床上，他叫我到他的房间里去教我，我给他去食堂打饭。

曹：听说您第一次正式上台指挥，就是因为他病了，是吧？

陈：也不是，他是故意的。

曹：故意的？

陈：去实习，到歌剧院乐队去实习，他让我去，给我锻炼。

陈燮阳（左）与恩师黄晓同

曹：黄晓同先生我觉得是一个奇迹，我很遗憾没见过他。我觉得他除了您之外，培养了很多指挥家，几乎都是他的学生，汤沐海、余隆、张国勇、林友声，对吧？一个老师能够培养一个大师级的指挥家已经不容易，他能够培养出这么多有名的指挥。反而大家对老师黄晓同的印象不那么深。

陈：他可惜在哪里呢？他从莫斯科音乐学院一毕业，没有在一个乐队里待过，一毕业就到学校里来教学生了。特别可惜的一点。如果他在一个乐队里面担任常任指挥，然后又在音乐学院兼教授。

曹：那就不一样了。

陈：那就更不一样。他真是一个非常优秀的教育家，他缺的就是在乐队里面的时间，如果他在乐队里面，那就会更辉煌了。

曹：他实际上真是一辈子为人作嫁衣。

陈：对，就是。

曹：了不起。

陈：了不起的。而且他也没有怨言。所以他走了以后，我觉得很自责，我觉得他生前我为什么没有多请他几次呢？我利用我的职位，完全可以多请他，我很自责。

曹：您做了交响乐团团长和总监，请过他多少次来指挥？

陈：有几次，不是很多。

曹： 您觉得他到你团里来指挥，那时候是不是也很开心？

陈： 那肯定的，他能够在舞台上。我在学生时代，他到上海交响乐团排练，我每次都去听的，那是享受、学习。现在还记得他当时的状态，和指挥的样子，我都记得很清楚。

曹： 那晚年您跟他如果见面聊什么？

陈： 他走的时候我在他边上，我看他走的，我这辈子从来没有过，这是唯一的。我妈妈去世我都不在边上的，我爸爸去世我也不在边上的，只有我老师走的时候，我就在边上，看他心跳一点一点停止。他握着我的手很长时间，握着我的手。

曹： 晓同先生真的可惜。其实您想，您81岁，他比您大6岁，就是他如果现在健在的话也不过87岁，现在90岁的艺术家大有人在。

陈： 而且指挥长寿。

　　毕业后，陈燮阳被分配到上海市舞蹈学校担任舞剧指挥。此后十多年时间，他的工作基本只有一项内容，那就是指挥芭蕾舞剧《白毛女》。虽然单调，但在那个特殊年代里至少还能从事自己热爱的专业，陈燮阳已深感幸运。

陈： 那时候是1965年的国庆阶段，人民大舞台，指挥了整部舞剧《白毛女》，很成功。

曹： 黄晓同先生来看了吗？

陈： 没有来，我姐姐来了。姐姐来了，带了一块手表。上海牌，60块钱。

曹： 那时候60块不得了。

陈： 我记得上海牌手表那时候开始是60块，第一次我终于有了手表。

曹： 那时候《白毛女》剧组也算是样板团。

陈： 是。所有重要的演出活动，外宾什么的，都是来看《白毛女》，周总理还特别喜欢《白毛女》。

曹： 是吗？

陈： 对。

曹： 一共演了多少年？

陈： 十几年。

曹： 会不会演腻了？

陈：我都背出来了，我不看谱子的，整个舞剧我没有谱子的。费城交响乐团来看我们演出，看那个指挥，背谱指挥整个舞剧，他们很惊讶。另外我还参加创作，配器，锻炼很大。

陈燮阳和指挥家小泽征尔

曹：您后来去美国留学，是哪一年去的？

陈：1981 年。我到各个乐团去。

曹：去了哪些乐团？

陈：太多了，纽约爱乐乐团。波士顿交响乐团，小泽征尔在那里面，对不对。

曹：那时候纽约爱乐乐团是谁指挥？

陈：祖宾·梅塔。

曹：梅塔在那儿。

陈：梅塔。梅塔我去听他排练。

曹：那时候您能够如此近距离地接触像小泽征尔……

陈：还有伯恩斯坦。

曹：伯恩斯坦。

陈：听他排练，一面抽烟，一面喝啤酒，一面弹钢琴，一面指挥，这个人不得了。伯恩斯坦，天才。

曹：这个真是一段非常难得的经历。

陈：到外面就是开阔眼界，看世界，一流指挥是什么样子的，就那样。

曹：那个年代还有那么多大师级的指挥家在。

陈：现在越来越少了。小泽征尔，到他家里去。

曹：是吗？

陈：对，请我吃饭。生鱼片，吃饭，开车送我到排练厅听排练，听完排练再一起吃饭。

曹：您太幸福了。

陈：因为他看过我指挥，他来看《白毛女》，在法国，他坐第一排。所以我到波士顿他就请我吃饭。

从美国留学归来，1985 年陈燮阳正式就任上海交响乐团团长。走马上任后他推行了一系列大刀阔斧的改革举措，比如推行音乐总监制、演奏员合同制，聘用外籍演奏员等等，在新中国音乐史上皆为创举。甚至陈燮阳还曾顶着压力接拍商业广告，以此来为乐团创收。执掌上交 24 年，他也带领乐团开创了继梅帕器时代、黄贻钧时代之后的陈燮阳时代。

曹：当时上交设立音乐总监，这个在国内算是首创吧？

陈：第一个，正儿八经的音乐总监，那时宣传部支持我进行这样的改革。音乐总监负责制，音乐季，我那时候就有音乐季了，聘请外援是我第一个。那时候人才紧缺，音乐学院找不到人了，所以我们那时候到俄罗斯、美国，找了十几个外援来，那时候人才很紧缺。

曹：其实您在做团长或者音乐总监的那个时候，古典音乐市场并不像现在那么活跃，所以经营是不是对您也是个压力？

陈：很大的压力。

曹：我记得我读大学的时候，我们经常去你们排练厅跳舞，就是你们不用的时候，晚上我们去那儿跳舞。

陈：对啊，三产。

曹：开舞厅。

陈：三产，经费很缺少。

曹：我们读大学的时候觉得上交的舞厅又便宜，环境又好。

陈：乐队好。

曹：对。

陈：那些都是专业的交响乐团。拨款经费少，经费少只能找其他人支持。关键是没有演出场地。

曹：那时候你们演出，通常在哪些场所演出？

陈：上海音乐厅，最多的是音乐厅。后来音乐厅装修了，平移了，很长时间没法去演出，就没地方了。

改革开放后，中国内地与香港恢复往来，陈燮阳与父亲陈蝶衣之间那段失落已久的亲情也重新被勾连起来。1982 年，三十载未曾相见的父子俩终于在香港重逢。

曹：他（陈蝶衣）是 1952 年去的香港。

陈：对。我是 1982 年才见他的，多少年？因为大家都不知道死活，我也不知道他还活着，他也不知道我在哪里。后来"四人帮"粉碎以后，我一个同学说，你爸爸不是在香港吗？他说我帮你去找。因为我爸爸在香港是有名气的。

曹：您爸在香港名气不要太响。

陈：对。找到他了，后来就通信了，所以我爸爸后来写了一首诗：

花枝正自饰春妍，忽有飞书下九天。辨字只疑非熟稔，审名方悟是团圆。大开笑口三千刻，中断亲情廿六年。俪影一帧撑眼认，小斋添得小骈肩。

曹：您爸爸旧体诗写得很棒。

陈：他写了一篇文章，叫《拾来的孩子》。我已经是指挥家了，见到我。他一分钱也没有出。

曹：没有投资过，白捡一个指挥家的儿子。

陈：对。后来我带上海交响乐团去香港演出了，他来听。

曹：你们第一次见面在什么地方？

陈：在家里。

曹：在他家里是吧？

陈：到机场来接的。

曹：他到机场来接你。

陈蝶衣：《别了，在苦难中长大的孩子》：

九月十六日，我将清清楚楚地记住这一个不同寻常的日子。因为这一天，暌隔了三十年悠长岁月的孩子——你，将要出现在我的眼前。

于是，一个高大的身躯，也就在片瞬之间，容我张起双臂，紧紧地抱住。

我的失落了三十年的孩子，你，终于来到了我的身边。我，也一如我在《合家欢》歌词中所写，听到了亲热的呼唤。

曹：您在机场第一眼看到自己的父亲，什么感觉？

陈：还是有印象的，因为他没有变，还是一副眼镜。我父亲是个表面不会透露他感情的人，语言非常少，他就是文笔好。后来我继母不是生了几个弟弟吗，我弟弟跟我说，我一辈子跟他没有讲过多少话，说实在的。

曹：他们住在一块儿，一辈子也没讲过多少话。

陈：对。有一次很滑稽的，他跟我讲，他们一家有几个弟弟，一起到常州。我爸爸的妹妹，就是我阿姨还是什么……

曹：孃孃。

陈：孃孃，还在乡下。一帮人千辛万苦跑到乡下去见孃孃，坐了五分钟，他说走咯。我弟弟说啊，刚来就走了？

曹：您到他家，那时候家里是一个什么样的状况？

陈：家里也不是很好，很杂乱的地方。

曹：我看淳子的文章很有意思，说家里有很多那种廉价的塑料凳子。

陈：我听我弟弟说的，父亲因为看外面摆摊卖的那些塑料凳子，他为了照顾人家生意。

曹：对，觉得人家可怜。

陈：就买一个买一个过来。

曹：家里搁了很多这种凳子。

陈：买一个过来买一个过来。

曹：当您率团去香港演出，老父亲坐在台底下，是不是他也觉得挺自豪的？

陈：那肯定的。

陈蝶衣：陈燮阳，我也很高兴有这么一个大孩子，继承了我的工作，发扬光大，比我更有作为，因为他是面对听众的，不像我，只是在家里写，在房间里面写，他是面对群众指挥。最近我还看到电视上他指挥了上海之春音乐节。他很有作为的。

过去的遗憾或许无法弥补，但骨肉亲情终究血浓于水。经历过人生的风风雨雨，陈燮阳也渐渐放下了心中的怨恨，对父亲多了几分理解。在陈蝶衣作品音乐会上，陈燮阳亲自执棒，指挥乐队奏响父亲创作的那些歌曲，父子俩在舞台上紧紧相拥。

2007年，在香港回归十周年之际，陈燮阳为父亲庆贺了99岁生日。兴之所至，老人还唱起了自己写的歌曲。

没想到的是，这次相聚竟然成为父子之间的最后一面。数月之后，一代"词圣"陈蝶衣与世长辞。

曹：《我有一段情》这首歌，实际上是父亲送给您的是吧？

陈：他也不是送给我的，就是他表达对故乡、对子女的怀念，他借着爱情的歌，实际上是表达对我们的怀念。

曹：我们过去没有查到这段资料，我们都以为这就是一首纯粹的爱情歌曲，实际上彼此之间有一种非常浓得化不开的父子情感在那里。

陈燮阳与父亲陈蝶衣

陈：是。唱出我的心头恨，这里面有很多内涵在里面。

曹：您小时候，包括到年轻的时候，当自己觉得孤立无援的时候，会怨恨父亲吗？

陈：怨恨的。怨恨他不应该离开我妈妈，我的亲生母亲。但是这个东西也很难说，爱情的东西，是不是，他们没有那个感情基础，是不是。所以夫妻的事情很难说的。

曹：您觉得自己到什么时候，跟父亲有一种心理上的和解？

陈：当然最后肯定和解，这个都是过去的历史原因造成的，而且我的继母，后来我爸爸也全靠继母，他能那么长寿。继母服侍他，烧饭什么的，有很大的功劳，继母对我们也不错，对我也很好。

曹：他们跟我说一个故事我不知道真假，他们说有一次您父亲在没有知会你的情况下就到上海了。

陈：对。

曹：直接就跑到交响乐团说我要见陈燮阳。人家说你是谁？我是他爸。人家说陈燮阳不在。你跟他说一下我来过了，就走了。有没有这个事？

陈：有啊。没有见着，他来上海，我没见着我爸爸。他到医院去看黄贻钧了，因为黄贻钧住在医院里。因为他们以前合作过，他写的歌是黄贻钧作曲的。我是没空，我可能在唱片厂录音，不在团里面。

曹：他也不通知您。

陈：不通知，来了就来了，走了就走了。

曹：那您后来那次也没见到。

陈：没见着。

曹：够怪的。您父亲后来有没有把他毕生的这些创作整理出来？

陈：没有，他有三本诗集，全是旧体诗。

曹：其实他过去在杂志上写过的文章也很多。

陈：他写了三千首诗。

曹：三千首诗。

陈：三千首诗，五十个电影剧本。

曹：没有整理出来太可惜了。

陈：他有的自己都忘了，三千首哪儿记得住。

或许是因为从小学过二胡，陈燮阳对于中国民族音乐始终抱有深挚的情感。除了交响乐，他也改编、指挥过大量民乐作品，致力于将中国音乐带上世界舞台。1998年、1999年，他曾连续两年执棒中央民族乐团，在维也纳金色大厅开创了中国农历新年音乐会的模式。

曹：这些年是不是西方的观众，他们对中国作品也显示出非常浓厚的兴趣？

陈：比如我第一次，1998年和中央民族乐团第一次到金色大厅演出，那厉害，很轰动，西方的观众第一次听到这样大型的中国民族音乐。他们以前听到中国音乐是饭馆里面放的那些广东音乐。

曹：《步步高》之类。

陈：我们照样可以有很雄伟、很大气，民族风格很强的音乐，跟他们西方的音乐是完全不一样的。

曹：您对流行音乐也不排斥，听说你把《菊花台》改成一个交响作品。

陈：那是国庆演出，国庆晚会，我在宾馆里面，一个晚上，一天，总谱、分谱全部弄好。宾馆那个钢琴，我要弹几个和声，服务员不让我弹。我一个晚上，一天把总谱、分谱全部弄好。第二天试奏，一下子成功了。后来成了经典作品，到处演出。

曹：您当年带上交录制了两次《贝多芬交响曲》全集是吧？

陈：对。大概中国的指挥家里面，只有我录过全套的《贝多芬交响曲》，不过听说现在有几个人也"蠢蠢欲动"。

曹：跃跃欲试。

陈：对，都要录贝多芬全套交响曲，好事情。

曹：我们其实看指挥家在舞台上指挥，有两种，有一种是可以看谱的，有一些指挥家完全是背谱的。您通常是用什么方法？

陈：我两种都用，比较熟悉的，背得出的，稍微用功一下就可以背出来的，那我就背谱了。特别是年轻时候，脑子好，背得很快的，那时候上课都要背谱的。黄晓同老师不让你看谱的，上课的时候不能看谱的，一定要背的。

曹：很多乐迷经常会说听版本，比如说我听这个版本，这是哪个指挥，是哪个乐队。同一个乐曲经过不同的指挥家……

陈：不同的乐团，不同的指挥出来东西不一样的。每个人有每个人的特点，每个指挥家有每个人的理解，乐团的水平也不是完全一样。

指挥中的陈燮阳

曹：当年您在上交做音乐总监，您是希望呈现给大家一个什么样的风格？

陈："陈燮阳风格"。

曹：什么是"陈燮阳风格"？

陈：激情、罗曼蒂克，反正我的风格。因为我在芭蕾舞团待过，对于这种节奏的东西特别掌握，节奏感，你没有指挥过舞剧的人，他不一定能够掌握得那么好。

曹：这么多年指挥，有没有一些非常惊险的事情发生？因为我在剧场里头就经常看到过"翻船"。

陈：我看过一个"翻船"很厉害的，你知道什么吗？日本，日本的三得利音乐厅。

曹：三得利音乐厅，很有名。

陈：落成首演你知道吗。

曹：首演啊？

陈：首演，是谁指挥呢，《贝多芬第九交响曲》，萨瓦利什。第一遍应该是乐队你知道吗，他动作一大，合唱提前进来了，完蛋，整个乱成一团。这是太大的失误了。

曹：我主持音乐会，跟您大概碰到最起码几十次。

陈：对啊。

曹：我发现您有个习惯，您很早就会跑到舞台一侧，安安静静坐在旁边。这是您一直以来的习惯吗？

陈：肯定的，预先准备好情绪。在法国有一次指挥棒找不到了，要演出了，指挥棒找不到了。很好笑。

曹：那怎么办呢？

陈：拿根筷子上来。不行，你就用筷子指挥算了，后来不知道在哪儿找到。

曹可凡与陈燮阳合影

曹：我们经常看到指挥在台上，非常潇洒，其实在整个排练过程当中是很辛苦的，您怎么样让各个声部发挥出它最佳的效应，每个声部要有错误的话，如何在短时间内能够把那个错误更正。

陈：有的错误不是故意的，所以你不要多说，他知道自己错了，就不要多说了，他自己会调整的。有的是他不知道这个音是错的，那你就必须得告诉他这个应该怎么样，两种错。

曹：您在排练的时候严厉吗？有国王般的严厉吗？

陈：不，没有，我不严厉。

曹：您比较民主？

陈：也不是民主，就是说不会去训大家，骂，不会的。因为没用，让大家发挥最佳的状态，不要造成很紧张。你越要怎么样他越紧张，越弄不好，让他放松。

曹：您到了"80后"这个年龄，对自己将来的音乐、生活会有一些什么样的打算吗？比如我每次见黄永玉先生，他就说，我现在把计划已经排到100岁了，活得到活不到再说，但我这个计划已经排到100岁了。您是随遇而安，还是说我也是有一个计划？有一个短期计划？

陈：没有计划，我觉得能够做我喜欢的事情，做我力所能及的事情，把身体养好。

曹：您有没有一件事自己特别想做，现在还没有完成的，希望能够把它完成？

陈：当然，很多。

曹：比如说。

陈：很多曲目我还没有指挥过，等等等等。比如柏辽兹的《幻想交响曲》，我多少年来想指挥，本来已经排上了，结果疫情一来，排不上了。今年也是贝多芬年，我今年下半年会有很多贝多芬作品音乐会。

巴蜀狂客的音乐回忆录——郭文景专访

郭文景，中国当代音乐创作的领军人物，与谭盾、叶小纲、瞿小松并称为中央音乐学院78级"四大才子"，他们如同中国第五代导演一样横空出世，在中国音乐史上掀起一股前所未有的新浪潮，而郭文景无疑是其中最先锋、最桀骜不驯的一位。在大众视野里，他曾为姜文的《阳光灿烂的日子》、李少红的《红粉》、张艺谋的《千里走单骑》

郭文景在采访现场

等40多部电影和电视剧写过配乐，2008年，又应邀为北京奥运会开幕式中"活字印刷"的表演创作了独具特色的音乐。而在当代严肃音乐的创作中，他的涉猎也十分广泛，无论歌剧、交响曲、协奏曲、室内乐，均有上演率极高的代表作。《可凡倾听》节目组跟随郭文景，踏着月色来到上海爱乐乐团所在的百年历史建筑，采访了这位刚刚从首届杭州现代音乐节归来，又投入最新音乐会筹备中的作曲家，倾听属于他的音乐回忆录。

曹： 我在做你的资料的时候，发现一个特别有意思的事情，其实我跟你的很多同学都做过访问，比如说瞿小松、叶小纲、谭盾，还有刘索拉等等。我觉得当时你们这一个班能够出这么多有成就的音乐家，看似是一个偶然的现象，其实偶然会必然。过了这么多年，你们这一代作曲家仍在世界音乐领域有影响。你觉得这是一种什么样的逻辑？

郭： 我觉得主要还是一个积累，因为从我们班上的同学，用今天的话来说，就是把历年的高考状元全部弄到一个班上去了，因为十年没招生，忽然一下招生。如果按正常情况，这个班上的人应该是分散在各个不同的年级，你是这一年的，他是那一年的，现在全部弄到一年了，这是一个很重要的原因。第二个原因的话就是，在"文革"十年当中，搞艺术、搞音乐、搞文艺，成了年轻人为数很少的向往的一个目标，或者说是出路。在中国的历史上，从来没有一个十年是像这样，音乐获得了巨大的普及，那么多的人开始学音乐，这是一个重要的原因。

曹： 20世纪90年代有一部片子叫作《惊雷》，里边有很多你跟你的同班同学，瞿小松、谭盾你们无所顾忌地聊天。因为你们这批同学，其实每个人的成长经历，他们的家庭背景都不太相同，比如说像叶小纲、陈其钢，他们可能是世家出身，知识分子的家庭出来的。像你跟谭盾，这种鬼才是另外一种成长的环境。因为不同的环境，你们在学校里头会跟谁走得比较近一点？

郭： 我们这个班很奇怪，就是后来比较有影响的那几个同学，全部在一间屋。我跟瞿小松是上下铺，谭盾跟叶小纲是上下铺。也就是说我们同居了五年半，所以大家都还走得比较近，关系都挺好的。陈其钢同学当时选择的是住在家里面，他没有住宿舍，因为他家是北京的。他后来我们很多同学聚会，他也不怎么愿意参加，他是一个不合群的人。但是我和他关系还不错，他有时候到学校来了之后，也愿意跑到我琴房里面去待着，聊聊天，或者诉个苦。

曹： 当时谭盾是一个什么样的人？是不是在读书的时候，他就是一个发散性思维比较强烈的人？

郭： 是的，但是在学校念书的时候，他给我最深的印象，就是自我管理很好。生活非常井井有条，按时睡觉、按时起床。我们那个屋里面比较整洁的就是他。现在我教育年轻人，包括自己的孩子，我经常说自我管理非常重要。

曹： 那叶小纲呢？是不是会觉得他有点上海人这种翩翩佳公子的这种感觉？

郭： 我们入学之前确实每个人的生活是很不一样的，当然住在一起了，成了同学之后，其实入学之前的经历并不很重要，更多都是展现出个性，每个人自己的个性。叶小纲同学就是钢琴弹得好，人长得也清秀，喜欢出风头，喜欢要冒个尖什么的。比如大家在一起，你要是把叶小纲同学冷落了，他会不高兴的。

曹： 喜欢以自我为中心。其实在大学里头，一个宿舍里边的同学，往往事过许多年之后，还是觉得很亲切。因为大家在同一个环境当中共同成长。所以你现在回想起来，宿舍里边有什么特别好玩的事？

郭： 我们那儿熄灯之后，本来可以很热闹的，但是有一个"卧谈会"的破坏者，就是谭盾。我们要想聊天，他总是要抗议。但是他这个表达方式是很有意思的，他不会说，现在已经几点了。他说，现在离天亮还有6个小时了！所以说，我们那儿由于他在，没有什么躺在床上聊到半夜这种事情。

曹： 其实你刚才说到，每个人的文化背景不同会导致各自创作的趋向都会不同。纵观你的创作，我发现，巴渝文化，在你的作品当中，这种基因的表现是非常强烈的。所以你怎么看故土的文化，对你这么多年来创作的这种影响？

郭： 地域文化、民间音乐对于我来讲，它是构筑我自己的音乐语言的材料的来源。事实上我的很多作品的标题，看上去是在写景，写山和水，比如早期的那些，《蜀道难》《川崖悬葬》《川江叙事》《巴》这些作品。其实我真正写的都是写人，通过写这个自然环境，来表达人。像罗中立的画《父亲》，那个形象对于我一个在四川长大的人来讲非常熟悉，在生活中间到处都可以见到的，但是它的含义并不仅仅是一个四川的老农，它的含义要大得多。所以不管是早期20世纪80年代那些，从标题上面来讲，和四川有很多联系，和巴蜀文化有很多联系的作品，到后来这些东西越来越减少了，其实是一样的。我认为我关注的是现实，关注的是今天，关注的是人。第一，中国音乐在国际舞台上面，我不太喜欢扮演异国情调的角色。第二，我不会去满足西方音乐对中国音乐的先入为主的预期，或者他们觉得是什么样子的。其实很多中国艺术家还是很知道他们想象的中国是什么样的，他们想要什么样的，但是我对于这个是完全不予理睬的。

曹： 你现在回忆起来，是不是你发现自己跟其他的孩子有一些不同？比如说对于声音的敏感。

郭： 对，声音的记忆对于我来讲就是超过一切，比如说我小时候，我的老保姆，或者说是小学的老师，我可能记不起他们的样子了，已经模糊了，但声音还记得，可能是声音的记忆比较敏感一点吧。我出生在重庆，嘉陵江边长大的。在我长大的这个过程中间，我生存的那个环境，充满了各式各样当地的声音，船工号子、劳动号子、川剧以及各式各样的这些东西。在我毫不知情的情况下面，它事实上已经进入了我的潜意识，深深地在里面扎了根。后来它们会不断地被唤醒，真正是一种文化的熏陶，它不是后来灌进去的，这也不是采风所能够解决得了的，是完全不一样的。是在我完全没有，毫不关心的情况下。在我的生活当中根本没有音乐、没有艺术，周围没有任何人是搞音乐的。"文化大革命"来了，毛泽东思想宣传队遍地都是，各种大大小小的单位都有这样的宣传队，忽然之间充满了音乐。

郭文景的童年是在充满市井气息的老重庆的街巷中度过的，在他的记忆中"茶馆里有雅俗共赏的说唱，院子里死了人要搭个棚子敲锣打鼓唱川剧，街坊邻居的婆娘崽儿有时候会吵架打架，还有滚铁环、旋陀螺、放鞭炮、弥漫着人间烟火"这一切生活中的理所当然，日后成为作曲家的文化立足点和灵感源泉。郭文景最初的作品都与巴渝大地颇有渊源，至今他依然与川剧艺术家保持着密切的合作。但真正将音乐引入他生活，并让他确定了学习方向的，则是几位重庆生活的外来者。

童年郭文景

曹： 有没有一个特殊的契机，你听的某一个曲子，或者听了某个人的演奏，突然你对音乐产生了一种兴致？

郭： 在我记忆当中，音乐对我产生触电的感觉有几次。1966年那时候重庆搞"武斗"很厉害，小男孩都跑出去看。家里面为了不让我跑出去，在家里面待着，给我买了一把小提琴。但是我完全不会拉，吱吱嘎嘎的。那个小提琴在我手里面，从来没有发出过正常的声音。突然有一天，一个朋友跑来，说我们家来了一个中央音乐学院的人会拉小提琴，但是没有小提琴，就拿着我那把破小提琴去了。这个人叫杨宝智，他是广东人，跟当年中央音乐学院的院长马思聪是老乡。他从广东考到中央音乐学院去的时候，他是想要学作曲的。马思聪非常欣赏他的才华，非要让他跟他学小提琴，所以他又学作曲又学小提琴。1957年的时候，杨宝智就"发配"到了重庆市歌舞团。那个时候我还没进重庆市歌舞团，就看见有一个人在那儿，后来把小提琴给他。小提琴应该有的肩垫也没有，他就皱着眉头，摸出他的手绢垫着，他就开始拉，拉《白毛女》里面的《北风吹》。我第一次听到了专业的，在我面前发出来的那种如歌的小提琴声音，而且他还拉了双音。当两个音同时发声的时候，那种和声的效果，我又触了一次电。完全被小提琴的声音震惊了。他拉琴是在朋友家里面的客厅里，在一层，外面是一个菜市场。最后打开窗户一看，菜市场外面黑压压地堆满了人。那是一个没有录音机也没有电视的年代，收音机也只有少数人家里面有。在夜空当中，忽然响起了音乐的声音，对人的冲击力是非常大。在黑夜中间，他这个琴声在巷子里面传得很远很远，把所有的人都吸引了，这是一次。再一次就是看钢琴伴唱《红灯记》那个电影，院子里面的人，邻居还有家里面的人就发现我有点魔怔了，没事就一个人在那儿学殷承宗那些动作，然后自己唱，一边唱一边学他那些动作。直接就在桌子上面弹，也没画什么键盘，脑子里面就是殷承宗的动作。这些东西很重要，被家长看在眼里面。后来我是被我家里面的人送到重庆市文化局样板戏学习班。

曹： 所以你是在那个地方开始正式学琴。对于学小提琴来说，其实10岁、11岁，这个年龄已经是偏大了。

郭： 所以我只能考作曲系，没法考管弦系。

曹：但是你萌生作曲的想法，还是在这个重庆歌舞团？那时候你怎么确定自己有这个天赋，是能够作曲的呢？

郭：我进了重庆市歌舞团之后，碰见了第二个中央音乐学院的。第二个我的校友，当然那个时候我完全不知道我们会成为校友。中央音乐学院毕业的一个老师在乐队里面拉中提琴，他大概是跟郑小瑛是一届的，他在家里面保存了很多唱片。我就发现他和他最要好的几个朋友经常关着门，在家里面偷偷听那些古典音乐的唱片。我就是在他那个门外听古典音乐的唱片，听得我不想再拉小提琴了，萌发了作曲的念头，我就把我辛辛苦苦收集起来的，甚至手抄的小提琴练习曲，那个时候很金贵。拿去换了作曲的教科书，开始自学作曲。

曹：作曲能自学的吗？我觉得作曲是很高深的。

郭：因为我毕竟那个时候已经是乐队里面的小提琴手了嘛。再一个贵人就是我们的乐队长裴寿勋，吹单簧管的，我们都管他叫"裴老爷"。我自学作曲他是看在眼里面的。因为我们这位"裴老爷"对创作室的人不满意，他把我推荐给创作室的领导，说你可以试试这个年轻人。那个时候我们重庆歌舞团模仿战友文工团的《长征组歌》，我们搞了一个《红岩组歌》，就是讲毛主席1945年到重庆去谈判，住在红岩村这么一个组歌。其中有一段，讲的就是皖南事变之后，《新华日报》开了一个天窗，周恩来就写了，千古奇冤，江南一叶。同室操戈，相煎何急。作为《新华日报》的号外，那首合唱是我配的器。而且在那个合唱结束的最后一句，我用了《义勇军进行曲》。指挥是我们当时的团长，他在排练场把我大大地表扬了一顿，说你配得太好了，而且这个含义深刻，虽然那时是1941年，你在最后用了这样一个动机，预示了新中国的诞生。其实我都没想到，那可能算是我第一次写东西。

2002年，郭文景在一部大型交响曲创作中，再次使用了《义勇军进行曲》的音乐主题。在这部《英雄交响曲》里，作曲家依托古老的帕萨卡利亚形式，对国歌进行了多次变奏，展现出变化多端的写作技术。在音乐展开的大部分时间里，国歌主题均以改头换面的形式出现，直到最后一次变奏结束后，庄严、嘹亮的国歌才以国人所熟知的李焕之配器版本呈现，取得了惊人的演出效果。在新中国的音乐历史上，巧妙运用国歌的动机元素，纳入新的音乐语境，并获得成功的例子还有老一辈作曲家朱践耳的交响诗《百年沧桑》。而青年时代的郭文景也曾不远千里来到上海，拜访这位德高望重的乐坛大家。

朱践耳

曹： 听说那时候你还专门来到上海去朱践耳先生家里，当时是一个什么样的缘由，你突然能跑到朱先生家里头，人家也接受你了。现在想起来好像不可思议。

郭： 是。当时我已经在自学作曲了，朱践耳先生有一个外甥，是我们乐队打定音鼓的，叫王石明。我们俩一起在自学作曲。当我知道他有一个舅舅，是上海的大作曲家朱践耳之后，就说什么时候能去上海拜访他。1972年还是1974年，我们到北京参加全国文艺汇演。完了之后我就背着小提琴，我们一起从北京坐火车到上海来，到了朱践耳先生家。直接就去敲门了，两个人就进去了。朱先生接待了我们，用行军床安置我们。那个房子很高级，也是这种老房子。但是面积不大。朱先生家人做了很精美的饭给我们吃，我那个时候第一次发现，怎么上海的碗这么小？吃饭的碗和菜碟很小。红烧肉烧得很好。朱先生很忙，那个时候他每天出去，但是他还是抽时间给我们俩上了一次和声课。那次和声课大概也就15分钟到20分钟，但是对于我来讲，这是非同寻常的一场和声课。就在这15分钟到20分钟里面，把和声学的终极奥义都讲清楚了，全部讲出来了。

曹： 15分钟到20分钟就给你们讲清楚了？

郭： 对于我来讲是这样的。和声的意义是什么？两点，第一，色彩；第二，动力。如果说我们举一个通俗的例子，和声的色彩，在法国印象派那些作曲家中间，是得到了充分的发展的。和声的动力，你可以在瓦格纳的音乐里面充分感受到那种滚滚的，源源不断的强大的冲击力，它就是这两件事情。朱践耳先生给我们上课，完了之后拿了一个谱子，这是他写的歌《接过雷锋的枪》，把它放在钢琴跟前。例子就是那个短小的引子。他说你看这有四个3，我分别配了3- 升5-7，4-6-1-3，完了再是终止四六，再是回到最终到这个主和弦上面。也就是这四个3，每一个3的和声色彩都是不一样的，这就是色彩。而且每一个3都在变，旋律虽然是停在3上面的，由于和声的色彩一变，所以它产生了强大的动力。所以这个号角式的，这个短小的号角式的引子充满了动力，一直到最后一刻再进入稳定的主和弦。这就是把和声的全部奥义讲了。

曹： 朱先生后来听你后面的作品，对你有什么评价吗？他还记得给你上过这样15分钟到20分钟的课，而且对你后来的创作有这么大的影响？

郭：他记得我去找过他。后来虽然年龄差距很大，也在两个不同城市，但见了面都很亲热，聊得很多。其实从艺术追求上面来讲，虽然年龄差别很大，他跟我们一样，就是在改革开放一开始，就对音乐的新风格、新技术、新手法他是一个积极的探索者。

曹：他写《第十交响曲"江雪"》，仍是很多对于当代音乐的思考，我觉得对他这个年龄来说是非常不简单的事情，他始终在往前走。

郭：他这么有名的作曲家，年纪很大了，上海音乐学院有什么讲座他都去，还拿个本。他们老一辈的知识分子就是有这种精神。而且我小时候贸然闯到他家里面去，他接待了我们，还上了一堂课。

曹：据说你回重庆的船票，还是他找人给你想办法的？

郭：对，我们不想坐火车回重庆，没意思，就想坐船。从上海逆流而上到重庆要坐一个礼拜，船很少，但是他帮我们买着了，那一趟航行也是记忆深刻。

曹：对于你们刚刚开始进行作曲的创作来说，在那个年代你要办一个作品音乐会除非是官方主动要举办，你个人要办一个这样的作品音乐会，其实是难上加难的。我听说当时你们这帮同学，谭盾是比较早"破圈"，采取拉赞助的这个方式，后来你们大家都一一学会了拉赞助。

郭：在这个问题上面，我们是很幸运的。大概半年前，我的作曲老师苏夏教授去世了，96岁。《人民音乐》约我写一篇文章，所以我就回忆了他很多事情，他们那一辈人才是真正的完全没有机会，机会都是掌握在组织手里面的。他感叹过两次，感叹我遇上了好时候。一次是我在比他当教授年轻得多的年龄当了教授。第二次就是我自己到社会上去寻求赞助，给自己开交响音乐会，请了中国最好的交响乐团，中央乐团，最好的合唱团，中央乐团合唱团，请了中国唱片社给我录唱片，当时很少有的录音车开到和平里那儿去。他很感叹，我自己也很感叹，这一切都是因为改革开放，艺术家可以向社会寻求赞助。

曹：我特别想知道，当时你们怎么去拉赞助的？

郭：我就回到重庆去想办法，但是我整个过程比较顺利。其实那个时候比现在还顺利，当时重庆有一家音像出版社出盒带的，有一个盒带叫《鞋儿破帽儿破》，就是《济公》的那个主题歌，赚了很多的钱。但是那个时代这些老板对所谓的严肃艺术，还保留了敬畏之心。

曹：还是有文化情怀的。

郭：我们班上的同学开音乐会，没有哪一个有我拉到的赞助多，经费极为宽裕。他觉得能够资助一个年轻人，在北京开交响音乐会，请中国最好的交响乐团，这是一件非常了不起的事情。他觉得他能够资助这件事情，他自己很有面子、很光荣，那个时候是这样的。说句难听的话，现在这个光环没了，好像再去找有钱人、老板要钱没那么容易了。

曹：你还记得当时他们给了你多少钱？

郭：1987年，两万块钱算很多。我跟中央乐团，中国唱片谈的时候，全部是随便他们开价，开完了之后，还有三千块钱，我说我给你们全部加进去吧。

曹：那谭盾是问谁去"化缘"的呢？

郭：谭盾是滕文骥资助他的，滕文骥当时是在拍电影《大明星》。当时还没有任何人可以找到两万块钱。

曹：所以我觉得你们那代人真的就是在改革开放刚刚开始的那个序章，然后你们就踩到了那个时代的脚步。你后来又回到自己的母校做作曲系的主任，是不是觉得这也是一个特别幸运的事？

郭：对。我认为回到母校去任教，而且还通过担任一定的职务，为它做更多的事情，这是一件很美妙的事情，这是其一，为母校作贡献。其二，在大学工作，在学术上面、在艺术上面对自身保持继续向前不停步也非常有益。所以母校对于我来讲，它不仅仅是求学那五年训练了我，而且恐怕从一生的角度来讲，它都对我是意义非常重大的。

20世纪80年代后期，中央音乐学院78级的黄金一代年轻作曲家，以充满活力的先锋作品登上世界舞台。后来，当同学们分赴欧美各地发展时，郭文景并没有选择出国，尽管如此，他兼具中国文化底蕴和国际视野的创作能力依然得到了来自海外的瞩目。1994年，歌剧《狂人日记》在荷兰艺术节上演，演出取得巨大成功，作曲家在生平第一部歌剧创作中，已经展现出特立独行的音乐语言、巨大的戏剧张力和深刻的人物内心塑造。《狂人日记》之后，郭文景的重要歌剧作品还包括《夜宴》《李白》《凤仪亭》和《骆驼祥子》，每一部作品都包含让人耳目一新的创意，但同时又处处显露出只属于郭文景本人的艺术个性。

曹：其实纵观你的创作，歌剧是你整个创作版图当中非常重要的一块。你自己也说过，写歌剧，其实从经济效益方面来说并不划算，你所要付出的精力，你所付出的这种脑力的、思想的代价，可能大大超过你写一部小品所付出的力量。所以为什么你始终愿意把歌剧创作，放在你创作的一个首位。歌剧这个对你来说，是不是也是一个魔怔？

中央音乐学院作曲系 1978 级合影
（第三排右五为叶小纲，第二排右四为谭盾，第二排右三为郭文景）

郭： 这个可能跟我对文学、诗歌有非常大的兴趣很有关系，这完全是魔怔。我看小说，经常看着看着，脑子里面自动在想，这个可以改成歌剧，这一段我怎么处理。它对我来讲充满挑战，但又有很多快乐。

曹： 通常什么样的故事会特别吸引你？比如你写了《狂人日记》，写了《骆驼祥子》，也写李白，也写《韩熙载夜宴图》。

郭： 那些特别有性格的人总是在吸引我，我归纳了一下，我写的歌剧里面不是狂人就是疯子。鲁迅的《狂人日记》，那个狂人就不用说了。韩熙载和李白，那都是属于疯子、狂人类的人物。《凤仪亭》那貂蝉等等都是这样的，特别有性格的人。虎妞，我认为是在歌剧舞台，把全世界的歌剧女主人公都算上，没有一个有老舍先生塑造的这个虎妞性格丰富。好吃懒做，泼妇一个，打情骂俏，跟她爹耍心眼，骗祥子，最后为了爱情抛去了一切。她其实

1994 年 6 月，在阿姆斯特丹进行的荷兰版《狂人日记》世界首演

是有钱人家的小姐，最后穷困而死，性格非常多面。所以你通过音乐刻画这样一个人，是一件很有意思，很好玩的事情。

曹：我们过去讲，一个作品在中国演红了，然后慢慢地把它输出。而你的这个路径跟人家不一样，你的作品是在国外红了之后，再回到中国"出口转内销"。《狂人日记》是在国外演了 11 年之后，才回到中国。所以这是一件在音乐界里面我觉得有点不太可思议的情况，跟我们通常讲的文化输出的概念不尽相同。

郭：是。所以说我有时候会希望事情是反过来的，不过到了 2014 年，国家大剧院约我写这个《骆驼祥子》的事情总算是反过来了。先在国内制作、国内演，获得了很大的成功，再到意大利去巡回演出。这一切的变化还是和整个的时代，国家的整个的情况都是相联系的。

在众多音乐类型中，郭文景对歌剧的创作无疑是情有独钟。作为一位土生土长的中国作曲家，他坚持使用中文创作自己的歌剧作品，并且真正实现了让中国歌剧走向世界音乐舞台。

曹：因为歌剧在西方的文化范畴里面有几百年的历史，中国的歌剧是非常年轻的。中国所有唱歌剧的人，做音乐的人都希望中国的歌剧能够在世界的歌剧的版图当中占一块地方。但是语言就是一个非常重要的问题，因为我们习惯了听意大利歌剧、听法国歌剧。无论是从格林卡开始到亚纳切克，小语种进入歌剧领域，他们也都拿出一些好的方案。作为一个作曲家，你怎么把中文的音韵，跟当代音乐的这种理念，能够达到一个非常完美的结合，让中国人也好，外国人也好，用中文来唱歌剧是非常妥帖的那种感觉？

郭：我写的歌剧全部是用中文写的。但是在国外演出比在国内多，所以说我对小语种，当然这个是有一个特定含义的，就是说中文虽然使用的人很多，但是在歌剧这个世界里面你必须承认你是小语种，连俄语都算是小语种。它要想在舞台上面取得较大的影响，这个道路是非常漫长的、非常遥远的。以至于我现在觉得我们根本不应该去考虑这个问题。首先就考虑，让歌剧这个样式在中国这个 14 亿人口这个国家里面，怎么样赢得更多的观众，怎么样在样式上面、艺术水准上面、形式上面更多样、艺术水平更高，我现在只考虑这个问题。我的《狂人日记》有一个阿姆斯特丹的版本，有一个伦敦的版本，有一个法兰克福的版本，有一个鲁昂的版本。对于他们来讲，中文太陌生了，太不熟悉了，太困难了。

曹：他们怎么能够让外国人把中文唱得那么好？

郭：他们就是请语言教练，一定要请一个中国人，排练的时候在现场教这些演员。虽然我已经写了拼音了，但那个拼音怎么拼才是标准的，还是要有一个中国人在现场。但是也不可能唱得很准。我的出版商是意大利的里科尔蒂（Ricordi），有 200 多年的历史了，它主要的业务就是经营歌剧方面的乐谱。我就跟他们讲，我这个歌剧到处演，听见他们唱那些不标准的怪

英国版《狂人日记》剧照（1998 年 7 月在伦敦）

腔怪调的中文，我说我很难受，这个事情怎么办？他们说，这个事情没有什么怎么办，我们意大利人满世界听那些怪腔怪调的意大利语，因为满世界都在唱我们意大利歌剧，我们已经听惯了，没关系的。

曹：你有没有想过，为什么像《狂人日记》这样的题材，能够在欧洲率先走红？其实中国歌剧用中文在世界上演唱，在《狂人日记》之前，几乎是没有成功的案例。我们如果把它当成一个可以研究的对象来看，你觉得这个成功的因素在什么地方？

郭：我觉得可能主要还是这个剧本改编很成功，非常紧凑，充满了紧张感，而且这个剧本的剧情和内容，以及鲁迅的想法等等互相成为一种隐喻。你比如说这个剧本，狂人最先生病是在黄昏。之后他开始发病了，是在前半夜。最后发高烧，病得不行了，发疯了，胡言乱语，说你们在吃人，这是后半夜，夜越深他病也越严重，最后黎明来了，他烧退了，清醒了。简单一句话，首先是剧本我觉得改编得非常好，再一个就是音乐的戏剧性非常强。为了表达恐惧和疯狂，我非常夸张地处理语言，我觉得他们从听觉上面来讲，就是一种陌生的语言，一种完全夸张的处理，可能在音乐上面也有很强大的戏剧性效果。再加上我在那个戏里面，所有的那种戏剧性高潮，不是他们通常的管弦齐鸣，我用的是中国的打击乐，发出那种紧迫的节奏来制造的。所以我认为可能主要还是在剧本、音乐这方面。

曹：从你个人的好恶来讲，你是不是就喜欢像鲁迅、像李白这种比较特立独行的这种性格？在中国的戏曲当中，李白这个角色总是以儒雅小生来应工的。但是你是用了男低音，用了田浩江。

郭：《李白》基本上是为田浩江量身定做的，所以说老年的李白用男低音。因为他的那种很夸张的狂放的诗歌很多，尽可能地表达了这一面。也表达了他特别想走仕途，建功立业，中国文人那一套，写诗这算不得什么，还得要出仕。

曹：达则兼济天下。

郭：对，但他在那方面是非常失败的。

曹：你的创作版图当中有很多都是跟李白有关的，《蜀道难》包括《愁空山》，其实都是跟李白有关的。

郭：是，但是我想写的歌剧其实选题是很多的，如果我的每一个选题都能够实现的话，那我歌剧的数量会比现在多得多得多。我有很多歌剧的选题，已经十几二十年地四处碰壁，很多得不到响应。首先要有人委约。委约倒不是没有，但是他们的建议我不感兴趣，我感兴趣的东西人家又不接受。

　　狂放不羁的李白似乎特别能够激发郭文景的创作灵感，除了同名歌剧之外，他还以诗人的传世之作《蜀道难》为题创作了交响合唱作品。而为竹笛与管弦乐队而作的协奏曲《愁空山》同样源于《蜀道难》中的诗句，"但见悲鸟号古木，雄飞雌从绕林间。又闻子规啼夜月，愁空山"。这是郭文景的音乐会作品中上演率极高的一部杰作，作曲家深入挖掘了竹笛的表现潜能，作品开始的引子部分，竹笛运用循环换气法，吹奏出了一个长达 45 拍的长音，不仅以惊人技巧使观众屏息凝神，更营造出了一派悠远悲凉的音乐意境。循环换气技术在第二乐章得到了更绝妙的展示，竹笛的快速音流描绘出"飞湍瀑流争喧豗"的热闹场景，弹拨乐组、笙以及独具地方特色的打击乐组也得到了充分的表现。在大多数听者的印象中，竹笛这件乐器总是与明朗清亮的音色、活泼欢快的曲调相联系，但郭文景以一曲《愁空山》扭转了这一局面，在继承传统的同时，又赋予竹笛前所未有的戏剧力量。

曹：因为你对民族音乐，特别对中国的戏曲有非常浓厚的兴趣，你每次在写这些器乐的协奏曲，是不是也希望能够突破这样的一种乐器的演奏的技巧，有很多人都觉得你的作品很难演奏。

郭：我写过两个竹笛协奏曲，他们觉得很难。我并不是说我一定要去制造技术上面的难度，我是想拓展民乐的性格。你比如说竹笛，北方的笛子是高亢明亮的，南方的笛子是圆润优雅的。我想突破性格，那个技术上面的难和技术上面的拓展，那是果，不是因。真正的因是民乐的性格，我认为性格非常重要。说到这个问题，我总要拿唢呐和崔健的《一无所有》来做例子。唢呐，在你结婚的时候，它就是喜庆的，甚至在戏曲里面，它有可能是小花脸的。但是它在《一无所有》里面，它就是悲壮的，它就是带有80年代的那种情怀。主要还是因为想为这个乐器的性格进行拓展。比如说第三乐章，它的意象是李白的长诗《蜀道难》的那个意象。"一夫当关，万夫莫开。朝避猛虎，夕避长蛇。磨牙吮血，杀人如麻。"要想写这样一个气氛，这些意象的话超出了传统笛子的那个表达范围，那么你就可能要使它在技术上面有所突破，还是为了拓展这个乐器的性格，其实我觉得中外都是这样的。

曹：作为一个当代作曲家，你怎么来看观众的欣赏跟作曲家的这种追求之间的差距？可能对于普通的观众，他们觉得听当代音乐是有一点费劲的，没有旋律性，可能类似像噪音这样的音响的效果。当你在写一个音乐的时候，会不会顾忌到大众的审美？

郭：事实上我从来都是顾及听众的，不管是写无调性的音乐，比如说无调性的《狂人日记》，还是写充满了传统曲调的《夜宴》，我都是考虑听众的。因为我知道，音乐作用于听众的手段是非常多样的，并不是仅仅就是悦耳的旋律一样。你比如说潘德列斯基《广岛受难者挽歌》，就是一个弦乐队全部奏噪音，你对于一个普通的听众来讲，他一定会受到震撼的。你比如说勋伯格的那个完全用十二音写的，为一个男声朗诵，男低音合唱，和一个管弦乐队写的《一个华沙幸存者》，我想不管是你对古典音乐了解多还是少，都会被这样的音乐所冲击的。

勋伯格的《一个华沙幸存者》和潘德列斯基的《广岛受难者挽歌》都是以第二次世界大战为题材，以现代音乐技法渲染战争恐怖，直面人间悲剧的杰作。现场聆听这些作品，能够带给听者巨大的震撼，生发出从恐惧到净化的心理体验。但如果放眼世界，就总体而言，严肃音乐在现代人的社会生活中所占据的空间却前所未有的狭窄，所为一个当代音乐创作者，郭文景又如何看待这样的危机呢？

曹：100年前的前20年，其实我们已经有了斯特拉文斯基，有勋伯格，有巴托克，100年前的20年，跟现在的这20年，在作曲领域你怎么看这种不同？

郭：首先你刚才提到的那几位，那算是古典殿堂里面的人物，当代音乐新的形式、新的方法、新的想法依然是层出不穷的。通过交响乐团传播一个音乐，我觉得速度比较慢。事实上马勒这些人都是很多年之后，才慢慢被越来越多的指挥喜欢，演奏更多。人们就是说喜欢直接拿现在和100年前来比，做成就的判断，这不合适。因为你倒回去 100 年的话，刚才我说到的进入古典殿堂的那几位，那个时候也未必见得认为他们是能够进入永恒的殿堂的。

曹：对于现代的作曲家来说，肖斯塔科维奇是个非常重要的参照。从你个人的创作的经历、成长的经历，您也认为肖斯塔科维奇对你个人有重大的影响，你也曾经把他的前奏曲和赋格从钢琴曲改编成为乐队的作品。所以肖斯塔科维奇对你的音乐创作，会产生一种什么样的影响？

郭：首先肖斯塔科维奇有独一无二的肖斯塔科维奇风格，他不知道怎么搞的，就对我有很大的冲击力，第一次听就喜欢。虽然他也是古典殿堂里面的，但他的那个音乐的语言表述方式，是比较接近于我们这个东方的线条性思维的，他跟德奥的那个是不一样的。所以说，不管是从理解、情感，还是说学习这方面，他跟西方古典的，西欧的那些是不一样的。肖斯塔科维奇对于中国作曲家来讲，他就是一个特殊的存在，他是交响乐在 20 世纪的续命者，他在 20 世纪活到 1975 年，就是说交响乐起码也活到了 20 世纪的 70 年代。在他之后目前好像还没有像这样的交响乐作曲家达到他那种水平，那种成就的。

　　肖斯塔科维奇是对中国作曲家影响最大的现代音乐大师之一，他受过严谨扎实的学院派训练，在各类音乐体裁之间穿梭自如，游刃有余，除了留下一批雄浑有力的交响曲、弦乐四重奏和协奏曲杰作之外，他还创作了两部极其精彩的俄语歌剧，以及大量电影配乐，展现出兼收并蓄的全面才华。在这一点上，郭文景完全继承了老肖的传统，走出音乐厅和歌剧院，他曾与多位中国著名导演合作，将自己的音乐融入银幕上的光影世界。在传统观念中，电影配乐从属于电影的整体视听空间，在形式上缺乏独立性和逻辑性，但对于大多数年轻作曲家而言，写作电影音乐却是一种行之有效的锻炼手段，能从中学习到不少宝贵经验。

曹：写电影音乐的思路和方式跟你写交响乐是不是截然不同？

郭：写电影音乐跟写音乐会作品完全不一样，你是要配合电影。我写电影音乐最多的那几年，因为没有音乐会作品写。这个月是一个武打片，下个月就是一个警匪片，再下个月就是一个言情片。但是对人非常有锻炼。再一个写电影音乐以文会友嘛，也可以交朋友，这也是一件很有意思的事情，而且还可以采风，去很多地方。对于电影和电视的话，我认为虽然我没有把它们列到我的作品目录表里面，但是它们对于我来讲是非常重要的。

曹：为什么不列在你的创作表里面呢？

郭：因为我没有完全的自主，最起码有个导演要审你一道。你写音乐会作品的话，行还是不行我自己说了算。

曹： 你跟他们合作，都是一种什么样的感觉？比如张艺谋导演。

郭： 张艺谋导演是一个工作狂，而且是经验非常丰富的，他说哪些地方要音乐就是哪些地方要音乐。我说这个地方要音乐，他也听，也写，也录，最后我一看，没有。我合作的导演都

作曲中的郭文景

还挺顺利的，挺好的。现在电影界就是流行一个方式，导演剪片子的时候，把代用音乐全部已经贴上去了。因为我要用什么样的音乐，用嘴很难说清楚，所以导演说，你就照着这个意思来吧。为什么这么多年来，没有特别棒的电影音乐了？就是让这件事情害的。导演按自己的想法，把代用音乐贴上去了，完了之后让作曲的人按照这个意思写。事实上就等于取消了作曲的创造性，只是帮你写一个跟那个不一样的，但其实是很相似的。好消息是，现在大家都看到这个事情的负面了。后来咱们国家古典音乐这方面形势越来越好，交响乐团越来越多，也有了约稿了，所以说我就完全不写电影音乐。《千里走单骑》之后就再也没写过了。但是电影音乐在我没有别的东西写的时候，对我非常重要，我永远要感恩这件事情。可以说锻炼了我的音乐造型能力。

曹： 你跟你同班同学从艺路径都有点不太一样，你的同学当中的大部分，都去美国或者是欧洲留学了，只有你在本土。面对这么多同学出国，当时心里边是怎么想的，

《千里走单骑》电影海报

为什么不去？

郭： 多种原因。首先第一个原因，我上大学的时候，我的和声老师叫赵宋光，他是一个奇人、神人，我们都很崇拜他。他是留德的，但是他跟我说，学作曲不用出国留学，他这个话对我有很大的影响。作曲是一个可能还是要讲本民族文化，个人意志、作曲家的自由表达可能这一类的。再一个就是，很幸运的就是，虽然人还没有出国，在国外已经获得了一定程度的成功，有了演出机会，有了约稿机会，我想那就可以了。所以就选择放弃，就在国内待着，挺舒服的。

2020 年 8 月，郭文景在自己的朋友圈发表了一篇题为《狼子村说木心》的文章，虚构了"狼子村"即郭文景与作家、画家木心的一场对话，对木心曾经发表的关于音乐的一些看法提出了相反的意见。例如木心说：东方与西方最大的分异现在音乐上：东方的音乐越听人越小，世界越小。西方的音乐越听人越大，世界越大。狼子村说：纯属放屁！川江号子、信天游、草原的长调、藏区的牧歌、古琴、笛子、唢呐……我越听天越宽、地越远，最后听见人在天地苍穹间。木心说：谈贝多芬、谈肖邦，最大的难事是要年轻人承认浅薄。狼子村说：热爱贝多芬和肖邦的年轻人可能会说，凭什么！？我也要说：不就一贝多芬一肖邦吗？你大爷的！凭什么要年轻人承认浅薄？要想显得自己高深也不带这么踩年轻人吧？不仅如此，文中还对木心在狱中无声弹奏莫扎特和巴赫，写了 66 页的《狱中手稿》等传闻表达了质疑。最后，郭文景也申明：我其实怼的不是木心这个人，而是一种文风和宣传方式。

曹：通常你怎么去判断一个人？

郭：这是一件很费劲的事情，所以说我看到什么就是什么吧。因为好像我的生活也不需要我高度戒备地对待周围的人，我相信你展示给我的一切。

曹：你当时在微信里边不经意写了对木心的判断，你有没有想到，会掀起如此大的风浪？

郭：始料未及，完全出乎我的意料。

曹：你读过木心的这些有关文学解读的书？

郭：木心不在我的关注范围内，我没有读过他的书，画也没有看过。就是因为在我那个小小的朋友圈里面，出现了我怼他的那些话。他们是要举行一个什么活动，就弄了一些文字，我闲着没事就看见了。有些事情我觉得难以置信，我要质疑。有的我觉得装腔作势太过，所以我要调侃。有的我完全不认同，比如说关于西方音乐人大，东方音乐人小这些，所以就表示了反对。我在学校当老师 30 多年了，我比较反对贬低年轻人，因为当老师都要鼓励年轻人。尤其反对贬低年轻人，抬高自己。其实你看我的文字你就会注意到，我根本没有半个字涉及对木心是不是大师的评价，对他的文学、美术这些。我只是质疑了一些事情，完了之后调侃了一种我觉得过于装腔作势的表达方式。质疑了一些不可思议的事情，我认为，历史人物和历史是应该任人评说的，如果不能任人评说那是什么？所以说调侃一下，批评一下。但是我质疑的事情我认为是非常重要的。一个受过苦的人，他可不可以不诚实地，夸张地言说自己的苦难？或者这么说吧，如果我们不能诚实地言说我们的苦难，那苦就白吃了。

曹：这句话说得好。

郭：我要求我的朋友们，但凡看见骂我的，就一定要发给我看。

曹：看完之后什么想法？

郭：我觉得那些热爱木心的人都是好人，都是善良的人，追求真善美的人。他们就让我想起上小学的时候，班上老师喜欢的那些优秀生，不像我这种落后生，我应该向他们学习。他们骂我，我就听着。但是有一些问题，还是要引起注意，我觉得质疑的精神丧失了，这是一个很大的问题。我对我自己比较满意的是，我还有质疑的精神。比如有一个人反对我的，他认为木心在所谓狱中能够写10多万字还是60万字的东西等等这些。

曹：有人在监狱里头写过小说，叶浅予先生跟我说，他那时候因为关在监狱里是一个人，为了防止自我语言的丢失，他就每天给自己编一本长篇小说，第二天把前几天的重新默一下。这本小说的名字我还记得，叫《松树湾的故事》。但是他很奇妙，他从监狱出来的第二天，这本小说一个字也想不起来。

郭：他写下来没有？

曹：没写下来，因为不可能写。他每天就是默念，自己跟自己说话，他是为了锻炼他语言的功能。

郭：对，你这个故事我相信。如果说他写到纸上了我一定要问你，他以什么样的理由找监狱方要纸的，要笔的，要墨水的？你写什么东西人家都要看的，随时都有可能罪加一等的。

郭文景这篇发在朋友圈中的随感，迅速在文艺圈中发酵，而与木心有着多年师生情谊并将其介绍给中国大陆读者的画家陈丹青，更是两度发表公开信，毫不客气地表达了自己的态度。"弟于木心音乐观持异见，很好，直说便是，然辞气如是之污秽，面目如是之难看，实令我吓煞。昔年得识弟，欢谈之下，果然中音七八届才子也。今贵为教授，作曲精英，音坛前辈，国际名角，而竟不惜自己上网破相，悍然骂街，弟不觉得又亏又土吗？"随后围绕着木心究竟是不是文学大师、音乐家的争议扩大，诸多学者、作家、媒体人等公开发表了各自的看法，对木心的评论也褒贬不一。有意思的是9月14日，导演姜文通过历史学者易中天的公众号发布了一篇标题为《姜文劝架，请别开骂》的文章。姜文在文中表示，由于郭文景是电影《阳光灿烂的日子》的作曲，陈丹青又是《阳光灿烂的日子》的粉丝，自己作为该片导演，"出来劝架"："希望陈老多向郭老请教音乐，三人行必有你师嘛。两人行也有。"文末还附上一首"七绝"，引来不少读者争相书写。

《阳光灿烂的日子》电影海报

曹： 我特别想知道，当你读到丹青兄的这封公开信，你是怎么想的？

郭： 这个事情是我引起来的，而且以前我还是把他当作朋友，所以我就态度很好地给他作了一个回复。他要对攻击他恩师的人、挖苦他恩师的人进行回击，这一点我是理解的。我不理解的是，他对瞿小松的态度。他回击完了我之后，还专门挑衅瞿小松，挖苦瞿小松。瞿小松为我的那个朋友圈里面点了赞，并转发了我的那个东西。瞿小松是我的朋友，给我点赞，转发一个他觉得挺有意思的东西，和陈丹青有关系吗？当然如果他认为那个东西任何人都不应该转发，转发就是对他恩师的冒犯，要这么想的话，我也没办法了。20 世纪 90 年代在纽约的时候，我看他们还是很好的朋友，何至于这样呢？所以说我对他对瞿小松的态度我是不赞成的，我认为不好。但是我觉得瞿小松还是挺有修养的，没有做任何回复。

曹： 从读者的角度来说，我们不去细究很多东西的话，木心的文字确实有他的特点，就是那代文人的那样的一种气质吧，所以他拥有那么多的文学的拥趸也不奇怪。

郭： 我说了，我对于木心完全没有兴趣，我对他的文字和美术作品完全不作评论，他是不是大师也不作评论。但是他的音乐作品，或者说陈丹青试图证明那些是有审美价值的音乐作品，我可以在这儿很负责任地说，绝对是不成立的，恐怕都是那些所谓整理者的作品。我看见了很多反驳我的，为木心辩护的文章。有一个说法是说他反对歌功颂德，所以被撅断了三根手指头。你知道我首先想的是什么？止痛药吃没吃？消炎药吃没吃？那个骨头对上了没有？对它进行固定没有？这篇文章说是在水牢，充满水的防空洞里面住了四个月。如果说没有治疗的话，那种骨折的疼痛、发炎，你不固定它怎么恢复？如果说没有恢复，一定会落下残疾的。那么"文革"之后，后来所有认识木心的人，发现他有没有那三根指头的残疾？

曹： 你不是音乐家，你是一个大夫。

郭： 我就是在大夫圈里面长大的。我父母亲都在医院工作。而且很多人在回忆"文革"的时候，说自己的种种苦难的时候，我感觉到一个问题，就是闪烁其词，语焉不详，没有细节。总而言之我认为，我谈这个事已经不单单是指对木心。

曹： 所以你跳出了个人的评价的问题。但我觉得其实挺好玩的，你想，20 世纪 30 年代、40 年代这种文人之间的说来说去其实是挺多的。林语堂先生跟鲁迅先生，鲁迅先生跟施蛰存先生等等，在现代这种环境下，你，然后陈丹青、木心、姜文，几个人就变成一个化学反应，所以你如果把自己抽离开那个漩涡的中心，你觉得其实这也是一个很有趣的文化现象。

曹可凡与郭文景

郭：首先我要讲，20 世纪 30 年代那些文人打笔仗、打嘴仗那个事情，那就是他们的正业。但是对于我来讲，完全不是这样的，我现在在中央音乐学院作曲系教书，工作量巨大，本科、硕士、博士、博士后一应俱全。我每周把我要教的课全部教完了之后，再喘息过来、休息过来之后，所剩下的那点时间，对于我完成我欠的音乐稿和我计划要写的音乐稿来讲是非常非常宝贵的，我完全不愿意把这点时间拿去做别的事情。写那个东西之前，那两天是去成都开音协理事会。

曹：闲的。

郭：成都那个地方简直太好了，回到北京之后，心还没有收回来，一时进入不了作曲的那个状态，朋友圈一看，看见木心的那些话，就忍不住调侃了几句。

曹：你的个性是不是就是这种直来直去的，所以你在创作的时候，其实也是直来直去？

郭：我不知道，因为有很多作曲家的音乐听上去也很直来直去，很强有力的，但看他的传记的话发现还是很狡猾的。我不知道怎么搞的，我是不大认同把作品和人画等号的。人要比作品还要复杂，复杂得多，作品只是人的一部分。

为艺术而歌——廖昌永专访

1920 年，正在德国柏林留学的青主基于苏东坡《念奴娇·赤壁怀古》一词，并借用德奥艺术歌曲的形式，写下的《大江东去》唱响了中国艺术歌曲的开篇。一百年来，艺术歌曲这种伴随近代欧洲文化及现代西方文明进入中土的舶来品，通过几代中国音乐人的努力，在神州大地上生发出别样的魅力。而上海音乐学院作为中国第一所音乐专业高

廖昌永在采访现场

等院校始终参与、见证着这一艺术的发展与传播。在今天的节目中，就让我们跟随上海音乐学院院长、男中音歌唱家廖昌永的歌声，追溯中国艺术歌曲的百年风华。

曹：我们认识差不多有 20 多年。合作大大小小可能有几百台晚会，但是今天这样面对面谈音乐、谈艺术，还是第一次。其实我在做你的采访提纲的时候，我就特别回想我们一起合作过的几百台晚会，哪一次晚会廖昌永的演唱最为特别，第一个飘到我脑海里的就是那次世界游泳锦标赛，你先是穿着西装革履引吭高歌，忽然把西装脱了以后，纵身跃入水中，游到对岸，然后爬起来继续演唱。这可能在你的歌唱生涯中，是不是也是非常独特的一次演唱？

廖：对，我相信这在我们歌唱界，也是第一次。其实我考音乐学院之前本来是想考体育学院，从小在乡下都是在水边长大的，所以当时总导演滕俊杰他先问我你会不会游泳？我说太会了。他说那你可不可以游给我看看？我们就去游泳池，他说你速度游得还可以。我说我体力还行，一直喜欢体育。所以其实对于我来讲从那儿纵身一下去再起来，完全没有体力上的消耗的，因为冲击力一下去，已经半个游泳池过去了，再扒拉四五下已经上岸了。对我来讲最难的是不知道音乐到哪儿了。

曹：在水里是听不见音乐的是吗？

廖：听不见。而且当时对我还有一个考验是我眼睛看不见，因为我不能戴隐形眼镜，所以从那儿下去的时候，我不是很清楚我有多高，所以有点基本上平地拍下去了。

曹：非常特别的一次呈现。说到歌唱艺术很有意思，我记得我们前几年一起在全国人大小组讨论的时候，你提到过作为一个歌唱家，特别是中国的歌唱家来说，特别希望我们中国的民族歌剧能够走向世界，跟意大利歌剧、德国歌剧、法国歌剧、俄罗斯歌剧一样，成为世界歌剧之林当中的一个部分。你的老师周小燕先生

萧友梅

也一直强调，要学好洋唱法，唱好中国歌。她是第一代传播我们中国艺术歌曲的歌唱家，从《长城谣》到你，是不是几代中国的歌唱家其实一直有这样一个愿望？

廖：是。其实我们中国近代专业音乐教育是从上海音乐学院开始。1927 年，当时蔡元培先生、萧友梅先生到上海来创建国立音专的时候，实施的路径就是一方输入西方音乐，一方整理国乐，期趋向于大同。其实我们要做的是要在西方唱西方作品，让西方人喜欢你、佩服你，在中国唱中国作品，让老百姓来喜欢你。这之后，你要在中国唱好外国作品，然后能够创造出无愧于当代的，笔墨当随时代的一些作品出来。为了让中国作品更好地在国外去进行传播，我们一定要学习西方好的东西，然后和他们一起来融合，用大家都能够接受的一种方式来喜欢你的作品。所以我想这是我们上音人一直在努力做的一件事情。

曹：其实说到艺术歌曲，从世界范围来说，大家首先想到的是德奥艺术歌曲或者法国艺术歌曲。其实艺术歌曲这个术语也是萧友梅先生 20 世纪 20 年代从德语翻译过来。你从一个歌唱者的角度来看，相对于歌剧来说，艺术歌曲独特的那种艺术魅力在什么地方？

廖：虽然都是歌唱艺术，歌剧是舞台戏剧的一种方式。艺术歌曲是歌曲当中的一种类型，不是说所有的歌曲都能够叫艺术歌曲的，艺术歌曲的文学性要非常高，音乐性也要非常高，我写的音乐，它的底蕴要和文学相匹配的。德奥叫 Lieder，俄罗斯叫 Romance，法国叫 Melody，到我们这儿，我们说它叫艺术歌曲。艺术歌曲其实在艺术上、文学上的要求是非常高的，歌词和音乐的关系要是相对应的，这个关系就像是

恋人关系，紧密结合而相互匹配的。

　　以浪漫主义诗歌的兴起，和钢琴在中产阶级家庭中的日益普及这两大历史条件为前提，真正现代意义上的艺术歌曲体裁，起源于19世纪初的维也纳。1814年10月19日，当时年仅17岁的舒伯特以歌德的诗体戏剧《浮士德》中的诗歌为基础，创作完成了《纺车旁的格丽卿》，不少音乐史家认为这一天标志着艺术歌曲的诞生。钢琴上反复循环的十六分音符乐句，让人联想起纺锤滚动的形象；哀婉而节制的口吻、复杂而微妙的情绪、都通过起伏顿挫的声乐线条得到了精彩的表现。舒伯特一生创作了600多首艺术歌曲，素来有歌曲之王的美誉，自他以后，舒曼、勃拉姆斯、雨果·沃尔夫等作曲家进一步拓展了德语艺术歌曲的世界。在德奥之外，法国的福雷、杜帕克、德彪西，俄国的穆索尔斯基、拉赫玛尼诺夫等作曲家，也从法语和俄语的诗歌天地中汲取灵感，写出了不可多得的歌曲杰作。另一方面，随着现代管弦乐技法的充分发展，柏辽兹、马勒和理查·施特劳斯等配器大师尝试用乐队代替黑白键盘，仿佛让艺术歌曲进入到一个五彩斑斓的新空间。由此，以音乐诠释诗歌，器乐与人声相互融合为特征的艺术歌曲成为西方古典音乐中最迷人的体裁之一。

曹：如果我们梳理一下西方音乐史，也挺有意思的，你看那些写艺术歌曲写得比较好的，舒伯特、舒曼、福雷，他们在歌剧方面都很少有特别大的建树。而那些意大利的歌剧音乐大师们，他们在艺术歌曲的创作上也乏善可陈。所以从音乐的角度来看，是不是这两种不同艺术，从创作到演唱，其实有一些比较本质的差别？

廖：其实这种本质的差别就有点像长篇小说和诗歌的关系。所以我就想起以前李清照说的，比如欧阳修你们都是大文豪，你们文章都写得很棒，大部头的作品都写得很好。但是写词写不过我的，我的词是好的。所以其实有点像这种关系。因为歌曲其实主要是根据诗歌来的，歌剧是根据戏剧来的，所以这两个是不太一样。它的结构不一样，所以有些人能写诗，他不一定能写长篇小说，长篇小说写得很好的，他可能诗写得还不错，但是成就不一定能够赶得上他的长篇小说。

曹：其实从文学性来说，歌剧的文学性某种程度上来说是弱于艺术歌曲的，你看歌剧其实有点像京剧，有的时候剧情并不是太合理，可是它的音乐就是那么好听，旋律就是那么动人。

廖：对，因为整个结构比较大，场景性其实是很好的。歌曲比较难的是短短的三四分钟，其实包含的容量是一部戏的容量。但是歌剧，你说我一个咏叹调，其实就是即时性的。我们俩今天发生了冲突，我们俩唱的这个咏叹调可能就是这一刻，比如像《茶花女》选段 Di Provenza（普罗旺斯是你的故乡），乔治·阿芒去劝儿子说，你看你别在外面野了，你看家乡的山山水水。是劝儿子回家的一个咏叹调，其实是即时性的一个咏叹。但是歌曲就很难，它的容量是"朝辞白帝彩云间，千里江陵一日还"，这么长一串路，在这四句里边就要表达出来。所以歌曲和歌剧的关系，其实就像一首诗和一个长篇小说一样。

　　歌剧与艺术歌曲，虽然都以人声为媒介，但在形式、规模乃至性格、趣味上都大相径庭。歌剧是公众性的艺术体裁，作曲家常常面临激烈的市场竞争，罗西尼的喜剧曾风靡整个欧洲，除了戏谑的剧情之外，在声乐上还常常要求炫耀夸张的技术展示，以此来吸引大众。而艺术歌曲在当时的西方语境中，则是有闲阶级客厅艺术的代表，讲究含蓄内省的格调，旨在传达浪漫主义诗歌中潜藏的氛围和意境，对受众的文学素养提出了更高的要求。作为一个歌唱家，如何在这大与小、轻与重的两极之间，找到游刃有余的调整空间，是一个极为重要的课题。一些伟大的歌唱家能够同时胜任歌剧和艺术歌曲的不同要求，既能手持梣树权杖扮演众神之王，又能在菩提树旁踽踽独行、潸然泪下，汉斯·霍特、施瓦尔茨科普芙和费舍尔-迪斯考均是这一类型歌唱家中的佼佼者。

曹：从歌唱者的角度来说，其实在西方音乐史上有很多，同时在艺术歌曲和歌剧两个领域都很有建树的歌唱家，所以从自己的实践上来说，当你去演一个歌剧，或者唱只有几分钟的艺术歌曲，你在准备的过程当中和演唱的方法上有什么本质的区别吗？

廖：区别还是有的，艺术歌曲可能更加含蓄一些，对声音的控制，对意境的营造，不像歌剧咏叹调那么直接。歌剧咏叹调就是我恨了就恨了，爱了就爱了，往死里爱、往死里恨，就是一种情绪表达。但是歌曲要讲很多的文学背后的，比如我们讲我们中国艺术歌曲《玫瑰三愿》，很简单的几句：玫瑰花开在碧阑干下，我愿那妒我的无情风雨莫吹打，我愿那爱我的多情人儿莫攀摘，我愿那红颜常好莫凋谢，好让我留住芳华。其实就几句词，但是背后是当年龙榆生龙七先生看到花，由花想到人，由人想到我这个国家的一个命运，所以其实背后有好几层意思。我怎么样把这个关系捋顺，层层剥开，又让它不是很突兀，所以这里边声音的色彩变化要很大，就几句一分钟不到的歌，又要在简单当中体现它的复杂性，又要在复杂当中体现它的单纯性，要有一种

271

廖昌永与哈特穆特·霍尔

伟大的单纯。我们说厚书读薄，薄书读厚，深入浅出。确确实实，在情绪上的把握，色彩上的变化上，要丰富得多，比咏叹调要丰富得多。

曹：你们在学声乐的时候，学校里有没有专门设有艺术歌曲这样一个演唱的门类？

廖：有。14年前我在美国演出的时候，正好碰见我的学长周正，也是个男低音歌唱家，他在美国大都会歌剧院也唱过，卡内基音乐厅也唱过。他的艺术歌曲唱得很好，他曾经跟斯义桂先生学过三年。我当时说你应该回来，我们现在声乐系主要是唱歌剧的，训练歌剧的人才比较多。我说其实我们在国际上比赛，是两种曲目都要唱，17、18、19、20世纪的歌剧咏叹调要唱，同时好的声乐比赛还要让你唱艺术歌曲。比如像卡迪夫的比赛，有一个大奖都是唱歌剧的，但还有一个艺术歌曲奖。我说我们现在没有分得特别清，要不你回来，我们建一个艺术歌曲专业。所以从14年前，我们把这个专业建起来一直坚持到现在，也是全国所有的音乐院校里面唯一建艺术歌曲演唱专业的。

曹：在艺术歌曲当中，其实钢琴的部分往往和演唱的部分旗鼓相当。甚至可能作曲家在作曲的时候，局部钢琴还会起到一个比较主导的作用。所以在演唱艺术歌曲的时候，演唱者和钢琴艺术指导是一种什么样的关系？你在自己的实践当中，遇到过一些什么样的特别棒的钢琴的艺术指导，可以让钢琴和演唱水乳交融？

廖：这两个人的关系，用最通俗易懂的说法就是谈恋爱的关系，两个人必须得是心心相印、水乳交融的。所以我觉得我合作得比较好的，一个是我和孙颖迪，因为我们俩合作多了之后，呼吸口必须在一起的，内心的韵律必须要在一起。最近是我们德国卡尔斯鲁厄音乐学院的院长哈特穆特·霍尔，我们俩也是合作得很好，他极其喜欢中国艺术歌曲。所以他为了把中国艺术歌曲弹好，在他学校里边找了留学生教他读中文，他说我一定要和你的呼吸在一起，我的手下去的时候，我一定要听见你的呼吸声，我和你的心跳得要是一起的。包括跟韦福根老师，大家合作其实还是蛮好的，一定要两个人关系非常密切。

曹：对，这就跟说相声一样，一个逗哏、一个捧哏，气息都要非常恰当。

廖：是的。

近年来，廖昌永一直利用各种演出机会不遗余力地推广中国艺术歌曲。而随着个人对艺术歌曲的研习不断精进，一直萦绕在他心头让中国艺术歌曲走向世界的梦想也逐渐成熟。一台钢琴加上一案一椅、一组书画配上一对瓷瓶，2019 年廖昌永与钢琴家孙颖迪在"歌曲之王"舒伯特的故乡维也纳，开启了一场别开生面的独唱音乐会。中国诗词中特有的简约深邃的意境随着他的歌声传递给了所有亲临现场的欧洲爱乐者。

曹：2019 年你在维也纳举办了一场中国艺术歌曲的音乐会，当时怎么想到要企划这么一场有关中国艺术歌曲的欧洲之行？

廖：其实跟我比赛的时候有关系，我小时候去参加国际比赛，我们要唱德奥艺术歌曲、法国艺术歌曲、俄罗斯艺术歌曲、意大利 Canzone（歌曲），唱德奥歌剧，在比赛曲目单里边从来没有过中国艺术歌曲或者中国歌剧作品。我们希望能够有一些原创的中国艺术歌曲，或者中国歌剧作品，在我们一辈一辈的努力之下，以后能够在国际上唱响，讲好中国的故事。当时我们在学校里边有个约定俗成，我们声乐系的一个规定，演唱会唱两首作品，一中一外，如果唱三首作品，不少于一首中国作品，如果是五首作品，不少于两首是中国作品。所以后来我在国外做巡回音乐会的时候，三分之一以上是中国作品，有好多观众跟了两三个城市，我心里挺开心。他们说从来不知道你们中国歌那么好听，中国语言太好听了。所以当时也是给我一个非常大的刺激，如果我们不在国际上去唱，人家是不会知道的。所以在十几年前，我当时在做系主任，跟周先生一起商量，能不能做中国艺术歌曲比赛？周先生当时说第一你自己也没有唱到最好，第二艺术歌曲有很多特殊的界定，我们现在在中国艺术歌曲的界定上还没有做到那么科学性，所以她说我们还是研究透了之后再做吧。我那时候就给学校打了一个报告，做一个中国艺术歌曲创研中心，想一边挖掘整理以前的中国艺术歌曲，一边委约创作一部分中国艺术歌曲，另外一部分，我们把原有的中国艺术歌曲做个界定，哪些属于艺术歌曲。比如说我们现在有些在唱《黄河颂》《黄河怨》，像这种从我们学术的讨论里面，不能作为真正意义上的艺术歌曲，因为它是康塔塔，应该属于咏叹调这样的作品，你要把它作为艺术歌曲其实是不完全准确的。但是在我们业内，有很多时候都把它归到艺术歌曲里面去，所以在里面有很多争执的。那个时候学校也没允许我们做，直到 2017 年的时候做了中国声乐研究中心。之前我们其实做了一部分中国艺术歌曲，比如黄自先生四大弟子，贺绿汀先生，包括像萧友梅先生他们这些的作品。这是我们业内一直认定是艺术歌曲，做了一个《教我如何不想他》专辑，委约做了一个范曾诗词的，一个毛泽东诗词的艺术歌曲，效果出奇地好。最极端的例子，就是像范曾诗词的那场音乐会，我当时拿到广州去的时候，他们都不接，说你这歌谁听，古典诗词听也听不懂，我们广东人最讲市场，不要。我就拿到上海之春国际音乐节，做完之后很好。最后拿到深圳去，深圳演完之后轰动。后来又拿到广州去，广州也是轰动。这也就坚定了我们再做中国艺术歌曲，所以我们在同一年做了中国艺术歌曲国际声乐比赛。我们就碰到一个难题，中国艺术歌曲其实已经近一百年，我们没有系统地去梳理过它、研究过它。我们一直说我们要建中国乐派，我们的理论研究没有系统研究的时候，我们说要称它为乐派的时候其实是有困难的。我们就说从小入手，以中国艺术歌曲一百年为契机，我们梳理总结一下这一百年中国艺术歌曲的发展。先把系统建起来之后，我们可能在办中国艺术歌曲比赛的时候更加有说服力一些。

2018 年，首届"中国艺术歌曲国际声乐比赛"隆重举行，吸引了近 600 名中外选手参赛，选出 60 名进入复赛，展开了激烈的竞争，并最终诞生了金银铜奖及优胜奖。2020 年，因为全球疫情的影响这项赛事选择在线上举办，与此同时"中国艺术歌曲百年国际艺术周"也在上海音乐学院开幕，持续推动中国艺术歌曲的交流、推广和传播。

曹：从青主的《大江东去》一直到今天，中国艺术歌曲已经走过一百年的历程。其间像萧友梅、黄自、赵元任、刘雪庵等等一大批的作曲家，他们构成了中国艺术歌曲的源流。我那天看了一下他们的资料，特别有意思，这帮人太厉害了，不光是学音乐的，从政治上来说，他们是要求进步的，青主是参加过广州起义的，萧友梅是和孙中山关系密切，加入同盟会的。

廖：他当时是总统府的秘书。

曹：对，所以这个很有意思，第二他们都是跨界，青主是柏林大学法学系的，然后赵元任理学学士、哲学博士，萧友梅先生在日本学音乐，然后在莱比锡也是学哲学。当然像黄自是耶鲁大学音乐学院毕业。其实他们是接受欧洲文化熏陶，而且是有非常深厚的哲学、文学功底的人，他们把自己人生最宝贵的才华贡献给了艺术歌曲，而且这些艺术歌曲基本上是诞生在上海，

青主

所以这是个很奇妙的现象，你怎么看？

廖：我想其实这是和海派文化有关系。所谓海派文化，其实就是"洋泾浜"，就是中西方文化交汇。因为上海从开埠以来，就一直是东西方文化的交汇处，当年的海派绘画也是有别于以前的那些绘画，和市场结合得比较紧，受西方西洋画也是有一定影响的。当年之所以上海国立音专能够办到上海来，也和当时的这种环境还是有非常大的关系。

曹：而且他们当中的大多数人基本上都是取法舒伯特，然后把中国文学的意蕴结合起来，那个年代的这批人非常了不起。

廖：他们都学哲学，德国人在创作的时候是以哲学思维来写的，相对来说是比较冷静的。你看艺术歌曲，俄罗斯的还是比较浪漫的，比较由着性子来的，像普希金他们这些都是热血青年。意大利的歌曲 Canzone，威尔第也写过，多尼采蒂也写过，贝利尼也写过，也是很浪漫的。法国艺术歌曲更不要说了，诗一般的，和它的绘画也非常像。惟有德奥艺术歌曲是讲人生哲理的，所以它的交响乐，它的艺术歌曲比它的歌剧要发达得多。当时我们中国的这些艺术歌曲的开拓者，西学东渐，他们到国外去学习，后来发现音乐和哲学是很有关系的，而且这帮前辈文学功底非常好的。廖尚果先生娶了一个德国学钢琴的太太，所以两个艺术歌曲的伴奏都写得非常好，一个《我住长江头》，一个《大江东去》，钢琴写得很漂亮。所以我今天在想，艺术歌曲的钢琴伴奏部分是不是太太帮着写的。

曹：它的起点特别高，今天听青主一百年前《大江东去》，还是很高级的那种。

廖：它的诗的韵律和音乐的韵律是紧密结合在一起的，又有宣叙调、又有咏叹调。而且他对苏轼的词意，时空来回穿越，做得特别好，一会儿站在江边看着，我想起千年前的故事，和我现在的人生境遇放在一起。

曹：就像你刚才说的，中国艺术歌曲虽然表现的方法可能和德奥、法国的艺术歌曲稍微有点不一样，但是有个共同的基础就是文学。西方的艺术歌曲，它的根基就是在于歌德、雪莱、波德莱尔这些诗，中国也是历代诗人，有苏东坡，《红豆词》就是曹雪芹的。即便是《教我如何不想他》，那也是新诗。

廖：对，刘半农大语言学家。

曹：所以它的文学性是不是对于一个歌唱者在舞台上演绎，其实提出更高的要求？

廖：是的。我们古时候对文人的要求是琴棋书画，其实对于一个艺术家的综合修养素养是要求比较高的。所以演唱中国艺术歌曲，其实我们更多的要从诗歌上去入手，然后我们再来分析音乐的色彩，音乐结构是怎么样，作曲总归是根据文学的结构来进行

廖昌永唱片封面

创作的。

曹： 而且很有意思，这些歌曲的传播者，他们的生活轨迹基本上也离不开上海。像郎毓秀老师、斯义桂、蔡绍序、周小燕先生，虽然可能他们的祖籍是来自全国各地，可是他们的音乐轨迹还是在上海。

廖： 主要还是和"国立音专"有关系，1927年到1937年这段时间，正好是郎先生、周先生、斯义桂先生、蔡绍序先生，他们这一群人那段时间在上海学习的，学习完了之后就出国留学去了，周先生到法国去了，斯义桂先生到美国去了，他们再到国外去一边学习、一边传播中国的艺术歌曲。到后来回到上海之后，继续再来培养一批又一批的歌唱家们，再来传播中国艺术歌曲。

曹： 周先生有没有跟你回忆过他们那一批歌唱家，当时进行一些艺术歌曲传播的情况？

廖： 有。当时上海国立音专1927年成立的时候，那个时候刚好苏俄革命，有一群白俄音乐家到了上海，包括像上海工部局乐队，那时候也是远东第一交响乐团。其实那个时候给我们一开始就打下了国际化的基础，那个时候周先生他们的外语也都非常好，到她临去世之前，法文、德文、意大利文、英文都精通，最起码这样面对面交流是没有问题的。他们到国外去的时候，全世界都是在二战时期，所以那个时候对家国、对民族前途的担忧也好、对新中国的建设也好，他们都是充满期待和充满希望的。对于在国际上怎么样去传播中国文化，他们其实也是有期许的。那个时候周先生在法国演唱音乐会的时候，下边坐的都是肖斯塔科维奇这些人，有唱德奥的、有唱法国的、有唱俄文的，也有唱中国艺术歌曲的。所以她那个时候叫"东方夜莺"。确确实实他们是在国外去传播了很多中国艺术歌曲的，她那个时候给我们讲，为什么说我们的使命是不要在外国唱中国歌蒙外国人，在中国不要唱外国歌蒙中国人的原因就是，她说你一定要拿真才实学，到国外唱外国歌，语言是对的、音乐风格是对的、演唱技巧是好的。她当时也告诉我们说，美声不是美声唱法，唱法只是个技巧的问题，美声真正意义上是美好的歌唱。技巧是为了把歌唱好的，而我们的终极使命是什么？把歌唱好听，美好的歌唱。我们要用这样的技巧，既要唱好外国歌，也要唱好中国歌。外国歌还好一点，因为前辈有很多人已经唱过，你可以模仿。中国歌有很多是新写的，这时候就对歌唱家的要求很高，我们的二度创作。那个时候教我，一个一流的歌唱家可以把三流的作品唱成一流的作品，一个三流的歌唱家可以把一流的作品唱成三流的作品，所以对你自己的文学要求、音乐要求、技巧要求是非常高的。

周小燕

曹：艺术歌曲其实建立的基础是欧洲的客厅文化、沙龙文化。可是你发现中国的艺术歌曲，其实和它们的调性是不一样的，成长的土壤是不一样的。同样可能也都是取自于文学，可是有很多反映时代性的，比如说像《嘉陵江上》，像周先生唱的《长城谣》，其实就是日寇的铁蹄开始践踏中国的土地，音乐家、文学家用自己的笔来作为武器、作为匕首投枪，来表达这个时代的最强音。所以我觉得这是中国艺术歌曲非常独特的、与众不同的地方。

廖：其实这和中国诗歌的发展是有一定关系的，中国文人一直讲的是笔墨随时代。西方的音乐家可能更多写的是个人感受，但是因为中国的文人一直家国天下，就像韩愈先生写的《幽兰操》，讲的是君子之守、子孙之昌。其实中国文人向来有家国天下、天下抱负的这样一个传统，像《嘉陵江上》也好、《长城谣》也好，当时中国是在民族最危难的时候，音乐家也好、文学家也好，他有一种民族自觉。中国人喜欢把个人的命运和国家的命运结合在一起。

曹：像《嘉陵江上》，端木蕻良的词其实有点散文的形式，贺绿汀先生真的有本事，能够把它变成一个音乐性那么强的一首歌曲。

廖：他其实借鉴歌剧写法的，借鉴宣叙调写法。所以有时候我在想，你说我们中国歌剧一直想找到中国宣叙调写法，我认为其实贺先生的《嘉陵江上》是最好的宣叙调写法，真的是。而且那一代的音乐家，这些作品是激励一代又一代人，是走向战场的，为民族命运去搏的。

从一名刚进校的学生到这座中国历史最悠久的音乐学府的主事者，廖昌永也始终思索着如何在前人的基础上守正创新，更上层楼。在采访的间隙，他兴致勃勃地带我们参观了2019年新建落成的上音歌剧院。

曹： 体量不算很大，但是我觉得特别高级。

廖： 对。而且音响效果特别好，你看上面这个顶是可以放下来的，可以调节，根据不同的演出，比如交响乐或者歌剧，对声响要求不一样，可以往下降、往上升，可以有它的声波。包括后面的隔音板，里面也可以放下来、提上去。

曹： 我觉得那个色调特别雅致。

廖： 一般像剧场里面椅子都是红色的，热烈。但是我们想都是红色的，感觉又进了一个一样的剧场。我们想上海主要是以蓝色为主，海洋，所以我们用上海的蓝。而且你看我们的椅子和其他椅子不一样，海水的波浪形。这儿有个显示屏，有八种语言。如果我是德国人，我可以点德文。

曹： 这个太厉害了。观众坐那儿，我可以自由选择。而且我觉得坐着也挺舒服。

廖： 都是特制的，每一个椅子都是特制的，蛮符合人的人体结构。也不能让你太舒服，太舒服的时候，你看看看着会睡觉。但是也不能让你不舒服，不舒服你会想走，坐在这儿差不多刚好。

曹： 所以我觉得作为一个音乐的高等院校，有这样一个剧场，对学生来说，他们就有一个可以展示自己的舞台，这是非常重要的。

廖： 对。所以当时我们对这个剧院的定位，一个是上音为主，歌剧特色，学术高地，然后市场运营。学生在这个舞台上，现在看着他们觉得好幸福。

曹： 对，我记得我第一次来音乐学院，那时候还是老的大礼堂，没有拆掉的大礼堂，我大概十几岁。那时候是硬板凳。

廖： 对，而且这个地方也比较有纪念意义，这个地方是以前其实我们附小附中的地方，就是当年斯特恩来这儿拍纪录片。原址是在这个地方，所以建在这个地方还是有它特殊意义的。

曹： 特别棒！

从蔡元培先生和萧友梅博士于1927年11月27日在上海创办国立音乐院起，上海音乐学院作为我国第一所独立建制的高等专业音乐教育机构，开启了中国现代音乐教育的新篇章。这所音乐学府在90多年的历程中培养了一大批杰出的音乐艺术人才，硕果累累，蜚声国内外，被誉为"音乐家的摇篮"。

曹： 刚才我们说到萧友梅先生是上音的缔造者，其实你梳理一下上音的历史，从国立音专开始，除了首任的院长蔡元培先生，他不是音乐家，其实历届音乐学院的院长都

是作曲出身的，可是到你是第一次由歌唱家来担任院长。所以这也是一个上音的历史上，一个非常奇妙的新的开端。当你担任了院长之后，因为上音有这么厚重的历史，你作为今天的主事者，是不是会觉得身上的压力很大？而且你可以回想，比如你当年第一次走进上音的门的时候，大家说得非常多的故事，下雨天你不舍得穿鞋，是赤脚进来。这种两个不同的画面，是不是有的时候会同时出现在你的面前？

廖：当然我觉得很荣幸，我当时学音乐是因为热爱，与其说是我选择上海音乐学院，不如说是上海音乐学院选择了我。从我家里人来讲，他们希望我考到四川音乐学院，因为离家里近，家里唯一一个男孩，也没出过城，一直在乡下长大。

蔡元培和他在国立音乐院亲手种的松树

在四川，最起码离家近，他们可以照顾我，但是没考上。我的老师希望我考中央音乐学院，因为他是中央音乐学院毕业的，但中央音乐学院也没考上。鬼使神差的是我唯一和上海音乐学院没有关系，结果上海音乐学院考上了。但是也特别有意思，我在考音乐学院之前看过一个中篇小说，写的是上海音乐学院的故事，所以当时给我的那种憧憬，学校里面有个小的假山，天鹅绒的窗帘挂着，从窗户里面飘出来阵阵琴声、歌声，学校里面来来回回的背着琴的学生在走，给我的那种感觉跟天堂一样。所以对我来讲，上海音乐学院是遥不可及的，我从来没想到过我会考到上海音乐学院来。但确确实实那个时候上海音乐学院要了我，所以很激动。

曹：你还记得第一天进学校都去了哪些地方，干了什么？

廖：太清楚了。我其实那天特逗，太激动了，提前一天就到学校。那天上海下着大雨，因为那天不是报到日，所以那个地方也没有学校来接的人，所以到了之后我就傻眼了，一下火车下那么大的雨，音乐学院在哪儿我也不知道，身上就带了20元钱。那就打出租车，踩着水准备打出租车，一看那么多水，怎么办？我身上只有一双皮鞋，这双皮鞋踩了就没了。把皮鞋拿下来，塞到被子里，那时候还背着被子，拿

279

油布把它包上，弄进去。就去坐出租车，一问出租车多少钱，20元钱。我身上只有20，一坐完就没了。那我就坐公交车，找了一个阿姨把我带到公交车车站，我说我去哪儿，带路费花了5元钱。坐上去之后，一路激动，生怕自己下早了，不断地问音乐学院到了吗？到最后把人问烦了，到了。我就下车，一下车，完了，在陕西路上就下了。应该到复兴路下，那天到了学校以后，特逗，学校里面也没人，完了之后傻乎乎的，也不知道到哪儿去，吃饭碗也没有，找门口大爷，大爷拿个搪瓷缸给我说你拿这个先去吃吧，对付着用。好在食堂还开着。那天反正挺发蒙的，进学校以后太激动了，一切都跟做梦一样。

曹：其实你今天想想很多东西很有意思，人生的轨迹有的时候你很难去预测。

廖：我到了之后，第一课就是要老师们选，让学生唱给大家听。我们是考完专业以后就开始考文化课，考完一个暑假玩过去，到学校基本上已经不太会唱歌，所以一唱完，他们就怪倪承丰，说你从成都带了一个什么人回来。当时也没人要我，到最后把我分到罗魏班上，罗魏那时候刚刚从意大利回来，青年教师班上也没学生，那就罗魏带吧，所以我是罗魏班上第一个本科生。但是罗魏对我特别好，他就觉得第一是这小孩挺可怜的，好瘦，才120斤。小孩挺用功的，我在他班上，他给我的歌，一般头天给我，我第二天已经背完，而且我的谱子全是我自己手抄的。因为那时候不像我现在做艺术歌曲做三个调，那时候只有一个调，基本上这个调都是男高音的，我要唱它就把它转调，移下来移成我自己唱的调。所以那段时间倒也真是因祸得福，所以后来我的乐理、和声、复调都特好，都跟我当时移谱有关系，在移的时候，开始要挨骂的，好多错音。因为移下来之后有些音要还原，有些音要升调，从降调移到升号，中间调号要变的。刚开始满篇谱子可能要错十几个地方，然后被骂，骂完之后回来，一个月以后，我几乎是一个音都不错的。

曹：你那时候来上海之前，一方面肯定是憧憬，能够去上海音乐学院学习，另外有没有一种担忧，我是一个农村娃，来到一个大都市，会不会受到冷遇、受到歧视，很难融入进这个群体？

廖：我挺傻的，我真没有。因为我那时候来的时候太差了，钢琴不会弹，乐理也只是突击学习了可能一个多月。我自己觉得我很不够，所以我一直待在房间里的时间很多，我几乎不太出去。那个时候恶补很多，我其实在琴房里面待的时间，练琴的时间比我练声的时间多。你要从"哈农"开始、要从"拜厄"开始。而且到那个年龄非常难，因为手已经没有那种习惯，所以要花很多时间练。我的乐理要恶补的，我每一科都弱，所以我每一科要补，意大利文不会，你要学意大利文发音，所以那个时候我就几乎不出去。我一切都很差，我直到二年级、三年级，和我太太谈恋爱的时候，才第一次出上海。

曹： 你是不是因为钢琴不会弹，所以必须要找个太太是弹钢琴的？

廖： 也不是。因为我和我太太，我们俩都是单身一人在上海，所以来了之后，应该说相互照顾，当然是她照顾我比较多一些。所以那个时候，她对我帮助蛮大的，确确实实对我帮助蛮大。我们俩谈恋爱之后，我可以天天合伴奏，我可以天天陪她练琴，但是我可以看到，熟悉很多我声乐专业以外的音乐作品。比如她要弹奏鸣曲，比如她要弹夜曲、她要弹练习曲，这是我们声乐专业学生平时不太会去接触的这样一些作品。所以和她在一起，一个是陪她练琴，她陪我练声、陪我练歌。确确实实这是补充了很多。

曹： 其实很多可能如果对你不了解的人会很难想象，一个农村娃和一个驰骋世界乐坛的歌唱家，把这两个不同的意象连接在一起，你如果从自己成长的轨迹来看，怎么能够获得这样一种成功？因为一般来说，你现在一个农村的孩子要学音乐，本身就非常困难，然后你要成为一个大音乐家，能够成为一个有国际能见度的音乐家，其实这是非常非常困难的。

廖： 应该说还是挺幸运的，半年以后我们期中考试的时候，我的每一科都是第一名的，所以这个给罗魏留下的印象特别深，说这个孩子太用功了，都不出去的。到最后把我推荐给周老师的时候，他就跟周老师说，周老师，我从来没求过你，今天我要到美国去，我把孩子交给你，这个孩子以后肯定能出得来。我从来没看见罗魏给谁说话那么忐忑，因为他特别害怕周先生不要我，因为当时周先生班上的学生都是大演员，山东省歌舞剧院的一级演员、江苏省歌舞剧院的一级演员，我是她班上唯一一个本科二年级上学期的学生。所以我去的时候，自己也很忐忑，我唱到一半的时候，手也抖、脚也抖，其实我的水平只有平时的 50%，我自己觉得。听完之后，周先生说还行，看来我儿子教完要教孙子了。我当时那么紧张，倒不是说怕周先生不要我，是因为周先生在心里就跟珠穆朗玛峰一样。我看见她都要躲着走的，因为看见周先生来了，不敢正面见她。那天到真人"神"面前唱歌去了，心里非常忐忑。她不要我，我觉得是很正常的，她要了我，我觉得是不正常的。那天她要我的时候，我就觉得我真是太幸运了。还有一个，后来跟我太太有关系，她对我要求很严，她对我要求比对她自己要求严。我要有唱得不对，她立刻翻脸，我在外边唱得再好，只要一回家，到现在都是这样的。我现在其实最害怕就是回家讨论我今天晚上的演出状况怎么样，她一直对我要求是非常严的。

如果不是因为廖昌永的成名，人们也许很难把四川郫县这个以豆瓣酱闻名的小山村和歌剧这门声乐艺术联系起来。正因为童年生活环境与日后职业生涯的巨大反差，让廖昌永惊人的天赋和常人难以想象的勤奋，成为人们争相传诵的励志故事。而当我们再度回看这段不可思议的人生转变时，也试图在这位歌唱家的个性深处寻找出更多通往成功的要素。

曹：我发现特别好玩，廖昌永这个人，我说女人缘很好，为什么这么说呢？我们来梳理一下你的成长经历。父亲去世得比较早，实际上家里就是母亲和几个姐姐。

廖：姐姐的朋友也是女的。

曹：当然谈的恋爱肯定是女的，老婆对你又很严格，老师又是女的。从妈妈、姐姐、太太、周先生，其实一路上这些了不起的女性都是你的贵人。一般来说，在这种成长环境当中，有两种不同的极端，一种是会比较柔弱，还有一种反而会比较坚强。所以你觉得这一路过来，这些非常了不起的女性对你的性格的锻造会产生一种什么样的影响？

廖：我觉得柔中带刚。比如像我小的时候，因为我和我父亲其实没见过两面。我七岁不到的时候我父亲就已经去世了。即便他以前在的时候，我也不和他在一起，因为他做公安在山区，每年回来探亲一次。

曹：所以父子的交流也不是太多？

廖：我印象当中，我和他没有什么交流，我对父亲的印象就是一张遗照天天挂在墙上。而且还有一点印象就是他打我，因为小时候太皮了，打过一次屁股。这是我对他唯一的一个印象。后来在家里，三个姐姐，一个比我大 18 岁，一个比我大 12 岁，一个比我大 7 岁，我和她们其实也玩不到一起。我父亲去世的时候，我大姐已经出嫁了，我二姐是在教书，我三姐就接我爸的班走了，所以我那个时候就是和我妈妈在一起。我也经常要读书，最难过的就是农忙的时候，家里全是女丁，没男的，所以那时候几个姐姐也做得恼火，女孩在田里太累了，每个人说你是家里唯一的男丁，你是我们的希望，你是我们家顶梁柱。所以我

廖昌永与妻子王嘉

小时候龇牙咧嘴的，瘦，不然我现在可能还要再高一点。

曹：所以小时候你农活干得也多？

廖：干得很多。那个时候我上学，我得挑一个空桶到镇上去读书，放完学，我得把空桶装满泔水，然后我再挑回来喂猪。那个时候就是跟自己说，我是家里唯一的男孩，我以后要养妈妈的，从小是这样的。从农村到上海来，在上海谁都不认识，到最后在这儿成家，老师支持我、爱人支持我、家里支持我，关键是上海的这些方方面面的领导们也对我特别关心，对我这个四川乡下来的孩子。心里对上海，一直感情特别深，后来美国大都会也邀请我去，到国际上获奖以后，我的海外的那些好朋友把护照都给我藏起来，不让我回来，到后来北京各个院团让我去。到最后我还是希望留在上海就是我觉得离开这个地方，好像对不起老师们对我的培养，也对不起领导们。

曹：上海是你的福地。

廖：是我的福地，其实也是想为学校做一点点事情。后来做了院长的时候，我其实心里也在想，我为什么会做？还是因为我觉得应该为这个学校做一点事情，也想把我在舞台上，或者在国际上学到的这样一些知识，能够对我们的学校有帮助，在这个时代能够怎么样不负它近一百年的厚重历史。当然我觉得这个确确实实还是蛮难的。

曹：我刚刚入这行的时候，接触过音乐学院的一些声乐老师，我觉得每一位都是好有学问，每一个老师其实他们不仅是教你们一种技术，也教学生一种修养。我因为和周先生聊得比较多，我就问周先生，我说你平时怎么教学生？你那么多学生，为什么能够都教得那么成功，一定是有道理。周先生说我就两条，第一个就是，她说技术这个东西，简单一说就明白。第一就是文化修养，第二就是语言，你唱西洋歌剧，意大利语、法语、德语都给我说好了。所以平时老师是不是也是对你们要求是这样的？

廖：我说我的性格的养成其实还是和周先生有很大关系。比如说我有时候去看她，她在家里看报纸，她说你先坐下，我给你讲讲最近总书记讲了什么，她把报纸上最近国家发生什么事情，中央有什么精神，我们音乐家应该怎么样做，清清楚楚的。

曹：我有一次去瑞金医院看她，刚吃完饭，拿着放大镜在看，我一看，总书记文集。

廖昌永与周小燕

283

廖：是的。有一天我又去看她，看报纸，我说先生看啥呢？我在学习报纸上的周小燕。我就逗她，我说为什么？她说我争取做得跟报纸上说的那么好。我觉得她其实平时对我们当然一个是音乐上对我们的要求非常严格。当时给我们讲得最多的一句话就是舞台没有大小，你哪怕是到文化馆去演出，你也要把它当成是在美国大都会歌剧院的演出一样对待。这个舞台不论大小，你都应该用一样的认真的态度去对待。我当时刚比赛完获奖了回来，见到她，对我讲的第一句话，夹着尾巴做人。不是说你现在获了奖，你才唱得好，你要唱不好，你是获不了奖的，你其实本来就是这样的，无非是有了一个机会让大家知道你了，这时候你哪天开始骄傲了，哪天就是你走下坡路的开始。你在跟同学或者同事相处的时候，以前我们俩这样走过去，我可能没看见你，我走过去，人家还不会在意，比如说他没看见我。但是你现在获了奖，你走过去，要是我们俩这样走过去，我没跟你打招呼，人家就可能"有什么了不起，不就获了个奖吗？"所以越是在这个时候，你越是对自己更要严格，更要对自己的行为举止，对自己朋友、同事之间的关系，也更要谦逊一些。

被周小燕戏称为"教完儿子教孙子"的这段师生情谊对廖昌永而言，无疑是艺术之路上最大的幸运。这位代表了中国乃至世界一流声乐教育水准的女高音歌唱家用科学的、充满个性的方式指引着廖昌永一步一步迈向世界舞台。同时生活中的周小燕又是一位幽默风趣的长者，她的人生智慧总在不经意中启迪着廖昌永。

曹：周先生去世前，我去看过她一次，那时候她已经不太能坐起来了，躺在那个地方，但是和她聊天她思维还是很清楚。她突然就说到张骏祥先生，我就随便问了她一句，张先生有没有到剧场来听过你的音乐会？她说你一问，我想起来了，那时候在上世纪五六十年代有过一次音乐会，张先生来看，我那天特别卯上、特别认真。唱完之后，回家他不理我了，过了几天，我就问他，说你觉得我唱得怎么样？张骏祥导演说给你八个字，"声嘶力竭、鬼哭狼嚎"，她说把我气的，她后来才明白骏祥说的就是艺术的分寸，任何一个艺术都是有一个分寸感。我觉得这是一个笑话，但是我觉得她讲了一个特别严肃的问题，是不是周先生平时这种类似的教育方法是特别多的？我觉得张口一来就是一句非常有哲理的话语。

廖：是的，她也讲过另外一个故事，当年说陈毅市长要来听音乐会，全场的人都很激动，每个人都在上面铆足劲地唱。陈毅市长听一半，走了，后来陈毅市长给大家反馈的信息说你们一开始就是高潮，从高潮到高潮，受不了。所以她当时也是跟我讲说一个作品你在演唱的时候，一个是分寸感，第二个起承转合要有安排的，一个音乐会曲目的安排，什么时候该强、什么时候该弱，强的时候强到哪个分寸，弱的时候弱到什么地步，你都要做到心里有数。所以其实跟做人一样的。

曹：周先生她往往是用老百姓能够听得懂的话来揭示一个问题。比如说我那时候去听一位非常有名的国外的男高音，当中休息的时候，我就问她，我说周先生，他今天唱得好吗？周先生说唱得不错，不过男高音最大的问题是"叫，"他今天"叫"得挺厉害的。我就明白了，你怎么去判定一个男高音唱的好坏，她虽然没有直说，但是她的美学标准、她的审美要求就放在那个地方。你作为一个男中音来说，其实你的高音所能达到的高度，可能有的男高音都很难企及的。一般有很多人都希望从男中音改到男高音，因为按照很世俗的西方领域来说，男高音的酬金就会比男中音高。你在这么多年的实践当中，有没有人劝你是不是改成男高音，可能那个更容易出来一点？当然多明戈就是一个例子，男中音改得非常成功。

廖：有很多这样的例子，德尔·莫纳科、多明戈、贝尔贡济都是从男中音改到男高音去的。其实我自己曾经也觉得我可以。犹豫过，也是跟周先生商量过，周先生给我练声，说你就是个男中音，你好好把男中音唱好吧。你看你的换声点就是这儿，从科学上来讲，你就是个男中音。虽然说你高音也能够唱，但是你的音色不是，换声点都是男中音的。所以我们还是要讲科学，你就老老实实把这个唱好吧。后来她给我讲了另外一个事，周先生喜欢看足球，世界杯的时候半夜爬起来看，欧洲杯的时候半夜爬起来看，经常晚上看足球。她说足球是集体项目，各司其职。你看巴西队，每个人个人技术都特别好，但是为什么打败仗？因为他们没有团体意识。你看德国队，并不是每一个的个人技术都是最好的，但是往往可以走到最后的，就是因为各司其职。跟我们演歌剧一样的，跟我们工作当中一样的，男高音就是前锋，老射门的那个，就进去了。男中音就像中场，老是组织的，我们老师就像站在场外的教练，来指导你们应该怎么踢。每个人把每个人的工作做好，其实都可以是伟大的球星。你在舞台上，你把你的工作做好，你就是一个伟大的歌唱家。一台歌剧，不可能只是男高音。其实每个人，如果说你把你的工作做到最好了，你的态度是最认真的，你一定是台上最出彩的那个人。所以她经常跟我们讲，一定要学会各人自扫门前雪，再管他人瓦上霜。首先要把自己的事做好了，你在做好自己事的同时，你去看人家，你这咋没做好？自己门前雪没扫好，天天管人瓦上霜，什么事都做不好。所以我觉得周先生其实也经常在讲，你不要老去羡慕他待会儿高音上去，你不是那个声部，你就把你的声部唱好。所以你看我那年在美国唱《游吟诗人》的时候，唱完了之后，男高音的掌声没我多。美国《华盛顿邮报》上面就写，整台最耀眼的是个中国歌唱家，是个男中音。所以我那个时候也是感受蛮深的，就是周先生讲的，你其实把你的本职工作做到淋漓尽致的好，你就一定是最闪光的那个人。

在恩师周小燕的指引下，廖昌永凭着天赋与努力用心唱好自己的男中音。1996年到1997年，他以完全由本土培养的中国歌唱家身份在国际权威声乐赛事中实现了连夺三冠的惊人成就，并开始在国际歌剧舞台上崭露头角，声誉日隆。此后，他也利用自己在国际乐坛的影响力，将世界级大师请到母校，为自己的学生们赢得更多学习的机会。

曹：《塞维利亚的理发师》那段饶舌，因为我最早听就是听你唱，我就觉得可能世界上男中音都是应该这样的，后来我有机会听过其他的一些国外的男中音，觉得这个真的挺难唱的，他们都没小廖唱得好。

廖：谢谢！

曹：这是真的很难的。就像周先生说的，其实无论是男中音、男低音或者是男高音，其实各司其职，在每一个范畴之内都可以把它发挥到极致。你练了多久才把它练出来？

廖：我一般一首歌，对于我来讲要学会很快的，基本上拿谱子就可以了。但是这个歌，确实我是花了三天的，由慢到快，由快到慢，再到快到更快。我曾经做过一个试验，我比本身的速度快一倍。

曹：他们说花腔有天生和后天练的，你这种是不是天生就是舌头比较快？

廖：这个是一定要练的，要花很多时间练慢的，你要慢到心里非常清楚，下意识就要过去的。这个快是在你一百遍慢的基础之上来的。我现在唱这首，不用想，你要想根本来不及。一定是在很长的，很多遍的慢，来一次快的，然后再慢回去，再快的时候，找到卡壳的地方，再把它撑开来再练。我是真的花了三天。

曹：三天能把这样的一个饶舌学下来，形成一个肌肉记忆。

廖：对的，纯属肌肉记忆。在我们的音乐里面，还是有它一定的规律。比如说快速音阶，我怎么能把它唱得准，你要敏感，我找音头音，找第一个音。你把第一个音唱准了，后面的音肯定是准的。但是如果这个过程太长，就会跑了，所以你要找到它。比如四个音一组，我就找四个音的第一个音，三个音一组，我就找三个音的第一个音，如果六个音一组，我就找六个音的第一个音，还是有它的规律性可以去找，看你花多少心思。

《塞维利亚的理发师》中的这段饶舌被誉为男中音的试金石，也正是因为在这首咏叹调上的出色发挥，让廖昌永与当今世界最德高望重的男高音歌王普拉西多·多明戈结下了不解之缘。无论在纽约还是在上海，两人都曾有过亲密的合作，而廖昌永也将多明戈视为自己艺术家道路上的偶像。

曹： 我知道多明戈先生对你是赏识有加，你和多明戈先生在一起聊得最多的是什么？他有没有对你的演唱做过一些指导或者点评？

廖： 有。我第一次见他其实是参加他的比赛，当时去唱完了之后，他是很惊讶的。因为毕竟在多明戈世界歌剧声乐大赛里面，中国人还没有获过决赛奖。我那次去，我说我能够进决赛就是胜利。当时其实很多人也不太赞成我去，你已经有了法国图卢兹国际声乐比赛这个奖了，你不用再用一个多明戈的奖来证明你这个奖。其实还是有风险的，如果那个奖拿不到，可能对你这个奖是个否定。但是我当时就觉得多明戈实在是我的偶像，如果失去这个机会，不知道什么时候能见到他，有可能一辈子也见不到他，那就还是去吧。去了之后，其实心里还是很紧张的，但是很幸运的是决赛的时候，他来见我。他当时是希望我唱费加罗，他觉得我这个唱得挺好的。当时我说我要唱唐卡洛。他说你为什么要唱这个？我说这个人物比费加罗这个人物要内心更多一点，费加罗炫技。当然在比赛当中其实也傻，我要是听他的肯定成绩也会非常好，因为你的技术非常好，这么快速音阶的时候，你的声音还能保持那么圆润、那么通透。但是我当时就觉得我的长处可能内心戏比较多一些，所以他听完我解释以后，他说好，你就唱这个。那是第一次，我真正面对面见到他，零距离接触。后来唱完了之后颁奖，我心里边也很紧张，颁一等奖的时候，我心想一锤子买卖，赢了就赢了，输了就回去得从头再来了。所以那时候颁到第一名的时候，心里还是挺激动的，后来他跟我讲你在意大利哪个地方学？我说没有，我在上海学的。他说你为什么意大利语这么好？你法文也好，意大利文也好，而且你的基础非常好。我说我的先生是在法国巴黎学习的，他说谁？我说周小燕，他说我听过这个名字，他说你们中国有全世

廖昌永与多明戈

287

廖昌永与曹可凡参观上音歌剧院

界第一流的声乐教师，有世界上第一流的声乐教育。所以我当时回来跟周先生讲的时候，周先生还是挺高兴的。所以第二年他的新年音乐会在日本的时候，他就让我做他的新年音乐会的演出嘉宾。后来有一段时间，我就不太跟他见得上面，我性格也比较内向，我也不太会去说，多明戈大师，你看我非常想念你。直到后来过了一年多，我到纽约去学习，我去大都会歌剧院看戏，看完之后去后台看他。他说你到哪里去了？我找了你一年。他说我这有歌剧，我要让你来唱，所以后来他让我去华盛顿国家歌剧院，签了三部约，当时大家都很惊讶，为什么会给他三部约。他觉得我希望你能够多在国际的舞台上唱一些，所以当时我还是很感谢他。在排戏的过程当中，他确确实实给我的指点、帮助是非常大的。一个是看他准备戏，那么大的艺术家，他每一次在上台之前，你看他都在练声、练歌词，一直在练动作。我当时印象特别深，在唱《霍夫曼的故事》的时候，他从纽约赶回华盛顿来看我排练，那个男高音是个美国男高音，非常有名的，我觉得唱得非常好。一进排练场，他说来唱给我听，大家都唱给他听。完了之后他说男高音来，我给你做个示范。一旦他开始唱这个作品的时候，立刻这个人跟变了一样，人一下感觉年轻了20岁，他那种状态，眼睛里面的那种光，每一个动作，哪怕是在排练，100%的准确。所以当时给我们的震撼还是非常之大的，包括每个合唱队员在剧场里面，每个人的名字都叫得出来的。我们去剧场排练的时候，那天开了一个长长的林肯车，说今天我们要去接大师，突然车停下，寒风凛冽当中，他钻出来，他在路边等我们。当时给我的感觉是以后我做艺术家，一定要做一个这样的艺术家。一个艺术家受人尊重，不是你身边带了多少人，带了多少助手，其实真正在舞台上，是用你的艺术让大家来喜欢你。所以这就是周先生经常跟我讲，不要色厉而内荏，张牙舞爪的，其实是掩盖你心里的苍白。她说一个艺术家往台上一站，大家就知道你究竟有多少斤两、多少分量。这一站的多少分量，是你在台下花了可能一百遍、二百遍、三百遍的时间，积累出来的。

高音 C 之外的魅力——魏松、石倚洁专访

男高音，歌剧舞台上最振奋人心的声部，充满穿透力的声音兼具力量和美感，有着令人难以抗拒的男性魅力，卡鲁索、吉利、斯基帕、毕约林、科莱里、帕瓦罗蒂、多明戈，一个个星光灿烂的名字，在歌剧的演出史上留下浓重印记。当每一次大幕拉开，观众们期盼着男高音的登场，他既是飘逸俊秀的王子，

魏松、石倚洁在采访中

也是所向披靡的沙场英雄，是满腔悲愤的小丑，也是浪漫多情的游吟诗人。是什么样的技巧缔造了高音 C 神话？除此之外，男高音还有哪些独具特色的魅力？在今天的节目中，两位中国顶尖歌唱家将通过他们的讲述，为您揭开男高音的秘密。魏松，迄今为止仍是由中国本土培养的唯一主演过威尔第歌剧《奥赛罗》的男高音，他的声音雄壮威武，感染力十足，是中国不可多得的顶级戏剧男高音。石倚洁，以演唱罗西尼作品在欧洲舞台一炮而红，去年更在国家大剧院因为连续演唱 19 个高音 C 登上网络热搜，作为中国少有的轻型抒情男高音，他已成为声乐界最炙手可热的明星。

曹： 与魏松大哥相熟多年，石倚洁很多年前听到他演唱惊为天人。后来才知道，你们俩是师徒。虽然你们俩属于两代男高音，但是从你们的身形上来看，好像是两个不同的类型。我听说男高音如果细分的话，可以分很多不同的类型。我们非音乐专业的观众就不是太了解，你们两位可以给我们介绍一下。

魏： 虽然男高音很多，但确实分种类。它从小号的，轻型的，到大号的，戏剧性的。石倚洁就属于轻型的，他主唱罗西尼式男高音。这在世界上也是一种非常难的一种唱法，因为它要唱很多的花腔，所以现在石倚洁已经在国际上是演唱罗西尼的一个专

魏松

家了。然后跳了中间很多，什么抒情的、大号抒情的，抒情兼戏剧。到我这就是属于真正的戏剧男高音了。

曹：就是唱"奥赛罗"的那种。

魏：他这个体形一看就是唱"罗西尼"的，我一看就是这种唱"奥赛罗"的。

曹：现在在中国古典乐坛，或者说声乐界，像石倚洁这样的轻型男高音，其实并不是太多，其实在欧洲应该说还是比较普遍的。

石：对的，这个声部其实是挺普遍的，但是我们以前在审美上主要追求的是比较偏大的声音。但是在学校里面的年轻人，大多数还是偏向于我这个型号的男高音。等到年龄的增长之后，到了三十、四十之后，他会慢慢地成长为一个更大号一点的男高音。

曹：所以男高音在很漫长的艺术实践当中，是不是也有从轻到重，慢慢过来这个趋势。

魏：对，一般是这样的。所以说有的时候，比如在很多的剧院里面，听了你年轻时候的演唱说，好，你就保持你这种年轻的声音音色，然后你先唱什么《波西米亚人》，唱轻型的东西。一点点你开始随着年龄增长，声音逐步成熟，就像婴儿的声音，跟老头的声音肯定是不一样的。石倚洁现在也开始逐步地唱一些普契尼跟威尔第的东西了。

曹：你们两个人其实一个是北方人，一个是上海人，一南一北。但是很有意思，虽然两代人地处不同的区域，但是都有一些农村的生活的经历。魏松，据说你也有农村的经历？

魏：对，我下过乡，当过知青。当时年轻，生产队让我去放牛。那时候也不会唱歌，然后放牛寂寞，就我一个人，领了一群牛。我老家在辽河畔，对着辽河，我就是一边放着牛，一边就喊，没有人嘛。后来我喊喊嗓子哑了，不舒服。后来我听牛怎么它嗓子不哑，它在那儿"哞"，全是共鸣嘛。我说哦，这个好像要有共鸣，我就跟牛学。所以我一直戏称，我的第一个声乐老师是牛。

曹：过去讲对牛弹琴。

魏：我是对牛唱歌。

曹：对。石倚洁在农村，是一个什么样的经历？您是土生土长的上海人，浦东人？

石：我小的时候还没有浦东新区，那会儿叫川沙县，然后我在张江。张江现在虽然是高科技园区，但是那个时候是一片农田。我记得是看着妈妈插秧长大的，她在那儿插秧，我就在旁边抓鱼、抓虾，陪着她。但偶尔有的时候会从田间的喇叭里面传出一些歌声，那个时候我不知道是谁在唱歌。后来回想起来，应该是帕瓦罗蒂，有的时候在放《我的太阳》，那个时候就有点喜欢。到了幼儿园，有一位老师说，我嗓子特别好，就被招入了合唱队，从此就跟唱歌结下了缘分。

曹：其实家里边是没有这种音乐的氛围的？

石：没有。就是虽然我没见过我爷爷，听我爸爸说，我爷爷是当时张江镇上吹拉弹唱，江南丝竹的几个人中的一个。拉二胡、吹笛子都行。所以我一直说，可能我的音乐感觉，乐感是遗传我爷爷的。

曹：这属于隔代遗传，还是有这个基因。魏松家里算是音乐世家，你舅舅是一个声乐教育家。

魏：对，因为我妈妈一家基本上都是搞文艺的比较多，而且都是嗓子好，声音洪亮。特别是我二舅，他是毕业于沈阳音乐学院的，他是专业的，他是我的启蒙老师。

曹：是不是就是佟铁鑫的爸爸？

魏：对。所以佟铁鑫是我表弟，我们两个人都是受我二舅的启发。然后我的三舅，是辽宁歌剧院的演员，我妈妈也是。我妈妈是唱过《刘胡兰》的。

曹：小的时候你跟佟铁鑫两人比，谁的天赋似乎更好一些？

魏：他的嗓音非常好，我记着他非常小的时候就唱过杨子荣。他的嗓子比我好，我那时候变声没变好，一直唱不过他。所以他虽然比我小4岁，但他出名比我早太多了。他20岁就有一首在上海录的《年轻的心》就成名了。改革开放以后最早的一批，但是他是最早一批中最小的。

曹：听说你们家那个时候经常会举行家庭音乐会？家里每个人都要出节目。

魏：对，因为我二舅拉手风琴，我会拉点二胡。反正他们都唱，我就在边上给伴奏伴奏，那时候我还不敢唱。我真是到了下乡"插队"，放牛之后，嗓音好像才变过来。然后有一年我回家探亲，我们又举行这种家庭的这种小聚会。后来我说我今天也唱一个吧，我说我在农村喊了一段时间。一唱，我舅舅说，你好像声音变好了，你也是个标准的男中音。然后说，我给你写个推荐信，你去到沈阳音乐学院找王其慧老师，让他给你听听。王其慧后来做过沈阳音乐学院副院长，当时沈阳音乐学院在我老家，"文革"的时候搬到锦州去了。后来他一听我，说你这个声音不错，条件很好。我给你写封推荐信，你考沈阳军区前进歌剧团，他们现在正在招生。结果我就去了，就这么考上的。

曹：所以你那时候跟周小燕先生学是上世纪 70 年代初？

魏：非常幸运，我是 1971 年下乡，1972 年考到了沈阳军区前进歌剧团，1973 年上海音乐学院招生，当时叫工农兵学员。我是第一批，当时也是上海给了沈阳军区四个名额。那时候不用考的，推荐的，比较优秀的工农兵学员。我就这样到了学校。等于是组织上保送的。

曹：我一直听说有一个笑话，因为周先生 1973 年还处在一个边缘的状态。没有完全恢复工作。魏松好像穿着军装来的，把周先生吓一跳，是吧？

魏：那时候也特别巧，当时我们团是推荐一个女高音来的。结果女高音来了之后这边说，我们这边女的太多了，我们那届一共是有 45 个学员，但是其中有 30 个是女生，15 个男生。说你们东北这地方，好像是比较出男中音，我们要个男中音，你们能不能换一个？结果我们刚刚开完那个女高音的欢送会，突然通知我来，现在我还觉得一辈子对不起她。我来了之后，我们到系里报到，我还有一个好朋友，就电影《大渡河》里扮演毛主席的韩适，我们两个人是作为男中音来的。我们因为办手续来晚了几天，到系里说，这老师都分配完了，你们分给谁呢？曹鹏先生的爱人惠玲，当时是我们的党支部书记。她说现在周先生工作了没有？他们说，现在还在干校呢。她说她可以教，这是工农兵学员，应该没问题。所以说真的都很荣幸，然后就把周先生请过来了。之后在走廊跟周先生见面，那儿很昏暗。我们两个人一见周先生，肃然起敬，当时我们穿着军装，"啪"一个敬礼。周先生吓一跳，怎么回事？我说周先生好，我们来向你报到，来向你学习的。

曹：当时你们看到周先生，是一个什么样的状态？刚从干校回来。

魏：因为我们心里知道，我们是来学知识的，来学艺术的。我们不会把她当做什么当时的"反动学术权威"。然后给我们"会诊"嘛，系里好多老师听我们唱。我当时也很幸运，假如我是男高音，我就来不了了，人当时指名要一个男中音。唱完之后，意见也不统一，有的说男中音。周先生说，我看这个小魏应该是个男高音，而且是个大号男高音。所以周先生一句话，改变了我的一生。

曹：你觉得后来从男中音改到男高音，是很自然的这种过渡，还是这个当中其实是要经过一些艰苦的训练，才能够达到男高音所必须的这种要求？

魏：那当然肯定是后者，我改的过程中，确实走了很多的弯路，也遇到了很多的困难。当时我的中声区非常好，包括音色、音质，但是就是高音上不去。那时候音乐学院也流传着很多的笑话，就说我们现在男高音，一个是男高音高音难，再一个逢 G 必破。到了 G 都唱不上去，我就属于那种的。所以经过真的很多年，我真的唱好了之后，已经 40 几岁了。

曹：听说有个笑话，说魏松过去唱高音，唱到降 B，大家就有点担心了。可是后来出了一车祸，之后好像就顿悟了，这个高音就非常自然地上去了。是真事还是假事？

魏：真事。我这个车祸也是特别神奇，2007 年。这个日子我还记得非常清楚，是 7 月 22 日，中国的第一个无车日。我就说，那我就不坐自己的车了，我去长春演出，我就叫个出租车去浦东机场吧。结果在去机场的路上，就出了一个严重的车祸。当时我嘴里边缝了很多针，包括嘴唇都裂开了，人中这边，里边都是缝了很多针的。所以我这胡子也不是刻意留的，现在也遮挡着我的这一张破碎的脸。住院时我别的也不管了，我说我嗓子怎么样？我那时候嘴缝着嘛，嗓子没问题。结果拆了线之后 19 天，我就参加了深圳新音乐厅落成典礼的音乐会。当时我、郎朗，还有迪里拜尔，我们三个人去的。当时一唱，高音好像比原来轻松。虽然当时把血都唱出来了，但是感觉轻松了。我说，是不是一撞，把哪个神经撞开了，一下子把高音撞出来了。

曹：顿悟了。石倚洁，在西方的音乐界的概念当中，一个声乐表演者，怎么去判定他是男中音，或者是男高音？

石：第一是你音色，主要是以他的自然音色来判定，他到底是男中或者是男高。但是有一种非常难界定的就是，偏高的男中音和大号的男高音，他们是介于两者都可以唱的。

曹：多明戈就是中音改成高音的。

魏：对，他现在而且又改回中音。我可能也会走这条路，等我年纪再大一点的时候，高音唱不动了，我就唱男中音去了。

周小燕不仅听出男中音魏松其实是个大号男高音，而且还认定他是个洋嗓子，很适合唱外国歌剧。在那个特殊时期，周先生冒着风险把魏松和另一名学生带到自己家里，让他们在唱片中第一次听到了传奇男高音吉里、卡鲁索的声音，获得了最初的西方音乐启蒙。因为周小燕先生的因材施教，魏松得以在日后的艺术生涯中绽放自己的光彩。如今，已过花甲之年的他也始终铭记师恩，不忘言传身教。2020 年元旦，魏松携手他的学生石倚洁、韩蓬、于浩磊奉献给观众一场以"传承"为名的音乐会，他希望以这种方式把自己这么多年积累下来的舞台经验、演唱技艺传承下去。作为魏松最早的学生之一，石倚洁演唱生涯的每一步都牵动着老师的心。

曹：魏松记得第一次见到石倚洁，他多大？

魏：这个还是上个世纪的事情了，好像是 1999 年，当时通过朋友的介绍，他要考上海音乐学院。

石：那个时候 17。

魏：然后我当时一看，长得又瘦又小，但是特别有礼貌。我说那我听听吧，一听，声音非常好。所以我就教了他六首歌，三中三外。

曹：你还记得教了哪几首歌？

石：我最记得的是我人生的第一首歌剧咏叹调是老师教我的，就是《茶花女》里面的"沸腾激动的心灵"，还有一些就是意大利的古典艺术歌曲。

魏：当时一听，嗓子非常好，当时他也没有这么高的高音，而且年轻，所以我就帮他练。两年之后，他就来考上海音乐学院但落榜了。最后他考上了日本的东邦音乐大学。在那儿读了两年之后，他是唯一的被东邦音乐大学保送到奥地利，去完成他后两年的音乐课程的，所以说他也非常幸运。

曹：所以这个人生很好玩，塞翁失马，焉知非福。你觉得在日本学习是一种什么样的环境？

石：当时其实在方法和技术上，我是沿用着老师在国内教我的那些理论。那个时候我每次上完课，我都会记笔记，老师跟我说过什么，对于声音的概念，审美应该是怎么样的，我都是按照原来在国内学的那套理论。但是那个时候因为太小了，暂时还悟不透，有很多东西，只是写下来了。到了那边之后，自己在成长过程中，慢慢地去悟。然后日本的老师带给我的，更多的是在音乐性上的、音乐风格上的，语言上的。

曹：我听说你在那儿的那个老师是个女中音？我们过去觉得，男高音那个老师就应该是男高音，魏松的老师是女高音，石倚洁的老师是女中音。所以这有什么差别吗？还是说完全没有关系的？

魏：其实声乐的方法按道理是一样的，只不过我认为一个优秀的老师，最重要的并不是一个声部教一个声部的，他应该是全能通的。而且老师的好坏最重要的在于他的耳朵。他能从你的声音中听出你现在什么问题，他是在你的基础上，帮你雕琢，就像把一块玉雕琢成器。

石倚洁在日本留学期间

曹：石倚洁在日本是不是有

比较多的机会，比如说去听音乐会，然后去看别人的排练。我觉得这个是对学古典音乐来说，是非常重要的。

石：对。我人生中现场看的第一部歌剧，就是在日本看的。最早读高中的时候，我记得上海大剧院开张的时候，演的是《茶花女》。那个时候我没能到现场，但是在电视里面看了。当时我记得非常清楚，只播了第一幕。到了差不多大概2012年左右的时候，我有一次去法国合作，有一位意大利的指挥。那位指挥后来我们在聊天的时候发现，就是他当年指挥的上海大剧院的开张的《茶花女》。然后我就跟他说，指挥，您知道吗，您指挥的《茶花女》，是我看过的第一部歌剧，但是是在电视里面看到的。我现场看的第一部歌剧是《卡门》，在日本的新国立剧场。那时候虽然是学生，钱也不多，很穷，但是稍微攒点钱就去看。

曹：当时东邦大学保送你去欧洲学习。这在东邦大学几乎没有先例。

石：其实学校到现在80年了只有我一个，直到现在就是唯一一个。

曹：什么理由他们愿意做这样一个例外呢？

石：我们学校在维也纳有一个分校，其实我们每一位三年级的学生，都要去维也纳游学两个星期。会请当地的维也纳国家歌剧院的老师，维也纳爱乐乐团的老师来给学生们上课。分校的有一位校长林千寻老师。他就感觉到我和平时来的日本的学生有点不太一样，他觉得也许这个学生可以唱出来。然后他跟学校的董事长商量了一年时间，因为那学校是私立的嘛，大家开会完决定说，好吧，我们尝试一下，把他送去奥地利。而且当时有两个选择，一个选择就是到了维也纳去读维也纳艺术大学的硕士，还有一个就是到奥地利第二大城市格拉茨的山上，差不多在阿尔卑斯山脉最东南边的地方吧。然后在山里面封闭式训练。学校最后选择的是，让我去山里面封闭式训练。就是在半山腰有一栋老房子，把我放在那儿之后，每天有差不多5、6节课要上。老师们就是到家里来给我上课，我在家里不用出门。

曹：这很奇特的经历。一个楼里就你一个人？

石：那一栋楼是为我规划学习的那位老师出生的一栋老房子。大概可能是一八几几年，还是一七几几年的一栋老房子，就我一个人。其实那一栋楼我没有全用，我只是用了一间房间，那间房间里有什么呢？一个衣柜，一个床，一个写字台，一台钢琴，其他啥都没有。

曹：那你晚上会害怕吗？

石：晚上，一开始会有一点点。但是有一个好处，再晚我都可以唱歌，不会影响到任何人。

石倚洁在格拉茨学习时居住的房子

魏：没人敲墙，敲水管。

石：山上有一幢一幢的房子，大概每个房子隔开有可能二三十米。然后走到超市的话，可能要走25分钟。走到一个镇上的话，可能要走个35分钟左右吧，其实还好。

曹：其实还行，离镇上不算太远。那你从进去一直到出来，要多少时间？

石：一年时间。其实他们也没有定死说一定要多久。但是差不多在11个月左右之后，我实在是忍不住了。我跟当地的老师商量说，老师，您看我在这快一年了，您也得放我出去横向比较一下，让我去参加一点比赛，我去看看外面的世界。虽然您一直跟我说，我很好，但是我不知道外面的世界是怎么样的。

曹：没出去练过。

石：对。所以在我的强烈要求下，他们终于放我下山。一连参加了两个比赛。第一个比赛是第一名，那个时候我都非常纳闷。我一直问自己为什么，为什么是第一名？然后等到第二个比赛，又是第一名的时候发现我就是第一名。所以这一年的时光，是没有白费。是我人生中在学习上最最重要的一年时间。

曹：人都是这样，像这次疫情，你也是从欧洲回来，要闭关隔离14天。14天说起来不是很长，但是其实到了7天之后，人是很难受的。所以长达将近一年的时间，你觉得过了多久，是你的一个极限？那时候你的心理、生理会接近崩溃的状态？

石：三个月。一开始因为我在日本过的生活是白天上学、晚上打工，每天就是差不多从早上9点到晚上12点到1点左右，每天都是忙忙碌碌，很累。到了奥地利，一开始我发现，我进了天堂了，不用打工了。然后我的工作就是坐在家里面学习，太幸福了。

曹：多好，老师上门来上课，阿尔卑斯山里头。

石：结果差不多三个月左右，闷得真的不行了。因为那个时候刚去奥地利，德文也不会，看电视也看不懂。那个时候网络也不发达，我也没办法跟朋友交流。要打电话的话，还得去山下的邮局买电话卡，去电话亭，拨一连串的密码，打一个电话。所以那个时候真的挺闷的，但是在这样的环境中，除了学习其他也就都干不了，所以对我的帮助其实真的很大。

曹：所以到三个月，就是接近这个心理极限的时候，怎么能够跨越这样的一个槛？

石：忍一忍就过去了。

魏：他还是幸运的，闭关的过程当中，他学了很多的歌剧。他的歌剧不是靠自己这么拼音拼出来的，是完全由艺术指导帮他练出来的。就是他为什么最后能走上世界舞台？他的标准提高了。

曹：就是你从进山闭关，到一直出关，积累了多少曲目？

石：12 部歌剧。

曹：真了不起。

魏：像我们唱一部歌剧就得三个月，一年只能学四部歌剧。他这一年十二部，一个月一部歌剧。

曹：所以魏松你看，他的这种留学的经历，跟咱们国内培养声乐系的学生的方法完全不一样，所以他这种教育方法，你觉得有什么启示吗？

魏：我认为中国在艺术教学上，确实还是有一点点问题的。因为国外的方法讲起来，其实跟我们原来的戏班感觉有点像，都是师父口传心授。他不光教你发声，他教你这部歌剧怎么唱，就是一定要唱到他的感觉为止。包括 1997 年的时候，我演《卡门》。当时我们从法国歌剧院请了一个艺术指导。天天你几点到几点来，他说这个你怎么接，你听到哪个音，你再接这个唱。这个唱完之后，你再怎么样，他给你讲得非常仔细。你从他这个课堂上，你唱完之后，练完之后，你基本上上台就成了。不像我们一遍一遍来，一遍一遍来，等于是在课堂里面，就帮你做好功课了。

曹：你那时候在奥地利，大概是学哪几个科目？

石：早上第一节课一般是发声老师，就是练声。第二节课连上两节到三节的艺术指导课，艺术指导课就是在学歌剧。一开始其实视唱练耳并不特别好，而且对于意大利文和德文并不熟，学得特别慢。但是它可以练出来的，过了三个月、四个月之后，越学越快。还有要学的就是德文、意大利文。还有就是表演课，专门请了表演的老师来家里面。表演课其实是最难上的一节，因为表演课大家要在一起，有对手戏才能表演，我一个人表演课是最难上的。

曹：所以他这种方法，是跟咱们这个完全不一样。

魏：不一样，他们就是一定要把音乐先做好，包括语言。全部都是要达到一定的规格之后，你才能上台。然后导演排起来，包括指挥排起来，就简单多了。所以我们培养的一些演唱者，经常是声音很好，高音倍儿棒。外国指挥一来说，换人。你节奏也不对，语言也不对。有时候他教你一两遍，你这个地方这样，你这个地方这样。好，下次一来你还这样，经理过来，换人。现在已经开始很注重了。原来我们比高音，比谁嗓门大，在国外不是，它就是一定要规范。包括语言、音乐、节奏，这个规格达不到，你就上不了台。还有一些档次，比如一流的剧院要求什么样子，二流剧院等等，都不一样。有的可能你就在三线的剧院里面演出，你也是一步一步往上走的。

闲关修炼一年之后，当时还主攻抒情男高音的石倚洁因为年纪尚轻，音色和声带肌肉力量尚未能达到抒情男高音的标准，并没有太多的演出机会。为了更加科学、合理地规划自己的职业生涯，在经纪人和一位意大利导师的建议下，他开始尝试演唱轻型抒情男高音，并在 2008 年在佩萨罗罗西尼歌剧节歌剧研究所学习了一个夏天，从此与罗西尼作品结下不解之缘。

曹： 罗西尼歌剧节相对于比如萨尔茨堡音乐节，拜罗伊特音乐节，并不是那么众人皆知，但这个音乐节比较专业。你成功之后，大家给你贴一标签，"罗西尼男高音"。

石： 其实我在大学里面学习的时候，是按照抒情男高音学的。我并没有觉得我是小号的抒情男高音，"罗西尼男高音"。到了意大利，参加比赛之后，就开始工作了。开始工作的一两年，我几乎拿不到大的角色，我能唱主角的只有莫扎特的歌剧。唱过《魔笛》《女人心》《扎伊德》，还有《后宫诱逃》。这四部歌剧我唱过主角，其他唱的全是配角，第二男高音。然后我在意大利的一位老师就跟我说，你看吧，你有高音，你

石倚洁《魔笛》剧照

可以去尝试一下唱罗西尼。一般年轻人在 20 多岁的时候，都会先唱莫扎特、罗西尼。慢慢的到 30 多岁，再转型唱到威尔第。所以一般意大利的剧院经理也好，经纪人也好，为了一位歌手能够好好地成长，他的艺术寿命能够更长，

一般会建议年轻人在20多岁的时候多唱莫扎特，多唱罗西尼，多唱多尼采蒂和贝利尼。因为他们都说莫扎特和罗西尼是最好的声乐学校，你怎么唱都不会唱坏。打个比方说，哪怕你20岁的时候的音色听上去我能知道，你到40岁的时候，肯定是个普契尼男高音，是个大号男高音。但是，在20多岁的时候，他坚决不会让你去挑那么重的东西，他怕把你压坏了。因为唱普契尼的话你得撑一下，撑得很大，装出那种很成熟的音色。所以他宁愿让你唱一些小的，轻盈的东西，然后让你慢慢地成长。其实欧洲的这些男高音，哪怕你说现在最有名的考夫曼，他在年轻的时候也唱莫扎特。所以大家成长的轨迹都是从莫扎特、巴洛克，然后再到罗西尼，多尼采蒂、贝利尼。然后再到威尔第、普契尼，到最后理查·施特劳斯、瓦格纳，是这样有一个成长的过程。但是这个成长的过程每个人都有自己的瓶颈，按照自己的音色来划分的话，打个比方说我，我一直说我自己可能成长到50岁的时候，我最多唱到《波西米亚人》，可能是我的天花板了，我不可能唱得再宽了，因为我的身体条件可能就是这样子。

曹：我们知道罗西尼写过很多的喜歌剧，所以这个气氛就比较热烈，然后舞台上演员的表演都会稍微夸张一些，舞台的调度也比较复杂，其实这个对于演员的要求非常高。欧洲演员他们的个性就比较活跃，中国演员从个性上相对来说，他就比较内敛、比较含蓄。除了音色之外，在表演、在形体方面都会有一些要求，怎么去克服这些挑战？

石：就像您说的，我2007年第一次在意大利唱莫扎特的《女人心》，刚开始排练的时候，我觉得我迈右腿不对，迈左腿也不对，就是哪儿哪儿都不对，觉得好害羞。但是随着在剧院摸爬滚打那么多年，慢慢就练出来了。其实与其说它是工作，我更爱说它是学习，在工作中学习。我每个月能见到不同的艺术指导，每个月能见到不同的指挥，每个月能见到不同的导演。而且在不同的歌剧舞台，能够遇到不同的，各个年龄层次的、各个国家的同事们。我能从我身边的大家身上，学到很多很多的东西。就像海绵吸水一样，慢慢它就让自己充实了。

曹：其实罗西尼的男高音真的是挺难的，稳定的气息、花腔要做到非常流畅、非常自如，这个怎么能够通过练习去达到这种高度？

石：最早我意大利的老师建议我去罗西尼歌剧节的研究所的时候，我是拒绝的。我说老师，对不起，我大学的时候唱的就是抒情男高音，就算我的音色像罗西尼的，我有高音，但是我没有花腔，我唱不了呀。他说，可以试试看，非常鼓励我。然后我用了三个月的时间，学了《灰姑娘》。学完之后然后去面试，可能我是罗西尼歌剧节研究所面试的孩子里面，唯一一个没有唱花腔的男高音。我唱的第一首是罗西尼的《圣母悼歌》里面的"她的心灵在呻吟"（Cujus animam），它有个高音升C，但是一个花腔都没有。第二首是多尼采蒂的《宠姬》里面的"温柔的灵魂"（Spirto gentil），这两首歌。最后到第二年，我跟罗西尼歌剧节的艺术总监聊天，我说，泽达老师，您能告诉我一下，为什么去年我唱了这两首歌，您就录用我了吗？他说，你在唱第二首多尼采蒂的"温柔的灵魂"（Spirto gentil）的时候，你第二段唱了弱，你是一个会唱弱的人。就是我们一直说唱强是一件最简单的事情，什么时候能把声音控制住，唱弱，说明你这个人音乐表现能力会比一般人可能会更丰富一些，更好一些，所以他就录用我了。然后到了罗西尼歌剧节之后，然后就开始慢慢地练花腔。最后，本来我把我自己是判了"死刑"的花腔，五年之后就发现，原来花腔是可以练出来的。打个比方遇到这个难点就开始练，从慢到快，反复地练，不厌其烦的。但是，天生的花腔跟练出来的花腔还是有区别，天生花腔很快。

曹：有天生花腔的？

魏：对，他自己就会花。包括女声的花腔，很多女中音，罗西尼的女中音，女中音的花腔花得非常好。有些是天生的，你练还练不出来。

曹：就你们听得出来，我们听不出来。

石：天生的花腔一般都很快，他们唱得特别快。然后后天练的花腔，它有一个极限速度，没有他们那么快。然后会稍微比他们重一点点，颗粒感没有他们那么强。

在现代男高音的主要类型中，轻型男高音需要一副轻巧、柔顺、优雅的嗓音，在演唱高音和花腔两方面都有极为苛刻的技术要求。19世纪早期的意大利美声歌剧三杰——罗西尼、多尼采蒂和贝里尼为轻型男高音创作了大量剧目，其中如《塞维利亚理发师》《军中女郎》和《梦游女》等等，至今盛演不衰。当代世界最负盛誉的轻型男高音之一，来自秘鲁的胡安·迭戈·弗洛雷兹以在歌剧舞台上复活罗西尼《塞维利亚理发师》中难度极高的花腔唱段"停止抵抗"著称，如果仔细对照乐谱不难发现，尽管有时弗洛雷兹的处理实际上还是有简化的成分，但他依然为所有同行设立了一个极高挑战目标。面对这个几乎"不可能完成的任务"，石倚洁又有怎样的态度呢？

曹：我听说《塞维利亚理发师》里面那段"停止抵抗"。其实很多人都会录音的时候把这段就删了，因为太难了，是吧？

石：对。讲到这首歌的话，有很多故事了。"停止抵抗"（Cessa di più resistere），这首歌其实在历史中演《塞维利亚理发师》的时候，一般90%都是删掉的。但是到了差不多上世纪90年代的时候，弗洛雷兹的出现，他把这首歌给唱火了，之后所有歌剧院要求男高音，如果你要演阿尔玛维瓦这个角色的话，必须得唱这个咏叹调。但是就像我说的，练出来的花腔是有一个速度极限的。他的那个速度已经超过我们的极限了，所以我因为这首咏叹调，我拒绝过至少有六到七个全世界比较著名的剧院。其中最有名的歌剧院应该是巴士底歌剧院，包括马德里皇家歌剧院这些。一开始他们来找我的时候，我说好的，没有问题。但是我有一个请求，我不唱这个咏叹调。然后我的经纪人就跟他们剧院经理反复商量，剧院经理也定不了这个事情，他们要去问指挥和导演。其实最难弄的是导演，导演觉得，为什么？我已经为这首咏叹调准备好了怎么导它了。

曹：是不是那个时候对于观众某种程度上来说，我就是来听这段的？

石：对。现在就像我说的是因为弗洛雷兹的出现，大家都期待着听这首咏叹调。其实这首咏叹调在整个故事里面，它是没有任何意义的，只是最后出来秀一下他的技术而已。而且阿尔玛维瓦，他从头唱到尾，其实唱到结尾处，到这首咏叹调的时候，所有的男高音几乎都已经全唱哑了，接下去还要唱一个那么难的咏叹调，所以我的内心永远是拒绝的。我练过，也能差不多把它唱好。但是因为我是追求完美的。如果我自己心里面没有说，能够把它唱到100%的话，我在舞台上绝对不会去唱它。所以我一直坚守着这个自己的底线。拒绝了好多剧院，巴士底歌剧院，旧金山歌剧院，马德里皇家歌剧院，其实现在挺后悔的。

魏：拼一拼也就拼出来了。

曹：对，人就是这样，有时候拼一下就过去了。

石：还有就是哪怕自己觉得不好，观众有的时候听着觉得挺好的。

魏：他真的自我要求太高了。

曹：所以魏松，从专业的角度，你是不是觉得石倚洁这样的声音，其实在古典音乐界是特别珍贵的？中国他这种轻型男高音非常少。

魏：因为我们中国有个欣赏习惯，特别喜欢的就是普契尼，普契尼的旋律性强，中国是个旋律的民族，不是那种和声的西方音乐的特点，罗西尼的东西它技术性强，就是它的跑的琶音也好，音阶也好，很多都是音乐上的计算。我们喜欢是旋律性强的，所以为什么现在中国的男高音都喜欢一上来，不是威尔第，就是普契尼。表现的情感上比较多，技巧上稍微没有那么严格。

1831 年，罗西尼的法语大歌剧《威廉·退尔》在巴黎首演，著名男高音杜普雷以饱满的胸声唱出了乐谱中所要求的高音 C，事后，作曲家本人曾坦言，自己其实更偏好传统上以假声唱出的高音，但这一石破天惊之举还是引发了歌剧表演的革新，时尚从此改变。高音 C 之于男高音，究竟意味着什么？这是一个耐人寻味的话题，20世纪初的男高音巨星卡鲁索以嗓音中无与伦比的力量和情感著称，但他的音域范围却够不到这个音；而到了 20 世纪下半叶，自从卢奇亚诺·帕瓦罗蒂以"高音 C 之王"成名歌剧舞台以来，在大众心目中，能否自如轻松地唱出高音 C 似乎成为衡量一个男高音伟大程度的首要标准。

曹： 中国人讲到男高音，总是把它跟高音 C 等同起来，似乎高音 C 是评判男高音的唯一的标准。所以作为一个男高音，你们怎么看高音 C 这么一个命题？

魏： 高音 C 不是衡量一个男高音的标志，起码对大号男高音肯定不是。但是像唱这种小抒情，包括花腔的，那肯定起码要有高音 C。高音 C 对他可能很容易，可能像我唱个 A 一样的。但是我要唱个高音 C，就非常珍贵。比如我在舞台上我很少唱，唱过几次，不敢唱，因为我的号太大，而且作品里面很少有。比如给我们这个戏剧男高音写的作品里面，往往它也没有这个音域。我们主要是音色要有宽度、厚度、亮度，就不是你必须要展现你的高音 C 的，你只要把作曲家写的音乐能表现出来，那就非常好了。譬如我们唱的《图兰朵》，最好的起码你把"今夜无人入睡"后面那个 B 要唱好。其实第二幕有一个高音 C，那个高音 C 是可以上可以不上，你今天嗓子好，你就上。它那个谱子上都给你标两个音的，有很多种的。包括"冰凉的小手"，这么出名的音，其实原谱上它也不是高音 C，都是某一个歌唱家唱上去了，然后你就已经约定俗成了，你必须这么唱，你不这么唱不开心。

曹： 不过瘾，是吧？

魏： 对。好多花腔更是，很多是自己加的。那个时候你有技巧，你还可以无限地去增加这个难度。就像上次石倚洁在国外大剧院，他唱《军中女郎》，他把咏叹调，本来9 个高音 C，然后他又反复又唱了一遍，唱了 19 个高音 C。

曹： 你后来因为这段成为网红。很多歌唱家，比如你说的弗洛雷兹他们就可以重复一下，18 个高音 C。你是唱了 19 个。这个是一个事先预谋，还是一个即兴发挥？

石： 是一个纯即兴发挥。其实在《军中女郎》排练期间，我从来没有想过这首歌要去返场，因为一般也没有返场的习俗。我们男高音的咏叹调里面，一般只有在多尼采蒂的《爱之甘醇》里面有"偷洒一滴泪"，这首歌有返场的习俗，观众他喜欢听两遍。但是《军中女郎》这一段，几乎没有返场，以前帕瓦罗蒂有返场过。

魏：就是返场这个，帕瓦罗蒂才出的名，在大都会跟萨瑟兰的那次《军中女郎》。

石：因为这是一个非常冒险的行为，所以男高音一般不太会去冒这个险。然后我是在首演前的差不多15分钟吧，满剧院的人在找我。他说，你赶快，你到指挥的房间去一下，你们商量一下，今天说不定有返场。我说，返场？返什么？他说，就是那个"多么快乐的一天"啊。我说这首歌还有返场的吗？然后他们就把我带到了指挥的房间，我就跟指挥说，如果万一掌声不停的话，我要觉得可以，我就做个动作，我们再来一遍。如果我觉得我不行了，就一动不动，你千万不要再来一遍。

曹：万一那天觉得不行，动作多出来一个就死定了。所以那天你觉得状态很好？

石：那天其实唱完第一段的时候，其实已经很累很累了，嗓子特别干。因为您知道，在2月份的时候，在北京开着暖气，特别干。而且舞台上的效果是"冰天雪地"的效果，把棉花全铺满了整个舞台。又有灰尘，又吸音、又热。其实唱完第一遍，你要我说话，已经说不出来了。但是声带一闭合之后，还能唱歌。观众在那儿我也不知道鼓了具体有多久的掌。因为站在舞台上，当听着掌声的时候，其实时间过得特别漫长。就觉得哪怕一分钟或者30秒，我都觉得有三分钟这么长的时间。然后观众的掌声怎么也不停，我特地从我的兜里面，我藏了两张纸巾，出来擦擦汗。结果纸巾一拿出来，第一张还掉了，捡起来之后，我擦擦汗。不唱第二遍看来是下不了台了。再来一遍，其实冒了很大的险。然后为什么会唱19个？大家都知道，9×2那应该是18，怎么也不可能到19。我最早2007年的时候，刚刚到意大利开始演出的时候，我参加过两场纪念意大利男高音贝尼亚米诺·吉利的音乐会。当时意大利派了一位前辈男高音，他也唱了这首歌。在演《军中女郎》托尼奥这个角色之前，我一直没有唱这个咏叹调。但是这首歌他演唱的版本一直印在了我的脑海里。他在其中有一个地方，加了一个高音C。所以那个时候我也不知道哪来的勇气和兴奋的感觉，在那儿突然之间就加了一个。所以后来大剧院在做这个视频时候，把我自己都笑晕了。它上面写的，实力赠送。

曹：石倚洁，你自己是不是也会觉得有点惊讶，这么晦涩、难懂的一段咏叹调，迅速会在网上蹿红？

石：与其说惊讶，其实是惶恐。因为我演歌剧也十多年了，我从来没有发现过，我上热搜了。我该怎么办？但是后来想想，我觉得歌剧通过这样一个媒体，能让更多的老百姓知道。然后也许有些人会感兴趣，能够来到剧院，看一次歌剧。我觉得我们的任务非常重大，就是让有兴趣来到剧院的人，给他们表演最好的歌剧的精髓、精华，能留住他们，能让他们第二次再来，第三次再来。

魏：原来就有人说过，21世纪的歌剧在东方，男高音在中国。我想现在确实成为现实了，我们有一批非常好的青年男高音，非常非常棒。他们超越了我们那个时代，我们那个时代刚才我讲过，逢G必破。如果这个男高音能唱个A，那你就是大主演了，现在他们唱个高音，C都不算什么。

曹：我听说你在欧洲唱贝利尼的《清教徒》那个到F，那就等于要比高音C还要高多少？

石：高4度。虽然贝利尼在上面写了这个音，但是我在演《清教徒》的时候，剧院经理在开演前是来敲门说，石先生，今天晚上那个高音F不要唱。我很纳闷，为什么？他是怕影响到整体的效果。还有就是高音F真的已经到男高音的极限了，就像老师说的，男声最值钱的声音其实是带着一点胸声的高音。

魏：对，因为到那个时候就是假声了。

石：带着胸声的高音，我只能到高音降E。《拉美莫尔露琪亚》里面，多尼采蒂写了一个高音降E，那个在舞台上我唱过，我确实还能带点胸声唱上去。但是到高音F的话，就完全是假声了。包括帕瓦罗蒂他们唱，也是带着假声唱的，听上去音色不统一，它会影响到整体的效果，所以一般剧院经理他都不会建议你去唱这个音。

对于高音炫技，石倚洁在歌剧舞台上坚持着自己的艺术判断，但作为一名专业的歌剧演员，他也并不排斥在各种场合展示自己的技巧，不遗余力地扩大声乐艺术的影响力。他在各大音乐类综艺节目中与不同的艺术家合作，利用新的传播手段与喜爱自己的粉丝交流。在《可凡倾听》的采访现场，石倚洁又在零热身的状态下，再一次用自己的绝对实力震撼了全场。

曹：其实过去古典音乐相对比较封闭，在一个全媒体的网络的时代，像石倚洁这样一个歌剧演员，成为网络大家关心的、追逐的对象，其实对古典音乐来说也是一件好事。

魏：我认为是非常好的事情，当初帕瓦罗蒂第一次上电视转播，第二天被乐评人给骂得一塌糊涂。他说我们的古典音乐就是在剧场的，你怎么上这种快餐电视里面去？但后来他说，一场演出只有三千左右的观众。但是一个电视直播有上亿的观众，我为什么不做这样的普及工作呢？经过很长一段时间，现在大家知道，媒体的作用剧院是不能替代的。剧院里面人数毕竟少。现在包括一些网红，包括这次我们许忠院长指挥的《唐璜》也请了一个蔡程昱，就是《声入人心》的选手。票房好得不得了。古典音乐发展到了今天，你说你没有年轻人的参与，我想也不会走得远。这种新媒体宣传，我是支持的。

1887 年，74 岁高龄的威尔第带着全新创作的四幕歌剧《奥赛罗》重归米兰斯卡拉歌剧院，首演之夜便获得爆炸性成功，歌剧之王谢幕多达二十次，台下的狂热观众仍不愿离去。《奥赛罗》被公认为意大利歌剧史上最伟大的杰作，而这部歌剧对扮演同名主角的男高音则提出了令人望而生畏的要求，除了要具备戏剧男高音的力度和厚度之外，更需要持久的耐力和丰富多变的舞台表演。历史上，以扮演奥赛罗著称的男高音巨星有德尔·莫纳科、维克斯、多明戈等，据说，伟大的卡鲁索在去世前仍在学习这一角色。而魏松则是迄今为止，唯一在舞台上演出过《奥赛罗》全剧的由中国培养的男高音。

曹：魏松老师唱的《奥赛罗》是被称为是威尔第笔下最难的角色。其实很长一段时间，我一直觉得，虽然中国的歌剧事业发展得很快，中国的声乐艺术也发展得很快，但是像《奥赛罗》这样的戏，中国人其实是很难演，尤其是里面奥赛罗跟伊阿古这两个角色。这个戏我没有在剧场看过，我是在电视里看的，我对你演的这个奥赛罗，跟杨小勇演的伊阿古，真的是惊为天人。所以这个是大号男高音的试金石。

魏：因为《奥赛罗》是威尔第的晚期的作品了，他这个作品已经写得不是像原来的一段一段那种写法了。这个它完全戏剧性，唯一的一段咏叹调也不是完整的，到了那地方还是往下接，完全就是一个戏剧性的东西，非常多。奥赛罗这个人物本身，性格多变，就难演。他温柔的时候温柔得不了，发火的时候就发火得不得了。

曹：嫉妒心来的时候。

魏：那个内心的活动。到最后第四幕，他要掐死苔丝德蒙娜的时候，他内心的心理变化，从开始很冷的，一个音上唱了好久，你要怎么怎

魏松《奥赛罗》剧照

305

么怎么，就是内心压着压着。到最后拿着枕头要把她，导演说，你把她"捂死"。我说这个算不算事故，工伤什么的？这个确实难。到目前为止，我想找一个B组，在国内还没有找到，所以我好像也是在中国人里面唯一能唱这个戏的。主要嗓音要重，重的同时还有高。里边有很多B，最后还有高音C。下边也是到中央C下面的B，两个八度还高半个音。然后唱得非常多，一共四幕戏，我每次一幕二幕唱完，中间休息。我二幕唱完是躺在地上的，就直喘。和伊阿古的二重唱之后，我就感觉后半场唱不了了。但恰恰那段咏叹调在后半场。你还得要使足了你全身的力量，那时候就想，能不能给我两张横膈膜呀？

曹：你在演这个《奥赛罗》的时候，有没有参考一些20世纪最伟大的男高音？

魏：我参考两个版本，一个就是德尔·莫纳科的，因为我的声音比较偏向于他的声音。我很崇敬他的声音，当时叫"黄金小号"。他的声音就那个力度，和整个的明亮度，密度很强。在声音上，我基本上是学习他的。表演上我是学的普拉西多·多明戈的，多明戈这个戏演得是真的太棒了，他就是这个人，他所有的演唱，都是在表演中。你就看他，他没有说就站着唱。所以后来我在表演上的一种进步，也是通过这个戏。

对于中国歌剧演员而言，想要演好作为外来艺术的西方歌剧，不仅要掌握高难度的演唱技巧和丰沛的情感表达，如何攻克语言关也是一个十分现实的问题。歌剧起源于17世纪初的佛罗伦萨，最初是宫廷文人试图复兴古希腊戏剧传统的文艺试验，但却在不经意之间创造出了一种全新的综合艺术形式，以音乐承载戏剧，展现出勃勃生机，并逐渐风靡全欧。意大利、法国、德国有着各自深厚悠久的歌剧文化，而随着19世纪民族乐派的兴盛，俄国和捷克相继涌现了伟大的歌剧保留剧目。到了20世纪，强势的英语也开始进入世界歌剧版图。因此作为歌剧演员，能够同时掌握几门语言便成为一个重要的职业进阶技能。

曹：对于中国演员来说，语言是一个特别大的挑战，你们怎么能够在这么短的时间里头，把这个语言能够攻下来？

魏：他们这个年代好多了。他们现在因为语言都会说了，像我们基本上还属于是只能唱。但是这里面是有规律的，就是意大利语发音的规律，它的重音在哪里，它的元音怎么发，这个我们也掌握的。包括法语，一句一句教你，真像京剧似的，口传心授。就教你怎么唱，然后我们再听大量的录音，基本是这样学的。

曹：因为当你不掌握一门外语的时候，你学个三五句问题不大，二、三十句问题也不大。问题是三个小时的戏，你怎么能够记得住？

魏：这个真是怪事。就是背，没有办法。比如我演《卡门》的时候，第一部唱法国的戏，法语也不懂。但当时的导演也是法国人。他听我唱完之后，他说你可以到法国挣大钱了，你唱的每一句我都懂。我说我自己不懂。

曹：石倚洁在欧洲留学这么长时间，可能在这个方面，你跟老师相比，可能你有一些优势。

石：一开始我们也是鹦鹉学舌。您刚才问的，这三个小时是怎么背下来的？我只能说，音乐非常神奇，这三个小时你要是把它变成台本，让你去背的话，完了，你是背不出来的。但是有音乐把它串联起来之后，音乐到的地方，我们到时候，每到这个地方都变成条件反射的。而且我现在经常也跟朋友们聊天，有的时候，你会这一门语言，然后去唱这门语言的时候，并不是特别好的事。为什么？当你会这门语言的时候，你会记它的意思，它的意思是什么。然后你想着想着，有的时候会自己去编词去了，因为同样的意思有很多词可以替代。像这种鹦鹉学舌，音乐到那儿，条件反射就是那个，不会错。但就是唯一一点，就是得花很多很多时间。

曹：我曾经去德国做一场节目，就尝试一下，用德文来主持。学了三个月，但这个德文就很浅。所以我就让一个德文老师，把这个串词给我写下来，包括我想了一些梗，特别好玩。然后现场所有的德国人都听懂了，其他人都乐得前俯后仰。然后有中国驻德国大使就来问我说。为什么你才学了三个月，连语法都不错？我说不可能错，都是死记硬背的。但是你们还要记旋律，还要记唱词。

魏：我们有一点，在前期的准备过程中，我们把每一个单词，这句话意思，我们都用中文标下来的。因为我们虽然不会说，但是我唱的时候，这意思我们知道的。

石：然后会说这门语言，其实也是非常重要的，因为它的语感是来自于说话的。包括作曲家在写这些歌剧的时候，他谱这些音符的时候，也是大致按照他的语感来谱的。

曹：石倚洁你现在哪几门外语是基本上能够会话，能够说的？

石：其实最熟的还是日语。19岁到23岁，正当学习的年龄，学的都是日语，但是这门语言和我现在的工作没有什么关系。然后第二个可能是意大利语，接下来是德语，英语是从小学了一点。

魏：年轻一代是真的，他们是不得了的。

曹：其实每一个做音乐的人，包括唱歌剧的人都希望，有一部中国的歌剧，能够变成经典，而且能够跨越文化的这个隔阂，能够被西方的观众所接受。石倚洁在欧洲待了

魏松《红河谷》剧照

这么长时间，你觉得当中最大的障碍，或者挑战在什么地方？

石：我觉得还是语言吧。就是歌剧大家所习惯的语言，就像您说的，意大利语、法语、德语、英语、俄语，或者是捷克语。但是中文的歌剧您要说在欧洲舞台上听到，还是比较少见的。还有就是打个比方说，其实我在旧金山的时候，我演过一部中国题材的歌剧，《红楼梦》，我演过贾宝玉，盛宗亮老师写的《红楼梦》，林黛玉是韩国人演的。那个时候其实集合了非常好的"全华班"，比如说导演是赖声川老师，舞美跟服装是叶锦添老师，特别漂亮。那个时候我觉得唯一的遗憾，是这部歌剧是英文的，所以我都不能说我唱过中国原创歌剧。因为如果它是英文的话，就算它的故事是中国的，服装是中国的，舞台是中国的，音乐里面有中国的元素，乐队里面也有中国的古琴，但是它是英文的话，就感觉是一部美国歌剧。

曹：但毕竟还是讲中国故事。

石：而且当时的美国人，看完之后大家都特别特别兴奋。

曹：外国人能懂《红楼梦》的故事吗？

石：我们是把《红楼梦》里面就抽出了几条线，就是主要围绕着宝玉、黛玉、宝钗三个人的爱情线。然后就是贾家的兴衰，这两条线来的。所以美国人看完之后说，这个就是你们东方的"罗密欧与朱丽叶"。

魏：包括谭盾的《秦始皇》，也是有这个问题，因为他是应大都会歌剧院的委约。为了西方人能听懂，也是用的英文，所以也有评论，说中国一个古代的皇帝满口英文，这也是个问题。所以说后来谭盾找过我，我们想的就是把这个戏做成中文版，我来演是没有问题的。但是因为可能版权问题没有演成。假如哪一天《秦始皇》真正他能在台上说中文的时候，我想这部戏才能真正叫中国的一个歌剧。包括他说的这个《红楼梦》也好，《图兰朵》也是写的中国故事，但是它是意大利歌剧，现在《秦始皇》也是属于美国歌剧，也是唱英文。

曹：其实魏松算是一个走得比较前面，尝试了很多中国原创歌剧。我看过你的《楚霸王》，金湘写的。

魏：对，我还演了中国歌剧舞剧院的《红河谷》，还有辽宁歌剧院的《苍原》，演了很多。包括我们上海歌剧院的《雷雨》，我唱了很多。但是有一点，中国还没有出现普契尼，我们在作曲上还是欠缺，往往音乐是不怎么成功。也有人说我们中国人太过于讲故事，纠结于这个

曹可凡与石倚洁、魏松

人物关系，剧情，往往忽略了音乐。每年都差不多全国有几十部原创歌剧在上演。但是真正留下几部呢？留不住。所以我们当时说，这些歌剧全部都是先得奖，后放仓库。但是大家都在努力，最近也有好的歌剧，比如像国家大剧院有一部《兰花花》，张千一写的。非常非常棒，我认为那部歌剧，因为他用了里面那个调，他用了这个民族音乐的调性，而且无限地在里面反复跟变奏。给你加深这个印象之后，大家听起来就感觉非常得亲切，能跟你引起共鸣。比如包括金湘老师的《原野》，也演了世界上很多国家，包括也有外国人参与演唱。还有《木兰诗篇》，也是有外国人演唱过。所以我那个中国梦，就是有一天，世界上的著名的歌唱家或歌剧院，都能用中文来唱一部中国歌剧。这部歌剧也能留在世界演出的曲库里边，不是说我们只给中国人演，或者我们中国人给外国人演，它是曲库之一。就像我们唱"今夜无人入睡"一样的，无论你意大利的歌手也好，还是德国歌手也好，你都得用中文来唱这首歌，这是我的中国梦。

国乐行者的多"琴"人生——方锦龙专访

　　一曲《梅花三弄》悠然奏响，拉开了访谈的序幕，室内仿佛弥漫着一缕古朴典雅的芬芳。眼前这位怀抱琵琶轻拢慢捻抹，意态从容、神情投入的弹奏者，正是自称为"国乐行者"的琵琶演奏家方锦龙。而他使用的这件乐器也很特别，不同于现代主流的四弦琵琶，这是一把失传已久，又在他手中"起死回生"的五弦琵琶。

方锦龙在节目现场

曹： 方老师跟我们说一下，五弦琵琶演奏起来的方法，或者说它的整个音色，和我们通常的四弦琵琶，有些什么样的本质不同吗？

方： 没有，就是多了根弦，实际上音色会更好。因为我们中国人讲共鸣，哪怕我弹一弦，实际上第五根弦在振动，所以它声音更温润。不像以前的琵琶可能会噪一点，这个琵琶，因为现在我觉得更多的声音是要休闲，更多的儒雅，我觉得这个是。以前的琵琶，爆、脆，大家都是扫弦，那种感觉。我觉得到今天，更需要返璞归真，又回到像古琴，它多了低音，三弦，就有更多的可能性。

曹： 如果用现在你手上的五弦琵琶，比如说要模拟一些外国的乐器可以吗？

方： 可以，古典吉他。还有民谣吉他。甚至电吉他。很多可能性。

1980 年方锦龙（右）与日本三味线大师本條秀太郎

曹：还有比如说像日本、越南这些乐器。

方：对，你看越南独弦琴。日本的。

曹：这个有意思，印度风味的呢？

方：印度就是西塔尔，不单是西塔尔，还有印度鼓，两个乐器。印度西塔尔哑哑的感觉。

曹：太精彩了！

方：还有西班牙响板。弗拉明戈。

曹：弗拉明戈的味道。你当时怎么会想到做五弦琴，据说五弦琴在宋代之前就有的，后来失传了。

方：对，实际上是唐代很盛行，白居易专门写过一个《五弦弹》，就是写它的。我是上世纪80年代初到日本去访问，有一天电视里播出的日本收藏的中国很多国宝乐器，还有一些器物，我当时看到这个琴以后，一下子就把我给震住了。我当时在想，原来古人比我们厉害，原来我们缺根弦，古人多根弦，我当时就这么想的。所以我当时一看完这个，我就立志一定，既然这么好的东西，为什么失传？我就像一个探秘者一样，一下子一头扎进去，从上世纪80年代初到现在，已经干了三十多年了，就为了这一根弦。

　　一头银发，弹着五弦琵琶的方锦龙，如今被坊间戏称为"白发网红"。以民乐演奏家身份强势出圈进而成为"网红"的，他恐怕是绝无仅有。在网上流传的大量方锦龙演奏视频中，知名度最高的要数2020年Bilibili网站跨年晚会上，他所上演的"一人大战百人乐团"，这个将近12分钟的节目仅在B站播放量就有四百多万，反响热烈，圈粉无数。

曹：我看最疯狂的时候，弹幕几乎是占满了整个屏幕。

方：对，应该说只闻其声、不见其人，看不到人了。

曹：当时有没有想到古老的琵琶演奏，居然在B站上引起这么多年轻朋友的反馈？

方：我一点都没想到会火，因为当时B站找我的时候，我一看有五月天、有吴亦凡等等都是流量明星，我想那咱们就掺和掺和吧，没想到最后出这个效果。后来过了两天，很多媒体来采访我，说方老师，你知不知道你很火？我说我不知道，本来我就想去掺和一下，让大家知道民族乐器也能很时尚，没想到那次一下子等于出圈了，后来他们就问我，你准备了多长时间？我说我准备了四十二年，因为我今年从艺四十二年，实际上并不是一天，就是你长期的积累。后来导演给我开会两个小时，排练两遍，从四十二年到两个小时，到两遍，所以这不是一天的积累。

曹： 那天晚上的曲目是怎么定的？是网站定的，还是你自己来确定？

方： 我们两个一块儿商量，他们知道哪一些比较火。有一些像印度神曲，我就不清楚，就是他们给的。像《十面埋伏》《黄飞鸿》，实际上就是咱们的《将军令》，还有《笑傲江湖》，这些都是大家比较熟的。还有一些经典的，像《牧歌》，甚至还有上世纪80年代，因为那时候我也经常玩，《魂斗罗》，游戏的音乐，同时还有最后经典的《教父》。就想怎么样好看、怎么样好玩，甚至中间，从来没有人敢在音乐会打断别人，这是非常不礼貌的。可是我想到中国的艺术，京剧，把髯口拿下来，喝一口水，继续再演，这是中国文化。因为你想这一个节目，整个时长有11分多钟，如果从头演到尾，是不是就感觉到好像还是一个音乐会的感觉。

实况：不好意思，打断一下，咱这个吹的是什么风格？这个是印度啊。我感觉不大像印度，因为你们缺了一个作料，缺少咖喱味。你这个是西洋的，属于黄油。我给你加点咖喱味。好，我们听听看。这个是印度的乐器，我们试一下。有没有咖喱味？

方： 这个就是我的点子。他们说这个行不行，我说一定行，因为这些年，实际上我的音乐会为什么很火爆，就是把一些脱口秀，把一些好玩的，大家平常都能知道的，可是没有人去把它串起来。就像中国的方言，你看我们到了苏州，为什么苏州的评弹这样弹的，到了苏州小胡同拐来拐去拐不出来，绕来绕去。我就很形象，大家一听，确实这个味。一到了四川，为什么有麻辣味？

曹： 《赶花会》。

方： 对，《赶花会》，也是叶绪然老先生。

曹： 我姨父写的。

方： 对，他写的，所以特别有意思。这个你看。又麻又辣，把它形象化了，大家一听，原来花椒和辣椒吃完，这个特别形象。

曹： 非常形象。

方： 对，干辣在嗓上作文章，湖南的花鼓戏，真辣，在嗓上作文章。到了贵州，酸辣，在咪上作文章。这就是我经常在音乐上，我找到味道和地道，实际上也是一种民族自信，西方音乐有它的特点，但我们的民族音乐更多是和方言有关系、和地域有关系、和习惯有关系。

曹： 非常棒，把听觉和味觉非常有机地结合在一起。

方： 还有潮州人的语言，喝茶，吃饭，往上拐的，所以潮州音乐《寒鸦戏水》，拐上去的。吃饭，喝茶。

曹：有什么音乐可以展现上海风格？

方：那太多了，上海的东西，侬嗲啦，《紫竹调》最能体现上海。我有一天在外滩，我看到一个美女穿着旗袍，就是那种（感觉）。

曹：婀娜多姿。

方：关键它这种传神。你看那个小感觉、那个小眼神，全在里边了。

尽管主业是琵琶，但方锦龙之所以能火起来，与他所擅长的乐器种类之多大有关系。古今中外、吹拉弹打，十八般兵器他都能信手拈来，不在话下，故而被网友戏称为"乐器成精"。

曹：你有没有统计过一共会多少乐器？

方：上百种吧。

曹：上百种，最拿手的哪几种？

方：古琴、琵琶、箫、埙，甚至还有西方的古典吉他。我不光是玩东方的乐器，还有欧洲的鲁特琴，这些都是我比较擅长的。

曹：你怎么能够在那么有限的时间里面，学会这么多乐器的演奏方法？

方：这就是中国传统文化的博大精深，我经常在中国的成语里面找到智慧，什么叫触类旁通，你只有触碰的东西越多，你才能分类。琵琶从哪儿来的？阿拉伯，那我就要到阿拉伯采风，原来阿拉伯有一种乐器叫乌德琴，它是没有品的。阿拉伯有他们的微分音，那个感觉都是，一弹起来，全是这种感觉的。包括印度，都是微分音特别多。知道阿拉伯的乌德琴是最早的源头，到了中国叫琵琶，到了欧洲叫鲁特琴，到了西班牙叫吉他。琵琶怎么写，底下是比较的比，文化的比较，琶，文化的融合。我非常喜欢中国的那个"悟"字，很多不是学出来，是悟出来的。学当然很重要，

童年方锦龙

313

但是悟更重要。

曹：你小时候最早学的乐器是不是就是琵琶？

方：柳琴，因为那时候小。

曹：都是弹拨乐。

方：对，它小嘛，土琵琶，那时候拿一个小拨片，六七岁就开始学柳琴，学到大概十几岁以后就改琵琶。

1963年，方锦龙出生于安徽安庆一个梨园世家，他的父亲是黄梅戏乐师。自幼在剧团长大，耳濡目染之下，方锦龙与各种乐器都有着一份天然的亲近。

曹：你记得小时候学乐器，是因为自己真的喜欢，还是大人的安排？比如说我小的时候学琵琶，因为那时候家长认为小孩学一样乐器，将来可能有一技之长。

方：我还真是自己喜欢，因为有一天，那是五六岁的时候，趁爸爸不在家，我就跟邻居一个小孩，他家是拉小提琴的，我就把柳琴拿出来，没人教，我们两个就把《东方红》给摸出来了，自己慢慢摸，觉得不得了，特别兴奋。我们两个人，一个小提琴、一个柳琴，跑到人家门口，给人家演奏，你看，没人教，我会了，这种感觉，无师自通。

曹：你小时候比如说家长安排你练琴，你是乐在其中还是勉强为之？

方：有一个过程，开始特别喜欢，后来就不行了，因为每天在练琴的时候，孩子在外面玩啊叫啊，那个心早就飞了。

曹：这跟我一样，我跟你说，我那时候因为父母双职工，所以我下午练琴是我奶奶看着，她有一个闹钟，一个半小时，我就把钟拨快半小时，可以少弹半小时，结果被我爸发现，被臭打一顿。

方：我也是。

曹：你被爸爸打过？

方：父亲早上出去了，我知道他走过去了，因为他的脚步我听到，就跑出去玩，快到回来的时候，再回来练。有时候玩过了，父亲一看，回来也是和你情况一样，揍一顿。

曹：你通常一首乐曲的话，学多久就可以把它完整地弹奏出来？

方：我这个很快，我自己都觉得这一块好像是我的天分。我们整个学校有一个宣传队，那个宣传队很专业，演黄梅戏就让我司鼓，我就跟黄梅戏剧团一个老艺人学板鼓。再过两天，我们要演京戏《奇袭白虎团》，你去拉京胡，又跟一个京剧老师学京胡。所以那个时候就奠定了我多种乐器，小时候已经会十几种乐器了。

1978年，15岁的方锦龙考入济南军区前卫民族乐团担任演奏员。作为全军专业文艺团体中唯一一支民乐队伍，前卫民族乐团历来享有盛誉，方锦龙的专业特长在这里得以充分施展，如鱼得水。

曹：你15岁就去考济南的部队文工团。

方：前面被打击过，我们那个时候初中是一个班，叫文艺班，全是学乐器的。我们那个大院有三个孩子，全考取了，就唯独我一个人没考取，那大概是1977年，我记得。实际上并不是我水平不行，可能种种原因吧。你想我在学校一直都是独奏演员，都是很风光的，突然当地的一个戏校都没考取，差不多一个星期没出门，感觉丢人。后来突然发现不行，还得奋斗，所以一个星期以后，我就每天早上四点钟起来开始练琴，整整春夏秋冬，我记得印象特别深，夏天练着练着，忘了以后，腿上一抹，全是蚊子，一腿血，蚊子，最后没办法，弄一桶水，把脚插进去。冬天，因为我们家离中学很近，早上四点钟起来，大雪天，把琴从门缝里塞进去，翻墙进去，就在操场上，不能影响别人，再堵上一个东西。从手开始僵的状态，最后弹到发热，这样整整练了一年，春夏秋冬。1978年15岁，那时候刚好我父亲的一个好朋友说我们团要招生了，让你儿子来考试。我记得那时候，我们家是安庆的，也算一个鱼米之乡，我连船也没坐过，火车也没坐过。我记得是夏天，母亲给我那个裤腿里面缝了十几块还是二十几块，我忘了，反正就是很少的钱，怕掉了，缝在里面，一路坐着轮船到了南京，再坐火车，那时候绿皮火车坐很久，到了济南。那天考试的时候，我印象特别深，来了好多人，大家都是前呼后拥的，都是父母、朋友，带着那些孩子来考试，唯独就我一个人。

青年时代的方锦龙

曹：你爸爸妈妈也放心？

方：因为那个时候家里没钱，因为我父亲就是一个人工资，我母亲是个代课老师，所以那时候工资特别低，没有办法。这也是初生牛犊不怕虎，我记得我到了南京，我还竟然能找到我父亲的朋友，还能到人家去借宿一晚上。你想那个时候也没电话，所以我现在想想，真是人逼到一定时候，那时候我感觉到我只能出去。

曹：把你内心这种最大的潜能都发挥出来了。

方：发挥出来了。最后没想到那天到了济南考试，他们前面考的时候，我就在旁边看，我一看，前面不如我，再看一个还不如我。那时候我心里，那个自尊心就来了，最后大家考完了，考官说没了吧？还有一个。那来吧。我一上去，弹了几首曲子，把他们考官全震住了。当场就说了，我记得有一个大的民族音乐家叫董红德，当年的《旭日东升》就是他写的。他马上就拍板了，就要这个小孩了，第一，没有人陪他，自己来的，第二，琴都不是自己的，拿别人琴弹的。我那时候家里琴都很差的。

曹：你去考试，琴都不带的？

方：不带，没有琴，所以是用了当地乐团的琴。这样子的话，就是因为我小时候玩过太多乐器，所以我对乐器的这种把控能力特别强。

曹：到了部队之后，你又要接受部队非常严格的纪律约束，同时还要忍受和家人离别的这种孤单，那段日子会觉得自己特别孤单吗？

方：没有。那时候我进了部队以后，发现突然到了一个大师云集的地方。你看我们前卫民族乐团都是谁，笙泰斗胡天泉，《凤凰展翅》《大寨红花遍地开》，琵琶、柳琴大师王惠然，《彝族舞曲》，打击乐刘汉林，咱们《百花争艳》电影里面的鼓，还有张长城、原野，《红军哥哥回来了》。我发现原来到了一个大师云集的地方，每天就是想学习，每天就是练琴。包括北京的刘德海大师、王范地大师，我都去学过，学到什么程度？因为上完课要走了，可是我又玩了个心眼，我就说刘老师，不好意思，我们部队

方锦龙担任指挥与日本华乐团合作演奏《嘎达梅林》

车要等一会儿，您上课，我在外面坐一会儿，等部队的车。实际上等我上完了，他在给别人上的时候，我拿个小谱子，等于我来一次可以上好几首曲子，他在给别人上，我就在那边划，这个地方是这样子。甚至我有时候出去买一个馒头边啃边学习。我记得那个时候我穿的军裤，都是新的，屁股底下全磨坏了，就是因为汗水沁的。差不多每天除了吃饭、睡觉，全是练琴。冬天，我们五六个人一个房间，有吹唢呐的、有拉二胡的、有拉板胡的，谁都愿意在房间，暖和，外面冷。怎么办呢？反正唢呐说我这个声音大，把你们给震出去。二胡、板胡就不行了，跑出去了，最后就剩了我和唢呐两个人，我有办法，我就把耳朵一堵，扫弦。他吹一个拉，我给他升拉，比他高半度，扫，他那个音就难受，他再吹高，我又比他升半个音。你想我连续扫一个小时，他受不了了，扫出去了。所以我开玩笑，我说我这个功夫就这么练出来的，一个小时扫弦，您弹过琵琶，扫弦多累，把耳朵一堵，就闭着眼睛扫，好玩。那时候大家斗智斗勇。

曹：大概是过了多久，你可以走到一个独奏的岗位上面对观众？

方：我特别幸运，我是 1978 年入伍的，没想到 1980 年就来了个机会，我们有一个出访任务，就把我选派了。

———————————————————————————————————————

　　方锦龙不仅是民乐演奏家，同时也是一位乐器收藏家，拥有上千件藏品，堪称国内个人乐器收藏之最。每到一地演出，他的必修课之一就是到民间采风，搜罗当地特色乐器，并且还要想方设法掌握它的演奏方法才肯罢休。

———————————————————————————————————————

曹：对你来说，最早碰到一件非常值得收藏的乐器，就是一个古琵琶是吧？

方：对，那是 1979 年。它是个南音琵琶，关键那个琵琶当时，因为大家知道吧，我的家族，我是方苞的后裔，桐城派。所以从小家里就给我灌输，你看大漆要一两百年才能爆出纹路。我从小就有这种概念，一看那个琵琶有纹路，我就知道好东西，知道是老东西。

曹：你那么小就知道是好东西？

方：因为从小，这个就是耳濡目染，家里经常讲，大漆，包括我父亲也喜欢书法，所以看到这个琵琶，一看到这个大漆，我就知道，关键后面有三个字叫"春夜游"，是金箔的，纯金箔的。所以我当时看到这把琴，我就走不动路了，可是那个时候对我来讲非常拮据，我的工资，津贴费才七块钱一个月。

曹：这个琴多少钱？

方：要五十块钱。

曹：巨款。

方：我那个时候，很早起我就弹吉他，我有一班吉他的学生，都是当兵的。我们就早上一块儿去上早市，我当时看了以后太贵了，我就走了，觉得还是不行，再回去，一看太喜欢了，所以我就赶快跑到我那些学生那里，把你们钱全掏出来，两块三块五块，全掏出来，凑了五十块钱把这个琴买下来。

曹：你记得一共问多少人借了钱？

方：十几个人。那个琴到现在还在，我始终感觉到这个就是缘分，开启我收藏，实际我并不是为了收藏而收藏，就是对民族乐器的爱，对这些古董的喜欢。

曹：在收藏的过程当中，有没有印象当中特别传奇的一次收藏？

方：有一次在阿拉伯，收藏的乌德琴也是。他们当时一帮人在玩，他们那个琴都不是卖的，就是展示的。我就说你这个琴能卖吗？他说不卖。我就想怎么把它拿到手，我就说你能给我弹一首吗？他们很热情地就给我弹了一首，因为这就是我的最强项，我把骨干音全记住了，我说能不能给我玩一下？那个眼光，我能看出来，对我小看，可以可以，给你玩一下。没想到，因为阿拉伯是用一个拨子弹的，一个长的。我前面把他的骨干音基本全部记住了以后，后面我还加工了，我把这几个指头，好比前面这一个音，后面我又把它分解。他傻了，他一看，在原有的基础上又给他丰富了，他们都傻了，你会吗？我说不会，就是刚刚学的，我们成了好朋友，最后那个琴半价卖给我。

曹：你这么多收藏里边，哪一件乐器从价值上来说是最珍贵的？

方：实际上一讲钱就很俗，我就不想讲钱，因为确实有些是价值连城。

曹：比如说呢？

方：汉代的陶钹，2200年前。

曹：汉代的陶钹。

方：对。还有青铜的编钟，时间没有考证过。还有大概三四千年的骨笛。

曹：三四千年的骨笛能吹奏吗？

方：能吹奏。这些年我发现不是我一个人，是很多人在帮我完成这个心愿，很多人买到以后，宝剑送英雄，就给我了。有些是半卖半送，有些基本上就送了。

曹：你自己最喜爱的是哪一件？

方：我觉得哪一件我都喜欢，因为我觉得每一个东西都不一样。我说我是孙中山的信徒，博爱。

长久以来，国乐给人以小众的印象，而方锦龙一直在为国乐走下神坛、走近大众而努力着。他不仅能拉会弹，更能说会道，每每在音乐演奏中穿插幽默风趣的讲解，呈现出别开生面的"音乐脱口秀"，对于国乐的普及与弘扬功不可没。

实况：你们会西方的乐器，钢琴，最好掌握一门中国的乐器。你拉个小提琴，街上一个卖艺的都比你厉害。可是我们一弹我们千年的古乐，哪怕吹个笛吹个箫。他们就比较傻了，为什么，我一拿出来，八九千年。吓死他们了。什么叫文化自信，你对传统文化了解越多，你才越自信。

曹：乐器对你来说，实际上是生命的一个部分，我听说你所到之处，其实你都会把乐器带在身边，如果遇到忧伤或是高兴、愉悦，是不是也会用乐器来表达自己不同时候的那种心情？

方：对。我觉得这个是特别好的，所以很多人说老师，你怎么一点皱纹也没有？虽然我比您小一点，但也快奔六的人了。我觉得这个就是音乐起到的作用，音乐的乐带来的是快乐的乐，乐繁体字一加草就是药，所以我觉得中国的音乐本身来自农耕文化。为什么中国人喜欢用五声音阶？后来我发现找到感觉了，因为五音是给五脏进行按摩的，宫商角徵羽、心肝脾肺肾、金木水火土，都是对应的。我随身带一个小盒，盒里面有很多宝贝，像这个就是贾湖骨笛。实际上更重要的名字，它叫骨龠，中国人先种了五谷杂粮，后面就玩乐器，这个龠是什么？就是吹火筒，古人拿去钻火，钻木取火。可是这个乐器怎么演奏呢？它是斜着演奏，我自己理解就是这么吹，火会迷眼睛，斜过去，这样子迷不到眼睛。斜着吹，关键它能吹出音高。在8800年前的时候，我们中国人已经创造了七声音阶，这是个伟大的事情。

曹：这了不起。

方：我们华夏并不是五声音阶，我们早就有七声音阶，可是为什么用五声音阶？因为五音叫正音，你看我们的国歌，它叫正音，正音就是什么？您弹过琵琶，知道古筝、古琴五音，你怎么拨拉都好听，流水的感觉，叫正音。中间搞个发搞个西，可能就不那么谐和了。

曹：其实很长一段时间里，我们觉得民乐离我们越来越远，民乐有它非常独特的地方，也有它一些缺陷。比如说民乐独奏就比较好听，合奏就没有交响乐的和弦来得那么好听。所以你觉得我们的民族乐将来要走一条什么样的路？

方：这个事，你问得特别好，我觉得刚好也是我一直想说的话。中国乐器是讲个性

319

化，西方乐器讲共性，因为一个工业文明和一个农耕文化，完全不一样。这些年大家讲民乐，突然发现另一种说法叫国乐，这个就是我一直提倡的，为什么叫国乐？因为咱们叫国学，咱们叫国画，没有叫民学、民画，所以中国民族音乐叫国乐是对的。民乐也对，民乐就是要与民同乐，民乐、民乐是一个字，我喜欢咬文嚼字。我突然发现咱们要放低身价，要搞老百姓听得懂的。就像我昨天演出的《十面埋伏》，可能人家都不知道，我一定要给它简介，你看一开始刘邦军队的总动员，用擂鼓来鼓舞战士的士气，队伍出发之前吹起号角。大家知道吗，过去古代战争，光盔甲就是五十斤，还有兵器加起来好几百斤，所以走路，非常沉重的。中间还有刀枪的碰击声，还有战车铁轱辘声，我就把整个的人喊马叫声……

曹：把乐曲分解开。

方：解剖一下，再演奏，观众就听懂了。

曹：你是希望能够在观众和音乐之间做一个桥梁？

方：没错。因为我觉得这是我一直想怎么样让他们听得懂，只有听得懂了，才慢慢喜欢，听不懂，怎么还不完？该回家了。所以我经常把我自己变成第三者，我是一个观众，如果我看这场音乐会，怎么样。

作为当下享有很高知名度的"网红"演奏家、国乐领域的"流量明星"，方锦龙在受到追捧的同时也不可避免地要面对一些质疑。围绕他的不仅有献花、掌声和网友纷纷献上的膝盖，也有诸如爱作秀、好卖弄、搞噱头、风格浮夸这一类尖锐的批判。

曹：你会介意别人对你的这种有色眼镜吗？

方：说实在的，实际上我就是最学院派的，为什么？民族音乐讲味道、地道，因为现在我们所谓的学院派就在围墙里面。所以我经常开玩笑，别人问我哪个学院毕业的，我说我是地球音乐学院毕业的，地球以外是我的围墙。我始终感觉到，我们民族音乐就没有学院派，只有扎根在民族的东西。《二泉映月》是谁写的？阿炳，阿炳是哪个学院毕业的？我现在突然发现民族乐器很多著名的曲子，很多都不是学院派写的。《彝族舞曲》，大家知道这是我们琵琶曲的一个，可以说是一个特别代表性的曲子，王惠然老师，他是哪个学院毕业的？他就是从部队出来的。学院并不是不好，可是我们的学院如果一味地为了学院而学院，路会越走越窄。我们民族音乐需要，我经常说要生态国乐，什么叫生态？"家花"要有，"野花"也得有，如果都是"家花"，经不了风雨。

曹：你觉得自己是"野花"吗？

方：我既是"家花"，也是"野花"。为什么？我从小就跟大师后面"混"的。我想可能这些学院的教授都没有这个机会，跟王惠然老师，一手一曲地去学《彝族舞曲》。那你说我是不是学院派？我如果到学院讲《彝族舞曲》，我肯定比他们强，为什么？我是原版的。我们更需要接

演奏中

地气，民族的东西一定要采风。实际上我这些年慢慢感觉到，我是一直在走，但是走自己的路让别人说，我从来不理这个。因为这一点我始终感觉到，你要是今天顾忌到这个，那你什么都别做了。

曹：还有一种说法，中国人讲术有专攻，你的主攻方向当然是琵琶，你也会很多乐器，那么你很难保证说一个演奏家每个乐器都会弹得比较精、比较专，所以你对这个问题怎么看？

方：因为西方和东方不一样，因为西方的东西可以专，为什么？他们的乐器就像他们的几何一样。东方的不一样，我们叫道法自然。我经常讲，中国人为什么叫琴棋书画，你搞琴跟书画有啥关系？白居易，你想想他既是诗人，我想他肯定是琵琶演奏家，他也是古琴演奏家，他也是茶艺家，如果不是这样子，他不可能把《琵琶行》写出来，什么轻拢慢捻抹复挑，指法，初为《霓裳》后《六幺》，大弦嘈嘈如急雨，小弦切切如私语。甚至连演奏的状态，转轴拨弦三两声，未成曲调先有情，现在我们的孩子都没有这个概念，调弦，过去在调的时候，脑子里已经进到情绪里面了。所以因为我经常读古人的东西，我突然发现古人早就给我们作了示范，你知道我们上海大同乐会，哪个不是全才，卫仲乐，古琴家、琵琶家，笛子吹得好，小提琴拉得好。孙裕德先生，箫、琵琶、古琴。还有程午嘉先生，哪一个都是会十几种乐器的。就像金字塔一样，你这么宽吧，就这么高。你这么宽吧。你无限宽的话，你没有顶点。包括我还出过演唱的唱片，我还学过指挥。当年我和陈燮阳老师合作何占豪老师的第一部协奏曲，就是琵琶协奏曲，叫《临安遗恨》。因为我学过指挥，可是你知道陈燮阳指挥，他的指挥点很多在上面的，因为我后来突然发现，我们的民乐点在下面的。因为乐队大，他动作一定要夸张。我每一次都比他快，我突然发现不对了，原来他这个点

在上面，所以我马上调整，这就是我因为学过指挥，我马上能改变。所以很多东西，我认为一个人等你红的时候，一定是有噪音的，所以一定要面对这个东西，一定是很坦然的。包括很多说法都有，说这个连演奏家水平都不够，对，我说真的不够，所以我还在努力做一个好的演奏家，我用这种心态。

曹： 你觉得自己是个好的演奏家吗？

方： 我觉得我把自己定位是国乐行者。

曹： 一个人过了知天命之年，成为一个"白发网红"，是一个什么样的感觉？

方： 我很享受这个，因为现在确实走出去，经常被拉着照相啊干嘛的，这是在乐器界很少的事。我感觉到这个并不是我的走红，我觉得是中国文化，是中国整个大的方向，现在是国风热，刚好方锦龙赶到一个好的时代，我感谢这个时代。因为我觉得中国的民族音乐有了这一天，也是我一直渴望到来的一天。

方锦龙当年从艺是受父亲影响，同样他的儿子也受他影响而走上了音乐道路。今年新冠情期间，父子俩合作了一首原创抗疫音乐作品《照亮》，儿子作曲，父亲演奏，一经推出，颇受好评。

方锦龙与儿子方颂评

曹： 你儿子现在也做音乐，父子俩在音乐理念或者走的音乐道路上，有一些什么样的区别吗？

方： 开始是有矛盾的，因为他刚刚从美国回来，他完全是带一种现代的，就是那种音乐比较激进的。因为你知道我们在家里都会听一些，喜欢喝喝茶，听那种比较雅一点的，他一进来就，我就受不了了。慢慢地我们在协调，他也在改变，我也在改变，因为最有意思的，第一次从美国回来，一头红头发，把我气得。

曹： 挺好，你一头白头发，他一头红头发。

方：后来我到他的学校去了一下，一看他那个学校就是先锋派的，全是搞流行的，什么造型都有，我觉得他还不算过分。当然我觉得，后来我也在想，我们也穿过喇叭裤，我也挑染过头发，慢慢就开始协调。

曹：你这个发型就很潮，所以这个发型有没有受过儿子的影响？

曹可凡与方锦龙合影

方：没有，我这个不是潮，我这个是没办法，开始染黑发，最后他们说对身体不好，那不染了吧，不染了以后反而变成特色了。

曹：现在你变成中国民乐非常受关注的一员，所以有没有觉得自己肩上有一些责任？

方：我认为我方锦龙并不是为了我个人，我是为了这个行业，国乐怎么能出圈，让更多人去关注到国乐。我们有我们的优势，因为没有人去说，你光傻眼不行，老百姓不知道你的优势在哪儿。很多乐器从哪儿来的？簧，最早的巧舌如簧的簧，就是竹子做的。你看，我们古人非常智慧，女娲造簧，据说是女娲那个时期创造的乐器。你看，经由这个竹子，可以发出不同的音高。就一个簧可以产生这么多音高，所以因为有了簧，再有什么？笙，还有滥竽充数的竽。据说是17世纪法国的传教士把笙带到欧洲去，他们不会吹，笙又呼又吸又花舌，他们搞不定，他们怎么办？他们不是有烤面包的风箱嘛，对着它身上，就变成今天的手风琴。这都是真的，不是我说的，这都是我查了大量资料。所以这是不是民族，因为有了女娲造簧，实际上所有簧片乐器，鼻祖在这儿，这就是我这些年找到很多我们自信的东西。好了，慢慢地，一说起和声，我们簧早就有和声，把几个簧放在一起就可以变成自然的和声。

曹：这是什么？

方：还是簧，也叫口弦，你看，它不但有和声，它有节奏，甚至它还有一些宗教的仪式感。过去我们的萨满那些，巫术这些东西都在这里面。

曹：有意思。

方：你看它起码发出三种以上声音，就是一个非常简单的东西。我们叫简而不单，看上去很简单，但里面很复杂。还是簧。你看你们现在年轻人喜欢玩的DJ（打碟），老祖宗早就玩过了，这就是DJ的老祖宗，你们打碟的，你看。

323

曹：精彩！太好玩了。

方：为什么年轻人喜欢。甚至还可以表现这种，曹先生你好。曹先生你好，我是方锦龙。你看像不像电子的感觉？就像太空人在讲话。像这些东西都很好玩。所以这些东西，我始终感觉到要动脑子。这几年我认为方锦龙并不是很聪明，但却是最勤奋的。

·················· 厉行者

那些角色教给我的——殷桃专访

她有一个很美的名字：殷桃。很多人以为这是艺名，其实这就是她的本名。人如其名，她也恰如樱桃一般秀丽婀娜，灵气十足。作为演员，殷桃是幸运的，大学刚毕业就以电视剧《历史的天空》《搭错车》脱颖而出，崭露头角。同时她也是勤奋的，多年来保质保量、佳作迭出，陆续奉献了《幸福像花儿一样》《温州一家人》《鸡

殷桃在节目现场

毛飞上天》《爱情的边疆》等众多深入人心的作品，凭借出色演技获得认可。在前不久举办的第二十六届上海电视节上，殷桃出任中国电视剧单元评委。从 2017 年荣获白玉兰奖最佳女主角到如今成为评委，殷桃转变的是身份，不变的是初心。

曹：欢迎来到上海电视节，而且今年上海电视节是正处在一个比较特殊的时期的电视节。

殷：是的，一定会是一次很难忘的经历。

曹：对。我还记得那时候你 2017 年凭《鸡毛飞上天》获得了白玉兰奖的最佳女演员奖，那天也是我在那儿主持，特别为你高兴。

2017 年白玉兰奖颁奖：最佳女主角，殷桃，《鸡毛飞上天》。恭喜殷桃。我现在是懵的。因为实话讲，昨天也有偷偷想，万一是我呢？万一是我，要上台说点什么。可是刚才张译获了奖，我想那可能这次我还需要再努力。所以我没想到这届的评委这么有眼光。

曹：从获奖者现在变成了评委，心态上有一些什么样的变化？

殷：我那个时候入围，坐在台下，当然是很期待自己能够获得肯定的，很紧张。今年

《鸡毛飞上天》剧照

荣幸地担任了电视节的评委，我发现我更紧张了，而且压力更大。

曹： 是不是发现好的作品跟好的演员都特别多？

殷： 我已经看到有很多观众在说这是"神仙打架"，确实是这样的，全都是非常优秀的演员。

曹： 作为一个演员，你平时在看戏的时候，可能会带有一些职业的习惯，你通常会怎么去评判一部戏的优劣？

殷： 如果是我自己平时看戏的时候，肯定是因为专业的原因，我更多地肯定还是在关注剧情和表演，这个角色方方面面的一个完整度。会向同行学习，从他们身上学很多东西，偷偷地学艺，看什么东西可以更多地吸收到我自己身上，帮助我自己去塑造角色。但这一次会不一样，角度会不一样，可能会更全局观地去看整部戏，各个工作部门集体创作的一个整合的效果。这个对于我来讲是一个巨大的学习和帮助，更有全局观吧，我觉得对一个戏的判断。

曹： 其实你得了白玉兰奖之后，你就获得了大满贯，飞天、金鹰、白玉兰奖，三个中国非常重要的电视剧奖项都得了。

殷： 这个绝对是幸运的，而且就像那年我在台上说的，它是鼓励也是鞭策。再往后会更加紧张我自己的每一个角色，要竭尽全力去塑造好，我得对得起这个称号。

精致的五官，清晰的美人尖和笑起来甜甜的酒窝，令殷桃的外型即便在美女如云的演艺圈中也有着极高的辨识度。作为重庆姑娘，她性格里兼具南方女子的温柔婉约和辣妹子的豪爽霸气。而她身上的文艺细胞和表演天分，早在童年时代就已经显露端倪。

曹： 有一句话，叫做三岁看老。所以你现在自己回想起来，小时候是一个什么样的家庭环境？

殷： 我小时候特别皮，打小像个男孩。尤其是我妈妈有段时间工作特别忙，没有时间给我梳头什么的。爸爸可能这方面不是特别行，去学校老师每天都觉得，这个孩子怎么那个头发乱七八糟就来了。后来跟我妈妈说了之后，最后解决问题就是给我剪成了齐耳的短发，真的就是跟男孩子一样。可能小时候爱玩的东西也比较像男生，好像打小就不太喜欢洋娃娃什么，喜欢玩泥巴，玩个签啊。我们小时候拍画什么的，就是这种，小时候的性格是比较，就是没有那么多羞涩，或者是害羞，不太像个小姑娘，像个小男孩。

童年时期的殷桃和父母

曹： 会跟男孩打架之类的吗？

殷： 会的。不太会跟人吵架，急眼了可能会打架，就属于这种。所以我父母非常头疼，就觉得这个孩子看起来长得倒是还秀秀气气的，怎么完全跟个男生一样？你要说跟艺术有关的，首先我爸我妈好像还有一点这方面的……

曹： 爸爸妈妈是做艺术相关的工作？

殷： 完全不是，但是我爸爸以前在部队那个时候有那种宣传队，我爸爸是骨干。他以前打个腰鼓，吹个口琴，也会跳舞什么的。妈妈原来当知青的时候，也是会有演出什么的。就是他们骨子里也有一些文艺细胞，可能也遗传给我了。再加上我妈从小会比较培养我这方面，试过很多，学钢琴。

曹： 绘画、跳舞是吧。

殷： 画画、跳舞，所有能让我试的全都试了。

曹： 那你觉得在这几个方面有天赋吗？

殷： 我觉得我是有的，但是他们没有好好培养我。

曹： 什么叫没好好培养你？

殷： 应该对我再严厉一些。其实我很感谢我父母对我的这种教育，就是他们给我机会去尝试，他们从来不强迫我。直到有一天发现，这件事情是我自己愿意去坚持和喜欢的，他们就一直在我身边支持我，就是学表演。

曹： 其实一个人的成长很有意思，就是小时候你学过的一些东西，潜移默化会对你有影响。所以你觉得小时候学舞蹈、学绘画、学钢琴，后来成为一个演员，是不是觉得那些东西，其实它慢慢融化在你的血液当中？

殷： 是的，而且对角色是有很大帮助的。比如我刚刚拍完一个电影，里边她也是喜欢画画的一个人。我一拿笔，导演说你是不是会画画？我心想会一点点。实际上我已经不会，但是小时候你拿素描笔画画的时候那个动作……

曹： 起码你那架势是对的。

殷：对，你的动作至少是对的，所以说作为一个演员，就是要不断地吸收，它不知道哪一天就会对你的角色是有帮助的。

曹：演员跟主持人一样，都是杂家。

殷：对。

曹：什么都得明白一点。

殷：是的。

曹：小时候有过这种情况吗？就是说，我有个志向，长大要做什么样的工作。

殷：那时候没有太具象的，但是就是对文艺的东西感兴趣。其实小时候业余舞蹈班，我是最偷懒的那一个，老师很喜欢我，但是我永远是最偷懒的那一个。就是站把杆的时候，我在重庆，在重庆歌舞团有一个业余儿童班。下面就是烤羊肉串的，我站在那儿做把杆的时候，就闻着那个味道，香得我呀。老师就会拿着一个棍过来，屁股收起来、肚子收起来，感觉自己像一块薄薄的饼干。当时饿得我呀。但是我们当时学习，每一堂课都会有一个小环节，叫自由发挥。就是钢琴老师在弹钢琴，你随便跳，你自己想怎么跳怎么跳，开发你的想象力或者是怎么样的。那个时候老师跟我妈妈说，这个孩子有可能以后可以当个演员，因为她会觉得我在那一刻特别放松、表情特别丰富，表现力也很强，好像也没有别的孩子那么羞涩。就是我愿意靠肢体去表现，好像她还能看到这些动作里面有情绪。其实我很感谢这位李老师，是她第一个说。那个时候我大概才九岁，她说说不定这个孩子以后可以当一个演员，舞蹈演员可能她不太行，她太偷懒了，吃不了那个苦。

曹：所以她发现了你这种表演天赋，或者说你的某些表现欲。

殷：对，是这个提醒了我妈妈。

曹：你后来考解放军艺术学院，当时是怎么想的？

殷：因为我之前已经是在重庆艺校学的表演，学了三年表演，作为演员，肯定是希望到北京、上海这样的地方，才有更多机会，所以就到北京来考学了。考解放军艺术学院有两个重要的原因，一个是我爸爸其实还是一个相对保守的人。他一开始不是特别愿意我进入这个行业，他不太放心，他希望我从事一个在他身边的，比较安稳的一个职业，律师、医生。其实我小时候学习成绩还挺好的，他觉得，那个时

殷桃童年照

候老师、家长会有一些观念，好像是学习不太好的孩子，才会去从事艺术类的工作，对吧？我爸就觉得，她成绩挺好的，读书也不错。为什么？但是我妈妈一直很支持我，因为她有一颗当星妈的心，我觉得。所以解放军艺术学院，因为我爸爸曾经也是个军人，他会觉得在部队，他会更加放心。第二个原因是因为，是一个普通家庭出来的小孩，那我也会考虑解放军艺术学院，如果我考上了，我就是军人，那么在学费和生活费这一块，我会减少很多父母的负担，所以是这样的一个选择。

曹： 在学校里算是好学生吗？

殷： 专业上真的还是不错，但在纪律上一开始的时候是非常糟糕的。因为每天早上我们要晨练，或者是要晨跑的时候，我应该永远是最晚一个到的，一开始。所以老师后来到点名的时候直接问，殷桃。如果我到了，殷桃到了，应该全班都到了，是这样一个概念。但是老师也挺能治我的，第二学期就让我当班长。因为它会给你一个自己的压力，既然把你放到这个位置上了，你要做不到，你怎么去要求别人。

曹： 你首先要自律，要不然你根本做不了班长这样一个职务。

殷： 所以我觉得当时老师实在是太"阴险"了。

2002 年，殷桃在军艺毕业大戏《我在天堂等你》中饰演女主角白雪梅，并因此荣获中国话剧金狮奖、白玉兰戏剧表演艺术奖等多个奖项。作为一名尚未毕业的在校学生，可谓是无限荣耀，起点极高。

曹： 其实在一个毕业大戏当中，能够脱颖而出也不是一件非常容易的事。

殷： 毕业大戏确实是会有不同的角色，它会考量到全班同学都能够参与到这个戏里边来，但是一定还是会有主要角色，和相对次要的一些角色。我记得当时这个女主角的竞争还是蛮激烈的，我们学校最后筛选是三个同学，每个同学都排。最后是由院长和其他各个部门的老师一块儿来看，最后决定谁更适合这个女主角，所以是我自己争取来的。

曹： 当一个学生能够成为一部戏的主角，而且又获了很多专业奖项，对你后来踏上工作

话剧《我在天堂等你》剧照

岗位，是不是一个特别大的催化剂的作用？

殷：有好有坏吧，因为确实是，那个时候还是个在校的大学生，获得了金狮奖，好像是没有过的状况。因为我当时还不算是一个完全职业的演员，因为还在学校读书。所以，也会有一些小小的骄傲，那个时候，就是不知道天高地厚的感觉。毕业之后进入到社会，你就会立马被打下来，你会觉得自己差得还很远，我觉得这就是成长的一个过程吧。

让殷桃体会到这种巨大落差的，就是她毕业后正式参演的第一部电视剧《历史的天空》。在这部由高希希执导，张丰毅、李雪健主演的军旅剧中，殷桃饰演的东方闻音戏份颇重，并且与张丰毅有大量对手戏。

曹：你后来拍高希希的《历史的天空》是毕业后多久？

殷：刚刚毕业。

曹：那你属于运气很好，一毕业就碰上这么大的一个戏。

殷：所以我受打击了，一开始的时候。一开始很简单的一句台词，拍了好多好多条，都过不去。因为很紧张，非常紧张，面对镜头的时候不放松。而且那个时候跟我搭戏最多的就是张丰毅老师和李雪健老师，对于我来说是"两座大山"在我面前，压力特别大。这就是我说的，刚刚获得了一个好像至高无上的荣誉，然后立马被打回原形，就是你还差得很远，你要好好踏踏实实地去学习。

曹：张丰毅是一个特别自律的人，他到现在每天打球、跑步，对自己的管理是非常严苛的。我知道他在剧组拍戏，对别人也非常严格，比如说他有时候在一个剧组拍戏，要让所有人跟他一块儿早上晨跑，要跟他一块儿打篮球。就是说一个演员对自己的身材管理不了，你怎么去做一个演员。

殷：是的。

《历史的天空》剧照

曹：所以我相信他拍戏的时候不仅对自己，对他的合作者也是同样的标准。

殷：是的，而且他非常直接。就是我们的第一场戏，刚才我说拍了很多条。丰毅老师就在现场，非常不客气地说，孩子，你要说人话。

曹：这句话厉害。

殷：对。我今天对你没有别的要求，你要说人话。这其实对一个刚刚毕业的演员，听起来是会非常受刺激的。

曹： 有点愕然？

殷： 不愕然，因为你知道自己不好，但他不会绕着弯子去跟你说话的。而且我觉得这个是对的，作为一个演员，你其实要有强大的抗压能力，不好就去改变它。如果这样你就退缩了，可能也就走不了太远，我觉得。

曹： 有没有被他说哭？

殷： 我当时没哭，但是我回房间哭了。

曹： 是吗？

殷： 回房间哭了，难过。

曹： 大概你拍了多久，才慢慢适应这样一种拍摄的进度和环境？

殷： 我觉得丰毅老师也是为了用这种激将法吧，包括我当时的队长也来跟我说，你不要去管他们是很有名的演员、前辈什么的，你站在镜头前面，你就把你自己的角色演好，不需要那么多杂念。反正我当时最坏的打算是，我演得不好就要被换掉了，那一定是这样的。

曹： 有这种可能吗？

殷： 当然是有的，因为我们刚刚开机，如果真的导演觉得你不胜任的话，他当然是可以换掉你的。因为这个角色其实还蛮重要的，你完成不了，那怎么办呢？我可能就要换别的演员来替代你。你把最坏的东西想到以后，就彻底放松了，你可能反而真正应该有的状态就回来了。就是我们说的，你在表演的时候不能有那么多杂念。再后来没过两天，就拍一场很重要的戏，就是我演的那个角色叫东方闻音，她牺牲的一场戏，我觉得我表现得很好。

殷： 从那天开始，我就感受到了老师对你的认可，重新看待你，你看，你放松了其实还是很不错的一个演员。

曹： 其实张丰毅是一个内心特别善良的人。

殷： 非常非常，其实他当时那天这么说，我觉得他也是看到了我的紧张和杂念，而且可能女演员一开始都会有，就是很在意镜头，我是不是好看，我这个角度，会有的，就是会有的，他就是要把你这些全部都打碎掉。

紧接着殷桃又与李雪健合作，在电视剧《搭错车》中演绎了一段超越血缘关系的父女深情。

《搭错车》剧照

曹: 在《历史的天空》当中,其实已经跟雪健老师合作过,所以当第二次跟他合作的时候,有没有一种更新的认识?因为雪健老师真的在表演上确实有他特别独到的地方。

殷: 对,我是觉得,不管是丰毅老师还是雪健老师,在我刚刚进入这个行业的时候,给我的一些帮助到今天我都觉得非常受用。我拍完了戏也不会回到房间,就待在现场,看雪健老师怎么演戏。有时候我就会发现,他会加一些小东西在他的人物里面。比如说他演的是一个很善良的哑巴父亲,靠捡垃圾卖掉,来养活这个女儿,是一个非常善良的人。但是他有时候会给自己加一些人物的小心机,或者是小算计。我那时候不明白,我觉得特别奇怪,我觉得他为什么要加这些?大家不是都觉得这个人正直、善良,是好的吗?后来他就很淡地告诉我,他说,因为他是个人,一个人就一定有他身上的小毛病。这个人物他本性善良、正直,但是他毕竟是一个没有多少文化,没有读过多少书,相对底层的这么一个最普通的人,他一定会有他身上的小问题。我加这些东西就是希望,他是一个活生生的,鲜活的人,而不是一个脸谱化的人物。所以这些东西到我今天都非常受用,我就觉得,生活的毛边,或者人物的小毛边,你敢于把它放到人物身上去,是可以让这个人物更加鲜活和真实的。

曹: 你后来有没有在后面的创作当中,或者拍摄当中,用了这样的一些方法,把这个人物可以表演得更加立体、更加丰满?

殷: 举个例子,就是《鸡毛飞上天》的骆玉珠,我就会有用到这样的方法。比如说到了中年,她跟陈江河,已经算是挣到钱的生意人了。但是从造型上面,一开始我们有试过一些更加优雅、更加有气质的造型,但是我觉得不太符合她这个人物,因为她也确实是打小没有读过什么书。刚刚开始有钱的时候,我们也不能用暴发户来形容她,但是她确实是,她的审美还到不了这样一个高度。所以我们会在戏里用,比如说她会戴一些很夸张的首饰,或者是穿一些很夸张的皮草,其实这样更贴近她这个人物。包括到中年时期,她跟陈江河的情感部分,夫妻关系。前期大家都知道,这两个人的爱情实在是让人羡慕。但是我想,再好的爱情随着岁月的流逝,到某一个阶段的时候,它不可能像刚刚恋爱的时候,永远都是温暖的,永远都是热烈的,它也会被生活中的很多小事情去添加很多烦恼,或者是两个人之间的不耐烦,彼此的一些嫌弃什么的。

殷：所以演到中年那一段的时候，我印象特别深，第一天拍的时候，我跟张译商量，我们在现场找中年夫妻的感觉，花了挺长时间调整。因为前两天可能还在拍二十来岁的时候，热恋期的那个状态。过两天要拍这个的时候，我知道那个样子的女性形象可能不是那么讨人喜欢的，她会有一些刻薄，或者对先生会有一些不耐烦，会有自己中年以后的一些焦躁。这个人物的状态就没有小时候那么，好像永远热情、永远善良、永远是笑眯眯的。她会有那种丧着一张脸，或者是冷漠的时候，但是我觉得那样的夫妻状态是更真实的。这样的一些处理，我愿意这么去尝试，都来自我最早的时候拍戏，跟这些前辈们学到的一些东西。

曹：所以好多人说，做艺术创作的人，第一口奶吃得非常重要。

殷：是的。

曹：就是当你刚刚踏上人生道路，职业生涯开始，碰到张丰毅、李雪健老师这样对表演痴迷，而且有自己独到心得的人合作，我觉得至少前进的道路不会走歪。

殷：对，他们领我走的是正道。

都说成功离不开贵人相助，在殷桃的演艺生涯中，导演高希希无疑是一位至关重要的人物。从《历史的天空》《搭错车》到《真情年代》《垂直打击》，在出道之初的那几年里，殷桃几乎成了高希希的"御用演员"。更重要的是，高导还给了她一个截然不同的角色，引领她成功走出了自己的舒适圈，拓宽了演技的边界。

曹：《幸福像花儿一样》，我听说最初你对这个角色是有一些想法，好像觉得跟你自身的反差比较大。

殷：担心，因为那个时候没有现在这样的对角色相对有底气的判断，或者是思考。就觉得那个角色在原剧本里面，她有一点像杜娟的反面人物。杜娟这样的女孩子是代表幸福的，那样的女孩子的性格是代表不幸福的，因为她可能比较物质、比较算计或怎么样的。我有点害怕影响我刚刚树立起来的像《搭错车》那种，观众很喜欢的那个样子，一个非常可爱的女孩的形象。这个非常感谢高导，是他跟我讲，一个演员，你不要去害怕不同类型的角色，角色没有好与坏，只要你演得好，观众都是喜欢的。可能在大梅身上，我更多地用到了他教我的这些东西。

《幸福像花儿一样》剧照

曹： 你跟高希希导演拍了五部戏是吧？

殷： 好像是，差不多，五六部吧。

曹： 我一直在想这个问题，比如像毛卫宁跟王雷，他们合作了差不多七部戏。电影当中也是这样，王家卫跟梁朝伟，几乎这种创作贯穿了王家卫整个的拍摄。这种长期合作，导演跟演员之间，尤其是对演员会产生一种什么样的影响？

殷： 信任感，你知道这个导演非常了解你，你的潜能在哪里，你的脆弱在哪里，你不知道该怎么办的时候，因为他对你那么多次的合作和了解，他也知道用什么样的方法可以帮助到你，我觉得这个是非常重要的。

曹： 所以跟这样的导演合作会不会特别踏实，你可以不用想特别多，到了现场跟导演之间，这种导跟演之间的默契？

殷： 这个当然是，你会很踏实。但是另外一点，你压力也会很大，因为他每一次都要求你要有进步，他每一次都希望你还有什么比上一次那个能更好。

曹： 希望你能给他一个不同的东西。

殷： 对的，是的，他会逼着你往前走。有很多导演真的是很狠。比如说丁黑导演，曹保平导演也是这样的，跟他们拍戏我觉得那个阶段对于我来讲，也是一种催化吧，就催着你往前走。像丁黑导演，我演一场戏，我演完之后现场很多人都哭了，我也觉得我自己演得非常好。然后我到监视器，我看他也在默默地擦眼泪。我等待着他夸赞我，他抬头看了我一眼，他说桃子，我觉得非常准确，非常好，但是我想看到你更有才华的处理。

曹： 那个瞬间你怎么想？

殷： 崩溃。啊？你就觉得崩溃，但是他们都是非常感性的导演，如果他真的这一场，他在监视器里看到你，他认为很好的表演，他真的会过来拥抱你，会跟你讲，你太棒了，怎么样的。所以我觉得，为什么表演是让演员很享受的一件事情。

曹： 对。我梳理了一下你这些年演的戏，其实古装剧并不是很多，《杨贵妃秘史》算是一个，其实一个女演员能够演古代美女，当然是她的荣幸。可是从某种程度上来说，那种压力也是随之而来。一百个观众有一百个哈姆雷特，一百个中国观众可能就有一百个杨贵妃。

殷： 是的。

曹： 所以当你接这样一个任务，有没有这种困惑？

殷： 会有，但是我觉得导演如果信任我，其实你在屏幕中呈现出来的形象是有很多部门在帮助你的，造型、灯光、摄影，这些东西在帮助你。那你在接完它以后，你就不能再把你的重点放在这件事情上面了，就是每天都在想，我是不是足够美。包括杨贵妃，我在接到这个角色之后，其实真正打动我的还是它里面的故事。那些东西就是按照导演的要求，该减肥减肥，该增肥增肥，好好地做造型，让自己尽量贴近应该有的那个状态。其他心思还是应该放在别的方面，因为毕竟还是讲她的故事，而不是拍一张美人照。

曹：我们再说说《爱情的边疆》，这个戏真的挺特别的。这个故事首先就比较奇特，你要从年轻一直演到年老。

殷：八十多岁。

曹：这个对演员都是一个特别大的挑战，其实高满堂老师这部作品，他的想象力是非常丰富，你想，他就是从一个战壕里边的一朵小花，他可以引申出这样的故事，他这种想象力。之前你跟他合作过《温州一家人》。

殷：是的。我觉得高老师在行业内的地位就不用说了，写了那么多经典的作品，在专业上他作为编剧的能力，或者是他的眼界，这个都是毋庸置疑的。《爱情的边疆》让我看到了高满堂老师貌似看起来很严肃的那个样子，骨子里的浪漫。我觉得他是一个超级浪漫的人，所以才有您说的，从一朵小花，他会衍生出这么一个传奇的、浪漫的，让人揪心抓肺的一个爱情故事。

曹：你们在拍摄的过程当中，现在回想起来最艰难的是什么？

殷：一个是对体能的要求，确实是，那个戏真的是非常辛苦。第二个，就是年龄跨度之大，对于我来讲是一个巨大的挑战。而且它还不是说每一个阶段有点闪回，或是有一点穿插，它真的是从 20 岁、30 岁、40 岁，这样一点一点演过来。这个女人的一生，不管是从外形，还是她内在的，她经历了这么多事情之后，她整个人气质的变化，是需要很细微、很细致的一些处理的，就比较耗神耗力。还有一个，作为南方人来讲就是，黑河太冷了，那个是比较挑战我的极限的。

曹：好像有一场戏，你就躺在雪地里边，据说那天躺了很长时间。

殷：在雪地里爬，一直爬。其实我们在当地的时候，因为要穿成那个样子，倒不是说你出去就很冷，但你必须穿成那样，那个雪毡，包括兔毛的衣服，那些衣服太沉了。其实你穿着不动，你都觉得真的是在健身房里面减肥一样。那天拍那场戏，爬爬爬，那个雪就钻到了雪毡里面，靴子里面。但是在拍的过程当中，你是没法清理的。最后拍完了，上车脱掉那个鞋的时候，其实那个冰一直在我的裤腿里边。太凉的东西它跟烫伤是一样的，最后小腿其实有一点点冻伤，但是当时自己是没有感觉的。

曹：拍这样的戏刚才说了，其实对演员的体能，或者对他的精神来说，都是一种考验。有没有在拍摄《爱情的边疆》的时候，这种极限感会无数次地出现？

殷：我们在拍戏的过程当中，通常一个长篇电视剧，在拍到三分之二的时候，会有一个疲劳期。

曹：对。

殷：就是你不管是从体能，还是从你的状态上面，你都觉得有一点不知道第二天起来会是什么样子，有点无助，会有的。那个阶段就是每天回到房间，第一件事，先给自己倒一小杯小红酒。

曹：舒缓一下。

殷：就是一身全是脏的泥啊土啊什么的也不管，我先喝一杯，让我放空一下，让自己稍微松弛、放松，然后再去洗澡干嘛的。对，会有那个阶段。

曹：我听说你拍完《爱情的边疆》最后一个镜头的时候，特别感慨是吧？

殷：那一天那个景象我到现在都记得，没有人说话，很安静，因为也是全剧的杀青，导演也没有说话，好像没有别的戏，通常大家杀青了，大家很开心，互相拥抱，送花、蛋糕什么的。那天没有，很安静，所有人都很安静。但是那个安静里边，你知道每个人心里的那份不舍。还有就觉得，真的是觉得太不容易了，这个戏，这是我觉得最特别的一次杀青。

殷桃从不避讳自己的年龄，生于1979年的她，如今已然步入不惑之年。有趣的是，平时极为低调，鲜少在作品之外曝光的她，去年却因为一条关于"少女感"的微博而意外登上了热搜，引发一波热议。

曹：就是说什么时候女演员的魅力就限于一种少女感。是不是也是对现实当下一些生态环境变化的感慨？

殷：我没有，我只是对有一些人的审美有质疑，我说的是，女演员的魅力什么时候仅限于少女感。少女感它是好的，当然是好的。

曹：它不能成为唯一的标准。

殷：对，你不能说，我演一个60岁的角色的时候，你还在说她没有少女感，我觉得是特别可笑的事情。什么年龄段的角色和什么年龄段的演员，她应该有那个阶段的美和魅力，不能只有一个标准。

曹：我一直在想，其实中国的情况跟欧美的情况不太一样，你看欧美电影界，都是我采访过的几位。法国女演员于佩尔，她现在这个岁数，虽然她青春不再，可是她这种银幕上的魅力依然是存在的。像美国的梅丽尔·斯特里普，她无论在什么年代，都有她的这种美感。她即便到现在这个年龄，她也可以演《穿普拉达的女王》，可以演《妈妈咪呀》。你觉得像这样的演员，如果放在我们现在的生态环境，会不会有她们的戏？

殷：我觉得环境会变得越来越好，从我们演员角度上来讲，我相信它会越来越包容，会有越来越多的类型和空间，来呈现给观众。当然作为演员本身，我们也要更多地提升自己这方面的能力。你不能光说没有机会，但如果有一天机会摆到你面前的时候，你是不是有这样的能力去塑造好这样的人物？我觉得是共同进步的吧。

曹：你觉得拍了这么多年戏，如何能够让自己始终保持在一个能量状态？比如我做主持人也是这样，我可能同样的活动做得太多以后，你会觉得很疲劳，你会觉得甚至有一种无聊感。

殷：是的，麻木感。

曹：其实按照你的技术来说，你完全是能够克服的。那个时候你要把自己真正的情感调动出来，其实不是那么容易的一件事，所以怎么去克服这种职业的疲劳感？

殷：我觉得让自己慢下来，就是你如果不断地在拍，不断地害怕，我要不断地有作品出来，我才不会被这个行业甩掉，我要不断地出现在观众面前，才不会被观众忘记。如果一直是这样的一个想法，一直往前冲，冲到一定时候，你就是像我们说的，麻木的。我觉得就是要慢下来，去生活，去感受生活。去做可能你在拍戏的过程当中，是没有办法去做的事。比如说你去买菜，你就去买花、插花，在家拖拖地，洗洗衣服，做做饭，跟朋友约会，就是这种日常的日子，你去生活。

曹：庸常的日子其实也是一种营养的滋润。

殷：是最大的营养。对于创作人物来讲，生活本身是最大的营养。因为有一些东西的汲取，你可能是看书、看一些资料，那是为了丰富，有一些人物可能离我们很远，她的年代我也不可能再去体验了，那我可能要通过一些资料来丰富你自己，这个只是说对某一类角色，你去作一个充分的准备。但是您刚才说到是你自己身体里边那个力量没有了，那怎么办？我觉得除了看书这些以外，就是去生活，认真地生活，才能重新唤起你对角色的那种新鲜感和力量感。因为你去真正生活了之后，你可能对很多事情又有新的感悟，你又有东西往外掏，不然你已经被掏干了，你再掏的东西就全部都是技术层面的了。

曹：真的要甩掉技术，把自己的情感注入其中，这才是一个好的演员。随着自己年龄的变化，现实环境的变化，会有焦虑感吗？

殷桃与曹可凡合影

殷：一点都没有焦虑感是不太可能的，我觉得这是一个修行的过程。但是如何缓解，尽量让这种时间变得短，是自己可以做到的。我觉得不能人云亦云。或者说，你要明确地知道你想要什么，不能什么都想要。你什么都想要，我觉得就会让自己处于一个很焦虑的状态。

曹：因为我们也会听到这种声音，就是有一些女演员进入到中年期，会感叹时光的流逝，会感叹角色选择范围变窄。

殷：我觉得这是一个非常自然的现象，我接受，我非常接受，我不会在这件事情上面去焦虑。我觉得我现在还是一个非常好的状态，这个年龄段适合我的角色，其实是更有空间的，这个角色应该是让我自己更过瘾的。至于说你选择的空间会小，如果我80岁，我依然有这个体力和能力和欲望去当一个演员，那我的选择空间是不是更小，因为以一个80岁的老人为主角的戏，它一定是少的。这个时候你怎么调整你自己的心态呢？如果你真的是这个行业的佼佼者，你真的让自己的业务能力让所有人都认可，你还是会有很多机会的。

奔跑吧祖蓝——王祖蓝专访

在今年央视中秋晚会上，王祖蓝与歌唱家吕薇合唱了一曲《海上明月》。扎实而专业的唱功惊到了不少网友，大家纷纷感叹，想不到王祖蓝唱歌也这么棒，真是一个"宝藏男人"。

在这个举国瞩目的舞台上，王祖蓝凭借出色的表现又圈了一波粉，也证明了自己红得有理。其实在不了解他的人看来，他的走红多少有点匪夷所思。他既没有英俊潇洒的外表，也没有玉树临风的身材，究竟是凭什么在竞争激烈的娱乐圈脱颖而出，收获大批拥趸？与此同时，王祖蓝身上还有一个更加为人津津乐道的话题，那就是他的妻子、美丽又温柔的华裔小姐冠军李亚男，以及他们之间喜感十足的"最萌身高差"。由于李亚男是上海人，因此王祖蓝也算得上是阿拉上海女婿。

王祖蓝

曹：这段时间我知道你都住在上海。

王：我应该快可以拿一个居民证了，我 4 月来，现在已经是秋天了，快半年了。

曹：太太是上海人，住在上海，是不是也有这种亲近感？

王：她吃到一些，比如说醉蟹、本帮菜、豆沙等等，就特别有那种感觉。她因为在这里还有一些亲戚朋友，觉得比较温暖。那我作为一个香港人来到上海，也没有说要适应什么，反而觉得真的挺舒服。

曹：你现在上海话学得怎么样？

王：有几句。

曹：试试看，检验一下。

王：都只是最简单的那几句。不要客气。我们吃饭。"小赤佬"。

曹：我教你一句，回家可以跟老婆说，老婆，我爱死你，吃死你。

王：老婆，我爱死你，吃死你。

曹：就是我特别爱你。

王：我爱死你，吃死你。我只会说我喜欢你。

曹：那就太普通了嘛。

王：我爱死你，吃死你。要浪漫一点，我爱煞侬，吃煞侬。

曹：我也"蛮吃你的"。这段时间住在上海，陪太太待产，是不是厨艺见长？

王：疫情那段时间，一直待在家里，所以就不出去的话，想吃本来在餐厅里面吃的那些菜怎么办呢？就上网，然后看看视频，怎么煮，然后自己在家里就尝试一下，那最近就开始爱上做菜了。

曹：说几个你特别拿手的。

王：虾仁炒蛋，干炒牛河。然后煲汤，就什么花胶汤、冬瓜汤、莲藕汤，焗猪排饭、玉米肉粒饭那种。

曹：听得我有点饿了。所以下次我们应该请你来专门给我们做一次菜。

王：没问题，我非常乐意。

关于王祖蓝的身份，观众最先想到的可能是综艺达人、喜剧演员、谐星等等，当然，他也是歌手、主持人、导演，属于名副其实的全能型艺人。但无论哪一种，似乎都和"文艺青年"不太沾边。对此，王祖蓝迫不及待地要为自己正名。

曹：那天在《荞麦疯长》见面会上，意外看到你的身影，这才知道你是投资人之一。而且我没想到，你投资了一部纯文艺片。在我想象当中，你应该投一部喜剧片才对。

王：其实我心里面还是个文青，平时真的只是因为要赚奶粉钱，所以就"误入歧途"，进了一条喜剧、综艺的路上了。

曹：心中还有那个情怀跟梦想。

王：是的。其实我年轻的时候真的非常文艺，就是可以一个人背着个背包，一个中国香港的小朋友跑到北京去学戏曲、去学形体、去学音乐剧，还差点连演艺学院的学业我都放弃了。

曹：为什么呢？

王：因为我突然间喜欢了京剧，我就跟老师说，能不能暂停两年的表演课，去北京学一学京剧，再回来行不？

曹：真的？

王：真的。后来老师不放，所以就没有去。但是每年暑假也会去学，就去北京学学京剧。

曹：那你学京剧是学什么行当呢？老生？

王：只能说观摩吧，我学的青衣。

曹：你学的青衣啊？

王：青衣。

曹：这个出乎我意外，这样的青衣不容易找到。能来一小段吗？

王：苦啊。苏三离了洪洞县，将身来在大街前。未曾开言我心内惨，过往的君子听我言。哪一位去往南京转，与我那三郎把信传。就说苏三把命断，来生变犬马我当报还。

曹：不错不错。

王：不行了，声音都沙哑了，都没以前的小嗓。

曹：非常了不起，其实我觉得一个人从小能够接受这样的传统文化的熏陶，你打的那个底，那个基础就会特别好。

王：是，所以说没有成为一个专业的戏曲演员，但是里面就是教你怎么去品，去欣赏这些作品。就让你整个人的情操，学艺术的情操也会好一点。

曹：除了京剧之外，听说你口技也特别好。

王：口技就是以前太无聊的时候学的。小时候，奶奶是农村的，每年暑假，我也会去到奶奶的农场，去陪她一个暑假，那个公鸡可能五点多就啼了。这么早起来又不看电视，那干嘛呢？就一个孙儿跟一个奶奶在一起，那就跟动物玩。

曹：怎么玩呢？

王：就跟它们聊天，那些狗过来的时候，它叫我也叫。然后那些鸡过来，早上啼的时候，我有时候发脾气，你干嘛那么早吵醒我？就跟它聊，聊了之后就一种动物、两种动物、三种动物，慢慢这样就累积了。

曹：这个太有意思了，完全是无师自通。三岁看到老。其实一个孩子很小，你可以看到他的天赋在什么地方。

王：真的，所以现在我看我女儿，觉得她也有这个天赋。

曹：是吗？

王：对。她现在就是一个复读机，我说什么她

王祖蓝和妹妹

343

说什么。

曹：真的吗？

王：还有唱歌、跳舞，因为我以前也教过其他小孩，她是音准等等，我现在已经听得出来，还不到两岁，已经看出她有点苗头。

曹：可以女承父业。

王：她如果喜欢的话，我就训练。

1980 年，王祖蓝出生于中国香港，大学就读于香港演艺学院，毕业后进入 TVB，正式踏入娱乐圈。对于外型不占优势而又心怀演艺梦想的人们来说，这条路有多么崎岖难行，是完全可想而知的，王祖蓝也不例外。

曹：你最大的优点就是敢于自嘲。是不是从小到大，一直是属于这种"低海拔"状态？

王：从小到大都是"低海拔"，但是小时候不会自嘲，小时候会觉得自卑。然后各种各样弥补。比如有人说，你倒立吧，那我就倒立。打篮球吧，就打篮球。说要跳，要摸天花板什么的。

曹：就是该想到的都想到了。

王：该想到的，人家说的民间有各种智慧能增高的，我都试过，没有用。

曹：后来是因为一个什么样的原因，去考香港演艺学院？

王：老实说，就是读书不成。没有满足感，就对学习没有兴趣了。所以后来高考的时候，就考得不怎么好。但是就发现，在舞台上面能找到满足感，就是我喜欢唱歌、演戏。我就决定去演艺学院。但是一开始还是报美声的，不是报表演的。

曹：所以你还是心里边有那种文艺青年的情怀。

王：对，但是因为那个时候就被我的感情耽误了。我记得去面试的那天，正好跟那个时候的女朋友吵架，然后我就没有去美声的那个考试。结果我就只去了表演系，结果就进了表演系。但是肯定那个劣势就是，外形不怎么好。可能每一科我都拿到蛮高的分，但是真正要有一个演出的时候，我就很难选上。

曹：反正主角基本上很难轮到。

王：没有，基本上没有。

曹：有没有记忆当中演过一些比较有意思的角色？

王：毕业作品。我记得在演艺学院五年的学习，最后一年我就跟自己说，看到那么多同学，每个人都演过主角了，就是我一个没有。那个戏是一个百老汇的戏，叫《屋顶上的小提琴手》，是一个很经典的百老汇音乐剧，主角就是一个有五个女儿的大叔。我就想，普通的那些小生的主角我都演不了，那我能演这个吗？结果就塞了一个大肚子，棉花、枕头什么的，把自己塞得胖胖的，自己再贴一些胡子。面试的时候自己觉得，真的没有信心。结果第二轮面试的时候，叫我回去面试另外一个角色，就是这个大叔的女婿。心里面就想，要不要去面试的时候演得差一点呢？我就不想演这个女婿。但后来再想，如果将来真的做这行的话，我记得自己在学校里面洗澡，边洗澡边想了这个事情。我想，还是要专业点吧，那就还是把女婿唱好吧。结果第二轮面试的时候，我就演那个女婿。后来我记得有一个外国老师，英国来的一个老师出来跟我说，祖蓝，你演这个女婿演得太完美了。他就觉得我真的演得很好，我就说，好吧，这次应该就是演那个女婿了。结果那个演员表一出来，我是演那个爸爸。

曹：是不有点喜出望外？

王：何止，我那天是哭爆了，真的哭成狗。

曹：真的啊？

王：我立马就哭了。每个人都不知道我为什么哭得那么厉害。每个人都过来抱我，没事没事。就突然间心里面想，很想爸爸看得到，因为那个时候我爸爸已经不在了。

2019 年清明节，王祖蓝在微博上发布了一段视频，并且配以自己作词、演唱的歌曲《活现》，专门告诉父亲，他的孙女出生了。同时这也是他第一次晒出与父亲的合影。关于王祖蓝的父亲，网上曾经有过多种传言，传说他是某位资深演员之子，能进娱乐圈也是得益于父亲铺路。然而事实是，王祖蓝的父亲只是一名司机，并且早在 2004 年就因病去世。当时王祖蓝还在念书，为了减轻家庭经济负担，不得不开始打工做兼职挣钱，这也使得他一直以来非常珍惜每一个工作机会，竭尽全力做到最好。

曹：父亲那时候在走之前，有没有对你有一些特别的嘱托和牵挂？

王：他对我很放心，唯一一个遗憾，就是他也说过，很想看我毕业。我记得那个时候我毕业礼当天吧，我记得我从地铁站，那天是学校最后一天，就上那个天桥。突然之间我就远远地在天桥里面停了下来，就看着演艺学院，在天桥上面我就哭了。就觉得，今天应该是爸爸很想来的一天。

王祖蓝和父亲

曹： 父亲去世以后，家里的经济状况肯定产生一些影响。

王： 有大概两三年的时间吧，我们是要政府的一些援助金去养活我们的。所以那时候我就半工半读，所以为什么我会在广播电台里面工作，每个月可能有几千块钱。那个时候爸爸病了，就已经开始了，他从病到走是两年多左右的时间吧。另外一个是医药费也非常……

曹： 昂贵。

王： 昂贵。除了医药费之外，他是一个运泥车司机，就是不能工作，但是那个运泥车还是有一些贷款等等。还有一些亲戚朋友，其实就是给我们的钱，就不用你还的。但是爸爸走了以后觉得，还是父债子还吧。虽然他们嘴上不说，但我心里觉得你还是应该还的。

曹： 否则心里边觉得过不去。

王： 对，心里面不舒服，所以一毕业就是工作工作。大概我记得那个时候一毕业，就有几十万的债，然后就还了两年多，差不多就还清了。

曹： 那时候记忆当中每天工作，最长要多少时间？

王： 真的，早上可能在 TVB 里面拍摄儿童节目，有空就立马去配音，除了配音，比如说再有时间的话，晚上回家，可能已经配音配到十一点了，回去再写剧本。

曹： 还写剧本。

王： 写那些广播电台的剧本吧，反正不演就写，不写就配。

曹： 当时一个月可以挣到多少钱？

王： 不错的，因为那个时候本来 TVB 的底薪四千多块钱，但是如果你勤劳的话，你多干一点的话，可能也有一万块以上，一个月。然后就是你没还清债务之前，你不敢去旅行，我记得。好像你有钱不还，你自己去旅行，心里面真的说不过去。我记得我还清以后，第一件事情我就去旅行。

曹： 去哪里旅行？

王： 跟朋友去泰国，跟我演艺学院的同学，就一起去泰国玩了。

曹： 就觉得突然轻松了。

王： 对，安心地去旅行了。

进入 TVB 后，王祖蓝被安排担任儿童节目主持人，这与他当演员的初衷相去甚远，但他还是干得十分投入，兢兢业业。与此同时，他也从未放弃自己的演员梦。

曹：香港地区很多演员很有意思的，周星驰什么的。

王：梁朝伟。

曹：梁朝伟，都做过儿童节目。

王：都是。

曹：是不是在香港地区要做大明星，都要从儿童节目做起。

电影《矮仔多情》剧照

王：他们是一个必须经过的训练。就希望你不要一来就当主角，否则你不会体谅幕后跟其他一些配合的演员的难处。那个时候TVB，我本来以为是去演电视剧的。我记得我穿衣服什么的，我就穿得很隆重，以为自己很帅，类似有点像西装的那种。就弄了个头发，以为自己可以去当演员。结果他们来签我的时候，我才知道，原来是少儿节目。还有除了做少儿节目，你还要做人偶，你自己要操作那个布偶。

曹：所以自己喜欢吗？

王：虽然我预期的不是做少儿节目，但是我蛮喜欢的，因为我喜欢小朋友。有人后来问我，你不觉得委屈吗？你那么喜欢艺术什么的？一点都不委屈，因为那个时候只有一个目的，还钱。所以有工作已经好开心了，还能想那么多吗？

曹：你后来也在一些影视剧里面演一些小角色。

王：做演员都可能会这样，看到那个主角，我自己演一个配角，我是不是会演得比他好呢？有一个主持人，自己演一个布偶，我会不会主持得比他好呢？老实说，会有的。但是可能百分之三十吧，因为五年演艺学院的训练里面，不是训练我们当一个主角，就是我们经常说，没有小角色，只有小演员。所以哪怕是跑龙套，哪怕是做布偶什么的，我都非常认真地去做。后来就有越来越多人找我做布偶，也越来越多人找我去配音。

曹：现在回想起来，大概是一个什么样的节点，让自己的事业有一些翻转？

王：那个时候TVB的我的好朋友加好演员，就是郭晋安。他要拍一部台庆电视剧，他就需要一个幕后代唱。其实没什么钱的，结果我也去唱了。

王：那个电视剧播了，大家就很奇怪，那个唱歌的人是谁？后来就有人找我这个没有在镜头前出来过的人去做访问，结果就开始进入了观众的眼睛里面。后来公司发现，你有一点知名度了，也知道原来你会演戏什么的，就开始让我去演一个情景喜剧。后来志伟哥（曾志伟）也听到身边的朋友说到我了，就邀请我跟他一起去做《奖门人》。

曹：所以志伟哥某种程度上来说，算是你的一个贵人。

王：绝对是，还是我很好的师父。自嘲也是他教我要突破的一个口，他因为也是跟我个儿差不多。

曹：你们都属于"迷你型"。

王：对。所以他也说，我们一定要自嘲，自己都能自嘲，就没有人能够再嘲笑你。

曹：你回顾自己人生的道路，你觉得靠什么逆袭成功？

王：敬业、乐业是很重要，你需要做好一个跑龙套，可能这次没有对白，下一次人家看到你跑龙套跑得好了，就可能给你一句对白。给你一句对白之后，可能给你一场戏。给你一场戏之后，可能给你一集特别的角色，然后再给你一个单元，再给你一个配角，慢慢再给你一个主角。真的是一步一步的，所以不要小看自己，也不要小看自己接回来的工作，两个都不能小看。

2012年，王祖蓝开始在内地综艺节目中亮相，《百变大咖秀》《奔跑吧兄弟》《王牌对王牌》等多档真人秀节目的热播，让观众注意到了这个伶牙俐齿、活力四射、噱头十足、充满笑点的小个子男生。

幽默风趣，多才多艺，敬业忘我，责任感强，有担当，王祖蓝身上所具有的这些为人从艺的优秀素质，为他赢得了良好的观众缘和越来越高的知名度。事业上风生水起的同时，他也收获了一份令人艳羡的美好爱情。

（求婚＋婚礼＋宣布二胎：我们俩是完全不同的人，我们在这里认识的时候，我只是一个儿童节目主持人，你是选美冠军。我很矮，你很高。无论追你有多困难，娶到你的话，我一生都会很幸福。李亚男，你愿意嫁给我吗？我愿意。）

一路走来，旁人看到的只是童话般的幸福甜蜜，而事实上，他们这段感情也称得上是一波三折，好事多磨。

曹：你们俩身高差多少？你是多少？

王：1米62。

曹：她呢？

王：本来就是1米75，就只差13厘米。但她生了老大之后，她又长了一两厘米。

曹：怎么会？

王：真的，真的长了。原来是有根据的，怀孕，她的盆骨会长，有一些妈妈，生完孩子她是会长个的，结果她现在大概是1米76到1米77左右。她现在还怀了老二，所以我就不知道会不会再长。所以我就跟她说，别生了，我们别生了，别再生了。

曹：在你太太眼中，你是一个什么样的人？

王：我也不理解，在我太太眼中我是一个什么人。为什么呢？很多观众朋友经常以为我回家逗她笑什么的，我告诉你，回家坐下来，我看着她，她就笑。所以在她眼中我究竟是什么呢？我也好奇，为什么你一看我，你就笑呢？

一家三口

曹：你们俩是怎么认识的？

王：在 TVB。有一个艺人小组办了一个活动，就是请那些艺人、我们的父母一起聚餐，我们就参与了。大家就慢慢开始认识了，其实在 TVB 也见过对方，但是就是开始在那个聚会里面碰到。

曹：是不是你妈妈对她印象特别好？

王：好好笑。我妈那天看到亚男，完全不认识的。香港人喜欢烧烤，就烧了一个鸡翅，她就过去：李小姐，你好美啊！就烤了一个香肠又过去，李小姐，你真的好美！她说了十次左右。我就说，妈你真的别说了。我怕人家以为我要干嘛呢。

曹：她实际上就纯粹觉得这女孩很美。

王：真的是这样。我妈那时候也不是鼓励我谈恋爱，她纯粹就是觉得她好美。

曹：你们是谁先说破这层关系？应该还是你吧？

王：那个时候，这么高的女生，我觉得像葡萄一样，吃不到的葡萄是酸的，根本不会想。但后来被我妈说多了，我就看两眼，确实挺美的。她那个时候是模特，就以为她很酷。结果她也是一个对父母非常好，很孝顺、很谦卑、很单纯的女孩，没有说在娱乐圈里面就要争名夺利。

曹：没有沾染那些习气。

王：没有。所以后来就越来越欣赏她了。

曹：追女朋友的时候，送一些什么样的女孩子心仪的礼物？

王：我是很土的。

曹：怎么着？

王：就是写信、画画，各种各样的表达，录音，那个时候是广播主持人，所以就用了公司资源做自己的事情。我记得是到凌晨吧，自己就用电台里面的那些器材，我就录了一个节目给她，就是播歌，自己就是电台主持人，然后就说，亚男，你现在就喜欢什么什么，现在是凌晨几点几点，就陪伴她。

曹： 亚男收到这样的信息有什么反馈？

王： 想不到她也是有感觉的。

曹： 她的家长是一个什么样的看法？当他们知道自己的女儿……

王： 肯定吓坏了。肯定是觉得，要正经一点的男生吧。

曹： 他们觉得你不正经吗？

王： 我那个时候又做什么模仿秀，扮女人，怎么可能想到，自己一个长得那么美、那么好的女生会喜欢一个扮女人的男人呢？肯定各种觉得奇怪。

曹： 所以你们后来算是分开了几年是吧？

王： 分开了几年，我们那个时候是因为自己也觉得不合适，因为她那个时候刚来香港，本来就可能想在事业上面，你选美的，肯定想在电视台里面有一定的事业成就。那个时候刚开始，不可能就让她谈恋爱。所以后来我们就商量好了，就说我们安静四十天，冷静一下，想想我们应不应该在一起。后来冷静四十天以后，我们再见面就说，我们不应该在一起。

曹： 是你们俩共同的？

王： 共同的，共同的决定。

曹： 为什么呢？理由是什么？

王： 一个是，她是很传统的上海家庭，她在上海住的时候，小时候，是外婆带的，父母都在外面工作。外婆带，除了家里跟学校，就没有其他地方了。

曹： 两点一线。

王： 后来去大学，也是这样。基本上她没有见过外面的世界，她来 TVB，就是第一

节目剧照

次看到外面的世界。你别以为她长得很高，她心理年龄是很小的。所以我觉得有点不公平，有很多男生就喜欢那种刚毕业，小镇姑娘，你没看过这个世界就好了，我就是你的全部。我就不喜欢这样，我就宁愿你出去看看外面的世界，万一有一天，你在外面看过这个世界以后，才觉得我不适合你，那怎么办？所以我还是觉得，不如早一点先冷静分手吧。

曹： 那这三年当中，你们彼此是不通音信，还是偶有联系？

王： 因为我们还是在同一个公司，没有单对单的联

系，全部都是那种群体出来聚餐什么的，就没有个别的。

曹： 后来经过三年，为什么又决定，两个人可以共同走人生之路？

王： 刚好有一个活动，邀请我们去北美表演，我去之前，我还说，真的不要让我再旧情复燃。因为我已经用了三年时间忘记你，但结果跟她，虽然不止我们两个艺人，我们一共六个艺人一起去，但是还是在十几天的相处里面，发现她还是那个她，她没有因为在娱乐圈打滚了三年之后，变了另外一个人。所以后来我就决定，不如回香港以后，我就主动追求她一次吧。如果这一次真的也失败了，也无怨无悔。

曹： 你写过一首歌《跌落凡间的天使》，虽然是一个电影的插曲，实际上就是写给她的是吧？

王： 是。其实刚好那首歌就是我在北美，跟她在一起的时候，做那个活动的时候我写的。我记得我是在酒店的房间写到凌晨，一个晚上就写好了。

王： 好像很浪漫对不对？但我给她一个条件就是，如果我们不谈恋爱，连朋友我们都不做了。

曹： 那么决绝。

王： 对，因为我不需要那么多女性朋友。我也不希望有任何暧昧。如果将来你找到一个好老公、好男生，你跟他在一起，你不可能跟我再做好朋友，我也尴尬。我也三十岁了，我也到一个要找对象的年龄了，如果你不跟我一起的话，我就要好好地继续去找另外一个了。

曹： 那你跟她分手的这三年当中，有没有设法去找过女朋友？

王： 有，也有一些约会，但是没有正式开展一段关系。她也有，但是偏偏就没有开始。

曹： 当你们决定两个人在一起，亚男的母亲最后给出一个什么样的建议？

王： 那个时候真的三年又三年。因为第一个三年就是我们决定分手，第二个三年他们（李亚男父母）是接受了，但是说三年之内你不能谈婚论嫁。可能他们也希望看得到，证明一下，用时间来证明，你们的感情是不是稳定。所以三年之内我们就真的没有想结婚。

曹： 是不是上海丈母娘是比较厉害的？

王： 蛮厉害的。但是其实，我现在是一个父亲，如果我看到我女儿这样跟一个男生，反过来看，我也能理解。所以也不觉得什么，特别是亚男那么好，她也值得找一个好的男生。所以现在就很好了，我真的已经变成他们半个儿子了。现在反过来是好到我有点不好意思了。

曹：女婿就是半个儿子，有的时候比儿子还要亲。

王：是，还有一个很搞笑的事情是什么呢？就是亚男，我刚刚说，她出来社会工作才开始真正接触这个世界，所以她的成长期是比别人延迟了十几年的，她现在才开始叛逆。

曹：怎么叛逆法呢？

王：以前她是不会对爸爸妈妈说不的那种人。

曹：乖乖女。

王：她现在反而就有时候，要带宝宝的时候，她就说，妈，你不要这样，我来。妈，我这个不会这样。她开始说不，好像喜欢叛逆的一种感觉，好像几十年没有叛逆过。所以反过来，我相信很多家庭也是这样，我就反过来，有时候就是，我先主动打电话给丈母娘，接通一个视频，然后说，亚男来聊两句。

曹：一个缓冲器。

王：缓冲器，对。

曹：我听说你跟亚男生活当中，很少有争吵。因为一般夫妻不争吵几乎是不可能的，你们怎么能够做到那么平和地相处？

王：全是老婆的功劳，我以前是一个很火爆的人。

曹：脾气不好吗？

王：脾气不好。比如说写剧本的时候，如果那个电脑突然之间坏了，我写了一个晚上的剧本突然间全没了，我会把电脑砸碎的。

曹：真的啊？

王：我以前脾气非常不好。

曹：是老婆改造你的吗？

王：对，现在连我都开始没什么脾气了。你想发脾气，她没反应，那我发来干嘛呢？

曹：一拳打在棉花上。

王：对，所以就慢慢学习。我就觉得我是小聪明，她就是大智慧。她可能做节目反应没我那么快，但她的人生，真的快乐的时间比我多。她不容易生气，不容易苦恼，她就是安安静静的一个人。这就是一种搭配吧，你是刀我是叉那种感觉，慢慢连我都开始像她了。反过来，现在她越来越搞笑了，我反而越来越不好玩了。所以回家，有时候她也逗得我挺开心的。

曹：所以老话经常有这样一句话，说一个好的老婆，就是一所好的学校。我觉得这话有点道理。

352

王：对，她就觉得，干嘛要吵呢？吵完之后结果又不会更好。她就很聪明对不对，就不如等你冷静了，我们再好好聊好不好？也对啊，这样很有效率。

曹：现在有了孩子，而且第二个孩子马上就要出生，所以做了父亲之后，自己心态上最大的变化是什么？

王：做父亲，一个很深刻的就是，真的更了解自己的父亲。我记得以前，我会问一个问题，我父亲为什么经常不在家？现在每一次出门，都会感受到自己父亲以前的不容易。一出门就想回家。真的超想回家，真的能早一分钟我就想早一分钟。

在瞬息万变的娱乐圈，步入不惑之年的王祖蓝不可避免地渐渐成为"前浪"。而难能可贵的是，他对自己有着清醒的认知，也从未停滞不前、坐吃老本，始终在积极学习、尝试和探索。身为综艺大咖的他，如今也时常变身为网络达人、时尚潮人，抖音视频、直播带货等各种当下最流行的元素都玩得很溜。

曹：常常在抖音里看到你的光辉形象，这些创意都是你自己的吗？

王：除了我跟太太平时生活里面有的一些元素。

曹：把它提炼出来。

王：还有一些年轻人跟我们一起聊。现在你要知道，我们喜欢的东西，怎么变成年轻人喜欢的语言呢？也是需要请教一下现在的年轻小伙伴。

曹：我发现这一年当中，你参加直播的工作非常多。

王：我算是头一拨艺人开始真的做直播。那个时候，是有一点点犹豫跟抵触的。就是我们应不应该做直播？因为外面舆论可能会觉得，你是不是没有节目了，你是不是要赚奶粉钱什么的。但其实那个时候跟我们公司里面的同事们就看到，那个数据，还有那个潮流、感觉，它一直就是会往这个方向走了。

曹：你做直播的感觉，跟你平时做一些综艺节目或是拍戏，最大的不同的感觉是什么？

王：完全是两件事情，就是要重新去学，可能以为自己表演的那些技巧，或者综艺节目的那种气氛、控场那种感觉，能不能够带到直播跟短视频里面去？可能有一点点，但是百分之九十真的要重新学。

曹：你现在已经到了不惑之年，自己觉得心里边那个惑多一点，还是不惑多一点？

王：惑，不会不惑。你看，现在有互联网、有直播，作为一个四十岁的人，真的很疑惑，真的比不上那些年轻人对不对。所以永远都有这种疑惑，从事业上。从家庭上面

曹可凡与王祖蓝合影

来说,我是一个新手爸爸,我还是不懂,还是要学习。然后做一个老公,也疑惑,究竟怎么样可以把老婆照顾得好,让她安心,有安全感等。每一天都有问题去问自己,小时候可能年少无知,反而觉得自己什么都知道。现在越知道得多,就觉得自己越无知,越觉得自己无知这种感觉。

曹: 很多喜剧演员在镜头前是娱乐观众,让大家笑,其实他们生活当中都比较沉默,我不知道你是不是这种个性的人?

王: 肯定的,因为我们经常说什么呢?就是悲剧要攻陷观众的情感,喜剧就是要攻陷观众的智慧,我觉得好笑的是那种,哎呀,想不到啊!我们怎么可能每天都想到大家想不到的事情?那个脑子要……

曹: 飞转。

王: 飞转。所以平时是很沉默的,脑子一直在转。也有很大的压力。

曹: 会担心自己枯竭吗?灵感枯竭。

王: 应该说,已经从担心变成接受,我要承认有一部分的我已经过时了,我要承认有一些节目,可能我已经再拍不了了,要先接受,然后再想想,接下来怎么办。

曹: 特别好。过去我们看到你只是搞笑,其实可以看到你搞笑背后对于艺术、对于人生的思考。我相信其实你的人生经历,对于很多观众来讲,都是一个很好的启示。

王: 努力!

曹: 了不起。

归去来　好好过——李若彤专访

她是金庸先生笔下冰清玉洁的"白月光"小龙女。也曾在喜剧"鬼才"周星驰的电影里化身美艳无双却蛇蝎心肠的最大反派。镜头前她亦正亦邪、生活中又宜静宜动，故得徐克导演欣赏，取艺名"若彤"。入行30年，先后出演《神雕侠侣》《天龙八部》《杨门女将》《秋香》《武当》《大内密探零零发》

李若彤做客《可凡倾听》

等，可谓佳作不断。如果说，每个人都有属于自己的人生节点，那么对于李若彤来说，1990年、2003年、2013年一定是她的道路上的特别年份，其间历经人生高光时刻，也一度低潮、走入灰暗岁月，更勇敢前行、选择重新出发。旅途过半，回过头来，李若彤选择将自己的感悟凝结为简简单单的三个字："好好过。"

曹：有一段时间没有看到你了，最近都在忙些什么？这次来上海有一些什么样的工作，可以跟我们分享？

李：这次我来上海主要是拍摄自己写的一本书的封面。

曹：就是这本，是吧？

李：对。

曹：这题目特别好，《好好过》。

李：对。我跟人家聊的时候，本来说是"好好活"，但是后来觉得"活"不适合，还是"好好过"感觉比较贴近一点，就把它改成《好好过》了。

曹：你想从1990年拍《浪漫杀手自由人》到现在，其实很多年过去了。

李：一眨眼就那么多年了。

曹：真是一眨眼。其实你的形象没有太大的变化，但是从心理上来说，如果用一两句话来概括这些年自己的心路历程，是什么？

李：心路历程就是这样子，起伏的。

曹：可能过去内心跌宕起伏是吧？

李：跌宕起伏。可能低的时候有一段时间，一会儿这样子，一会儿那样子，反正就是跌宕得很厉害。

李若彤，1966年出生于香港地区，幼时家境贫寒，父母靠着微薄的收入，支撑着有着十个子女的大家庭，李若彤是家中第七个孩子，童年在父母严格的教育和兄弟姐妹们虽吵闹但却相亲相爱的氛围中度过。

曹：你们家里有没有演艺圈的背景？

李：完全没有，还有就是从小我爸爸妈妈也没有说，女儿长得还可以，让她当演员，我自己也没有想法。但是我很小的时候，据我家人说，幼儿园的时候已经开始，看完电视，我对着镜子盯着自己学电视里面做戏，这些我都忘记了。每年都有中国香港小姐选举，我们就会披个毛毯，把家里的项链珠子放在头上面，把它变成一个头冠，拿一根扫把，把它系在自己的身上。

曹：模仿中国香港小姐，是吧？

李：但是我就没有想到，长大之后去选中国香港小姐。

曹：你们家里兄弟姐妹几个？

李：连我，十个。很吓人吧？十个。

曹：你是第几个？

李：第七个。

曹：几个男孩？几个女孩？

李：四个男的。

曹：六个女孩。

李：六个女的。我长大就问我妈妈，我们小时候条件也不是特别好，为什么你生那么多的兄弟姐妹？当然第一就是我妈妈真的很喜欢孩子，她不仅带自己的子女，孙辈她都带了很多个。

曹：小时候记忆当中，你们十个兄弟姐妹互相之间是一个什么样的关系？吵架不吵架？

李：哪有不吵架，两个兄弟姐妹都会吵架，十个，真的吵架。但是我们吵架是分开吵的，第一个、第二个、第三个，他们已经出来工作了，我们还在读书，他们肯定不会跟我吵。

曹：那个就是长大了。

李：对，长大了，有一段距离的，吵也吵不过他。所以我就是跟哥哥、妹妹、姐姐会吵吵，争玩具、争一些日用品。我记得，姐姐哥哥他们都出来工作，但是家里面只有一个洗手间，每天早上起来就争着用洗手间，要化妆、要梳理头发、要上班，要争着，大家就这样子。

曹：爸爸妈妈是做什么工作的？

李：一般的老百姓，跟演艺圈完全没关系。我妈妈很能干，她除了做家庭主妇之外，还做一些家庭的手工艺，编塑料花、串珠链那些，我们都有做的。

李若彤和母亲

我爸爸在外面工作，爸爸有一段时间在矿场，后来做了政府的工作，每次都带一大包的手工艺去，边上班边做，回来了还是不停地做。

曹：其实你爸爸生活压力很大的。

李：他很大。

曹：妈妈不工作，就靠他一个人养活你们十个孩子，他很辛苦的。你小的时候有没有觉得，跟班级里其他的同学相比，自己家里在经济上是比较拮据的？还是说，妈妈还是把生活安排得很好？

李：还好，我们从小什么都不缺。

曹：你妈妈很厉害。

李：我们没挨饿，也不会觉得吃得不够、穿得不够。不会说校服明明已经不合身了，还是要穿在身上，他们提供我们足够的，只是他们可能会省自己的。

曹：所以妈妈是一个生活能力特别强的人，把你们的生活都能够安排得特别妥帖。了不起，妈妈了不起。

李：我还记得有一年有一件事情我真的很后悔的。中学六年级的时候那个书很贵很贵，其实根本不需要开学之前就买的，应该开学之后需要哪一本，你就买哪一本。但是我那时候很兴奋，妈妈就把整套给我买下来。后来真的很多本都没用上，那个时候自己不懂事，然后我就觉得她很好。

曹：就是花费了很大一笔钱。

李：对。但是她完全没有表明，先不要买，从来没有。

曹：所以其实孩子只要提出一个合理的有关学习上的要求，爸爸妈妈是完全会满足你们的。

李：对。我们替家里做手工艺，还有一个小本子，帮忙做了多少，她会给我工资的。我们十个兄弟姐妹，我跟我的六哥做得最多的。

曹：爸爸妈妈对你们在生活当中的教育，有一些什么理念吗？因为一对父母要管十个孩子是很辛苦的。

李：好严格，比如说你们四个人一起去玩，一个人皮被人家投诉，四个人一起打。

曹：连坐。

李：连坐。排着队等着挨打。

曹：真打？

李：真打，用藤条，有藤条印的。

曹：藤条打起来很痛的。

李：痛的，你才会记得住。我们长大之后我妈妈说，因为爸爸很严格、很凶，我们十个兄弟姐妹才没有变坏，没有走歪路。因为怕。还有比如说我们吃饭夹菜，你只能夹你前面的菜，你不能夹人家前面的菜。吃饭的时候不能扒饭，要拿起碗来，整碗饭要全部吃完，不能剩下一粒米。然后吃完饭要说，"慢慢吃"。

曹：我吃完了，你们慢慢吃。

李：对。记得有一次，我去一个长辈家去吃饭，他们弄了一盘鸡，我不知道什么位置，就夹前面的吃。然后我的舅舅问我，你好喜欢吃鸡尾啊？我说不是啊。

曹：不敢把筷子伸到远方。

李：对，习惯了。

曹：哪像你这样，从小到大都长得比较漂亮，如果有男生跟你接近的话，妈妈会特别紧张吗？

李：中学的时候开始怀春了。

曹：哪个少女不怀春。

李：对啊。开始妈妈是担心的，但是她后来也很开放，觉得我越是控制你的话，你可能就越反叛，她就跟我约法三章。

曹：怎么约法三章？

李：你去谈恋爱，每个星期只能出去一天，什么时间必须要回家，要不然你下次就别想出去了。

曹：妈妈有同意？

李：没办法不同意。但是我分开的时候，我知道我妈妈很开心，她很自然地表露出来，很开心。

曹：那爸爸是一个什么态度？

李：爸爸不理。

曹：爸爸不理？

李：爸爸反而从来没有这么说过，妈妈会说很佩服爸爸的。因为他真的很勤奋，又不花心，把孩子都照顾得很好，我妈经常说，你们以后的丈夫如果有爸爸一半的勤奋就厉害了。

尽管在上学时，已经有不少星探和经纪公司邀请天生丽质的李若彤加入演艺圈，但学习成绩优异的她并没有想过放弃学业。中学毕业后，经过激烈的竞争，李若彤入职一家航空公司，选择成为一名空姐。

曹：做空姐是一个什么样的机缘呢？

李：做空姐就很奇怪。我毕业了，毕业之前学校有一个水运会，出席要坐在看台上面，几个女生在聊天，突然间一阵风吹来，不知道这个报纸从哪里飞过来的，就飞到我脚底下，我捡起来看一下，航空公司聘请人员，那我就去应征。我完全脑海里面没有一点概念，空姐是做什么工作的，要飞来飞去？完全没概念。只是知道空姐是一份工作，是一份不错的工作，那我就去。真的很多人去竞争，那个时候这家航空在香港地区竞争好大，然后经过好几层面试，后来成功。

曹：你还记得第一次执行飞行任务是什么感觉？

李：我第一次飞行的时候，也是我人生第一次坐飞机。

曹：没坐过飞机？

李：之前没坐过飞机，第一次上飞机就坐的航空人员的那个位子。是半夜，要熬夜。它很惨的就是，你不用做什么工作，是去观察，因为要让你习惯。工作还好，不停地工作不会困，但是观察完了就坐着，很痛苦，第一次熬夜。读书熬夜还可行。

曹：对，你有个事做。

李：这个是很痛苦的感觉。还有就是工作时候的压力，当年那个航空公司的每一班航班都是满的，从头等到经济，没有一个位置是空的，每次都像打仗，上战场一样，到落地了还在不停地工作。

曹：所以空姐的工作看上去很风光，其实还是很艰辛的。

李：工作期间很艰辛，但是停下来的时候，那些好处也是真的很好。我经常说，有些

359

时候你有钱，但是可能没时间去旅游。你有时间的时候，你可能没有很多钱去旅游。但是做空姐，你就可以实现这个梦想。比如说那个时候非洲、东欧不是很容易就去的，但是我们都有机会去那边。可能今天晚上我在日本吃个日本菜，好了，后天我已经在泰国了。然后可以认识不同地方的文化，认识不同的人的一些乡俗。我习惯在别的地方，很少去跟他们一起逛街，很多时候可能会坐在公园，或者海边，就观察了，我不知道为什么，我就会这样的观察人家，这里的人是这样子的，这里是这样子的，我很喜欢观察。

一直到进入职场后，李若彤还是不断地收到来自演艺圈的各种演出机会，此时她才突然意识到，也许自己应该转变思路，于是开始尝试客串角色、拍商业广告等，但却始终将它们只当作自己的副业和兼职。

曹：你做空姐的时候是不是已经有机会进入到演艺圈，拍个戏什么的？

李：我在当空姐的时候也有兼职拍广告。有些电影公司看到我拍的广告，就让我去演戏。

曹：那时候你跟徐克导演他们拍的戏叫什么？

李：《妖兽都市》。

曹：《妖兽都市》。那时候你还是在做空姐的过程当中，是吗？

李：对。他看见一个洗发水的广告，找到广告公司，找到我的联系方式，就让我去面试，那我就去了。我是在航空公司请假去演的。

曹：为什么没有想过索性就离开航空公司，直接进入演艺圈？

李：可能我从小没想过要当演员，我把它当成是另外一个形式的兼职。因为本来空姐也是一个很好的职业，收入也很不错，也很稳定，我也喜欢。也不是说我很讨厌这个职业，我想换。兼职完了，当然要回到本来的工作，我觉得是理所当然的事情。但是后来回想起来，也有很多人告诉我，你真笨啊。

曹：对啊，我就想说这样的话。

李：我不仅仅回航空公司工作，电影宣传的时候找我去宣传，我说我没办法，因为我已经定了一个假期，跟我的男朋友去度假，对不起。人家真的很吃惊，觉得这么好的机会，徐克导演做监制，还有黎明、李嘉欣、张学友，你在做什么梦？我就说，我不知道。但是如果我真的知道为什么的话，我就不会这么决定了。

曹：徐克导演有没有跟你说过，其实你在演戏，或者演艺方面是有点天赋的？

李：我不知道，但是我的名字是他替我改的。

曹：是他替你改的？

李：他替我改的。我本名不叫李若彤。他做监制，偶尔在现场出现。导演就说，你去找徐克替你改个艺名吧？我说能吗？他会不会嫌弃我？我只是个小演员。他不会的，你试试看。我就问徐克导演，能不能给我取个艺名？好，过几天给你。他就给我了。

曹：他在圈里给人起名是很有名的吗？

李：我猜不是，但也不知道，反正导演让我问我就问了。

曹：他有没有跟你说为什么改了这个名字？

李：有说法。他本来只要一个"彤"字，但是又觉得"彤"太硬了，看到我不仅仅有硬朗的一面，还有柔弱的一面，所以他中间就加了一个"若"，有这个说法。

曹：这有点意思了。

李：我一听就马上说，好喜欢这个名字啊！

曹：从什么时候开始，你觉得自己真的喜欢演戏，觉得可以放弃航空公司的工作，进入到演艺圈？

李：我放弃空姐的工作，不是因为我喜欢演戏，是因为我失恋了。我那个时候失恋，刚巧又生病，就想跟航空公司请个假，航空公司不让请假，然后刚巧就有一部戏，林岭东导演的《火烧红莲寺》，他说要离开香港四个月。那我就觉着，我又失恋，我又想离开香港这个伤心地。

曹：正好。

李：正合我意，马上就答应了，我就去辞职，去银川四个月。

曹：突然进到这样的一个环境当中，有没有会觉得有一些害怕，或者说有一些不太适应？

李：很多时候发生什么事情我都不知道，所以你就不会怕，你知道的时候你就会怕了。那时已经拍戏一段时间了，有人跟我说，朋友想给你开一个珠宝店。我第一反应是，啊？珠宝店？我不会做生意的。我是这么直接的。然后他说，不用你打理的，有专人替你打理的。我说不能，做人做事必须要亲力亲为的，亏钱了，怎么交代？他可能以为我装傻，但是我不是，我是真的这么想。

曹：不明白人家的言外之意是什么。

李：对，后来过了一段时间，我回想起来，哦，原来是这个意思。还好我是这个反应，如果我说好啊好啊，大家合作合作，那就惨了，那今天我就不是我了。

1993年李若彤从航空公司辞职正式成为一名职业演员。1995年，正式入行刚刚2年的她就迎来了自己人生中最重要的一个角色——小龙女，并从此进入演艺事业的高光时期。

曹：大家说起李若彤，总会把你的名字跟"小龙女"连在一起，你还记得当时是一个什么样的机缘接到这个角色，参与到这部戏的拍摄当中？

李：我老实说，我是被安排的。

曹：被安排的。

李：我自己没有争取。那个时候签了经理人公司了，因为《神雕侠侣》的监制叫李添胜，李添胜导演他看了一个我拍的电影，叫《青春火花》，里面六七个女生，基本上《青春火花》里面所有的女演员，都去试镜了。

曹：都试过了。

李：试过，我都知道。找到我的经理人公司让我去试镜。我第一个反应说，啊？我演"小龙女"？怎么可能？经理人问我，为什么不可能？我说你不觉得我的轮廓像外国人吗？化古装会不会很奇怪，人家会不会觉得有一点违和感？经理人说，不管了，人家叫你，你就去嘛。那我就真的去了，然后就真的选上我。接着给任务，一个星期之内要把整套《神雕侠侣》全部看完。看的心态是什么呢？我不是看一本书，我是看我的过去，我跟自己说我是"小龙女"，我的过去发生什么事情？怎么感觉？心里有什么变化？我现在就告诉自己了。真的看的时候，看到半夜很累了，还在看，赶着看，躺着，边看边流泪，我的过去原来是这样子的，不停地流泪。然后开始拍了，我就告诉家人，告诉所有朋友，半年之内不要找我，我已经把自己当成"小龙女"了，我是一个在古墓里面生活的人，我要专心，必须做很好的准备。它的剧本这么大，我在开始之前全部读完，全部记下来。

曹：厉害。

李：因为我知道拍摄的过程很紧张，不可

《神雕侠侣》剧照

能到拍的时候你才看，已经太迟了，已经记不起来了。所以他们说我记台词很厉害，我连别人的台词都接得上的。

曹：厉害。

李：你必须知道人家说什么，你才能有感觉。你不能就是看自己的，人家的词你都不管，这个不叫演戏，这个是没有演员道德的，所以我就准备很多。然后半年不去见朋友，头发也一直没剪过，开始短头发，拍完之后变成长头发了。每天就是 TVB、回家，TVB、回家，就两个地方，一个其他地方都没去过。

曹：后来在拍摄的过程当中，包括拍完之后觉得，自己的个性跟"小龙女"的个性的重叠度大概有多少？

李：重叠度我觉得挺多的，尤其拍摄的那段时间，我不穿戏服还好一点点，变成一个正常人的样子生活。但一穿上戏服。

曹："小龙女""附身"？

李：真的，在 TVB 电视城里面就很明显了，要不我就进摄影棚，不在摄影棚的话，我就会在化妆间旁边一个角落摆一个凳子，永远都是一个人坐在那边的。吃饭也很少跟别人一起吃，自己买一个盒饭，吃完就等着他们叫我。好，去。我就这样子。

曹：你觉得杨过和古天乐，角色跟演员之间的重合度高不高？

李：拍摄的那一段时间，我觉得他跟前半生的杨过很相似。后来他成熟了，也真的有杨过长大之后那种稳重感了。我们那时拍的时候，我记得一个字，就形容他的，好"皮"。他拍得很辛苦，每天都在拍，他的戏比我多很多很多。我记得有一次我问他，我说，你不累吗？你不想休息一下吗？他就跟我说，就是因为太累，没办法停下来。一眯，眼睛就打不开了，没办法再起来了，必须要提神，跟工作人员不停地玩，打闹，要不然就睡着了。我就说，辛苦。

曹：我知道金庸先生对你们这版《神雕侠侣》的评价特别高，我不知道，金庸先生有没有当面跟你说过？

李：其实我没有见过他。

曹：你没见过？

李：我没见过他。

李若彤和古天乐

曹：怎么会？

李：其实曾经有朋友的朋友说，认识他。

曹：你也没有想过去见见老先生。

李：对。问我，你要不要去认识金庸先生？我觉得有点冒昧，他就在我的脑海里面，他是"神"一样的人物，你了不了解那个感觉？

曹：明白。他是一个特别神圣的人，你希望跟他保持一定的距离。

李：对，我觉得他很厉害，创作了那么多角色，"小龙女""王语嫣"，每一本爱情故事都很动人。所以我就想，永远放在最高的位置。

曹：不可理解，你演了他的角色，然后你们又同在香港，居然没有见过，真的不可思议。

李：这不难理解，除非你特意去找他，也不会在街上碰上。如果在街上碰上我也不敢去打招呼，"金先生你好，我是李若彤"，我也不敢啊。

曹：如果街上碰到，不会上去说吗？

李：我也不敢。但是有一次我做访问的时候，一个公关的人员，也挺高层的，因为他是金庸先生的好朋友。他就说，悄悄跟你说个秘密，你肯定会很高兴的，金庸先生曾经说过，他好喜欢你演的"小龙女"。我说，我好开心哦！

随后，李若彤又出演了金庸先生原著作品《天龙八部》中的王语嫣，再度引起观众的热烈反响。而接下来的热播剧《杨门女将》和与周星驰合作的电影《大内密探零零发》的面世，也不得不可谓是锦上添花之作。

曹：刚才说到"王语嫣"，你去演的时候觉得她跟小龙女之间最大的不同是什么？

李：我去演"王语嫣"的时候我很痛苦，我不喜欢她。我觉得王语嫣完全没有性格的，不仅又傻、又笨、又蠢、又被人骗，而且被人骗了还不知道，被骗十几次了还不知道，怎么可能呢？明明都摆着跟你说不爱你，你还这样子。我觉得她真的很笨。我可能把自己的一些想法放到里面去了，但是还能说服自己，催眠自己，我是在演戏，只能投入进去。

曹：那后来"杨八妹"那个角色自己喜欢吗？

李：我喜欢。

曹：她比较飒的。

李："小龙女"和"杨八妹"比较像。你看演员都是这样子的，演完"小龙女"，演完"王语嫣"这两个角色，你就想说，下一个我很想演一个跟这些完全不一样的，我要一些挑战，我需要一些冲击。然后我听到，巾帼英雄，又会打又很好强，哇，好吸引。

曹：她是个内柔外刚的人物。

李：对，然后就去了。但是去了我就知道辛苦了，头一个月不停地打。

曹：跟我们说说《大内密探零零发》，和"星爷"拍戏是一个什么样的感觉？

李：肯定会把你笑死了。公司跟我说跟周星驰拍电影。拍什么电影？不知道。什么角色？不知道。有剧本了吗？没有。你去现场就好了。反正他是一个很有才华的人，他不仅仅只是演员，他是真正的导演。我进去我就跟他说，我没演过喜剧，我不知道怎么演。他就说，不用担心，你想怎么演就怎么演，就像你平常演戏的样子，我拿捏得好就好了，我会告诉你。动作快一秒钟，快半秒钟，对于他来说都很重要的。第一场戏我本来不紧张的，第一个镜头很简单的，就是三个人站起来，你用刀子砍着我，他砍着他，就是那个拍了好几遍。然后我心里就有点压力，为什么我拿捏不到？有些时候他说快了，有些时候慢了，就不停调整。后来收工的时候，我特意去找嘉玲姐说不好意思，然后嘉玲姐说，没事，他是这样子的。但是我觉得周星驰他很厉害，他也不是全部抢了你的戏。我不知道为什么，他会找我演一个喜剧，但他是让我正正经经地演一部喜剧，出来的效果，大家都觉得很好笑，我也觉得很好笑。

曹：所以你们拍的时候并不觉得很好笑？

李：像跟他拍跳舞NG了就很好笑，但是过程很正经地去拍。对于我的部分，也不担心把我变丑。开始拍戏，我不把自己当成明星，我是演员，演员，导演让你做什么，你能做的就必须要配合。哪怕给我化成很丑的，我觉得无所谓，他肯定有他的理由的，我也没有担心过。

曹：你们工作之余，有没有跟他有进一步的接触？比如说在你心目当中周星驰是一个什么样的人？因为有关周星驰的描述褒贬不一，呈一个两极化的状态，有的人会很不喜欢他，有的人会很倾慕他。你跟他合作之后，是一个什么样的感受？

李：在工作当中，我觉得他很厉害，是一个很聪明的人，很棒的导演，很棒的演员，工作很认真。他是喜剧演员，但他在现场永远不开玩笑的，认真到你有点惧怕的，不敢跟他讲话。我听说很多

《大内密探零零发》剧照

喜剧演员都是现场很认真的、严肃的。私底下拍完了，我们都没有见面了。

但从2003年开始，李若彤却选择在事业巅峰时期慢慢淡出演艺圈，之后竟整整十年再没有接过一部影视作品，而这十年当中，她经历了父亲的去世，也与交往十年的男友分手，同时也一心照顾外甥女，帮助工作繁忙的妹妹减轻压力，即便是参加工作，也经常是一天两天的短期行程，整个事业几乎处于停滞状态。

曹：其实从《神雕侠侣》一直到2004年，是你艺术事业的高光点，然后2005年之后，你突然就"归隐山林"，开始进入到一个平缓期。

李：闭合时期。

曹：对，自我闭关。

李：自我增值、自我调整。

曹：当时是一个什么样的想法？

李：其实从1997年开始，我已经有这个想法了。那时候真的很累，不仅仅是身体累，哪怕休息了我躺在床上，也睡不着，脑袋里面不停地回想，我今天拍了什么？哪里做得不好？明天的剧本看完了吗？背好了吗？闭上眼睛，先背一次明天所有的剧本，觉得自己能背起来了，我才安心地睡。后来我就停一下了。就那么巧，又刚谈恋爱了。

曹：我发现你人生转折都是因为谈恋爱。

李：就是。你看我这样就是觉得，这是不好的，等一下我要说说这一点，现在我自己反省过来了，我就是为了恋爱，然后想法特别强烈了，然后就慢慢地停下脚步，一年一部戏，然后2003年跟中央电视台拍了个《归途如虹》，说解放军驻港部队的。结束之后，也没有说决定，就是说不知不觉的，有再找来的剧本，我总有理由觉得不适合，这个又要离家几个月，不可以，男朋友不放人，回来又要挨骂，在去工作的期间可能又要受气，就有很多推托的原因。我妈妈都说，要是有合适的就去接戏，不要担心他们。因为有一段时间我爸爸中风生病。我说不去，我要待在家里面，万一有什么事情我不在怎么办？你们又骗我，不让我知道。后来爸爸走了之后，我还是待在家里面的。

曹：现在回想起来有没有觉得后悔？就是那段时间所做出的人生的重要的决定。

李：我不会说后悔，但是。

曹：有点遗憾。

李：也不是遗憾。但是要是有机会回去，我就不会这么做。有一些里面得到的道理，悟到的道理，我学到的，现在能跟人家分享的，刚才就是说我永远就是为了恋爱，所以我现在经常跟人家分享，千万千万不要为了感情完全放弃自己。我那段时间就是完全放弃自己，没有自我，就是为一个人而活。他希望我怎么过，我就怎么过，去配合他。我觉得一个人不可以这样子，如果你遇到这么一个人，这个人是自私的。但是当年的我没有看到这一点，我还觉得他是为我好，他是不想我太辛苦。都是借口。

曹：是什么样的男士让你那么倾心？可以把这么重要的事业放置一边？

李：他是一个很踏实的人，他是我喜欢的能干的人。我问他什么意见，他都能给我恰到好处的意见，能告诉我一些我不懂的事情，我很有兴趣去听，他也很耐心地给我意见。但是人会变的，人会变的。

李若彤的回归，与两个人有关，一个是周润发，一个是曾志伟。2013 年，李若彤在飞机上偶遇到周润发，两人闲聊中，发哥得知她已经 10 年没拍戏，惊讶之余也一语点醒梦中人，而随后真正给了李若彤这一机会的则是曾志伟，当年曾志伟筹拍一部电视剧，于是在他诚恳的邀请下，李若彤终于决定复出。

李：曾志伟很诚恳的，说很着急，我说你给我几天时间，我很快答复你。我十年没拍戏，想了一个晚上，半夜打电话给我的经纪人，决定接。

曹：你十年没有拍戏又进入到作为演员的生活节奏，前后花了多少时间适应？

李：大概一个多星期就已经习惯了。还没开始前那一段时间是最痛苦的，每天心里都慌，气氛很陌生，镜头很陌生，哪怕是化妆间也觉得很陌生，很怕、很恐惧，也不知道为什么。但是一进去了，又像"上身"一样了，很快可以投入。

曹：是不是这行做得多的人都会影响你，你熟悉了那种氛围，所以到这种氛围里，心会很定的。

李：我经常说就像骑单车一样，学完骑单车，哪怕十年没有骑，你不会忘记。

曹：不会忘。

李：只是你骑得没有那么好，但是顺了之后，很快就可以进入状态。拍完《女人俱乐部》的时候，真正地开始觉得很喜欢演戏，有适合的，我自己喜欢的，比如说像

《好好过》书影

《陈情令》，哪怕是去一天两天的，我觉得如果能让我过过戏瘾，我也能接受，也可以的。

除了参演热播剧《陈情令》之外，李若彤近些年也出演了《海棠经雨胭脂透》《斗破苍穹》《十二金鸭》等作品，正式回归影坛。

曹：最后还是回到这本书的书名《好好过》，我特别喜欢这个书名，就是一句大实话，大白话。其实每个人都是这样，我们来到这个世界上就是活一百年，其实也非常短，每一刻都要好好过，这很重要。这是不是就是你人生的追求？在这个圈里打磨这么多年，希望好好过每一天。

李：我有一个感悟，有一天我在化妆的时候在想，一眨眼，我超过五十岁了。我刚开始拍戏的时候还像不多久之前的事，为什么一眨眼就到了这个时间呢？但是尽管我现在超过五十岁，我还有无限的可能，我还可以实现我自己的梦想，我自己的理想，追求我自己喜欢做的事情，还能自控我自己，那很好啊。想和很多人分享，真的，不要因为觉得自己还年轻，还有很多时间，要好好珍惜你的每一个时光，不要等到突然间发现，时间一眨眼早过去了。但是如果你现在已经成熟，没关系，你以后还有很多机会，不同的年龄阶段都可以好好地过。

曹：你刚才说自己都过了五十岁，这段话我听着还挺感动的，很多女演员，她都不愿意说出自己的年龄，今天你愿意在一个采访当中，随口就说出，我已经五十多岁了，是不是真的很打开自己。

李若彤和曹可凡

李：没有一个女生会跟你说，我特别喜欢告诉人家几岁，如果你是超过二十五岁的。可能十八岁，二十岁你会很骄傲的说，我才十八岁，我才二十岁。但是超过二十五岁，十个人里九个不会告诉你，我也曾经是里面的一个。现在这一阶段的我，除了读书那段时间，是人生中最开心的一段时间，是最充实、宽裕的。我不用将就什么，我不会为了恋爱委屈自己，我就是我自己，我能决定我自己所有的一切。所以我很想告诉人家，不要怕！但是我真的曾经也是这样的，这是很正常的。

浪奔浪流　问君知否——吕良伟专访

1980 年版的电视剧《上海滩》，曾风靡一时，且经久不衰。吕良伟也因饰演丁力一角红遍大江南北。他把一个从社会最底层，一步步用手段成为一代枭雄的人物，各个阶段的内心情感和变化演绎得淋漓尽致。他仿佛就是那个无奈、隐忍、狠辣，但却又重情重义，能在上海滩里掀起一阵腥风血雨的丁力。

吕良伟在节目现场

曹： 今年对你来说一个非常重要的节点，就是《上海滩》40 周年。所以你现在回想起来，当时拍戏的场景有哪一些细节你还是觉得可圈可点？

吕： 其实我觉得我们整个戏，比如说许文强、丁力、冯程程，其实整部戏就围绕这三个人来说的，两个男人到最后发展是一个好兄弟，同时喜欢一个女孩子，里边又有穿插了一个情仇的故事，丁力他有很明显的个性，首先他是非常孝顺他妈妈，因为他跟他妈妈相依为命。从一个什么都不懂的小孩子，一个穷小子，成长的过程里面，我觉得他让我们所有的观众有一个成长的过程，观众都跟着丁力一起成长、一起共鸣。

曹： 那时候你也没有来过上海，是吧？

吕： 没有。

曹： 所以你们怎么去做这事先的准备，怎么去理解那个年代的上海人，那个年代的上海城市的这种特点？

吕： 我们只能通过书本和旧的电影，因为我们这部戏我们借了很多故事来参考。

曹： 那时候那么年轻，其实人生的经验还不是那么太丰富，怎么去表现或者理解这样的一个人物的这种复杂性？

吕： 我是用我本色演出的，因为刚刚毕业没多久，什么都不懂。我就用我自己本身那

369

种本色去演这个角色，我就觉得人就应该这样子，就应该像丁力这样子，他有个目标，我要成为一个上海滩的大人物，我就往这个目标去。

曹： 你跟周润发跟赵雅芝，你们在拍摄的过程当中，有关角色、有关这个戏，你们聊得最多的，你现在记忆当中比较清晰的还有哪些？

吕： 我看到发哥跟赵雅芝他们的爱情戏，我觉得他们拍得非常美。我跟周润发我们在讨论演戏的过程里边，最多就是说，我们两个人的兄弟情感是怎么处理。比如说，我找到许文强，要劝他离开。他答应离开了，但是我要求他，你把你的手指，一根手指留下来给我，我要拿去交代，向冯敬尧交代。是那个过程里面，我们就来讨论怎么去处理这整部戏。那部戏我记得我们拍，从12点钟，晚上12点钟，拍到凌晨4点多钟，就这场戏。我们一直在拍，许文强那种兄弟感情，难分难舍那种，知道这辈子再见了，这辈子。这次离开不可能再见。所以我们整个戏很纠结，我们演出来会很震撼、很感动人心的。

曹： 所以你跟发哥你们在演对手戏的时候，是不是会特别的默契？

吕： 是，我们在外景的时候，那个时候他有车，我没有车，我们去外景，他开车的时候我在他的旁边就睡觉。到他累的时候，他就会说，这次你来开了，我先睡觉。我们就这样倒来倒去睡，过程里边很辛苦，但是我们很开心，因为大家都年轻，才20来岁。

曹： 那个时候其实赵雅芝也是初出茅庐，是不是你觉得她其实也是很有灵性的这么一个演员？

吕： 是的。赵雅芝她是香港小姐选美出来的，她应该没学过表演，但是她很聪明，很有智慧。看多了，演多了，她慢慢找到自己一个风格，所以你看赵雅芝演冯程程的时候，你现在再找人来重演一遍，都没办法找到她那种感觉，这是她的一个非常厉害的地方。丁力对冯程程爱的过程里面没这么浪漫，他就是一个很直性子的一个男人，他爱就是爱。对许文强他很生气。有一次冯程程喝醉了，在外面，丁力看到冯程程了，就把冯程程送回家了。冯程程不干，不干他去哪里呢？带回家。结果带回家了，看到许文强坐在客厅。许文强很冷漠的，干嘛喝醉了？阿力，你干吗要带她回来这里？丁力就火了。你开玩笑，这个女的是为你喝醉的，你还说这种话，你还是不是人？就开骂。所以这个人的性格他就不平则鸣，你是对人家不好，如果你不爱她，你可以直接告诉她，我不爱你，冯程程，我们不要再见，也不要有任何幻想。你是可以直白跟人家说，为什么你不说？为什么你让人家这么痛苦？为你喝醉，你还这的？那个戏里，我到现在还是历历在目。

《上海滩》是一代人的记忆，潇洒的许文强，美丽的冯程程成为少男少女的模仿的对象，而吕良伟饰演的丁力也成为众人追捧的偶像明星。

曹：那个时候你们是不是知道这个戏在内地播出以后，引起的这种巨大的波澜，你们在香港有没有耳闻这样的情况？

吕：我们那个时候不知道，一直到我第一次来上海拍戏的时候，才知道，因为我是 1990 年到上海拍戏的。所有人看到丁力，满街的人。我们在拍戏你根本拍不了，太多人在围观你了。请大家，拜托，请让一让给我们拍一个，对不起对不起。说了半天，没人管你。

《上海滩》剧照

曹：大家太热情了。

吕：我们在吃饭的时候他们过来看我们在吃什么，我说，哥哥，你看我们，我们没法吃。没事，我就看看，他们很热情的那种感觉。

曹：所以这也是一个非常奇妙的感觉，你 1990 年到上海来看到一个真正的上海，这个跟你原来想象中的上海差别大不大？

吕：那个时候不是很大，因为那个时候保留很多古老的建筑，那个气氛、那个氛围还跟我们在拍《上海滩》时候想象的很多画面，都是能吻合的，都能配得上的，特别有意思。

　　小时候的吕良伟非常调皮，经常让父母颇为头疼。当时活泼好动的孩子有两个选择：要么去武行当"龙虎武师"，要么参加"无线艺员培训班"毕业之后当演员。吕良伟选择了后者。

曹：据说你当初进 TVB 学习班，还是你父亲的想法。

吕：是的。其实我这个脾性我是很爱玩的，好玩，什么都学，什么都好奇心特别重，任何运动、项目，打篮球、踢足球、乒乓球、羽毛球、爬山什么我都来的，我最喜欢就是动，我坐不下来。我父亲每次请朋友到家里吃饭、喝酒的时候，我就在他们面前表演了。表演什么呢？孙悟空啊，又打跟头，又练武术。

曹：有表现欲。

吕：对。然后就装女孩子走路这样的，他们觉得我特别有表演天分。我爸他是个话剧演员，年轻的时候，所以他知道这个可能有这种基因，我爸看我，你读书不咋地，一般般，要么你去考训练班吧。我说啊，训练班什么来的？他说学做演员。我说，我不行吧，爸？他说没事，我去帮你拿报名表格什么，填好给我。好了，那一天我爸就开车送我去。好紧张，什么来的？真没学过，什么都不懂，硬着头皮就去了。进去训练班就考表演、考唱歌、考跳舞、考武术，什么都考，我就尽量把我一生所学的东西就展现给他们看。后来没想到，过了一个月，居然收到录取单。开心得不得了，那时候第一个我就告诉我妈妈，我说妈，你看，我拿到录取单了。特别开心。没想到，学一年之后就做到现在。

曹：你们这一期里面还有谁？除了你。

吕：还有陈玉莲。

曹：陈玉莲。

吕：小龙女。陈玉莲，还有廖伟雄，他有演《网中人》，跟周润发演《网中人》的一个演员。

曹：《网中人》你也演了嘛。

吕：我就是因为演《网中人》，所以才可以演《上海滩》。我们在拍打戏的时候，我的头磕到桌子上面了，就流血了。然后我就去医院缝针了，缝了七八针之后就出来，然后看一身都是血。换好衣服，我就坐在这边等，剧务就过来问我，他说，我们外景就等你，你要不要拍？现在都十点多了，如果你不拍大家就散了，就回家了。我说不行，我们戏还没拍完，而且100多人在外面，突然间收工，公司也有损失，那怎么办呢？我说要么我继续去演。那剧务说，今天晚上一个大夜班，要拍到第二天天亮才能收工，太辛苦了，你还是回家吧？那我想一下，不行，我说我必须要完成今天的工作才行。结果我真的就是拍，拍到第二天天亮才回家。第二天回去剧组，大家都知道这个事了，整个"无线"都震撼了，说这个人是拼命三郎，吕良伟不得了。之后没多久招振强就来做《上海滩》这个戏，同一个监制。这个角色原来不是我的，是另外一个演员的。他一想，这个人够狠劲，对自己一点都不留手，都这么狠，他演这个角色适合，让他来。结果我就《上海滩》，这个丁力，就给到我手里了。

372

《上海滩》给吕良伟带来了知名度和人气，但同时也把他定格在了这个角色中。有很长一段时间，人们提到吕良伟，就是丁力的代名词。

曹：所以你在《上海滩》之后，在丁力之后，想过没有，怎么去突破原来那种角色的界限，去寻找新的一种突破？

吕：我演完《上海滩》之后，我演什么戏观众都不接受，都认为丁力是最好的，你就演丁力吧。曾经试过给我演爱情片，观众不接受，演喜剧不接受，演古装不接受。一直我在寻找那个突破瓶颈的契机，没办法。1980年演完《上海滩》，1981年演第二部《上海滩》，1982年演第三部《上海滩》，我总共演了三部《上海滩》。

曹：作为演员来说，是不是会觉得特别痛苦？

吕：再下来就是我演了十年电视，我决定离开TVB，因为我觉得那个地方我再待下去，它会把我所有的雄心壮志全磨灭掉。其实我在这个圈里面，你说我幸运也好，不幸运也好，我在TVB不是特别受宠的一个。我演《上海滩》，还是新人，到1982年的时候，五虎出来，五虎是谁？刘德华、梁朝伟、黄日华、苗侨伟、汤镇业，他们五个人。

曹：所以当时从你的眼睛来看，这"五虎"里面，当时你觉得是谁最有潜力？

吕：一个是梁朝伟，一个刘德华。刘德华非常灵活，非常非常皮，他就爱玩，爱闹。他有一次闹到什么程度，我们两个在拍戏，有一场戏是我在前面，走到箭靶去拔箭的时候，刚好掉在地上有把箭，我就低头去拿那把箭，突然间有一把箭，从我后脑处就飞到那个箭靶上面，镜头是这样子的。导演说，来试一下，我们走个位排练一下好不好，我说好，我走到那边低头，一般我们做这种动作，不会真的去捡，就做动作就上来了，一般你不会真捡，刘德华居然从后边试，他没说我会射过来，他真的一个箭就射到那靶，还好我那次真的是低头去捡，如果我假装。一上来直接头这里就穿过去，好危险好危险，我好生气，看到他我说，这小孩你有没有搞错，这个要命的事。

曹：他还是调皮，是吧？

吕：对，他就是这样爱皮的。

曹：那时候的梁朝伟，是不是像现

无线五虎将

373

在这样也是闷闷的。

吕： 是，他的个性大概就是闷闷的。我跟他拍戏的时候，没看过他开心过，他跟刘德华完全不一样，刘德华就很开心的一天就这样子，他不是，他就很闷的，自己坐在这一直在，眼睛就一眨一眨，他在想，怎么去做事前那种准备，他是很认真的，所以看到这两个人，这两个人一个是特别顽皮，特别活跃，另外一个就是，特别有表演那种那种深沉，那种智慧。所以后来这两个人就特别厉害。五虎出来，这五个人都是新人，但是要我来带这五个新人，去把他们托起来，让他们更快成名，我就是托两个人。所以所有的好角色都给他们，我来做垫底那个。当时其实我也是新人，我也不够成熟的，我就要做垫的那个人。

曹： 所以你在这种情况下，你心里是一种什么感受？很难受？

吕： 非常非常难受，很难受。所以我觉得我要想出路，怎么可以到外边去发展。

曹： 所以当时你心里有什么样的底气说，我离开 TVB 这个温床，照样在这个大千世界，在这个江湖里头，能够闯出一条属于我吕良伟的路。

吕： 我是这样理解的，电视台里边我做了十年，我已经是个老人了，如果到电影圈里边，我就是个新人，所以我就签了嘉禾电影公司，做了两年这样。结果我在 1990 年的时候，就接到"跛豪"这个角色，"跛豪"对我来说又是演艺生命的一个转折。

1991 年，吕良伟凭借《跛豪》入围金像奖最佳男主角，这部剧是香港史诗级的电影，被誉为中国版《教父》，也成为吕良伟的又一部巅峰力作。

曹： 当时是怎么得到这样的一个角色，怎么去塑造好这样一个江湖老大那种桀骜不驯、不怒自威的这样一种状态？

吕： 其实"跛豪"这个人物是真人真事，他真的是个老大。当时我记得他们说，有好几个候选人都要去面试的，就大家去试镜，看你适不适合。我演了一次，他们觉得我有戏。问我，你介不介意再试一遍，再演另外一场戏给我看。我说没问题。演了，他觉得好，我决定你了，其他人 OK 了，就你了，你来演"跛豪"。他就跟我

《跛豪》剧照

说，你了，但是我们有个条件，你要增肥 40 磅。

曹： 增肥 40 磅？

吕： 开拍的时候，讲他年轻的时候，我先减肥，我从 140 斤的时候，减到 120 斤左右，先瘦。所以你看前期"跛豪"很瘦，那种感觉，什么都看不到了，为什么？瘦了，只看到两个大眼睛，没了。到后来，一到演完年轻那段，就增肥了，开吃了，一天吃七八顿，早上先来这么大的蛋白粉、香蕉、生鸡蛋、鲜奶，搅拌好这么大，喝。喝完以后，吃，天天这样吃，在一个月之内肥到 160 多斤。你想 120 多变……

曹： 40 斤。

吕： 40 斤。那些主创看到，可以了，差不多了，身材差不多了，肚子够大了。拍完那场戏，结果就在游艇那边，那种感觉，就整个大哥的气马上就出来。人肥了，连走路都不一样了，讲话也不一样了，变了，是自然而然的，都不是，就真的很奇怪。

曹： 当时这个真人还在监狱里头是吧？

吕： 还在监狱里面。

曹： 不知道他后来出来之后，有没有看过你这个戏？

吕： 他有看过，但是我们当时不敢用"跛豪"这个名字，我们不知道我们用这个名字得罪他以后，他不高兴，会对我们人身安全会造成什么影响，我们不知道。所以就去找他的家人，拍好了，先放给他家人看。看一下，没有说你老公怎么样，但是我们只是把这个事情说出来给你看，你看完以后你满意了，你再告诉吴先生，行不行？家人看过了，嗯，觉得这个戏很好。好，我就把你的意思转告给吴先生听。通过律师，安排我们去监狱里边见他。我们的主创麦当雄，他是一把手，他去见他。他去见他就去呗，约好时间，他说不行，吕良伟，你必须要跟我去。我说为什么？我就演员。不是，你去，他会给面子给你的。为什么呢？因为你演他，你演得很牛。是吧？你去。这样子，好，我就陪你去吧。一去，我们两个就在监狱访客室那边，坐那等他。麦当雄，我没看过他这么紧张的，很忐忑。看走廊来了一个人，穿着个拖鞋、囚衣，矮的，秃头的、光光头的，肥肥的，"嘎达，嘎达，嘎达"这样进来。门一打开，我们两个就站起来。豪哥，你好。他也不讲话，也不看我们，一进来，就直接坐下。麦当雄说，吴先生您好，我们这次来……他就问麦当雄，我什么地方得罪你？那个麦当雄的头炸了，真的是很可怕的，没有没有没有，我们只是觉得你这个故事很有启发性，让大家看了怎么怎么怎么。说到最后，我们给你家人都看过。他说是，我家人看了，说很好，没把我说的什么不好，所以我才见你的，你现在你想怎么样？他就问麦当雄。他说，我们希望能用你这个名字，有你这个名字就不一样了。他说，好吧，就看着吕先生的面子，就给你用吧。麦当雄看着我，有戏了，就给你用吧，你就帮我把，你给 50 万给我，拿去捐给一个慈善机构，你就给个单子给我就行了，这个事情就这样解决。结果我们《跛豪》这部戏一上的时候，满街疯狂。我在街上见到很多观众，尤其我印象最深的，有一个女观众拉着我的手，豪哥，我看你这部戏太好了，我看了七遍。我把我老公也拉上了，看了，太过瘾了，太过瘾了。所以那时候我们觉得，这个戏也是另外一个继《上海滩》之后的另外一个，我的人生另外一个艺术的高处。

进入电影圈的吕良伟，凭借《赌侠之上海滩赌圣》《跛豪》等作品，迅速成为"荧幕硬汉"。而在这之后的 90 年代初，吕良伟把事业的重心逐渐转往内地发展。

吕：我就再来就是《西楚霸王》，1992 年的时候我就到了北京拍，那个时候就有感觉了。

吕：有巩俐、张艺谋，张艺谋是监制，《西楚霸王》就我一个，赵雅芝，不，关之琳和巩俐和张丰毅，四个人演的刘邦、吕雉、虞姬、项羽这样子四个人。

曹：那时候跟张丰毅、巩俐这样的内地演员合作，会有一个磨合期吗？还是一拍的话，其实大家都可以进入一个比较顺当的这么一个状态？

吕：都顺当，当时我看到巩俐在香港的知名度也很大，所以看到她整个状态各方面都是非常棒的，她跟我有很多对手戏。张丰毅他演刘邦，戏不是太多。

曹：经商，你是特地脱离演艺圈去经商，还是一边拍戏一边从事经商的？

吕：我从来不会脱离演艺圈的，因为我觉得我就是在圈里面成长的，所以我特别热爱。

曹：你喜欢演戏？

吕：我喜欢，我到现在还这么热爱，因为我觉得创造一个角色，就是你另外一个生命，另外一个生命的体验。你会体验到这个角色，你自己会有感觉的。普通人跟我们不一样，普通人一辈子就演好自己就行了。我们不是，我们看谁有意思，我们就去演谁。

曹：可以走过不同的人生。

吕：对。

如今，年过 60 的吕良伟依旧保持一身的肌肉身材，帅气不减当年，大家都称他是"冻龄男神"。而他保持好身材和好状态的秘诀又是什么呢？

曹：这个当中有一些什么样的秘诀吗？让自己能够始终对身体的管理如此出色。

吕：对，我始终有个信念，我的信念就是，我热爱表演，我不要观众看到我太难受，我必须要把我最好的保持在这个状态里边。

曹：你能不能跟我们仔细说一下，比如说你对自己的生活习惯、饮食习惯有一些什么样的界定？

吕：我特别喜欢吃，所以我知道我爱吃这个问题，所以我要通过锻炼来控制我自己的体脂，不能让它过多。而且我是有一套自我管理的，健身的一套体系，这是我自己研究出来的。

曹：是什么样的一个体系呢？

吕：现在目前在国际最流行的一种健身的方法，徒手练的一些健康锻炼的方法，我就去学。

曹：徒手练？

吕：徒手，基本上是不用什么器材，我们都能练，就随时随地吧，就可以练起来。

曹：比如说你最简单的，能不能示范一下，最简单的。

吕：最简单的，比如说没事干的时候。最简单，比如说我们现在这样子，要练这块的时候也可以这样。

曹：厉害厉害厉害。

吕：它就练到这块出来。

曹：对。

吕：所以这个简单，比如说我们练腹肌。练腹肌的时候，我们就……

曹：像一个划船的这么一个动作。

吕：这是练腹肌，所以我们就随时随地。人家经常说我，练扎马。

曹：对，扎马，对对对对。

吕：跟你在聊天，这样跟你聊天。所以你以为我坐在椅子上面，其实我离开凳子，就这样子跟你聊天，挺舒服的，就是这样。但是这个时候你的腿，你看肌肉，你看声音都不一样，你打不进去的。

曹：对。

吕：你看，声音都不一样。

曹：对。

吕：所以这是我们所练的。

曹：厉害厉害。我觉得从身体管理、饮食管理、作息管理之外，其实还有一个心态管理。

吕：心态最重要。

曹：这个特别重要。

吕：很重要。

曹：所以你是不是始终保持一个特别乐观的这么一个心情？

吕：必须要让自己的细胞喜悦，我们是通过怎么去让细胞喜悦，来达到年轻的。我8岁就信佛。学佛之后我才懂得，这么多人需要我们去帮助，结果我就去了贵州威宁县，我就去爬到山上，去捐学校。在那次就开始慢慢去助学、捐学校、支教，各方面我们就慢慢参与了很多慈善的公益活动。

曹：你把儿子的名字。

吕：善扬。

曹：善扬。

吕：善扬。

曹：也是要弘扬善的一面，是吧？

吕：对。当你与人为善，我觉得到最后，最开心的还是你自己。

曹：我看到你在微博上写了一句话，在微博上说，一个人要做自己感兴趣的事情，要珍惜生命当中你所遇到的人或者事，不要让明天自己会觉得后悔。

吕：对。

曹：你现在回想起来，人生当中有没有觉得有点刻骨铭心的那种遗憾，有没有？

吕：刻骨铭心的就是，我觉得我妈妈去世太早，我是1976年进无线训练班的，我妈妈是1977年1月份去世的。没看到我毕业，她已经去世了，这是我最大的遗憾。因为我爱我妈妈，我妈妈她做菜做得特别好吃，所以我爸爸特别喜欢吃她的菜。但我妈妈又喜欢打麻将，所以我就为了他，我就跟我妈妈说，你带我去菜市场买菜，回来教我怎么做。然后你去打麻

童年时的吕良伟与家人的合影照

将，我在家里做饭。

曹：你好懂事。

吕：那十几岁而已。

曹：妈妈做的最拿手的菜是什么？

吕：圆蹄。

曹：圆蹄。

吕：你们叫肘子是吧？

曹：肘子，对。

吕：红烧肘子。

曹：红烧肘子。

吕：对。包的粽子也特别好吃。我妈做汤，煮汤、煮鸡汤，我妈做过的菜，都很简单的，比如说番茄炒鸡蛋，我都觉得她做得比别人好吃。

曹：有妈妈的味道。

吕：对。所以我没办法，这情感的问题，所以我对我妈妈经常会思念。我爸爸非常幸福，他一直跟我住，住到他 90 岁的时候，他才走的。但是我妈就是 50 多岁就走了，特别遗憾。

曹：你记忆当中小时候妈妈跟你说的那些做人的道理，记忆最深刻的是什么？

吕：我妈说：就是走路的时候你别算它有多长，吃的时候你别算它有多少钱。

曹：洒脱人生。

吕：她那种人生很豁达的，我妈她的性格也挺豪爽的，我妈妈经常去帮别人，她把钱借出去了，我妈借出去的钱就是人家的了，你别想拿回来。

曹：真的？

吕：对，要么你就别借，她是这种心态。所以我到现在都是这样的，我借出去了，我就不问人家拿。你还就还，不还就算了。我当初愿意借给你，我就已经没想过你要还给我，这是我妈教我的。

曹：你跟你太太这么多年，始终两个人非常和谐，给人一种特别正面的形象。虽然每个人都会在

吕良伟一家

情感上有一些波折，我觉得是不是也是妈妈给你的这种影响？

吕：对，我妈妈临走的时候她跟我说了一句话，我很感动的。她说，我跟你爸爸是我第一次的恋爱，他也是我一生的男人，没有别的，没有第二个。我觉得，这个人生这么简单吗？就特别容易满足，特别开心，简单是福。我觉得她很幸福，到最后临走之前都说这些话，我觉得她也OK的。所以我对我太太也是这样子，反正一个男人，我们要开心，首先要让我们的女人开心，对吧？

曹：好男人。

吕：对。如果你妈妈不开心，你能开心吗？如果你老婆不开心，你能开心吗？

曹：对。

吕：我相信很难开心。是不是一个好男人才有这种心态？那我觉得，不管你是好还坏的男人，如果你的女人不开心，你都不会开心到哪里去。甚至如果有女儿那些，女儿不开心，老妈也不开心啊。

曹：你就更完蛋了。

吕：对吧？

曹：对。

吃过拍戏中摸爬滚打的苦，也尝过功成名就之后深受观众喜欢的甜。现在的吕良伟希望一直可以做自己喜欢的事，认真对待每天遇见的人和事，不论明天会遇上什么，让自己的今天不后悔。

曹：能不能跟大家先预告一下，未来我们能够看到你一些什么样的新的作品？

吕：刚拍完一部跟甄子丹、谢霆锋演的《怒火战》，一个警匪的动作片。另外就是演了一个《战朝歌》，我演纣王。去年我在西双版纳拍了两部戏，一部是《卸甲归来》，全动作戏，戏里边70%以上都是打的，都是我本人去打。都挺多的，我一直在拍，都没停过。反正我现在又骑马，又排动作片，都是我自己来。我觉得跟20年前、30年前没什么区别。因为我日常的生活里边就是锻炼，所以在

吕良伟与曹可凡

拍戏的时候需要这些动作的时候，我自己都能应付得来。

曹：所以过去老艺人都讲艺多不压身，所以你所有在生活当中学到的东西，其实都可以在你的表演当中会用到。

吕：其实我们作为一个演员，真的是没有什么了不起，就是你懂得演戏而已。其他领域我们可能很差，白痴。比如说金融，我们根本就不懂。做投资，我们也不见得比别人厉害，对不对？科技，我们更差了。一说到医学，我们啥都不懂，啥都不是，对不对？所以，我们根本就是一个非常非常普通的人，只是我们工作的经验累积了一定的知名度，我们是比别人更出名，观众更喜欢而已，没什么了不起的。

胜过彩虹的美丽——蔡少芬专访

如今已经是三个孩子母亲的蔡少芬，脸上没有太多的岁月痕迹，有的尽是活力四射、明艳动人。1991年，她参加"香港小姐"选举，斩获季军。之后凭借刻苦努力，摘掉"花瓶"帽子。尽管生活颇多磨难，一度濒临绝境，却能勒住命运缰绳，走出人生黑洞。之后，因参演电视剧《甄嬛传》饰演皇后，获得广泛赞誉。如今的蔡少芬，出现在大众面前的时候，总是因为她说着不顺口

蔡少芬在节目现场

的普通话，时不时引起大众发笑，她自己也乐在其中。现在，她有幸福的家庭，亲密的爱人，可爱的孩子。她身后，是满满爱的力量。

曹：谢谢你！春节快要到了，能不能先给我们的观众朋友们拜一个年？

蔡：观众朋友大家好！我很开心能够来到可凡哥的可凡客厅，跟你们聊天，希望大家牛年越来越好，越有干劲，还有就是牛气冲天，健康，快快乐乐，恭喜恭喜！

曹：我发现你国语大有长进。

蔡：真的吗？比起我好像是七年前跟你有一次见面的时候，聊天。

曹：对，我们那时候录《顶级厨师》是吧？

蔡：对。我还怀着我的第二个。

曹：对。好像也是这样天寒地冻的日子。

蔡：对，冷死的那种。

曹：非常大的一个演播室，很凉。

蔡：对。

曹：我想岁末年初，每个人都会对自己的过去一年有一个总结，对新的一年有一个期许，作为你来说，这些年其实在内地，可以讲事业做得风生水起，对自己新的一年有

些什么样的期许？

蔡：其实我是挺感恩的，我的普通话不好，可还有那么多人包容我，还有觉得我很可爱，很接受我，真的是非常感谢那些爱护我的人。所以希望 2021 年，我的普通话还可以继续让人觉得很开心、很愉快的，带给很多人的生活里面有更多的快乐。

曹：我知道你现在大部分时间生活在上海，其实上海和香港这两个城市有很多属性上类似的地方，是不是觉得这个城市当你安心住下来之后，觉得真的是有一种像自己家的感觉差不多？

蔡：说实话，我觉得很方便、很舒服，在这里。尤其是我在 10 月份到 11 月份那段时间，简直觉得这里的天气太美好了。我带着我的儿子，因为他那时候还没到一岁，我推着他去公园里面，好多人在打太极、在跳广场舞，你会觉得很热闹。孩子在草坪上爬、走，我觉得真的是让我觉得很美好的生活。说实话，我觉得在上海挺好的。也是跟你刚才所说的一样，很多地方都很像香港，因为地方不是很大，而且活动范围什么的，你很容易认得那些路，所以你很快就会有一种投入感，真的挺好的。

曹：你的一些闺蜜，陈法蓉、朱茵，其实有的可能也在上海住，有的也常来上海工作，所以当你们聚在一块儿的时候，你们都会聊一些什么？

蔡：我们通常都会聊八卦，因为我们都是八卦人，几个女生在一起，什么都说，皮肤、护肤品，还有家庭里面的，小孩有小孩的，通常都会聊小孩、丈夫。另外就是因为在上海，我和法蓉这段时间都是住在隔壁，所以我们都会很多时候聊到，这里真的太舒服了，你要买什么，只要一个 APP，都可以买到，你就不用出去，还要开车。还有一些叫车的公司很方便，打一下，车子就立马到了，你要贵的、便宜的还是怎么样的都有。真的，你都觉得自己很享受在这里生活的情况，所以我们都会跟很多在香港的朋友，也会分享到那些东西，都会说来到这里，你真的是可以不出门的，买一条葱都有人送给你。你要吃什么好东西，很快就可以送到了，早餐也不用烦恼。我觉得那些都给我带来一种很新鲜的感觉，因为以前一直在香港，都是你要买什么，你必须要自己开车，然后到那个地方，还要泊车，然后买，买完回去还要自己去做。现在一个 APP 就可以做，所以很方便。

---

20 世纪 90 年代，中国香港娱乐圈飞速发展，在那个时期不仅诞生了许许多多的经典电影，还带火了一大批人，香港小姐出身的蔡少芬就是从那个鼎盛年代走过来的。而就在那些年拍戏的日子里，也让她结识了很多圈中密友，大家的友谊也一直持续到现在。

1991 年香港小姐评选，蔡少芬获得季军

曹：人家经常说三个女人一台戏，其实你别说女生之间要长时间相处得非常紧密，其实并不是一件特别容易的事情。

蔡：真的很不容易。

曹：你们会有意见相左，不同意对方看法的时候吗？

蔡：肯定会有的，尤其是熟悉之后，之前可能我对法蓉那种感觉就是很敬佩，前辈对不对？后来变成朋友之后，就发现我都比她成熟，有些地方，但是很多地方她都教会我很多东西。但是我也有一些东西，她也有一些东西很坚持，但我觉得互相尊重之下，我们还是会包容对方。不要说是她包容我，还是我包容她，好姐妹肯定是互相的。

曹：为什么呢？我一直想，其实别说是女生之间，其实男人之间的友谊，有的时候也会经受一个考验。

蔡：有的。我和洪欣也是，有一年和她因为一些小事情，我生气了，然后我说我不要找你了，以后你不找我，我也不找你了。没想过她没找我，有一年她都没找我。

曹：有一年？

蔡：有一年。我那一年也忍住不打电话给她，后来我发现我真的也挺想她的，然后我就决定好吧，我就先动手吧，打电话给她。她完全不觉得我们有分开过，她也不知道我生她气，她说有吗？怎么啦？她感觉没有一年的时间我们没见过，她根本就不在意。我之后跟她说，我真气死你了，我生你一年的气。

曹：你白生气一年。

蔡：对，我真傻，所以我就觉得算了，有些东西，你放过自己吧。

　　1991 年，17 岁的蔡少芬参加香港小姐竞选，获得季军，成为当时最年轻的港姐。

曹：当年是一个什么样的缘由，你愿意去参加这样一个港姐的比赛？

蔡：其实我是 15 岁先参加超级模特儿的，输了，然后我还是做回学生。到 17 岁的时候，年龄符合了，我家人又帮我去报名……

曹：报名单？

蔡：对，看看我能不能进去香港小姐，怎么知道给我入围了，然后就进去吧，反正也希望可以进这一行，因为那时候我很小的时候就很喜欢，家人也那么看得中我，我就这样子进去了。

曹：那个时候你心目当中的那种最大牌的明星、偶像是谁？

蔡：张曼玉、钟楚红、周润发、梁朝伟、刘德华。

曹：迷那么多人？

蔡：我觉得他们真的很厉害，因为演戏好。也有歌手，谭咏麟，还有王菲，好多了，那时候香港娱乐圈真的很辉煌，他们都是演戏演得很厉害。像梁家辉等，我都很敬佩他们的，那时候他们的戏，几乎我每一部都看。

曹：你后来和 TVB 签约以后，有很多这样的机会和那些当年心里边崇拜的偶像见面，所以通过这个工作的关系，你和谁后来就会走得比较近一些？

蔡：我记得我 TVB 拍的电视剧里面，第一部就是跟郭富城，郭富城那时候就是我们香港小姐的嘉宾，他就陪我们去瑞士拍外景，所以我和他也算是熟悉的。在拍那个戏的时候，大家都好像朋友一种感觉，并没有太大的压力。只是我有压力，是我演戏的那部分，因为我真的没有碰过演戏，我背好对白了，我没想过我还要看灯光，我也没想对手和我接戏的时候，我要怎么样给表情，怎么样有机器拍我的脸，我应该什么时候机器拍到我，立马要说对白，我就很紧张那些，我就觉得那方面是让我很大压力的。但是我的第一部电影就是和周星驰的《九品芝麻官》，那部戏我真的很有压力，因为实在是第一部的电影，而且那时候是用胶片来拍的，你会听到咔咔咔。

曹：这都是钱。

蔡：对，就是。

曹：咔咔咔都是钱。

蔡：然后我就跟自己说不能 NG，一 NG，人家就烧钱了。还有就是跟谁拍，周星驰，你和一个那么大的明星，也是电影，也是胶卷，你还不紧张？我手都抖了。我还记得第一场就是和他在切水果的时候，有人来捣乱了，我说谁，我来。周星驰说等我来，然后就走出去。我在没拍的时候，在排练的时候，我是这样的，谁？我来。然后一拍了，我就没有抖了。卡，然后我又再抖了。就因为那种感觉，真的是由里面走出来的害怕，但一投入进去，一拍了，就告诉自己什么都不用管，拍完。拍完了，立马又再抖了。

曹：其实在香港很多的女性艺人，都是从选美或者港姐出来，所以那时候她会被人讥笑为"花瓶"，你也没有经过职业的训练。所以在你的成长过程当中，是不是也会有碰到这种情况？

蔡： 我第一部戏，刚才说跟郭富城的，我还记得有一场戏是夜戏，我背熟了一个对白有四页纸。我和一个女生一路在说话，从一个位置走到那个位置，而且一个镜头下。我记得走位置，忘记对白，记得走位置和对白，忘记打光了。你想想一个新人来说，又没有经过训练什么的，我记得 NG 了好像 40 几条，那个导演就出口骂到我，眼泪在心里流了，你明白吗？因为我不敢哭出来，一哭出来，我怕更耽误别人。我记得我拍完之后，一坐上车，我就一直在计程车里面哭，计程车司机说你没事吧，小姐你没事吧？因为那时候其实只是香港小姐而已，没有很多人认识，就会觉得你干嘛，被人欺负了？另外试过也有一次拍戏的时候，因为和很多的那些老牌演员在一起，突然间他们在笑、讲话，我就在旁边笑。导演就骂，蔡少芬，你别再玩了，所有人在等你。我没玩，我笑都不对吗？所有人就说不要管了，先拍。拍完了，我走过去跟导演说，我真的没玩，我刚才一句话都没说过。然后他说我知道，不关你事，但难道我去骂其他人吗？因为他们都是老牌的人，我当然要说你，说完你，你看他们就立马进去拍戏了，不再说了。

曹： 他要说别人，他不好意思说，就说你。

蔡： 反正我是新人，然后我就觉得就是这样子，因为真的你是新人，肯定很多东西就会吃亏，还是要学习，还是要给骂，还有就是要面对一些东西。但是我觉得这些都是一个过程、经历，也让我因为这样子更坚强，更清楚我应该在什么范围里面做什么东西。

作为一个影视界新人，蔡少芬不可谓起点不高，1995 年，蔡少芬出演了电影《大话西游》中铁扇公主这一角色，这部口碑级电影对于她有着怎样的影响呢？

曹： 你回忆起来，当时拍片的过程当中，哪一些细节，你觉得现在想起来特别地意味深长，也许当时看来微不足道、司空见惯？

蔡： 其实那部戏我戏份没有很多，但是我记得在拍的过程，我们在银川，我记得有零下 40 度，冷到不得了，但是我们拍得很开心。你刚刚说的在内地很火，其实我一点都不清楚，真的一丢丢都不知道。我记得我在 2002 年的时候，第一部的电视剧就是来内地拍的电视剧，那时候那班人跟我聊天的时候叫我"小甜甜"。我就说什么"小甜甜"？我就不明白。他们说以前跟人家看月亮的时候，叫人家"小甜甜"，还把那些对白全部背了。我说你说什么？我不明白。最后我才知道是我的那部有份参与的戏，还有这一场戏，成为他们说的经典，我就很意外。之后到现在，我记得有一次拍《甄嬛传》的时候，陈建斌老师就跟我说你拍过什么戏？我就跟他说我拍过那个那个，你有拍过那么多戏吗？我说对，是的。我说《大话西游》，你演什么？那部戏，我有看过，我没看到你。我说我就是小甜甜，他说你就是小甜甜？然后他就告诉我那部戏有多厉害，我就说你知道了吧，我是你的"前辈"。

电影《大话西游》剧照

曹： 出名比你早。

蔡： 然后就跟他开玩笑。真的，这部戏的影响力很厉害，所以我真的觉得我很幸运，我虽然不知道，但是后面带给我的也是挺多的快乐，还有很多的祝福。

曹： 我发现其实无论是媒体还是和他合作过的人，对周星驰的评论都有很多不同的面向。当你和他合作的时候，你接触下来，你觉得周星驰是个什么样的人？

蔡： 我觉得他真的是一个大师，在搞笑的那方面，他的节奏，我都觉得大师，真的要跟他学习。我记得有一场戏就是拍《大话西游》，我和牛魔王打起来，然后我在外景里面跟他打，我记得周星驰很大声地说不要笑。我就想，牛魔王都戴了很多面具，他肯定笑也看不出，难道是我吗？但我没笑。然后我就更松一点，继续打，然后他说不要笑，我就问是我笑吗？当然是你笑，我说我没有，我知道了，因为冷到僵了，那个天气太冷了，冷到僵了，感觉好像笑，但其实一点都没笑。我就跟他说，可能我太冷，僵了，所以我就会这样子。我就很害怕，我就觉得自己为什么那么笨，感觉自己在他面前太没有演员道德了，所以就不停地希望可以保住我自己在他心目中的那种演技。所以就会那方面比较多，但说实话，他的位置太高了，你说我能不能了解他，我肯定不敢。

曹： 隔开一定的距离来看，你觉得他是一个什么样的人？

蔡： 很安静的人，就是一个不爱多说话的人。但是有些时候，他和演唐三藏的罗家英老师，他和他不停地笑，因为罗家英说话就搞到他很开心。面对你这样的新人，他会不会在拍摄之余给你一些特别的关心、照顾我印象中，我和他拍走过去，然后捏他的那场戏，我说以前叫人家小甜甜，是他教我这样捏他的。我记得好像是这样子，是他教我的。他就会告诉我，他想要什么，我记得是这样子。然后我尽力地希望我能配合到他要的东西。

曹： 那时候拍摄的过程当中，你和莫文蔚、朱茵有一些什么样的互动？

蔡： 只和朱茵有互动，因为莫文蔚的戏，还有蓝洁瑛的戏，跟我一点关系都没有。因为朱茵是要嫁给牛魔王，所以我会见到她。然后我还会吃她醋，最重要就是因为我们那时候已经是朋友，而且她也是我的那个公司里面的，我们一起的艺人，所以我对她就肯定是有朋友的交往在。我们一旦拍完了，就会回去一起吃饭、一起聊天，所以我和朱茵到现在都是很好的朋友。

　　从1995年开始，蔡少芬开始慢慢懂得与角色感同身受，也慢慢学会把角色演活。1998年，蔡少芬与罗嘉良、陈锦鸿主演的时装剧《天地豪情》以及和吴启华、林保怡等主演的时装医务剧《妙手仁心》播出，并凭借《妙手仁心》获得万千星辉颁奖典礼最佳女主角奖。

曹： 那段时间实际上你的事业可以说是步步高升，是不是觉得自己更有信心了？

蔡： 所以我觉得这一年真的是我大丰收的那一年，我真没想过我可以凭着那两部戏，可以让我真的是往上走了一大段路。让我觉得我完全把花瓶那个词拿开了，我就进去演员一部分了，真的是一个提升。

曹： 从什么时候开始觉得自己突然开窍了？

蔡： 1995年之前，我还记得有一部电视剧叫《天伦》，那段时间在香港很多人都看，但每一个人都会说我是"花瓶"，只有美，就不会演戏。演戏是怎么样，都靠表情，很夸张，说很多很难听的东西。那时候也挺沮丧的，觉得自己那么努力，我那么用力地去拍戏，为什么你们就只看见我的那种表面，没看见我的内心吗？原来真的是，可能那时候真的是没有，说实话，现在看回去，除了年轻、美，真的是什么都没有，难怪他们这样子评论我。

曹： 但那是最宝贵的财富。

电视剧《妙手仁心》剧照

蔡： 后来在1995年，我有一个信仰，让我真的是从那个时候开始，发现我认识我自己，真的是面对我自己，我是一个什么样的人。从那时候，我发现我很自如、我很自由，我就觉得我完全不再装一个蔡少芬出来，然后我就很平淡了。从那时候开始，我接了戏，我记得那时候刚要拍一部戏叫《壹号皇庭》，跟吴启华一起拍的，也是一个系列的戏。我拍那个戏的时候，我就跟自己说，我要感受那个人的感受，我要和那个人一起走，我不要再演蔡少芬怎么演那个角色，我要看那个李彤，那个角色是怎么样一个人，她的过去是怎么样，她面对现在的苦，她会怎么去面对。我就开始发现我能跟人同喜乐，也能跟人同悲哀。我去拍的时候，哭的那种感觉，就不再是想我有多苦，我生命里面有什么东西让我能够流泪，听什么音乐可以哭出来，就不是这种。而是从那个戏里面，说那个对白的时候，我为什么要说，就是因为我有那种感情、那种感觉，当我这样子做的时候，那些泪就是很真实。所以从那个开始，我觉得好像开窍了。

也许一切就这么顺利下去，便不会成就今天的蔡少芬，翻看她过往的履历，你就会发现，这是一个多么了不起的女人。获得港姐、获得最佳女主角、摘掉花瓶帽子、获得观众喜爱。然而，她的原生家庭却给当时年轻的蔡少芬带来了巨大的影响。

曹： 就像你说的，其实你也不是人们想象当中那么一帆风顺，这当中也经历过一些波折，比如说家庭的波折。是不是你刚才说自己有一些自卑，是不是也是因为爸爸妈妈在你们小的时候分开，等于是一个不是太完整的家庭，所以这个对你来说，它对你的成长过程有些什么影响吗？

蔡： 那肯定最大影响就是童年的影响，因为从我有认知的时候，我父母就已经分开了，我和我哥就跟着我妈，她一个女人怎么去带着两个孩子？而且那时候香港的生活也是很艰难的，所以对她来说，真的不容易。那时候看见我妈妈的时候，我就会觉得她很辛苦，她那种辛苦就是我觉得我就是她的负累，好像自己为什么要出生在那个地方，让她有多一个包袱呢？我会这样想，所以就很自卑。而且因为那时候家里不富裕，所以经常要搬家，一搬家，你从九龙搬去香港，还是搬去九龙，每次搬家都一定要换一个学校，因为交通的问题什么的。一换学校，所有同学都要重新再适应。

曹： 都是陌生人。

蔡： 对，都是陌生的，所以我就会觉得同学之间要买东西给他们，他们才会变成你的好朋友，所以就是很利益的关系。

电视剧《天地豪情》剧照

童年蔡少芬

曹：所以你就要给同学买一些礼物，想博得他们的好感，和他们交朋友？

蔡：对，而且我又没有钱。

曹：这是关键。

蔡：对，我又没有钱，只能我妈妈给我的几元钱，用来做早餐的，我就储起来，然后请他们吃饭，还是买一些小东西给他们。小时候就是这样子，所以就觉得很没有安全感，很多的自卑感就会存在。

曹：当你红了以后，能够为家庭解决一些经济上的问题，即便这样，是不是你依然是保持和小的时候成长的习惯一样，还是属于那种比较节俭的女孩子？

蔡：说实话，我一开始赚到钱了，就觉得要用在我家庭里面，用在我家人里面，我才不觉得有……

曹：有内疚感？

蔡：不会有内疚，我一用到我身上，我就会觉得我不对，我应该用在其他人身上，用在一些重要的事情身上。我觉得我就是比较极端的，要求自己刻苦的那种。到后来慢慢长大之后，我发现你要爱人如己，你要爱自己才可以爱人，爱人如己的方面，如果你不懂得爱自己，怎么爱人呢？所以我现在，我老公也改变我很多，我们两个一起努力奋斗为家庭，但我们也可以买到我们自己想要的东西，而且可以享受到我们努力争取来的报酬。但是我老公那方面是鼓励我比较多一点，因为我要从那个极端走出来，去到中间，也不能乱来的那种，很适中的那种。真的是要很多很多自己的调节，给老公的调节，所以就会变成现在我，懂得享受我辛苦得来的东西，但也不会给自己太过挥霍。有些东西真的不用买的就别买了，买了回家也是放着的。

曹：但总体上你还是一个比较偏节俭的人？

蔡：对。

曹：看得出来，上海人说是很会过日子的女人。

蔡：对，我承认。

曹：作为一个女儿来说，在一个特别的阶段，因为母亲的某一些原因，和她有一个特别的决定。所以当时作为一个女儿来说，是不是有这种天人交战的感觉？

蔡：那个决定肯定就是我人生里面最痛、最难过、最难去面对的事。

曹：很难做出的一个决定。

蔡：对，当时真的是，说实话，当时在机场说完那段话之后，我就坐飞机了，就去一个地方做一个事情。坐飞机那段时间，没哭，也没有什么，我觉得我应该是挺坚强的，因为已经决定了。但是下飞机后，我就生病了，我那时候好像要躺在床上说话的那种感觉，我起都起不来，吃也吃不下，真的是苦，自己都不知道那种痛是怎么样来的，也不懂得怎么叫，也不懂得怎么告诉人，就是说不出话的那种。我记得有一个老人家，一个女人对我很好，不认识的，我要住在她家，她就帮我，话都没说，而且她很有钱的，帮我按摩，拉着我的手为我祷告，还帮我很多东西。然后我就觉得，有些东西真的是没办法去改变现在，但将来一定会改变的，所以我一定要有盼望，我不能给自己这样垮下去，我一定要去面对。然后我就坐起来，就吃饭，那时候我去看一些新闻，在网上看，一看又难过了，那时候才会懂得哭。因为我看见我家人，我妈给人攻击了，骂得很厉害，说什么什么，还加了很多莫须有的东西在里面。所以我就觉得，那时候的我也不能再为她说什么了，我也很难过，为什么要加那么多没有的事情、没有的故事在里面，去伤害人呢。但是我觉得真的是这一行，很多东西你有话没地方说，我只能交给上天，我就看事情的发展，好好去面对，面对好自己。就是这样子，爬过这一段路，但是那时候十天都没有，好像只有一个礼拜，我就瘦了 20 磅，突然就这样瘦下去，就算我吃东西都瘦下去，肯定就是自己里面的身体……

曹：极度消耗。

蔡：对。你虽然觉得自己可以撑得起来，但是里面身体告诉你，你不行，也不能吸收。所以我一回来香港，要拍一部电视剧，那些人就说我是厌食症，说我瘦成这样子很恐怖，不好看。

曹：脱形了。

蔡：对。可能就是因为压力，但是后面慢慢慢慢就没事了，也因为这样，以后就不用再减肥了。

曹：一直保持那么好的身材。

蔡：对，生完三个都可以不减肥。

曹：对，你真是好厉害，三个小朋友生完，还保持那么好的身材。我想后来和妈妈和好如初，这个过程其实是一个相互治愈的过程。我想这个过程不仅是妈妈有改变，其实自己也会有很多心态上的改变，所以那几年从当时做出这样的决定，到后来又恢复很好的母女关系，你觉得自己最大的一个心理上的变化是什么？

蔡：我觉得每一个人都要经历苦难，才可以成长，而我的那个经历是让我和我妈都好，还是我家人都好，每一个人都成长了，不是一个人的成果。我觉得这是非常好的一个经历，让大家都看清楚应该往后的日子怎么过，而且面对吧，每一个人都有自己的优点和缺点，尊重别人，也尊重自己。所以我就会觉得不会再好像以前这样子，一方面去一面倒，而是大家一起平衡地生活，这个就是要学会，然后尊重别人，让她自己自然发展，自己也是要慢慢自然发展，自己成长。

曹：其实香港很多艺人当中，我特别钦佩你，钦佩你的原因是我觉得一个女人在那样的一个特殊的阶段，几乎被现实的生活逼到一个绝境，几乎要掉到深渊里头，可是你能够勒住命运的缰绳，能够不掉到深渊里，事业又开始第二次起飞，我觉得这是非常了不起。

蔡：是上天给我的眷顾。

曹：我觉得上天是一方面，但是我觉得最主要的还是你的内心，我觉得你是一个富有善、富有爱，但是又很坚强的一个人。

蔡：谢谢！不敢当。

说起蔡少芬和张晋的婚姻，绝对算得上"教科书式的典范"。因为从他们的婚姻态度里，我们看到了真正好的相处模式——足够的尊重与爱的包容。成婚10多年，蔡少芬依旧是张晋的迷妹，从不吝啬对他的欣赏和夸赞。那么，两人的爱情保鲜的秘籍究竟是什么呢？

曹：你现在回想起来，第一次见到张晋，他给你留下什么样的印象？

蔡：旺角飞贼。没有，那时候我真的觉得对他的印象就是，他比较好，会说广东话。那时候我去到剧组的时候，就只有他一个说广东话，而且挺能沟通的那种，不是说很烂的那种。我就觉得要抓住那个人，陪我去买东西什么很方便，有翻译。不是只有我，还有陈法蓉也是这样，所以我们两个一出去买东西，来，小弟过来帮帮忙，就跟他一起出去。而且那时候对我来说，我是他的前辈，我已经是陈建斌老师的前辈，对他，我更是前辈了。

曹：肯定是张晋的前前辈。

蔡：我就带着他出去，我就觉得很安心，因为他什么都会说。而且我也没有再想到什么，因为我觉得我已经不想再有一些什么异地恋那些东西，简简单单的，不要想那些东西。那个男生很适合，我一定不会爱上他的。但怎么知道在拍的过程里面，工作的过程里面，他就喜欢上我，也因为这样子，他向我提出。

曹：你当时怎么想？是觉得很意外吗？因为这是一个最不可能爱上的人，突然跟你提出了。

蔡：我不爱他，我没有想过他不爱我，所以他爱我也觉得没什么。而且说实话，很多人喜欢我的，那时候，但我不接受。没有，但也是真的。

曹：我相信。所以当他提出这个想法的时候，你是觉得反正是和其他人一样，很多人喜欢我，还是觉得他的那份爱和人家不太一样？

蔡：他是给我感觉，很多人喜欢我，他是其中一个而已，但是他和人家不一样的是他真的喜欢我，他并不是那种，打电话给你，告诉你，其实我很喜欢你的，很讨厌那些人。我觉得你没胆承认，你就不要追求我，走开啦。

曹：非诚勿扰。

蔡：对。但如果你是有心的话，你就坦白一点，那个勇气都没有吗？我发现很多男生都没有，尤其是我不知道，我那段时间看见的每一个男生都是，要不要吃个饭？就会觉得是好朋友的那种，然后你就会觉得他想追我，其实他问那个就是试探我。但是张晋不是，他一直都是对我很有礼貌，跟我玩，我们一起聊天。但是那个时候，真的感觉他喜欢我了，他已经约我出来说，我喜欢你了。所以我觉得他很有勇气，但我还是拒绝他，因为我真的觉得那时候的我，其实我真的对感情没有多大的信心。而且我觉得我不是一个非常适合拍拖的人，因为我那段时间之前有拍过拖，我就觉得我是一个会黏死男朋友的人，我以为我是一个很大方的人，很好的人，但原来做朋友，我是，一拍拖，我就会，你在哪儿？你为什么不回我？就会有那种神经病在里面，所以我就觉得还是做朋友吧，因为他真的是难能可贵的一个男生。当时我还在想，我要介绍给我的好朋友。

曹：真的？

蔡：真的。我还打电话，我认识一个剧组里面的男生，真的好好的，我介绍给你，你一定要过来，然后探班的时候介绍给你。

后来我发现，过了一段时间，他向我提出三次之后，我有一天发现我喜欢他了。因为他真的是拍戏很认真，工作态度非常好，而且对自己很高要求的一个男生，对所有事情都敢于去面对的，这种勇气真的难能可贵，所以我很欣赏他。

曹：因为从世俗的意义上来说，那个时候从知名度上来说，你要比张晋高，又是前辈，晚辈追求前辈，张晋其实真的挺有勇气的。

蔡少芬一家

蔡：我是不是给自己挖了一个坑？

曹：我想想，我也不敢。

蔡：从我答应他拍拖之后，我一直持观望态度，我就跟他说我们就试吧。因为我那时候都说了，我是一个没安全感的人，然后我就一觉得不行，分手吧，别说其他了。一发生什么，分手吧，我不想受伤，我也不想你太讨厌我、我也太讨厌你的时候分，就分手吧。经过几次之后，他就跟我说，如果你再说分手的话，我一定会跟你分的。然后有一次，我真的在跟他说"分手吧"之后，他就帮我收拾行李，带我去机场了，然后我就哭了，他就说以后敢不敢，我说不敢了，我就输给他了。他是一个很有勇气的人，而且很果断，你会在他身上看见男人的味道，真的是一个可以带领你的人。所以那时候拍了五年拖之后，我就跟他说，你还要等多久才跟我结婚？你要是没有那个意向，真的是我不想说分手也要分了，我已经不小了，好不好？跟你分完之后，我还要去投入另一个恋爱，还要几年，几年之后还不知道那个行不行，我还要结婚生子。然后我说不要浪费大家的时间，五年了，你对我的认识也应该足够了，我对你的认识也足够了。说实话，是我愿意把我终身给他，是他不要那种，然后我就问他，他后来就自己想了，因为那时候他的事业并没有很高峰，他就说也不应该用事业来定自己什么时候结婚，结婚和有没有钱、事业是怎么样，其实是两码事，所以他就决定，好吧，我们结婚吧。

曹：所以他当时是希望自己的事业再往上走一下？

蔡：对。

曹：能够让你有安全感？

蔡：对。但其实他的人已经让我很有安全感，根本就不需要什么事业、钱那些东西。所以他是一个非常让我觉得很有安全感的人，而且他让我觉得我很重要。因为以前可能我拍拖的时候，我一拍戏，一走，有人就会觉得你拍戏了，我就可以轻松了。但他不是，他跟我拍拖的那段时间，我一要拍戏了，他会很不舍得我，能留多一个小时，他都会觉得好，留多一个小时陪我吧。他要过来探班的时候，也很珍惜和我在一起的时间，到现在我们都是这样。所以我觉得那个比起需要对方的那种感动一直都没有断过，我觉得那个男人很在乎我，那个感觉真的是太美好了。

蔡少芬给足了张晋鼓励和肯定，而张晋也给了蔡少芬足够的爱与勇气。2014年，张晋凭《一代宗师》马三一角，斩获第33届金像奖最佳男配角。颁奖礼上，张晋的获奖感言里，"有人说我一辈子都要靠蔡少芬，没错，我一辈子的幸福都要靠她。"

曹：所以当他得了香港金像奖最佳男配角的时候，那天的颁奖礼也特别感动，你在台底下泪流满面，所以我说蔡少芬真的有旺夫运。

蔡：是他的努力。他带给我很大的幸运，我可以去到那么盛大的地方，而且变成主角。

曹：所以是不是看着自己的丈夫

第 33 届香港电影金像奖颁奖礼张晋获得最佳男配角，蔡少芬感动落泪

一步一步靠自己的努力能够走到今天的这样一个位置，真的是不太容易的？

蔡：对。我看见他，有一段时间的那种失落，还有那种挣扎、那种痛苦，我心里确实是很难过的，因为是他身边的人，虽然他没说，但是我感受到他的那种压力，对自己越有要求的男人，肯定会对自己的事业很有要求，所以心里真的确实是挺难过的。但是我觉得这个也是他的人生，他也要经历过了，现在拥有什么，他都更珍惜。所以我觉得他能遇到王家卫那么好的导演，然后遇到那么好的演员，子怡、梁朝伟，我一生最大的盼望，他都遇上了。我觉得那些都是他得来的回报，并不是我在旁边做了些什么，而是我看见那个男人终于熬到出头了，而且有人欣赏他了，而且他的能力真的不止我可以看见，还有更多人可以认同，我真的非常为他感恩。

曹：所以你在一旁看，他是怎么去准备这个角色的？

蔡：他是没有太多的准备，因为我每次问他，他都说我没剧本的，然后要去到现场才可以看到剧本，因为导演不停地在改。不过他的付出也很多，例如肯定每个跟王家卫导演拍戏，肯定时间是最大的付出，一开工就要所有时间放在工作里面。而且那段时间，我和他的经历有一段时间挺痛苦的，是因为我第一个孩子，在他要去拍之前，我就小产了。他那天要陪我去医院里面刮宫，把孩子拿出来的时候，我还记得他就送我回家，过了一天，他就要去山东那边拍。他其实之前拍的时候，已经跟子怡说我们有孩子了，这次再回去，孩子已经没有了，所以就挺难过的。而且那段时间，我最需要他的时候，他因为要拍戏，所以就走了，所以他也很难过的，对我觉得有一点亏欠吧。那也没办法，工作，所以他的付出也挺多。很冷的天气，我记得他在拍那场戏的时候，很冻很冻，他告诉我，我在拍，好冷，但我很享受，因为每一个镜头都拍得好好看，他就会跟我分享那些所有点点滴滴。所以对我来说，付出来说，比收获更多。

曹：你是不是还记得第一次坐在影院里面看这部影片，尤其看到自己老公特别帅的这么一面，特别棒的表演的时候，心里怎么想？

蔡：我一整天都很紧张，其实我们俩，都不知道张晋有多少戏份，所以坐进去，只是在看那个戏的时候，我就在数我老公呢，有他了，走了，有他了，打得好厉害，好帅气。根本就没有享受整一部戏的故事，就不停地找有没有他的影子，就害怕他拍了那么久，有没有他的戏都不知道。几乎他说他演的很多场戏，都没有被删掉，所以他也真的很意外，在看完第一遍的时候，出来了，其他人的戏，其实我都忘了。然后只是要再看两遍，我应该去戏院里面看了五六遍，我真的是每一个演员对白，几乎都记得了。

曹：我一直跟家卫导演说，这个戏真的是耐看，看不厌。

蔡：看不厌。

曹：每一次看，每一个地方进去都会觉得很好看。

蔡：对。而且你会发现又有新的东西了，就觉得好像不停地吸收很多很多不一样的精彩在里面。

蔡少芬再次强势进入观众的视野是因为《甄嬛传》，她在剧中精湛的演技，让她受到了很多观众的喜爱。拍摄《甄嬛传》的时候，蔡少芬正怀着她和张晋的大女儿，而作为第一个知情人，也作为丈夫的张晋，是如何跟蔡少芬一起做出选择的呢。

曹：其实那时候你拍《甄嬛传》的时候也怀着孕？

蔡：对，第二胎，其实是我真的生出来的第一胎，因为我刚才说之前那个小产了，第二胎就是在怀孕的时候，我不知道之下接了，接完之后，其实那半年多九个月，我就一直在等生，所有戏都推了，因为小产完之后，我就想养好身体，就希望生孩子。怎么知道一直都没有，等了九个月了，真的是每个月都在看我自己，这个月，算了吧，下个月努力，然后就一直等，等到真的接了《甄嬛传》的时候，去做造型的时候，那天晚上我很记得，我跟我老公每个月都说我是不是有了，我老公经常说你不要再浪费时间了，我买验孕棒都买了好多钱。然后他说不要浪费钱了，我的那个助理说内地

电视剧《甄嬛传》剧照

很便宜的，买验孕棒，要不要买了试一下？我说也好，然后就买。我老公说怎么样叫有？我说不是两个横就有了吗？两个人就疯起来了，很开心。怎么推了那部戏？我不是说要怎么拍，我说怎么把它推了，我不想要拍了，我要养好身体，我要生孩子，难得，因为上一个已经失去了。然后我老公说，我们同一个经纪人，我们就问经纪人怎么办，他就跟我们聊，你要不要告诉人家你有孩子？你造型都做完了，怎么告诉人？除了你说给人听你有孩子之外，你没有其他的原因。我说就告诉他，如果后面你没有了，咋办？第一胎都小产了。后来我们就觉得交给天吧，因为很多事情不是我们可以预料，我决定不拍戏，等到九个月之后，接了就有了，那就交给它吧，因为上天给我的，肯定是对我最好的时间，我就不管了，好好地去拍吧。真没想过，我在拍的过程，衣服是宽的，所以我到六个月，拍到六个月，我肚子大了都看不见，我不说没人知道的。

曹：你到什么时候开始跟导演，跟组里和你合作的演员，知会他们？

蔡：差不多要收工的时候，在横店要杀青的时候。

曹：但我发现你在这个戏里边，很多动作都幅度很大。

蔡：还好。

曹：你好拼。

蔡：真的还好，因为我是皇后，我经常要坐着，很多人要跪我，我就说平身，起来吧。只有几场戏，孙俪要推我，还有在我很潦倒的时候，没人奉承我的时候，可能就没人服侍。还有就是跟皇上说，臣妾做不到那场戏，要一直跪着，其他都还好。

曹：所以在内地参加拍摄，尤其和像陈建斌、孙俪这样的内地一线好的演员合作，自己觉得是不是那个感觉和在香港拍戏不太一样？

蔡：其实内地给我感觉就是那种很亲的人，所以并没有那种好像是，我是一线的大牌，你要怎么对我，没有，所以就好像很好的朋友。而且因为可能我是前辈吧，他们对我挺好的。陈建斌老师当然有他的那种作风在里面，但是他对我也是挺尊重的，所以我挺开心的，在拍那部戏的时候。

蔡少芬在骨子里是一个不折不扣要强的女人，无论是在事业上，还是在生活中上，抑或是在感情上。如今，她与张晋都努力的经营着自己的事业和两人的爱情，结婚多年感情依旧甜蜜，还有了三个孩子，一家人幸福美满。张晋在她心目中就是最好的，这或许就是爱情的样子吧！

蔡少芬与曹可凡

曹： 你们两个人都那么忙，你现在三个宝宝，平时谁管？主要是你管吗？

蔡： 真的是我管，因为我老公最近拍《我的雇佣兵生活》，他就要去新疆拍三个月。我跟他16年了，从拍拖到结婚，我们这次是分开最久的，他走了三个月，女儿他们都哭死了，想他想得不得了。也没办法，因为要工作，也因为新疆那个地方，我们也不能去探班，所以我们在上海等着他回来。我自己就有在拍一些综艺节目和广告，但是又要顾着家里的大小事情，因为没办法，因为在外面。我也不太会普通话，看着三个小孩，我叫外卖什么的就要定时，幸好现在什么 APP 都有，打完之后，我就定那个时间，送到楼下。所以很多事情，大小事情，我都会去管好家庭，也好好工作。

曹： 所以我说蔡少芬是人生赢家，事业家庭都好好。

蔡： 我感恩。

．．．．．．．．．．．．．．．．．．　风行者

笑完，且听我一诉衷肠——李诞专访

李诞，中国内地知名脱口秀演员。因其在《吐槽大会》《脱口秀大会》等综艺节目中的精彩段子广为流传而被人熟知。独到的观点、幽默的语言、机智的应变使得他收获众多观众的喜爱和追捧。1989年出生，虽刚刚三十出头，却已被称为行业领军人物，光环笼罩之下，他一度觉得自己是"赶鸭子上架"。如今已然成长，做客《可凡倾听》，李诞打开心扉，勇敢讲述年少成名、一夜爆红背后的真实自我。

李诞做客《可凡倾听》

曹：李诞，欢迎你来到我们的节目。

李：太荣幸了，太荣幸了。

曹：中国人讲以书交友。

李：见面礼。

曹：正好出了一本新书，叫做《我认识一些深情的人》。

李：拜读一下。

曹：写了像李安、帕瓦罗蒂等这样一些人物的随笔。

李：封皮上这几个人，我就都挺喜欢的，可以看看。我也有一本新书，一本小说，给您，您可以翻开看一眼。

曹：可以。

李：给镜头看一眼。

曹：见字如面。

李：非常抱歉，非常不好意思，还要再十天才能印出来，这是一个样书。

曹：这也不叫样书，这叫练习本。

李：因为我们编辑让我看看封皮喜不喜欢，我还挺喜欢这个设计。

曹：还挺好玩，我们俩的封皮，一个红的、一个黑的。

李："红与黑"。这是我写的中篇小说，等到出来的时候，给您送去。

李诞做客《可凡倾听》，带来了自己的一本新书《候场》，这是他继《笑场》、《冷场》后的第三本，题名为"场"的书籍，无疑："笑场"也好、"冷场"也罢，又或者是今天的"候场"，都是与他的生活和工作密不可分的词汇。如果说在"场"上是他恣意的一面，那么在书里更多的就是他没能说出口的点滴。

曹：你的抬头上有三个：诗人、谐星和作家，是不是挺看重写作对你的意义？

李：我喜欢写，但是最喜欢做的还是谐星，其实写就是为了好玩，因为谈不上作家，谈不上的时候说自己是作家就好玩，有意思。

曹：你通常选择什么样的时间段来写作？因为你每天的日程安排得如此忙碌。

李：我这本书是疫情期间关在家里，哪儿都不用去的时候写的，现在天天飞来飞去，确实也没时间写，工作期间最喜欢在飞机上写东西。

曹：写作的状态跟你平时上电视的状态最大的区别是什么？

李：写作就是自私，自娱自乐，在镜头前的话肯定是要娱乐镜头后面的人，写作是娱乐自己。而且有时候写着就会用笔思考，或者说现在也没笔，现在就是用手思考，有时候会写出一些自己也没想到的东西，所以会挺有意思的。

曹：作家马尔克斯说过一句话，所有灿烂的时刻，背后都有一段非常寂寞的时光来作为补偿，当大家看到荧光幕前你比较璀璨的形象，能够让大家哄堂大笑的非常热烈的喜剧的场面，是不是也有自己觉得非常寂寞的时候，要用寂寞的时光来做一些准备？

李：我还是强调《候场》这本书是小说，它里面有大量的内容都是我编造的，我其实是写我自己的故事，写一个叫"李诞"的人的故事，但是里面那种情绪是真的。尤其是疫情期间，确实心情不会太好，封锁的时候，大家人心惶惶，谁都心情不会太好，其实就写了很多所谓的寂寞的状态，或者痛苦的状态。那这本书叫《候场》，每次临上台的时候，在台口，在那个时候是最紧张的，头脑一片空白，极度的孤独，因为没有人，就你一个人在黑暗里候场，听前面的人叫你，上，走，手一抓上麦克风就全好了，刚刚那紧张就全不见了，就开心了。我是一个很容易开心起来的人，但是也容易不开心，所谓的敏感，说这人敏感，好像是很容易忧郁什么的。

曹：很多喜剧明星都很敏感，脆弱，抑郁。

李：但是我反复强调这个事，敏感，对快乐也敏感，你不是敏感嘛，那就不是只对忧伤的事情敏感。

曹：快乐、痛苦同样敏感。

李：它来得都很猛，反正还挺过瘾的，活得比较尽兴吧。

除了谐星和作家外，李诞还自诩诗人，也喜欢引用海子的诗句，描述自己从小牧马、劈柴的经历和来自草原深处的生活，让人很难想象不羁的大男孩会有如此细腻、敏感的一面，如果追溯回童年，也许一望无垠的蓝天和孑孑独立的蒙古包会给出答案。

曹：现在回想小的时候的成长环境是在内蒙。

李：是。

曹：在一个相对比较离群索居的环境当中长大，小的时候觉得寂寞吗？

李：会有，跟生长环境有关系。小时候在草原上，下大雪，你就看着那个雪，就很容易觉得自己很不重要，然后也很容易觉得什么都不重要，所以说我们那边喝酒、唱歌、听长调，确实是你在草原上待过，你就听得懂长调了。

曹：我每次听长调都觉得特别哀婉，有的时候喝着酒，人家唱起来，其实也没什么特别悲伤的事，可是你就觉得特别悲伤，是不是跟当地自然环境的恶劣有关？

李：是。悲壮吧，其实马头琴的声音，或者是长调的声音是悲壮，壮阔的开心那种感觉。

曹：现在想起来小的时候，自己怎么去找乐子呢？

李：我小时候，我爸说给你一根火柴棍都能玩一下午，自己在那编故事，小孩都有这个本事，大人不理解你在干嘛的。我能回忆起自己小时候在床上，觉得那些被子是石头，床都是火山喷发完的岩浆，现在都能回忆起来自己跟自己玩。

曹：小的时候读书好吗？

李：好，小时候读书好，东西简单。我到初中的时候都是全校第一，不用费什么事的。但到了高中就不行了，光靠小聪明就不行。

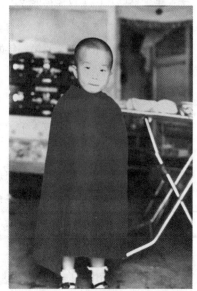

李诞童年照

曹：据说你小时候在课堂上爱接老师的茬？

李：对，确实控制不住。

曹：怎么接茬的？

李：老师讲他的，我接我的，随便来，跟现在我的工作是一模一样的，从小就是受这种训练。现在我们录节目，谁说个话，我就搭个茬，就是这个工作。

曹：那时候老师是不是见到你特别恨？

李：又爱又恨。因为小时候学习好，有这个底气，胆敢这样做，学习不好就不敢了。

曹：老师会不会到你爹妈那儿去告状？

李：告状。我妈妈就是老师，我们那个厂矿小学很小，都是她的同事，所以经常跟我妈告状。

曹：结果呢？

李：我妈拿我没办法，比较惯着我，但我爸会揍我，告得狠了我爸就揍我一顿，但是他们也不会把我太怎么样。

曹：高中成绩突然呈下降的趋势，爸爸妈妈是不是会比较紧张？

李：是。但是那会到城里来读书的时候，爸爸就不在身边，还住校，住亲戚家。我现在长大了回忆，他们也不太敢管我的原因是他们自己也觉得有亏欠，他们没陪着，我自己读，所以我就混过去了，也没怎么样。

曹：据说按照你的底子，其实是可以考上比如说北大、清华那样好的学校？

李：也不敢说，但是肯定是能考上一些比较好的学校。

曹：考大学是一下就考取了？

李：没有，复读了一年。我第一年的成绩只能上专科，我自己无所谓，感觉我爸特别受伤。

曹：你是为了爹妈的面子又复读了一年。

李：又复读了一年，好歹考了个一本。

曹：我其实也复读一年。

李：啊？您成绩很好啊，我知道您是医科。

曹：我其实成绩不算太好，高中时数理化学，尤其是数学、物理学得不够好，所以第一年跟你一样的情况，可以去读专科，但觉得有点对不起自己，所以我也是复读一年，第二年考取了医科大学。

李：但最后还是出来了，"弃医从文"了。

曹：我记得当时我们复读一年，在人家的学校里借读那个感觉不太好，我跟你说一个

404

例子，就是那时候会比较敏感，每天早上做广播体操，我们是不用做的，其实我们做学生的时候都希望不要做，可是那个时候就觉得，感到被边缘化，低人一等，你有没有这种感觉？

李：有。我现在还经常做梦梦着高考，一年会做两三次，又回到了复读的班里面。知道自己大学已经毕业了，早就上班了，怎么还在这儿？那个时候我记得，我每天早上跑步去上学，因为起不来，特别困，然后跑步去上学能把自己弄醒。

曹：激发自己？

李：对。这是我当时的语文老师教我的，说每天跑步来上学。

曹：从家里跑到学校要多久？

李：还行，很快，跑十五分钟。

曹：那很快。

李：对，这样来你才能精神，不然你还是考不上。

曹：最后考上学校？

李：一个一本大学，去广州读书。

曹：学什么专业？

李：社会学。

曹：后来进了大学之后，是不是就特别轻松了，人生的一个坎儿过去了？

李：就直接放弃了，天天就是看书，然后泡图书馆，喝酒、玩。现在想想我们老师都挺好的，给了很大的自由，可以看自己喜欢的书。

曹：后来去《南方人物周刊》是大几？

李：大三、大四。

曹：那时候《南方人物周刊》实际上是蒸蒸日上的时期。

李：是。

曹：作为一个大学生跑到里头，什么感觉？

李：荣耀。心中怀着崇敬，自我感动的那种感觉。

曹：实习生要做点什么呢？

李：那会儿人物周刊开篇有一些艺术专栏，就是最近的艺术，有什么新作品、有什么新事件，我会写写

李诞讲脱口秀

那个，但主要的工作就是帮他们整理录音。

曹：作为一个大学生来说，得到最大的养分是什么？

李：当时人物周刊的气氛是有的，我跟的编辑，跟的记者，他们对文字这个事情很认真、很严肃。

曹：敬畏之感？

李：是有的，当时编辑老师帮我们调文字，学到了很多的。

曹：当时有没有一个想法，自己的未来的路怎么走，可以做一点什么样的工作？

李：没想。我那会儿就是"不踹不走"，意志很"消沉"。要不说是运气，都是朋友帮忙，我认识好多朋友，刚才翻您这个书，正好看到前言，史航老师当时也帮助我很多。

曹：他帮助你什么？

李：那个时候大学假期都路过北京，在北京会住，我那会儿经常住他家。

曹：真的吗？

李：我那会儿经常住史航老师家，他对我的帮助就是让我觉得，这个世界没那么可怕。他会推荐一些书给我，那些书对我帮助也很大，像科幻小说《银河系漫游指南》。我印象很深，他也特别懒，我俩在沙发上躺着，他就突然扔给我一本，说你看看这个，你喜欢。我一看确实很喜欢，对我人生帮助也很大，就快乐了很多。他带着我玩、看戏，认识一些朋友，这些朋友也都在生命中帮助我很多，让我没那么消沉。我当时差点就留在广州了，是在北京认识了一些朋友，说还是来北京吧。

曹：在北京后来进了一家……

李：广告公司。

曹：当时有没有想过某一个特别妙的广告词？

李：还是我老板想得妙，她叫林桂枝，我跟着她学到了很多。有一天我们几个人，我、桂枝，还有她组里的资深文案，当时推出一个比较高级的水饺，馅儿里有一些比较好的馅料，就想这个水饺的广告。我印象很深，一人一句这么想，最后还是桂枝总结出叫"吃点好的很有必要"，后来那个广告词在很多地铁站，我也看见过。

曹：广告很讲究文字的创意，我觉得这份工作其实和你现在做的工作，有异曲同工之妙，它就是一个创意性的工作。

李：我当时也觉得广告就是文笔要好，这句词要漂亮、美丽。后来越来越觉得不是这么回事，它那句词其实是最不重要的，是最后的最后，是前面的洞察，对这个商品、对这个世界理解的深度，那些是重要的，这句话漂不漂亮，其实不是很重要的。一句话说完，大家觉得说得好，这不是厉害的，厉害的是，听你说完之后我要跟你走，这个才厉害，能改变他的行为，而不是这句话说得很漂亮。

曹：后来是一个什么样的机缘加盟《今晚80后脱口秀》?

李：就是网上认识的。我在网上瞎写一些东西，被节目组发现，慢慢地就跑到《今晚80后脱口秀》。

曹：你当时来到《今晚80后脱口秀》认识了你的新伙伴，池子和王建国都是在那个时候认识的吗?

李：我和王建国在节目之前就认识。

曹：在这样的一个环境当中工作，是什么样的感觉?

李：我当时的心态，不瞒您说，非常丢人。

曹：为什么?

李：是一种赚一笔就跑的心态，很丢脸。

曹：为什么呢?

李：当时小，人还是那种别扭的状态，而且对人生又没规划，骨子里还有点不自信，总觉得这事干不长，哪天就被人识破，其实你没什么才华，很不健康的心态，接活儿来了。你想我们在上海那么多年，住酒店就住了一两年，这心情就是随时要跑的心情，连房子都不敢租。

曹：当时你们跟王自健写段子，一起讨论，有没有感觉到这个东西也许会出来?

李：完全没这个感觉，而且王自健心气也不在这个上面。

曹：王自健当时是什么想法，他是觉得脱口秀未来还是一个赚一笔就走的行当?

李：他当时的真爱是相声。

《今晚80后脱口秀》对于李诞有着不一样的意义，初到节目组时他只是一位幕后写手，他的名字也仅仅出现在王自健的各种段子里，后来因为节目收视越来越好，导演叶烽为丰富节目的形式，将李诞推到幕前，也由此改变了他的命运。

曹：现在想起来当时第一次从幕后走到幕前，是什么样的状态?

李：就是懵的。

曹：有紧张?

李：紧张，也慌。我对舞台是很敬畏的，觉得不会，上去干嘛，会这么想。

大多数人在尘世向往远方，李诞却反其道而行之，近些年他从内蒙古辗转至广州、北京、上海这三大繁华都市，在求学和入世的过程中，不断寻找自己新的归属。

曹： 你从内蒙跑到广州读书，然后到北京工作，辗转又跑到上海来，你是最有发言权的，走了这三个城市，对这三个城市有些什么样的你的解读？

李： 我的解读上海第一，我最近刚刚有幸成为新上海人，通过人才引进，办了上海的户口。这次办户口，都给我办感动了。

曹： 为什么呢？

李： 就是办事部门的那些人的态度，让人特别感动。比如最近还有一个很好玩的事，我们和静安区静安分局派出所有一些合作，我们做脱口秀，帮他们宣传反诈骗，这合作就特别好玩，警察朋友给我打电话说，诞总，你要不来一趟分局，我们聊聊这事？我说行啊。你看人家体贴到什么程度，他说，你要不要走后门？你走前门，被人拍到，是不是不太好？

曹： 李诞进"局子"了。

李： 对。让人觉得你们是不是又有什么，我说没事，大大方方走。跟他们合作的过程也是很开心的。广州也是我特别喜欢的城市，但我总觉得在广州，我容易意志消沉，生活太舒适了，吃喝得太舒服。北京也很好，尤其这个季节，我刚从北京回来。

曹： 秋天是北京最好的季节。

李： 秋天在北京待一待，那种壮阔的感觉，确实是别的城市没有的，宽街大道，往出一看你就觉得这真是"皇城"，那个气象。但是在里面生活会有点累。

曹： 我记得你开玩笑说为什么现在自己是个比较入世的人，因为小的时候生活的环境就比较离群索居？

李： 对。可能跟这个有关系。

李诞事业上的成功，离不开两档节目，一个是《吐槽大会》，一个是《脱口秀大会》，二者均由他担任总策划，并且取得了最高单期播放量超 3 亿次、总播放量超 100 亿次动态数据的惊人成绩，而一手炮制现象级综艺的背后，是他使得脱口秀这一起源于西方的艺术形式渐渐地在中国扎根和生长。

曹：《脱口秀大会》新的一季特别成功。作为策划，是一个什么样的想法？是不是对这一季特别满意？

李：满意当然是很满意，但是我们内部和外部的评价不太一样。

曹：怎么不一样？

李：我们其实是闷头做事就好了，这个话现在说像"马后炮"，其实我去年就说过，我说《脱口秀大会》是一个一季都会比上一季更好的节目。因

李诞在"笑果俱乐部"

为它特简单，这个行业越来越大，人越来越多，节目就只会变得越来越好。其实它是我们的成绩单，我们这一年做了很多事情，比如说这些人这一年我们都在找，这一年我们线下演出，老人也在磨炼新的段子，所有人都在成长，录制《脱口秀大会》等于是我们的期末考试。可能下一季的声音没这一季这么响，下一季可能外界会说你们不行了，但是自己动作别变形就行，它肯定是越来越好的，自己有这个信念就可以了。

成功的道路上难免磕磕绊绊，2020年上半年，李诞以及他所在的笑果文化公司遭遇重创，原本推出多轮全国、全球巡演，因一场疫情全部取消不说；陪李诞一路走来的好兄弟同时也是前笑果文化的艺人池子，与公司高层发生矛盾，诉诸公堂；但即便在最困难的时候，李诞依旧能够顶着压力带领团队坚持创作完成第三季《脱口秀大会》，同时该季节目也取得了自开播以来最好的收视成绩。

曹：作为公司的主持者，又是整个节目的策划，是不是也挺感慨，一个节目、一个公司的成长伴随着很多不确定的因素，能够走到今天不容易？

李：是。所以我们也是运气很好，也很感谢观众的不离不弃，我是很感谢、感恩。可能大家越团结就越能激发出一些斗志来。

曹：你觉得，接下来它会走向一个什么样的高度，或者说接下来会走向一个什么样的方向？

李：《脱口秀大会》是一个一季比一季好的节目，其实我说这个话的时候还有后半句，《吐槽大会》是一个一季比一季难看的节目。

曹：为什么呢？

李：因为人请不到，人都请光了。所以这一季《吐槽大会》我们会改版。我跟内部拍桌子，我说你们再这样干，我就不做了，你们爱怎么做怎么做，爱找谁做找谁做，我不做了，所以必须改版，这一季一定会改版。它会走向什么样呢？就是越来越多的人知道脱口秀，然后越来越多的人加入这个行业，最终可能大学里会开脱口秀的专业，可能每个城市会有自己的俱乐部，就是这样，慢慢把它做大就好了。

曹：做了这么些年的脱口秀，在你看来，什么才是一个真正的脱口秀？

李：脱口秀也好、谐星也好，我们最终的作品就是人，不是哪个段子。它的核心就是你这个人成立了，就成立了。

曹：是不是我们通常讲的"人设"？

李：不要有"人设"，就是你这个人，所谓的风格。我认为脱口秀就是风格的艺术，最终就是看你这个人的风格。

曹：很多人经常说做喜剧比做悲剧要困难得多，要催人泪下，其实还是有些基本的方法，可是要逗人笑，不是太容易做到的事。而且你想一个歌手，他有一首歌，他可以红一辈子，可是对于一个脱口秀演员来说，其实挺残酷的，一个梗、一个段子用完了，你不可能再用。

李：当然。

曹：所以这种灵感的迸发对于脱口秀演员来说就很重要，当灵感不存在的时候，你怎么抓都抓不到，你怎么让自己始终保持在灵感迸发的状态里？

李：干这行的人千万不能靠灵感，靠灵感的话就饿"死"了，还是得有方法，还得逼自己写。高光需要铺垫。可能打牌，一晚上都是臭手，但是你也得打。这一年下来有一两道高光就不容易了，其余的三百六十多天你也得工作，靠方法、靠努力、靠勤奋，六十分的东西得大量的有，及格的东西得大量的有，一百分的东西其实是可遇而不可求的，有了就挺好，大家都高兴，没有，你也得干。

曹：如果我们简而言之，比如用三五句话来大致概括一下脱口秀的方法论，你会怎么讲？

李：最基本的是真实、真诚。"玩笑三分真"，有这么句话，我认为玩笑九分真，这是我干这个活儿的最大的感慨。其实有时候把真话说出来，就足够好笑了。

曹：我在看《脱口秀大会》的时候就觉得为什么那么多选手，大家那么喜欢，实际上他们就是说了别人不敢说的事，或者说一些话只能对三五知己说，但要对公众说，这个当中要有点勇气的。

李：是的。其实所谓的脱口秀的技巧就是，你把这个真话包裹好了，也不要伤害到自己，说真话有时候会伤害到自己，也不要伤害到听的人，让大家笑出来，可能这就是技巧。技巧可能就是"鞘"，你自己就是"剑"，本身就是可以的，但是给它装上一个"鞘"就可以了，就很好看，端出来给大家看。

曹：大多数人认为脱口秀就是脱口而出，但事实上并非如此，能不能跟我们透露一下，你们平时的工作流程，是不是应该先有一个文案？

李：当然，不光要有一个文本，还要和人讨论，还要有修改，然后还要练习，还有开放麦。新人也好、老人也好，你有一段新的内容之后，就去开放麦练习，练习之后再修改，再来再修改。

曹：春晚也是小品去压场子，听一下观众的反应。

李：对，我们是有这个。

曹：其实你们走的路子跟这个差不多？

李：昨天也和于谦老师交流，他们相声叫"小园子"，"小园子"里练活儿。我们就是开放麦练，都一样，都得练。然后你上大舞台才压得住。脱口秀和人家相声比确实是技巧有亏。但是于老师他的担忧是，相声现在不同步，老说传统的东西，又没有当下感。我们俩在那儿想，要不干脆我们送一批人去德云社，德云社送一批人来我们这儿。

曹：挺好。

李：交换生，我们在园子里练练。

曹：你们优势互补。

只是很少有人注意到，成为行业扛旗者的李诞，在平步青云的日子里更多的是不知所措和战战兢兢，身份骤变之下他依旧只是一个普通的年轻人，甚至也坦诚是在"心虚"和"害怕"中一路走来。可其实，真正的勇敢从来就不是无所畏惧，而是在认清挑战后却依然前行。

曹：这些年在比较短的时间里，从幕后跑到台前，从寂寂无名到万众追捧，你怎么来看待这几年的变化？

李：就是运气好，真的。总结原因什么的，其实是总结不出来的，想不到能上《可凡倾听》。

曹：您客气。

李：对吧，小时候天天看，你不会想到自己能上，想是想不到的，规划也规划不来，它就是运气好，也不知道自己是该得的还是不该得的，反正得到了很多。

曹：我觉得运气是一个部分，任何人做事情成功，运气都非常重要。过去黄永玉先生就讲，做我们这行的，"八字"挺重要，运气成分很重要，但是底气更重要。你觉得作为李诞来说，这些年他做对了什么？或者说他过去的那些积累，对后来我们世俗意义上讲的成功，它起到什么样的催化作用？

李：我肯定还是做对了一些什么。首先其实这么多年都在做一件事，量，肯定是很大的，不管是写还是讲，就是对于段子，对于脱口秀这件事情，技巧上的磨砺是做过很多的。而且我自己想得比较多，喜欢总结一些所谓的方法，今年还写了一本书，还没出来。

曹：《脱口秀工作手册》？

李：对，还没出来，到时候会给同事们看看什么的。

曹：你觉得这是有规律的？

李：肯定是有，但是很残忍地说没什么大用，艺术规律是对你有用才叫规律，对你没用就什么都不是。还有就是所谓的选择比努力更重要，我很适合干这件事。然后我觉得这个时代发展，也到了这个时候，可能早几年干，也干不成。

曹：可能时机到了，天降大任于斯人也。

李：就是运气，运气到了这个地方。

曹：内心会有点恐惧吗？大家把你看成一个行业的标杆了。

李：我就会觉得自己不配。我不配，我也不会，自己知道自己几斤几两。一种是自己觉得不行，一种是做"旗"这个事也很累的。但没招，我可以谦虚，但其实也不能心虚。

《候场》

曹：这句话好，谦虚不能心虚。

李：你得顶着。以前老想跑，老说我不配，觉得自己这样是谦虚，其实是一种心虚，想跑，不能跑。今年就会觉得，对，就是我，我就是，我就在这坐着了。你看这个行为，你已经在这儿了，屁股就决定你的脑袋，慢慢地，认知就变成这样。有时候一些话要说，一些事情要做。

曹： 因为当你站在一个峰巅的时候，既是最风光的时候，有的时候也是最危险的时候。

李： 当然。

曹： 有没有焦虑或者恐惧，哪天就掉下来？

李： 当然，如临深渊、如履薄冰，每天都得这样的。担心的不是掉下来，担心的是做不好。

曹： 如果心里觉得压力大，会怎么去缓解那种压力或者焦虑？

李： 还好，我是每天都这样，但是压力并不大，做事就好了。

曹： 所以心态上，你是那种比较举重若轻的人？

李： 可以这么说吧，我是有问题就解决。我的心态就是我有这个事，我就去办，办成了就没了，如果没办成就接受，接受自己办不成，这事就过去了，不会太有压力，你让我心里悬着一个事是不行的，我肯定会办了。

曹： 一定要落定？

李： 一定要把它办了，成和败，我都能接受，但是我不能接受不行动。谨慎是一回事，惶恐是一回事，但是即便惶恐还是要做事。

曹： 你在行事上算谨慎的人吗？

李： 算吧，所以我喝酒。杨天真那个话说得特别好，我很认可，她就说人的自制力是有额度的，我在生活中非常自制，我在工作中非常谨慎之后，不可能全自制住。

曹： 在酒桌上就不那么自制了？

李： 对，所以喝多了有一些恶形恶状，也反思。但是我身边的朋友也劝，比如说像王建国就劝，你还是得有一个渠道，不然疯了，你又不是超人。我每年都会戒一两个月酒，也是要控制它，虽然这是一个发泄，但不能控制不住。

曹： 你平时的作息状态是什么？

李： 作息，就是中午起床，十二点起床。

曹： 晚上几点睡呢？

李： 就不一定了，我的睡眠是动态的。

曹： 动态的是吗？

李： 对，没个点儿，就中午起床。

曹： 基本上就是晚上熬夜比较多？

李： 我不接上午的工作，就是因为这个也耽误挣不少钱，也得罪不少人，但就是起不来。其实也能起来，我有一次和我们自己节目的导演分析，我说我其实就是心理上给

李诞与曹可凡

自己留一个原则，不起床这事对我来说心理安慰的作用比睡觉的作用更大。我不起床，我就觉得我还说了算，我还能对自己，对李诞这个人还有掌控。

曹： 要不然整个人被"绑架"？

李： 对，我就怕心态起变化，能让自己踏实点、稳当点，所以躺在床上的时候觉得生活好像还有一点点的掌控感，所以就特别反感起床这事。所有工作，都会跟对方反复强调，一定不会起床，你到时候别生气，我丑话永远说在前头。

曹： 很有意思，作为一个公司的主导者或者说老板，公司有没有战略？

李： 我不是老板，我在我们公司股份不多。

曹： 老板之一？

李： 占一点股份，其实就是干活的，不是老板。战略的事情，我没想太多。我们也是按照规划来的，一直都说要把线下做起来。如果没有疫情，今年线下其实会展开。

曹： 你们现在线下是一个什么样的布局？

李： 在上海慢慢开剧场，把剧场开多了以后，在全国走巡演。我们在全国的主要城市，也都有自己的俱乐部，但是因为总部在上海，所以就是在上海扎根的。这玩意有集群效应，反正我个人是这样，我不知道公司怎么想，我没有说全国都得开笑果文化的俱乐部，成都有别的俱乐部，我跟你合作也是可以的，我是希望多点同行，行业繁荣才是真繁荣。

奔跑吧，白马少年——欧豪专访

随着电影《八佰》的热映，片中抗日战场上的一群底层士兵再度成为人们热议的焦点。在一众平民英雄当中，士兵端午因为前后剧烈的性格转变，给人留下了尤为深刻的印象。他被迫卷入惨烈的战争并一夜长大，从一个胆小懦弱的农村孩子蜕变成舍生取义的孤胆英雄。提起他的扮演者欧豪，也许人们的脑海中还会浮现出这个 90 后大男孩在 2013 年那个夏天的青涩模样。事实上，近年来的欧豪早已慢慢褪去型男歌手的偶像光环，扎扎实实地努力在大银幕上打磨着自己的演技。

欧豪在节目现场

曹：从《少年》开始，我第一次认识你。后来又看了你的《妖猫传》。《民初奇人传》我们虽然对手戏不多，但总算是合作了一次。这次我看《八佰》的时候，还是很感动。这个感动在于，一个熟悉的演员，在他身上看到一种陌生感，这种陌生感其实对一个演员来说，是特别特别可贵的。当时你拍了这么久，现在坐在影院里，看自己当初的这个表演，是一种什么样的感受？

欧：我自己在电影院看自己参与的戏，头一回看哭了，就是因为《八佰》。像您刚才说的陌生的感觉，我自己也是看到这个角色，我没有想到自己本人。就看"端午"这个角色，我感觉是看见他一路的成长，我之前一直说，其实是陪这个人物生了一次，死了一次，所以就感觉这个经历其实还是不太一样的。

曹：是不是跟以前的角色相比，你付出了更多的心力在里面？

欧：一开始拍戏的时候，我看自己演的这个角色，会不舒服，就没有完全走入角色里面。因为我一直没有学过表演，所以我一直希望自己能成为那个角色，把他所有的故事装在自己内心里面，然后用自己的真情实感去表现出来。到《八佰》的时候，因为

415

《八佰》剧照

整个场景，等于搭了一个仓库。你人走进去之后，你就感觉身临其境的感觉，因为它整个色调会让人特别压抑。你要对自己特别狠，就是逼迫自己，完全不要被外界所有的东西干扰，你就投入、沉浸在这个角色里面，用一些比较极端的方式吧。

曹：我看管虎导演在接受采访的时候也说，他在监视器前看你的表演，觉得你内心有一种狠的东西。

欧：其实他内心还是有一团火在的，就是看什么时候被点燃。他一开始其实也很松，到那个点的时候，他就会表现出来。

为了让演员在拍摄的时候有强烈的信念感，电影《八佰》的制作团队在苏州片场一比一还原了上海四行仓库南北岸的历史场景，从地理环境到人物服装、武器装备等，各个方面做了大量细致的考据工作，并且不计代价地一一重新制作，可以说在电影美术方面，《八佰》几乎代表了中国电影工业目前所能达到的最高水平。作为主演之一，欧豪也真实地感受到了导演管虎对四行仓库南北岸物理空间精心营造的反差效果，这对他更好地体验端午这个角色的成长有着很大的帮助。

曹：电影某种程度上来说，是一门导演的艺术。所以演员在一个电影里头，他跟导演之间的这种相互信赖，对演员能否成功塑造一个角色非常重要，因为演员在现场其实是非常脆弱的。所以你跟管虎导演建立一种什么样的相互信任？

欧：优秀的导演好像都会特别保护演员的情绪，知道《八佰》要拍，是因为看到他们在网络上招募跟组演员，因为里面有很多年轻的士兵什么的，招募演员。之前也是希望能有机会跟虎哥合作一次，我看到这个就想要是能去演个角色，即便很短其实都没有关系，能参与就觉得是很荣幸的一件事情。后来也是有机会跟虎哥见面，认识了。我那时候其实没有太多的表演经验，但是我看了剧本之后，又觉得"端午"这个角色适合我，年纪也相仿，我想演这个角色。包括他整个成长的变化，从一个男孩，经过四天四夜变成了一个男人，这整个过程我觉得其实是打动到内心的。我那时候在横店拍另外一个戏，我没事就跑到苏州。导演那时候已经在苏州筹备，我就去找他聊天。

其实那时候没有定说完全是不是要让你演那个角色，或者说是不是有机会能够参与，其实我觉得导演中间一直在观察，在了解你。

曹： 建立互信的过程。

欧： 是。他只能从我比如说话的感觉，或者内心的一些表达，对"端午"的一些感受，他来评判你到底适不适合这个人物。到了最后要那个狠劲的时候能出得来吗？包括前面他胆小、懦弱，那整个变化能不

《八佰》剧照

能饰演出来？所以我觉得其实也是不断地在聊天过程中，让导演一直在观察，取得信任，看你是不是可以。

曹： 你记忆当中去苏州去了几趟？

欧： 好几次了，关键是它来回一次要八个小时，横店开车去苏州得四个小时，然后再开回来，来回八个小时，最后还是感谢虎哥信任。

曹： 你还记得当管虎通知你说，你可以演"端午"这个角色，自己是一个什么样的想法？

欧： 第一肯定是兴奋，但是压力也随之而来。我觉得这个角色，虽然说会被他感动，但是不好演，真的不好演。我就想到，四天四夜，他要有这个变化，怎么样这个变化可以让大家觉得没有那么突兀，就真的是这个人物内心在变化，而不是说你去演那个变化的感觉，所以这个就很难。包括我们戏里面好多前辈演员，张译、姜武、王千源，黄志忠老师，都是戏骨，你要在这个里面，就很怕到时候别在我这掉链子了。如果我跟不上，我这个压力就会很大。

曹： 这个戏其实是根据一个历史的事件来创作的，所以里边绝大多数的人物都是有据可查的。"端午"这个角色恰恰是其中一个虚构人物，我觉得这个就是符合历史剧的这种创作的方式，就是"大事不虚，小事不拘"。正是因为是一个虚构的人物，其实对于演员来说，对于创作者来说，其实他有一个发挥的空间。但是毕竟你很年轻，你要去演一个跟自己的年代非常遥远的人物，这种压力是很大的。

欧： 我们拍整个戏的氛围很怪，大家现场没有什么人聊天。虽然都是群像戏，都是大群戏，很多人老在一起。但是一喊卡，所有人都在自己的情绪里面，一人拿一个凳子就坐在那儿，要不就看着对岸，要么就是在自己的情绪里面，大家没有聊天，其实

就是为了不要让自己走出那个情绪。有时候为了一些比较极端的情绪，我想让自己眼里面的血丝明显一些，就熬个 24 小时，熬个 48 个小时。就是用这样的方式。我一去到那个仓库里边，我就自己先找一个角落，蹲在那儿，也不跟大家聊天。导演有一天说，小欧是不是不太开心？我说没有，我就想沉浸在角色中。

曹：让自己生活在这个角色里。

欧：对，我们可能没有办法真的就住在这个仓库里边，但是可以让自己不被外界其他的因素打扰。走进"端午"的内心。我觉得还是能感受到的。

曹：这个戏还有一个特点，就是为了突显这个年代感，还有这种历史的真实感，很多的演员必须要用方言来表演。你也是这样，福建人要用湖北话来演戏。

欧：对，我一直都担心这个普通话好像还没有完全讲明白，要讲湖北话。导演组把所有的台词，让说湖北话的老师录成音频，我们每天听。拍戏现场也有说湖北话的老师，去纠正你到底说得准不准怎么样。因为导演要求特别高，就你必须得说得准才行。然后我觉得这个方言，其实对于角色还是会有帮助的，说方言会更接地气一些，你会更像那个地方出来的，表情，包括一些你的动作，都会因为你的方言而改变。

曹：所以其实方言它对于人物的塑造，起到一个辅助的作用。

欧：是。

在电影《八佰》中，欧豪饰演的端午作为一个出身湖北农村的普通农民是一个不折不扣的小人物。一开始他只是抱着跟着长辈一起外出打扫战场的心态，顺便到大上海走走看看，却误打误撞进入了四行仓库执行"死亡任务"。毫无战争经验的他在面对枪林弹雨时，本能地胆怯想要逃避。但在目睹亲人惨死、英雄就义等一系列震撼人心的事件之后，端午受到英雄主义精神的感召并迅速成长为一个合格的战士，成为片中最令人印象深刻的角色之一。

曹：我看完电影有这个感受，"端午"虽说是一个虚构人物，但在电影里显得特别真实。你觉得当中哪一场戏对人物来说，起到一个特别重要的转折作用？

欧：应该是他想从水道下面游出去，跟"老算盘"一起。但是突然发现，日军过来了，然后他喊了一声。其实他喊的第一声是小湖北，他毕竟还是一个农民。他叔跟他说，端午，你要照顾好小湖北，就是那种一代跟一代的那种关系，他其实第一反应是觉得，我弟弟还在里面，"小湖北快跑啊"。然后对岸的人发现，敌人过来了。其实等于是叫醒了仓库里面所有人，去跟他们反抗，也算是救了大家。然后对岸就有人在说，你是个英雄。其实他那个年纪可能小的时候也没有觉得说，感觉英雄这个词第一次用到我的身上。

《八佰》剧照

曹： 他对英雄没有概念。

欧： 没有概念，第一次听到就会觉得说，有一种满足感。我觉得可能有那种虚荣心。然后他就觉得，我应该要回去，我不能到对岸去，我要跟大家在一起。我觉得那是他第一次感受到了正义给他带来的心里的满足感。其实后面比较大的转变，就是在于山东兵，大家都绑着炸弹要往下跳，山东兵就跟他说，小孩帮我绑一下。其实他一开始我觉得就是一个那种，你叫我绑，行，我给你绑一绑。然后他突然就反应过来，他这是要去死。就那一下，其实对他的那个触动是特别大的。大家都是同胞，你们可以去做这样的事情，为了保卫大家，牺牲自己。我为什么还要老想着要跑，要走呢？所以他从那时候开始，其实内心已经有了变化。

曹： 戏里头，"端午"跟"老算盘"的戏份非常多，你的表现跟张译的表现，虽然你们年龄有差异，依然是旗鼓相当。所以我觉得特别兴奋，欧豪真是有自我的突破。我相信你们在拍摄的过程当中，无数次会出现这种火花。

欧： 之前跟译哥合作过，《少年》的时候，大家还是有一个熟悉感。我其实就是在这场戏前面熬了很久，就熬了 48 个小时，然后去现场拍戏的。

曹： 48 小时不睡啊？

欧： 不睡觉，就是为了要拍这场戏。因为其实都是"老算盘"在表达，"端午"一直都是拿着枪举着，其实就是反应。但是你要怎么样被他的话所感动，被他打动，然后愿意放下枪？就像你说的，好像说他想活下去也没有错。那个状态，我就想，你刚刚经历很大的一个战役，那我觉得这个状态肯定是极度疲惫、颓废那种感觉，我就用这种方式，第二天去现场拍。看到太阳都想死，就觉得怎么会这样？人会极度疲惫。我觉得这个感觉对"端午"来说还是适合的，感觉这个感觉就对。然后导演就说，你要听译哥说，你要听他说，真的要听到你内心，然后你才会放下枪让他走。译哥真的很会演，非常会演。他说的话，他表现的方式，内心就是让你去想，其实他一个人，确实他说的没有错，他手指也断了，他也打不了枪了。而且他想活下去好像也没有错，不一定要大家所

419

有人都在这里等死的感觉。然后就通过他表演内心，最后他还是把枪放下。

曹： 那场戏虽然你没什么台词，可是你的表情、动作，这些东西不是演出来的，完全是双方的这种情感的刺激。所以我觉得这场戏特别真实，因为这场戏有可能是演过头的，不到位倒是不太可能，但是很容易演过头。演过头的话，那个效果适得其反。还有你跟张译在水里边拍那么多场戏，应该也是很辛苦的。

欧： 对，那个拍了一个星期。因为它很复杂。它其实等于从一开始往外走，包括人进来那些，我记得是拍了一个星期，特别特别冷。我记得是10月、11月这样，也不知道为什么，那一年苏州那么冷。我跟译哥两个人在水里，就这种感觉。我还开玩笑说，这辈子还可以两个人在水里冻成这样，看着烟花也是头一回。冷得实在没办法，就只能是开开玩笑，让自己稍微活一下。觉得我们俩在一起可浪漫了，就这种感觉。译哥有经验，他说小欧，你一会儿这样，你把衣服先穿一件保暖的内衣还有裤子，然后你裹一层保鲜膜。每天两个人就在那儿想，但译哥一直在出点子。因为也很怕，如果说一旦生病了，会影响拍戏的状态。把保鲜膜裹到身上，然后外面再穿上戏服，在里面塞点暖宝宝什么的，都保护成这样了。即便是这样，都还是很冷。

曹： 其实这种我觉得完全是心理安慰，真的泡在水里头啥也没用。

欧： 没有用，特别冷，就一直在抖。而且就怕有一点，拍你的时候不能不自觉那个抖得太厉害。但是牙齿会一直一直在打架，所以那个真的挺难的。

曹： 而且你们俩都不太擅水，是吧？

欧： 对。我也是因为拍戏才学的游泳，我虽然是海边人，但我其实不会游泳。一直跟朋友说，他们都觉得这是很好笑的一个点。译哥好像水性也没那么好。所以那时候导演说，两个旱鸭子在水里泡了一个星期。

近年来，欧豪在大银幕上形象可谓是不折不扣的"拼命三郎"。出演《烈火英雄》中的消防队长徐小斌时，水性欠佳的他克服恐惧心理，长时间在水中拍摄海底动作戏，一度呼吸困难。拍摄《中国机长》时，因为扮演的角色被吹出驾驶舱，欧豪不得不每天被数台鼓风机吹到口水直飞，甚至出现了耳鸣。而在去年上映的《铤而走险》中，为了演好一个"人狠话不多"的冷面杀手，所有危险戏份他都坚持不用替身自己完成。在拍摄山路飙车追逐戏份时，甚至遭遇了车头冲出悬崖的惊险一幕。事后欧豪打趣称，这部戏差点成为自己的"遗作"。此次在《八佰》当中，他又一次为了角色全情投入，轻伤不下火线。

420

曹：在整个的拍摄过程当中，你受过伤，或者生过病吗？

欧：受伤还是有，去过几次医院。因为确实拍摄难度太大，有时候拍一些戏难免会有意外。一摔腿上掉块肉什么的，脖子一扭。

曹：怎么会掉块肉啊？

欧：因为那天拍那场戏，等于是刚

《烈火英雄》剧照

开始拍没多久，也在找状态，拍一个进仓库的戏，因为我怕没有那个真实感，我要扛着一个弹药箱，还背着一个。我让他把那个弹药箱里面多加几个砖头，就你要有重的那个感觉。那个箱子太重了，地上又在下雨，有些碎石、砂子之类，我穿的又是草鞋。然后走着走着，突然一下滑倒了。我记得那时候还穿了两条裤子，还是三条裤子，全破了。然后全破之后，里面的肉还掉了一块。

曹："端午"最后殉国的那场戏，非常惨烈。从视觉效果来说，给人的震撼非常强烈。拍摄过程中，包括后来自己坐在影院里看的话，会有一些阴影吗？

欧：演"端午"这个角色，让我本人在表演上面学到很多东西。如果你真的沉浸在一个角色里面，完全没有那些杂念，去饰演一个角色的时候，真的你的眼神都会不一样。因为每一次我看自己的东西都会想，哪些地方不足，我要怎么样去让自己更像一个演员，能够成为一个演员。像您刚刚说那个陌生感，我不会觉得我会想到欧豪。可能就觉得这就是"端午"，那个时候他的情绪就是这样，会有这个感受。

曹：我听说有粉丝还给你送大肠之类的。

欧：对，那个也是，真的是跟大肠拍了一整天。然后三年了，没吃过大肠。还是会有一点阴影，就那天一直捂着，有时候得看着，有时候为了怕不要影响时间，即便卡了之后，还在那躺着，还捂着那个。因为如果要接戏，它那个形不能变、不能动，又是大银幕，又是 IMAX 机器拍，就怕有时候会出错，就一直捂着。但又闻到那个味道，就到现在还是有一些阴影。

　　除了像欧豪这样的新生代演员，《八佰》人物谱还云集了许多戏骨级的演艺圈老兵，如张译饰演的老算盘、姜武饰演的老铁、王千源饰演的羊拐、黄志忠饰演的老葫芦等等。在欧豪看来，观察这些前辈演员如何演戏，以及跟他们演好对手戏，对于提升自己的演技是一次难得的机会。

曹： 跟其他几位大哥拍摄的这个过程当中，有哪些记忆还是非常清晰？

欧： 我觉得相处也很重要，就是他们本身可能在戏里面都是哥哥，"端午"其实就是一个弟弟一样的角色，跟着他们。生活中其实也是要有信任感跟熟悉感，你可能在戏里面去表现的时候，就不会显得突兀。另外一个就是，我会老在现场看，如果没有我的戏，我就在现场看他们表演。就看他们怎么去诠释角色，大银幕下，有时候一个转头，一个眼神其实都很重要。但是有些东西像您刚才说的，可能情绪能到，但是你别演多了，演多了有时候也是不舒服的。那其实就是在看，他们如何把握这个分寸，以及他们对于角色的理解，到底是怎么样的。如果你高度理解得不够，那你其实就演得会很狭窄，那个维度就不够宽。但如果你对角色有些不一样的理解，或者高度够高的话，那你其实就是可以有更多的可能性、延展性。我之前开玩笑说，像大型教学现场，全是老师级别的、"著名演员"级别的前辈们在现场，其实就是一个特别好的学习机会。

曹： 你觉得哪几位哥哥，你是偷师偷得最多的？

欧： 黄志忠老师我们之前是合作过，《建军大业》的时候。他演我叔，因为他戏份主要都在前面，后来其实没事我也会给他打电话，向黄老师请教，有些戏我觉得应该怎么样去找这个情绪呢？我应该怎么去表现会好一些？打电话给他，他也会很耐心地跟我说。其他的戏份在现场都是跟译哥、武哥、千源哥，其实我们是一开始待在一起比较多的。

曹： 其实王千源跟姜武都是很有经验的演员，在这个戏当中的表现都可圈可点。所以如果在现场，你比如看他们表演，你觉得如果现在用一句话来形容的话，你会怎么说？像王千源跟姜武。

欧： 我觉得就是非常有经验，然后又可以很真实地表现出来。对于人物的把握，就是让你觉得很惊艳，就是你能看得到功底在那儿。

曹： 所以你觉得，自己在接手这么一个重要的角色之前，有没有自我进行一下心理建设？

欧： 就是硬着头皮上，一开始肯定会有压力的，但是一旦觉得进入那个角色，开始拍的时候，就忘掉那些事情了。如果你越紧张，杂念太多可能就越容易掉链子。在那样的一个氛围里，我觉得导演也是给你很大的空间，他就信任你，然后你就放开。反正我觉得，先演，多与少，导演会告诉你，导演的要求高，如果不满意，不会让你过。那我觉得这样就没有问题，我就表现自己这个人物就好了。

曹： 因为我没看过管虎导演在现场的状态，他是属于和风细雨，还是雷霆万钧？

欧：和风细雨，特别有亲和力。因为以前觉得有些人说，导演有时候容易发脾气，而且听说导演一拍会拍很多很多条。然后大家就会心里做好这个准备。但是一去到现场，发现导演特别有亲和力，特别温和。就即便说我有一场戏拍了28条，他依然就是说，小欧，我们可不能就这么算了，这在将来就是个遗憾。我们一定要给它拍到最好，就一直在鼓励一直在鼓励，而且特别有耐心的。给你空间，给你一些鼓励的话，关心你。有一场戏摔到脖子，稍微扭了一下，他就说，别拍了，赶紧去医院。各种方面，无形间就会给你很大的安全感，以及信心。

曹：你这个拍28条这个过程当中，有没有绝望的时候，拍到十几条的时候？因为有的时候你越拍心里边会越慌。

欧：会，是会崩溃，麻木，我到底哪做得不好？但好像也不是，因为整条它整个过程很难，因为它是一镜到底，然后要跟着你，你还得吐，威亚还得往下掉，整个配合太难了。所以我就觉得说，为什么我觉得佩服导演？就是这个戏没有一场是好拍的，都特别难，各个部门要求都特别高。但是导演依然保持一个特别好的心态，因为导演如果不急的话，他的心态保持得好，其实会对我们有很大的影响。我们慢慢做好就行了，一定要把自己的心态调整好。不要说拍到十几条或者怎么样，你就崩溃，越演越差，那肯定不行。但是真的你到十几条还不过的时候，你会对自己产生怀疑。到底为什么呢？

曹：对，因为演员是很脆弱很脆弱的，敏感。

欧：对，我不知道是不是有时候导演可能就想要你崩溃。

曹：可能他有的时候就把你逼到极致的感觉，他要找那种感觉。不管你后面会演多少戏，塑造多少角色，至少我觉得《八佰》里头"端午"这个角色，你一定是能够站得住的。尽管过去《建军大业》你也演过军人，但是我觉得"端午"完全呈现另外的一种质感。所以通过拍摄《八佰》，自己回顾一下，从拍摄处女作到现在，完成了一种什么样的成长？

欧：一开始特别青涩，演什么角色根本不懂，但慢慢地学习到很多东西之后，包括对自己有了更多的一些了解之后，你对于角色的处理，对于自己在镜头面前的表现，要求就会不一样。要求不一样其实你表现出来的感觉也会让大家看到。我就是觉得说，你也不是专业演员，但是你既然做了这个工作，别人给了你机会，那你就要把它表现好，就是要对得起大家的信任。

从2014年拍摄第一部电影《临时同居》开始，欧豪从歌手转型开启了自己的演员之路。2015年他迎来了自己第一个重要角色，张漾。这个少年老成，心思深沉的男孩超越了那个年纪应有的城府，成为全片最有争议的角色，而欧豪独具个人魅力的演出也让大家看到他在表演上的潜力。2017年，他又因为参演《建军大业》中的叶挺一角获得了极大的关注，以二十出头的年纪挑战时年三十岁的历史名将，不得不说是一次大胆的尝试。而后在陈凯歌导演的大片《妖猫传》，以及众星云集的短片集《我和我的祖国》中，他也都有份出演，虽然他的角色戏份不多，但对欧豪这样非科班出身的演员而言，能够和这些重量级的导演合作，无疑是一份重要的肯定。

曹：我知道你是通过《左耳》。

欧：对，《左耳》是我的第二部电影。

曹：跟苏有朋这样的导演合作，应该比较有意思，他的经历跟你有点像，都是歌手，然后成了演员。所以现场是不是沟通就更自如一些？

欧：是，有朋导演就会分享很多他的经验给你，因为那时候我真的是一点经验都没有，有时候反而就会用力过猛。他跟我说过，你不要轻易地放过一场戏，可能不是重头戏，但是在整个电影里面它有某一些点，就会给人不一样的感受。我那时候可能觉得重头戏，我就要当重头戏演。

曹：过场戏就可以稍微放松一点。

欧：对，就觉得说应该是这样吧。导演就说，比如他拍《风声》的时候，就觉得说，也是不能轻易地放过每一场，即便是过场戏你都要重视，只是情绪大小不一样而已，但是你都要做好准备跟功课。

曹：职业演员有技术，有的时候会用技术来代替情感。对于一个非职业演员来说，没

《左耳》剧照

有任何技术，没有可以依赖的手段，所以能够做的，就是真听真看真感受。自己怎么去看待自己的长处跟短板？

欧：我觉得即便现在好像也演了一些戏，但是依然还是一个新人，有很多不足的地方，真的我所有拍戏的经验，全部来自片场，所以有机会的话

我觉得就是多拍。包括一些技术类的东西，其实也是可以在中间过程去发现的，可能你之前听到过一些技术的方式，但是你可能不知道怎么去使用。但如果在片场里的话，再总结这个方法论，可能就会结合得比较好。但其实在现在，我还是依然会选择这种沉浸式的、体验式的表演方法，当然这种会很累，也伤身体。但现在依然会觉得，其实那种真实感还是会不太一样。所以我觉得就慢慢来吧，可能就是年纪越大越成熟。

曹：你的阅历，生活的阅历，本身就是你的财富。

欧：对，是的。其实这也是在表演中会起到特别大的作用，你可能经历多了，想的东西就不一样了。

曹：我那去跟张艺谋导演拍《金陵十三钗》的时候，导演就说，你自己不要胡想，你想出来的东西肯定是不对的。所以要把自己放空，要充分地相信我，把你自己交到我手上，我会告诉你前进的路径是什么样的，你要跟着我的思维去走。这些年你也跟很多的大导演合作，除了管虎导演之外，也跟陈凯歌导演、刘伟强导演合作过，每个导演都会给你带来一些什么不一样的感受？比如说凯歌导演。

欧：凯歌导演对于演员的保护是特别的。因为那时候很紧张，要拍一场情绪戏，但我又想上洗手间，我又很不好意思。感觉大家都准备好了，我这个时候上洗手间会不会有点不合适？我就跟导演说，我想上个洗手间行吗？上完之后我就可以好好地准备这个情绪。导演说，你快去，赶紧去。就是一些小事情，但是可以看得出导演对于演员的那种亲和力跟保护。像您说的，演员其实有时候就是很脆弱。他如果一旦受到一些质疑，或者是一些别的因素的影响的话，特别像我没有太多经验，以及心理不够强大的新人演员，就有这个问题。但如果导演特别保护演员的话，你只要有足够的安全感，那其实在你表现的时候，会起到很大的作用。

曹：像刘伟强导演，他是很典型的香港导演，是拍商业片出身，所以他的现场非常麻利。跟演员说戏，调度，都非常简洁。

欧：对，很快。导演也对我非常好，每次有机会也会给我安排一个角色，特别感谢。因为他说我跟他儿子一样大，所以他也就把我当作儿子一样。我觉得导演对于熟悉的演员，都是提前跟你说好，聊好角色。一到现场拍的时候，因为本身大家就比较熟悉，又合作过。那他就会特别的快速，也需要你特别地快速进入到角色里面，他的方式是这样。

曹：刚才我们说过，其实非职业演员靠的是全情投入，是一种体验式的表演，所以当你没有技术的情况下，生活阅历就非常重要。虽然你很年轻，可是你的人生经历还挺丰富。过去做过不同的事情，比如当过销售、送过外卖。我觉得你其实生活所走过的每一步，都是你的一座富矿，里边都有很多对于生活的养料。就过往的这些生活经历，对你现在成为演员，有一些什么样的作用？

欧：我觉得这些经历对我来说，我觉得是非常重要的。就是感觉可能在演一些角色的时候，你有一个基底在。因为你可能经历过，就是吃过苦，有时候其实你的内心跟你的眼神，就会有一些不一样复杂的情绪，或者是表达。但如果没有经历过是没有的，因为我们那儿的人就说，男孩应该早点出去闯、出去拼，爱拼才会赢。

曹：福建是不是有这个传统？家长也希望孩子不要窝在家里，这么一个狭小的空间，你们要走到外面去，看一个更广阔的世界。

欧：是，会有这样的。所以我去广州上学的时候，也是我自己一个人去。我觉得其实父母也放心，觉得这种传统的教育方式，去外面去拼、去走，让自己成长起来。我觉得就是这样，这个其实就是社会阅历，可能比较早进入社会，你的内心想法就不会一直像个小孩一样，就会成熟，确实会不一样。

曹：所以你觉得那个时候你跟同年龄的孩子相比，你比他们是否更成熟一些？你知道我将来可能要靠自己单打独斗，来拼自己的这条未来的人生之路。

欧：对，我现在有些时候也觉得我跟同龄人相比要成熟一点，可能就是因为独立得早吧。包括我的朋友，其实我没有什么同龄的朋友，都是比我大的，都是"80后"、"70后"，我记得从我十几岁开始就是这样。

曹：你爱跟大朋友一块儿聊天？

欧：对，我觉得每个人告诉你他经历过的事情，都没有那么简单的。所以我觉得这些都是特别管用，你只要听到，我就会去想，去思考，可能有些事情只是我没有经历过而已，但是肯定是有它的道理在的。

曹：这个闯荡的过程当中，有没有特别刻骨铭心的那种挫折？

欧：肯定会的，我记得那时候就是去做一个工作，就是开演唱会有那种公关公司，要去解决很多问题。要去做消防的申报、公安申报那些之类的。因为我们在一些二三线城市里面做这些事情，还遇到过被威胁，说没有票，就要进去看，你拿我怎么样？各种这样的事情。包括以前送外卖的时候，你会见到很多不一样的人，这种人情冷暖。其实这些东西在你内心就会让人不一样，就会成熟，可能经历多就会这样。

曹：过去我们通常讲，演戏总是老戏骨演得特别好，很多人会用有色眼镜看待你们这个年龄的演员，认为"90后"就是靠流量，没有真才实学。但是我现在看的这些你们差不多年龄的演员演的戏，我觉得是可以让人信服的。

欧：因为表演这个东西也是随着阅历、成长才会变得越来越好，所以我觉得年轻演员包括我自己，还有很多需要努力进步的地方。但是得有一个目标，就是要向我们的前辈去学习他们那种敬业的精神，他们对于角色的那种诠释，我觉得就是要一代一代跟得上吧。有些角

欧豪与曹可凡

色，它是有年龄限制的。那这个年纪段你不能到时候等我们前辈们年纪越来越大，底下没有跟得上的，就会出现断层。那是不是我们得更努力，让大家更多看到的是你表演的能力，而不是作为演员之外其他的那些东西。这也是我一直想要去努力做的一件事情。

曹：我觉得这几年你每一个角色都是比较踏实，一步一个脚印。所以我在想，你在选择剧本、合作者、角色过程当中，是一种随遇而安，还是说有一个自己的规划性？

欧：其实没有太多的选择，没有到那种说有八到十个剧本让你选。其实更多的都是朋友们推荐，比如我跟一位制片人，一位导演，或者一位演员合作完，大家觉得合作其实挺好的，他们就会把我推荐给别的导演、别的制片人。所以很多认识之后，他们有一个角色来找你，我觉得在他们的印象里，就觉得这个角色是适合你的，因为肯定对你有一个了解了。那其实对于我来说，只要是能跟他们合作，我觉得都是学习的一个机会。我现在所有的就是想不断地学习，跟不同的导演合作、不同的演员合作，就是要可以吸取经验，一直在吸取经验。

曹：其实你每一次拍戏都等于是上一次表演的大师班。

欧：对，教学现场。所以我觉得其实没有什么特别的规划，说非要怎么样。但我觉得演员其实本身就应该会有很多的可能性，你多参与、多去表演、多去试，你可能就会发现自己有更多的、无限的可能。

在角色中新生——杜淳专访

电影《八佰》票房势如破竹，杜淳所饰"谢晋元"一角广受赞誉。剧中杜淳饰演的"谢晋元"身骑高头白马气宇轩昂；而影片结束处身背战士撤离，目睹同胞手足血洒疆场，不禁让人泪流满面，可以看出杜淳心无旁骛投入角色，并与之合体，完全摒弃技术手段，真情流露。杜淳从当年《汉武大帝》少年"汉武帝"到《八佰》当中"谢晋元"，完成自我蜕变，成长为真正性格演员。

杜淳

曹：这两天《八佰》是大家非常关注的一部电影，你有幸在这个戏里边演谢晋元这样一个角色。听说其实你跟管虎导演不是很熟，通过主动请缨的方式，得到了这样一个角色。当时是一个什么样的状况？

杜：小时候，对八百壮士这段故事就有所了解，后来听说管虎导演筹备要拍《八佰》，就主动请缨，认识了管虎导演。当时我说不管什么角色，只要能参加进来就好，但是我个人还是希望我能演军人的角色。

曹：后来管虎导演有没有跟你说，他选择你演谢晋元的理由？

杜：直到今天为止，导演都没有真的跟我具体说过，为什么决定要让我演这个角色，自己在猜，谢晋元将军其实20岁之前，他是学文的。20岁毕业了之后才投笔从戎，然后才开始从武的。我个人认为谢晋元将军身上还是有一种儒将的感觉，可能我身上有这种偏文的气质，但是从外形来说又比较正，属于比较像武的一种感觉，可能这两方面在我身上都有这种特征。我没有想到，但能演到这个角色，真的万万没有想到。但我有一度差点放弃，准备去接洽别的戏了。结果，突然有一天，接到了公司打来的一个电话，告诉我这件事情。其实当时除了兴奋，也是有一点点懵，在想为什么？变化特别快，就是很突然。

看了杜淳在电影中的表现，谢晋元将军的儿子谢继民老先生曾这样评价。

谢继民：我们到了《八佰》首映式，他就等在门口，等在门口还没进展厅，他就拉着我拍照，接待的人就说杜淳要跟你拍照，他看到我也感到很高兴，他说我能够演谢晋元，也是我的光荣。从他来说，他为了演这部戏，减掉自己的体重，还学什么广东话、广东口音，这个也是，艺术上的加工。所以杜淳来说呢，应该说他还是表现了谢晋元军人的气质。

杜淳饰演了谢晋元，而可凡跟他在表演上也有一丝缘分。1946年7月一件署名"谢凌维诚"的呈请状被送到了吴国桢的案头。凌维诚就是抗日英雄谢晋元的遗孀，而恰巧可凡就曾经饰演过吴国桢这个角色。而杜淳为了饰演好谢晋元这个角色，也是做了相当多的功课。

曹： 作为一个"80后"，怎么去理解1937年的那场血雨腥风？

杜： 如果不拍《八佰》这部电影的话，可能会了解得更少。因为要拍这部电影，我们还真正地去了解了一下当时那个时期和这些人物，他们所发生的一些事情。但是他其实并不知道上峰安排他们在这里目的到底是什么。但是我觉得，谢晋元将军是完完全全抱着现在这种目的而来的四行仓库。所以说他的第一句词就说了，今天走到这里，我们就把四行仓库当做我们的坟墓了。

曹： 这部影片其实展示了他这四天人生的高光时刻。所以你在做案头准备的时候，比如说在表演的时候，无论是你的动作、你的状态，你的眼神，做过一些什么样的设计吗？

杜： 首先我们需要肯定就是从外部先去做一些准备。因为谢晋元将军是留下来了照片的，首先从外部形象上，去贴合真正的谢将军的这种形象。其实我本身不会写毛

杜淳饰演的谢晋元定妆照

笔字，但是导演那会儿让我练，专门有一个书法指导老师，我每天要学毛笔字，要练毛笔字，但是其实可能戏里并没有这个戏份。

曹： 其实让你要有那种文人的感觉。

杜： 是的，他要的是那种感觉。我戏里可能不拍，但是你要有这个状态。

曹： 其实这个戏里边有很多特别经典的段落，其中有几个场景我特别印象深刻，一个就是说，骑这白马。其实拍戏，演员最怕两者，第一个是孩子，第二个就是动物。所以那场戏是不是应该说反复拍过很多次，要达到这样的一个非常完美的境界。

杜： 那场戏您看很短，其实我们拍了四天。

曹： 四天？

杜： 对，因为各个方面的配合，还有下雪，还有马，各个方面的，还有天气，整个天的那种光亮的光亮度，整个都需要配合，拍了整整四天的时间。

曹： 我觉得那个马好像是被你驾驭得特别特别好。

杜： 对，但是非常吃力，那匹马。因为导演要的感觉，因为导演的镜头他是要带到那个马头，然后带到谢晋元坐在上面。他要那匹马跟谢晋元是一个状态，他说我要这匹马头永远仰在这里，眼睛都不眨，就像一尊雕像一样，立在这里，定定地看着前方，然后谢晋元坐在上面，他要这种气质。但是马很难驾驭，你一拍时间长了，它也会累，所以马就会自然地往下低头，低头往下扎，垂着头。所以那个很费劲，第一天几乎没有拍摄完成，后来第二天又来，主要是这个马的状态，其实是很难的。另一个就是您刚才说的，两军对垒，但是气势不输。但是咱们心里很清楚，日军的这个大佐背后，有几十万的日军撑在那里。我身后420人的一个孤军，在仓库里。但是你怎么样能够有这个气势，跟他顶在这里，像两方势均力敌的这个状态。其实我当时做的一个心理建设就是，我把河对岸的那些中国的百姓，全部都当作我最大的后背支撑。

曹： 所以你觉得身后其实也是千军万马。

杜： 对。我觉得身后虽然仓库里有420人，肯定有四万万的中国人在身后支撑着你。

曹： 还有你刚才说了，在撤离的过程当中，在桥上飞奔过去的时候，他背着这个战士冲过去的时候，面对着自己的麾下，一个一个死去。你的表演特别特别真实。

杜： 昨天有人跟我说这场戏，我跟你那么熟悉，你的整个的状态，表情都已经很狰狞了，有吓到我了，就是那个状态。我说对啊，其实到了那个时候，他就是这个状态，他一个人跪在桥上，拿枪杆在这里，看着自己带出来的这么多的兄弟往桥上在走，然后一个一个地倒下，一个一个地倒下。我说，你说这个人当时心里，他会有多么心疼。我在拍的时候，这些虽然也都是我们的演员在扮演，大家一起往上走，一起往上涌。但是那种，因为这个剧组已经给我们营造了太真实的一个环境，呈现了所有能够呈现的，来帮你进入规定情景的一种可能性。所以说当你跪在那里，你看着这些人的时候，首先它的冲击感冲到你的心里。而且那也是谢晋元在整个电影里的最后一笔，最后一个镜头了。所以说我当时自己想的就是，能放多开就放多开。这个时候你就会给你这个角色和人物，画上一个圆满的句号。

与以往同类影片不同，《八佰》这部电影更加突出战场上的小人物们，有血有肉，更加地真实，也更加贴近普通人的世界，更能鼓舞我们勇敢面对生活。

曹：其实这个片子是一个群像的电影。

杜：对。

曹：很难说谁是主角，谁是配角，我觉得每一个都是主角。

杜：就像那会儿我们进组的时候，导演跟我们说的最多的话就是，大家都不要去演。都知道你们好演员太多了，都不要去演。大家都在那演，你也演我也演，你也演我也演，就全部都冒出去了，就失真了。我就想让你们真的是生活在里面的，一群最普普通通的人，用你们最质朴的表演，真听真看真感觉，把真的东西拿出来，不要去设计，或者说刻画，给这些人物添加那么多碎的东西，这些都不要。就很质朴地去感受这个人，感受这个年代。在战火纷飞的这个年代，人如果真的把你放在这个仓库里，你是一种什么状态。

曹：所以我觉得这个戏里边，你想那么多演员我们都是耳熟能详的，王千源、俞灏明、李晨、姜武，我觉得每一个演员都特别控制好自己表演的那个度，这个是很难的。

杜：对。其实我觉得这部戏，大家都是各司其职，完成好自己角色应有完成的那一部分。大家把自己那一部分做到最好，然后也不去抢，也不去争，我在这场戏里起到的是什么作用，我就是什么作用。这场戏是谁的戏，那就是谁的戏。所以说大家都把自己各自的那一部分，完成得很好，就是互相在托着。

谢晋元

曹：即便黄晓明只有几分钟的戏，可是我觉得这是我今年看到特别好的一个表演的状态，跟他以往不一样。

杜：对，其实他就一场戏。

曹：对，两分多钟。

杜：但你完全就能记住他。而且甚至有很多观众，一开始都没看出来是他。

曹：对。

杜：所以我觉得这就很成功。

曹：对。

杜：我们从黄晓明身上找到一种陌生感，这就说明，他变化太大了。

曹：对。

杜：所以说我觉得就很成功，每一个演员都很成功。

曹：这个戏的拍摄周期特别长，长达十个月，即便是你们仓库里头的戏，差不多也有半年的时间。

杜：对，有6个月的时间。

曹：而且我觉得整个的拍摄，大夜应该是比较多，都是夜景。而且整个剧情的气氛都非常凝重、压抑。所以演员要有强大的心理承受能力，挑战非常大。作为演员，有没有这种极限，经过一定的时间之后，会进入到一个疲乏期？

杜：会有的，所有演员其实都会有这样一个阶段，尤其是耗时那么长的一部戏。我从来没有拍过这么长时间的一部戏，这是第一次。我为什么说这个剧组是个挺有魔力的剧组？大家没有人着急，就是我们想怎么拍怎么拍。我们经常一个月日戏，然后连熬一个月的夜，再拍一个月的日戏，然后又连熬一个月的夜这种。大家每天在一起，状态都特别好，不知道为什么。所以说我就觉得，这是一个很有魔力的剧组。进入这个剧组之后，你就想把你所能够拿出来的、所能够付出的最好的东西，全部都献给

杜淳重回四行仓库

《八佰》这个戏，和《八佰》你饰演的这个角色里。我到现在为止，我也真的觉得我自己非常万幸和荣幸，能够来演到谢晋元这个角色。

曹：在这个戏里边可以听到来自中国各地不同的方言，有山东方言，有河南方言。谢晋元讲的就是广东普通话，这对你一个北方人来说，学这样的"广普"，是不是也是一件挺折磨的事？

杜：很难，因为我是纯北方人，所以说学这个非常难。而且我这个又不是纯粹的广普，它是潮汕话。

曹：对。

杜：就是潮汕人说普通话。很绕，这个我真是学了很长一段时间，然后尽量地能让自己去把它说好。但是尤其对我一个更有难度点的地方是在于，我的台词的形态上。我台词形态都是属于比较高亢、激昂。

曹：对。

杜：然后把八佰的精神传递给观众，和传递给我们这些兄弟的这些戏份。越这样的戏份越说那样的语言，对你来说是更难。如果你要说咱们生活里，就像聊天这样，你一句我一句，你一句我一句，然后去说方言，其实并没有那么难。难的就是给你这么长一段，慷慨激昂地站在上面。

曹：挺难说的。

杜：对，潮汕口音的普通话去说，真的就很难。它并不像我们说普通话，然后就感觉很有气势，怎么说都有气势。我第一次刚开始的时候，完全不适应，我就感觉自己没有气势。

曹：其实我在看的时候，你一出场开始讲带点方言的普通话，会有一些感觉上的差异。

杜：对。首先就会一下，这人说的是哪的话？

曹：对。

杜：他怎么会说这样的话呢？就很奇怪，一开始都会有这么一个过程。然后慢慢你习惯了，你就会觉得，这是谢晋元该说的话。因为我也看网上有的评论也在说，他说，其实那个时期的国人，广东梅州的潮汕客家人，能把普通话说成这样，已经很厉害了，都很还原历史了。

曹：对。

杜：而且现在我身边也有广东的朋友跟我说，他说，上来直接就问我，他说你那个潮汕普通话跟谁学的？我说你怎么知道我说的潮汕普通话？他说，因为我有一个潮汕朋友，他跟你说话一模一样，我都笑死了。所以说，我说，天呐，我太感谢你，终于有个人觉得我说的是潮汕普通话了。对，其实很难，特别难。

《八佰》上映之后，杜淳的表演获得了各方的评价，而身为儿子的他，听到来自父母的评价是什么感受呢？

杜：其实我们这个片子拍了那么久，其他工作都没有去做，那会儿母亲、父亲也在说，你这么长时间拍这么一个戏，出来是什么效果？会不会是你们所付出的这些劳动，能够成正比的效果呢？然后首映礼他们都来看了，完了之后我就给我妈发了一个微信，我说，这十个月你觉得怎么样，值吗？她回了一个，值了，没白干，真的是值了。她说，这一部作品，真的跟你以往不同，她说我看你的戏，从来没觉得有这么激动过。

曹：自豪感油然而生。

杜：对，演了这样一个人物，演了这样一个角色，这次完全不一样。我妈都已经看第三遍了。

曹：真的？

杜：对。她本身又喜欢这种，就觉得很感动，又有情怀，所以她就特别喜欢。因为我演这个角色，我演这个戏，她也是很骄傲的，我自己也是。像我有的同学，原来中专的同学，在广东那边当老师的，发微信跟我说，杜淳，以后你真的要演这种戏，多演这种戏。他说，电影放的时候，你一出来的时候，我恨不得告诉我周围所有的人，这人是我的中专同学，他说我就感觉很自豪。所以你就会发现明显变化不一样了，我原来演了那么多戏，没有人跟我来说过这样的话，也没有人跟我来讨论过这么多关于角色的。自从这个戏首映的那天开始，一直到今天，就没有断过，一直不停地，蜂拥而至的人来跟我说这个戏。

杜淳与父亲杜志国

曹：父亲从演员这个行当来说，他对你这次的表演有什么评价？

杜：首先一，他很羡慕我，他觉得我赶上了。

曹: 其实你父亲年轻时候那个气质,也是可以演谢晋元的。

杜: 对。他特别羡慕我,觉得你能演了这么样一个电影。因为我父亲当演员的那个年代,有很多这种类型的戏,基本上所有的演员都得演这种类型的戏。但是能够到今天这个水准,那时候是可能就没有想过的,能达到今天这样一个水准。所以说他就特别羡慕我,能遇见一个这么好的导演,拍了一个这么好的戏。他其实没有太单独说我,他就说,你们这些演员演得都好,都很好。他说,没有一个是掉下来的,所有的演员全员在那,所有的人都生活在了自己的角色里,他说这个真的是最重要的。

杜淳出生在一个艺术家庭,父亲杜志国老师是著名的影视演员,母亲是一位舞蹈演员。杜淳从小就跟随父亲一起出入剧组,是在剧组泡大的孩子。

曹: 所以小的时候跟爸爸去一个剧组,是不是那个时候就喜欢那种,剧组特有的那种味道?

杜: 小时候放假,家里没人能够管我,我爸就会把我带到剧组去。在那边我就写暑假作业、写寒假作业,然后有什么小孩的角色,让我演一下什么的。所以说从小就已经习惯了剧组的这种生活了,然后就感觉,我长大了,就应该是生活在这样的一个环境里的,就从来也没有想过去做别的。

杜: 完全就已经习惯了,我觉得这是我的生活,我没有想过再有其他的第二种生活,或者说是你不当演员去做什么。到今天为止,我都没有想过这个问题。

曹: 就从小到大,就认为演戏是自己天然的一个职业。

杜: 对,我就觉得,哪怕以后到老了,我觉得我应该起码像我父亲一样,演到60多岁,我就会一直走这条路走下去,从来没有想过要去做其他的职业,或者说是改变自己,跨足于其他的领域,从来都没有想过。

曹: 那时候你去学跳舞,是妈妈的主意吗?

杜: 对,因为我妈是舞蹈演员,就想让我锻炼一下,过一下集体生活,也受一下艺术方面的熏陶。因为其实艺术都是相通的,那个是拿肢体和一些面部表情,来展现一个情绪,展现一个作品。其实对我们以后演戏也是会有帮助的,因为毕竟我们学的也是声、台、形、表。所以说,它提前就训练了你的形体。所以说我们当时,我就在跳舞,大概跳了有六年的时间。

曹: 你那会儿去学跳舞才十岁多一点吧?

杜: 十岁半。

曹：那么小的年纪你离开一个温暖的家庭，突然到了一个集体生活的这么一种状态，这个当中会有一些心理上的不适吗？

杜：其实说实话，当时可能是因为小，不懂，当时还挺开心的。

曹：是不是有点窃喜？

杜：对，因为没有人管你了。

曹：对。

杜：原来每天回去父母都要管着你，写作业，看电视也要规定你几点看到几点，这都在管着你。你突然就离开家，到了一个集体生活的一个大环境，而且又那么多的同龄人在一起。他们有的人就不适应，但是我觉得我适应得特别快，每天特别开心。我觉得跟这些同龄人在一起生长，一起玩。所以说我可能跟他们也不太一样，可能从小不太喜欢被束缚住，然后被夹在一个空间里边的这种状态。所以说我去学舞蹈这六年，我特别开心。然后舞蹈毕业，我就直接去考了电影学院，然后又过了四年的这种集体生活。

曹：你后来决定要走表演的这条路，父母是一个什么样的想法？

杜：其实父母也是挺支持的，尤其是我母亲，我母亲一直坚定我是可以做这个职业，而且能够做得好的，她一直在坚持。我父亲认为你想做就做，不想做就不做，就是这种状态。然后有的时候，父亲那些演员朋友也老觉得我不太适合，因为小的时候也不太爱说话，性格也比较内向，所以说他们就会觉得，你儿子可能不太适合做这个行业。

曹：其实这个圈里，做演员的像你这么内向的人不是太多。

杜：不多，所以大家都会觉得不适合。但是其实也不是所有的演员都是很外放的性格，可能我们第一次见面比较生疏的时候不是太爱交流，不是太爱沟通和交朋友这种性格，也有。所以说我可能也就属于那个比较少的那群人里边的，其中一分子吧。

曹：自己有没有刻意地去改变一下？就是说因为我的个性可能比较沉默，沟通起来会有一些些小小的障碍，刻意去改变一下自己，有吗？

杜：没有，从来都没有。

曹：还是说，我还是保持我原有的那个个性的状态？

杜：对，我就一直就是这个样子。

曹：以不变应万变。

杜：对。就是我去到一个新的环境，如果这个环境能改变我，能让我变成什么样，那我就是什么样。但是我不会因为，我觉得我是不是要迎合这个圈子，而去把自己做成那种形态，我不会的。如果这个大环境把我改变了，自然改变了，那我就变了。如果没变，我绝对不会强求，就是这个样子。

曹：其实做艺术的家庭，孩子很容易受到这样的影响，哪怕父母从来没有给过他任何的暗示，但他生活的环境就是如此。

杜：对，因为见多了。

曹：其实孩子跟父母，如果做类似的职业，虽然看上去是一种传承，也许是一段艺术的佳话。其实这个当中是有很大的冒险的。从小的时候人就说，这是谁的儿子。后来好不容易长大了，说这是谁的老公。将来我老了之后，说这是谁的爹，我永远没有自己。所以当时有没有这种顾虑？

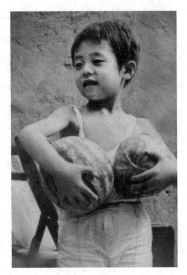

童年杜淳

杜：其实我也还好，我一直都没有去考虑过这些方面的东西，比如说到一个剧组，有人介绍，说这是杜志国的儿子。然后我挺欣然接受的，因为那就是我父亲。你说别人出去这么介绍我，我也觉得是正常的，因为毕竟都是父亲的朋友，所以说我心态就放的可能跟他们想的不太一样。

曹：就是你是一个天生内心比较平和的这么一个人。

杜：对，其实就到现在，别人在说，这是老杜的儿子。

曹：小杜。

杜：我都是觉得，挺好的，因为这也是事实，哪怕以后我岁数再大点，别人这么介绍，我说也没有事。

曹：会不会现在倒过来了，说这是杜淳他家老杜。

杜：有，因为像年轻的这一批演员，还有现在圈子里这些人，也都会跟我父亲碰到。在跟我父亲碰到的时候，他们互相介绍的时候，就说，这是杜淳他爹。我觉得这就是时代的变化，其实就随着一个一个的时代在变，我觉得这都是特别正常的。

曹：对，我觉得时光的推移之后，有的时候很有意思的。

杜：对。其实我就觉得，顺应和适应所有时代的变化，因为它就是一直在前进。这个事情一直都没有困扰过我，从年轻的时候，都没有困扰过。

曹：一直内心是很淡然的。

杜：是的。

2003年对于杜淳来说是不平凡的一年，在他大学毕业前夕，参加了《汉武大帝》剧组的试镜，本来他试的是刘谦一角，结果胡玫导演钦点他出演青年汉武帝一角。

曹： 当时是一个什么样的机会，能够得到胡玫导演的青睐，让你演这个年轻的汉武帝。

杜： 其实他应该只是请我爸去演其中的一个角色，但那时候我爸时间上是有问题，没去成。他跟胡玫导演最早《雍正王朝》合作过，比较熟悉，然后就把我送过去了，说我儿子马上就毕业了，看有什么合适的角色，你给安排一下。然后她说行，但是得让儿子来试个戏。我说行，试呗。那时候也没试过戏，也没演过啥戏。就去了，还粘个头套。没粘过，还觉得挺新奇的。粘上头套，穿着古装。然后弄了个DV摄像机，就给了我一段其中一个反派的太子的一个角色，让我试。然后看，然后就演。演完了，就走。正好赶上要过春节，他们是春节后开机。过完春节之后，突然我爸就接了个电话，说定了，你儿子。说，行。什么角色？一说完年轻的汉武帝，我爸都懵了。啊？对，他原话，他说，他行吗？说你们给他定个这样的角色，他能演得了吗？胡玫导演说，行，没问题，他试戏的东西，我跟宝国老师都已经看过了，大家都觉得没问题。形象、感觉都很像，让他来吧。就那样，我就拎了箱子就去了，第一次人生踏进了一个叫横店的地方，就开始了。

曹： 开始了"横国漂流"。

杜： 对，就开启了自己这条演员之路了，一漂漂了好几年，那时候在横店。

曹： 当你进到这个剧组里头，要演年轻的汉武帝的时候，会有压力吗？尽管那时候很年轻。

杜： 当然会有，那时候根本就不懂，也不知道镜头在哪。也不知道什么走位在哪，什么都不懂，完全就是去学了。那部戏拍得也很久，也十个月。虽然我就那么几集戏，也在那整整待了有十个月的时间。但是我那时候比较好学，有时候没我戏，我也去搬个椅子过去看。那会儿还有焦晃老师，我就去看他们演戏，然后我去学。

曹： 你在现场看焦晃老师或者宝国老师演戏，是一个什么样的感觉？

杜： 那时候就觉得都是大师了，那就不能说是老师一辈的了，那都是那种德高望重的老艺术家了。还真的学到了很多东西，我就感觉从那部戏走出来，从剧组走出来之后，我就突然地再去演任何一个戏，就觉得很放松，然后也很觉得自己会演戏了，也能去完成一个角色了。但是在拍那部戏之前，真没觉得自己行过，所以说真的是对我一个巨大的改变。

曹： 宝国老师以严苛著称，但是他对新人特别关照，也愿意帮助年轻演员去演好这个角色，尤其你又是演他年轻的时候。所以那会儿你们俩有一些什么样的交流和互动？

杜： 其实他就是让我放松，他说，孩子，其实你扮上之后就已经很像了，你跟我这个感觉很像了。他说你就放松地去演，你就抓住我身上的一些特点，一些眼神的这种状态，你就放轻松去演吧，就演一个小皇帝登基之前，自己的那个状态。他说，就对了。那时候也老跟我们开玩笑，一看我年龄那么小，有时候他们出去吃饭什么的，都认识我父亲嘛，有时候还会叫我过去，对我也都特别照顾，所以说我这一路感觉贵人比较多。

曹： 你如果从专业的角度来看，你到现场，不是跟他演戏，你拿一个小板凳，跟导演坐在旁边，从摄像机里面看像焦晃老师跟宝国老师演戏，你觉得他们这种演法跟你想象当中的，演戏的方法，或者学校里教学的方法，最大的不同是什么？

杜： 其实挺不一样的，我们在学校的时候，就是觉得要自然多一些。但是我看焦晃老师他们那会儿演，这种古装的历史戏，就感觉身上的范儿特别正，就感觉举手投足之间都带着这个戏。其实那会儿我就知道了，那时候在学校学的声、台、形、表，那就全部都得用上了，去演一个这样的戏。以至于我到后边终于明白了，演古装戏是跟演现代戏这种表演方式上，其实是有很大区别的。所以说对我挺重要的。尤其在拍这戏之前，我还看过焦晃老师，我爸他们演的《雍正王朝》。

曹： 那个也是经典。

杜： 对，那个也是，都太厉害了。我爸就特别尊重焦晃老师，知道我跟他在一个组，他又演我父亲，去之前就特地交代我，说你一定要跟焦晃老师好好学。你就看，看着焦晃老师怎么演。

曹： 你爸爸看了这个《汉武大帝》之后，是不是会对你比较放心，我儿子将来吃这碗饭应该是没问题的。

杜： 对，很激动。那时候他在拍戏，他邀请他们组里其他的演员一起来看。对，就很激动，他是没想到我能演成那样。说超乎了他的想象力吧，然后这一下比较放心了。说这个年龄，刚出来拍戏，刚走出学校，能演成这个样子，已经很不错了，然后就多努力吧。

曹： 后来有机会跟父亲一块在一个组里边演戏。

杜： 演过几次。

曹：是一种什么样的感觉？如果我是儿子的话，我跟我爸爸在同一个戏里边演的话，不管有没有对手戏，我都会有一点压力，或者有点紧张。

杜：所以说这就是我很奇怪的地方，很多人也都会在问我，有一两个戏还是我演皇上，他演大臣。我在上面坐着，他在底下。但是说实话，我没那个感觉。我从来没有过说，底下的是我父亲，我会不会不好意思，有压力、紧张，从来都没有。就纯当大家都是一起在这演戏的演员，我也不知道这是不是天生的这种心理素质。

曹：作为一个演员来说，在如此喧嚣的这么一个名利场当中，怎么能够一直让自己保持一种纯净的状态？

杜：其实我觉得这个有利有弊，其实这就是没有那么大野心，没想过要怎么样，或者是我必须要怎么样，这样就过得比较安逸，很容易知足。我觉得我这样就挺好了，有什么戏演我就踏踏实实去演戏，从来不给自己压力。不给自己压力就是，我明年要什么样，我后年要什么样，我以后要怎么样，从来不去想这件事情。

曹：你是一个对自己有规划的人，还是说随遇而安的人？

杜：没有什么规划，没有给自己未来的路规划得那么好。我这人比较懒，不愿意做太多的事情，就想好好演戏，演好的角色，但是并没有想过自己有多么的名利双收那种，没有去太想过，就是一切顺其自然。因为你的好胜心、好斗心越重，有的时候你的失望会来得越大，你自己会承受不了这个打击的。所以说我现在就会觉得，随遇而安，你反而放得越低，你没准得到的会越多。所以说我就觉得，一直是保持这种很平和的心态，就是永远要告诉自己，你现在就已经挺好的了，其实就是不要让自己活得那么累就行了，何必给自己造那么大的压力呢？

曹：其实你给人的印象，就一个字，就特别正，所以你演的角色也都是比较正。我看到好像徐峥说过一段对你的评价，就说杜淳是一个能够常常给我们带来惊喜的演员。所以他也建议你将来可以演一些反派的角色，因为这样可以给你多一个层次的这种感觉。徐峥有没有当面跟你交流过，他的这个想法？

杜：其实就是我们在上那个节目的时候。他说，打破一下自己的舒适圈，别老演好人了，可以去尝试。他说，我在你身上可以看到你演坏人的一种潜在的可能性。你其实是可以进行另外一种新的可能性，新的突破。其实这个我完全是可以接受的。就像前两天他们有人找我，说有一个坏人角色，你愿意演吗？我说没问题，我说什么角色都演，只要是好角色，我就会去演。所以说，不管是什么角色，我都会去尝试的。其实就是给你各种可能性，而且随着年龄一点点在变大，你也要去做各种新的尝试，你不能永远演一种正派小生，因为你慢慢的年龄也就到了。过了这个年龄之后，你就要去走另外一条演员的路子，就是尝试多种可能。要不然你就会永远局限在这里了，你就没有办法了，就是有的演员所谓的瓶颈期。比如说你现在老演这种正派的小生，那你再大一点，可能大家就不用你了，因为你只能演这样的角色了。但这样的角色又有这个年龄段的，又重新长起来了，你已经过了，那你怎么办？所以这时候你就可以去尝试，如果你之前你有改变，比如我演反派我也可以演。你就可以有更多的、另外的一个机会，更多的在身上。所以我觉得演员就是得多尝试，不能老演一种角色。

曹： 在你看来，你觉得男演员的黄金期是什么时间？

杜： 我觉得 30 岁到 50 岁，是男演员的黄金期，因为 40 多岁，还依然有很多非常优秀的影视作品，是给这个年龄段的人准备的。所以说我觉得 20 年的黄金期，就是能让你真正踏踏实实演主角，30 岁开始演主角，演到 50 岁，依然是演主角，是没有问题的。

曹： 你心里边有没有特别心仪的男演员，希望自己未来能够成为这样的一个演员？把他看成自己的一个前进的目标。

杜： 你要说我们国内来说的话，我当然希望能够成为像陈道明老师、葛优老师、陈宝国老师这种。他们真的是从年轻，20 多岁，一直演到了现在。

曹： 还在演大男主。

杜： 依然这么成功。这真的是太难了吧？

曹： 他们这种艺术黄金期就拉得特别特别长。

杜： 对，这就真的叫火了一辈子。所以说真的希望自己，真的也能像他们这样，能够把自己的艺术之路走到这么长。到现在为止，他们还在演。

曹： 对。

杜： 所以说我就在想，这得是有多强的这种积累。

曹： 意志力。

杜： 对。才能够让自己变成这个样子，而且还得顺应时代的变化，他们也要变化。所以说这个就很厉害了，这就是我最想成为的，这样的一个演员。

曹： 我最后还有一个问题，我们还是回到《八佰》，回到谢晋元，如果让你现在写一封信给谢晋元，我

杜淳

们假设谢晋元将军还能够收到这个信，你会怎么跟他说？

杜：如果是他真的能收到这封信的话，我就从我个人的角度来写，我想告诉谢晋元将军，其实他所做的一切，到现在为止，中国人还依然记得。尤其到今天，这个电影放完之后，更加证明了这一点，国人不会忘记他和他所做的为这个民族付出的所有的事情。

节目录制完成的第二天，杜淳来到晋元广场，重回四行仓库，并发表了一篇长文，而在文末，他这样写道：谢晋元将军，很荣幸能够在《八佰》里出演您。兄弟们，很荣幸与你们相识。

新鲜与深情的"自我"——谭卓专访

> 非科班出身的谭卓，却有着绝大多数科班出身演员们所不及的幸运，一入影坛就以娄烨文艺片女主的形象登场。此后，她不断开拓自己的演艺边界，上演经典话剧《如梦之梦》、参与热播电视剧《延禧攻略》、加盟高票房电影《我不是药神》，等等。入行十二年，她在荧屏中塑造了一系列血肉丰满的形象：她是跋扈又柔情的高宁馨，是柔软又坚强的刘思慧，是怯懦又勇敢的阿玉。近些年来，她更是被广大观众誉为"票房风向标"。

曹： 我突然在想，如果你不做演员，还是做主持人的话，或许我们就不是面对面的采访者和被采访者的关系，而是我们俩并肩在做一台节目。

谭： 同台了，很有可能，那是我多么渴望的机会，能和您并肩同台。

曹： 谢谢！你觉得做主持人和做演员，从你的眼睛去看待一个事物，会有什么不同的角度吗？

谭： 我觉得其实主持人是一个非常难做的工作，主持人的观察要更客观、更宏观，也更事无巨细一点，演员相对是更个人化的一种感受。另外，我原来在做主持人、学习主持人的过程中，就发现主持人是一个压力非常大的工作，一方面因为他的工作强度非常高，出镜率非常高，基本上一个像您这样优秀的主持人每天都得有工作。因为你在不停地输出，那你同时的输入，自己补充、充电就要非常的快速和高效，但其实你剩余的时间是非常有限的。另外，主持人这样一个特殊的位置，它其实要有一定的敏感度。所以这些对我，真的是压力非常大。后来我做演员的时候，我觉得从某种角度上来说，我是

曹可凡与谭卓

443

《如梦之梦》剧照

适合这个工作的。我天南海北地跑，然后四处去看，我觉得这个形式，它不拘束我。

曹：你曾经说过自己从小是有点紧张性的人格，这样的一种性格，我个人认为倒是做主持人更合适一些。

谭：为什么？

曹：因为做演员要打开内心，所以当中会有一些冲突吗？

谭：会有。所以我在2013年的时候，接了话剧《如梦之梦》。其实在那之前，我自己就深深感受到了自己的这样一个问题，很想解脱。因为不光是这个工作，作为一个个人，我也不希望那个东西来捆绑我。因为你会感觉到，它在你生命当中的那些自我障碍。那个时候我就在寻求一些办法，怎么停下这个工作，去做些其他什么事情，能把这个绳索给剪断。后来就遇到了话剧《如梦之梦》，然后我就选择了这样一个工作。因为我觉得舞台剧其实是需要非常大的肢体动作，需要演员在舞台上更有张力。我没有学过表演，没有学过形体，比如说舞蹈这些方面，我的肢体不是那么打开，不是那么张扬的。所以，我就觉得其实这样的一个机会对于我个人和我的职业来说，也许都是个解决的机会。

曹：我们通常看待一个人，可以容忍他一到两个缺点，但有的人也许有一个缺点，你就会否定这个人。我不知道你到没到那种程度？

谭：就是会更焦虑，遇到什么事情都不够放松的一个心态，马上那种情绪就到顶点了。所以我觉得这其实是蛮影响我，也影响我与他人的交往，大家和你在一起的时候都会有种很紧张的感觉。其他的一些强迫症，其实在生活中也会有，比如说洁癖，就是我洗手就会洗很久，就觉得这个泡泡没有洗干净，一直在搓，一直在搓。还有很多人以前都会有的，就是关上门了，就觉得门到底锁没锁，来来回回，但是我现在那步已经过去了，洁癖有时候还是会有一点。这种一些小的障碍可能体现在生活的方方面面。但是原来更担心的是那更大的人格问题。

如今，谭卓又以一个全新的"艺术家"身份面向公众。近期，第八届上海廿一当代艺术博览会，在上海展览中心如期呈现，本届博览会汇聚了来自世界各地的优秀艺术作品。其中，谭卓受邀某品牌也带来了自己的艺术装置，一时间吸引了众多参展者。

谭： 现在给大家介绍一下我的装置，它的名字叫无限可能的 Baguette。顾名思义，这个名字非常直接，无限可能的 Baguette。我们想诠释包包不仅只是一个具象的可以装东西的，它还有无限的可能。为什么出来一个火箭？因为火箭有一个很积极向上的感觉，而且它的力量更大。最开始设计这个火箭头，想做一个不锈钢的，后来又想把它的材质做成陶瓷的，陶瓷然后再镀膜。后来就变成做了一个 3D 打印的火箭头，我觉得这个材质也蛮当下的。打印完之后，在它上面镀了一个不锈钢质感的膜，让它看起来更炫酷。下面的这个亚克力，这个比较嗨，这是 2.5 厘米厚的，一个比较厚的亚克力。贴完之后，我们又在上面贴了幻彩的膜，它中间加了灯带，像这个火箭喷发的时候发射的那种光芒。所以你看它的光芒，在幻彩的亚克力下面，就可以折射出不一样的光彩。

曹： 七彩光芒。

谭： 对，每个角度都有不一样的光芒，看起来非常地梦幻，整个作品就很可爱。我觉得大家看了，首先会有一种特别愉悦的感受。而且，刚才很多人都过来拍照，我们说，现在变成一个"网红打卡圣地"。

曹： 而且今天这个展览的时间选得特别好，今天我们正好要庆祝上海的浦东开发开放 30 周年，所以这是一个特别好的时机，而且又是一个火箭，代表了一种新的飞跃。

谭： 一个新的飞跃，一种升腾，一种更强的力量，太好了。

曹： 我觉得这次很有意思，虽然是个演员，这次以一个艺术家的身份，借由手袋去传达自己的某种理念。

谭： 因为我是一个白手自学的艺术工作者，我就在想，是否艺术可以更生活化。也就是说，

谭卓装置作品《Baguette》

445

大众至少看到这个东西，也觉得好看，进而想了解它讲的是什么，而不是一下子就望而却步了，说，这看起来好复杂，搞不懂艺术，搞不懂。因为有这些方面的思考，然后我就在想，可能我自己做的东西，也许会是朝这个方向的。做这个作品，其实也是和这个疫情有关系，因为疫情发生得非常突然。在这之前，像我们当代的这种小孩，生活非常简单、非常幸福，生活在和平年代，衣食富足，想要什么都有，信息这么通达。一下子窗外突然发生了这个事，让你觉得很不可思议。但是与此同时，我又觉得好像我们曾经在书中见到的那些历史，它在你身边当下发生了，其实有某种复杂的蠢蠢欲动在心里，您明白那感觉吗？与此同时我们也意识到自由对我们来说是多么地宝贵。所以那个火箭，我觉得它其实代表着万千人民的心，它也有一种非常积极的感觉，它是向上喷薄而出，把人带向浩瀚的宇宙，宇宙是神秘和无限的，也代表着无限的可能。

曹： 你从事艺术创作是某一个灵感迸发，偶一为之，还是希望在演戏之外，未来你会开创一条新的路？

谭： 其实这是我非常在乎的一件事，甚至某种程度更超越其他的。我觉得这个是真实的我，也是我最真正想做的，它让我充满热情、充满激情。我是如何确定下来，觉得自己希望可以长久地去走这条路？是有一天我倒推，我在想当我年纪很大的时候，我八九十岁，我会是什么样的一个老太太？我是站在一个老旧的公寓楼里面，外面有栅栏，儿孙都不在身边，都去忙他自己的，然后我穿着那种很松垮的衣服，扶着窗户看着外面的落叶萧索，自己内心凄凉，还是应该什么样。我觉得这个不对，不应该是我。突然间，一个感觉冒出来，就是非常地艳光四射，穿着那种红色反光的长裙，涂着红指甲，叼着烟，开着红色的法拉利，烫着满头银卷的老太太，去我的展览上开派对，我的派对上有109岁的老朋友，还有19岁的新朋友。我说，这个是我，我才觉得我明白了，其实我是想要做这个，这个是我真正爱的，它让我觉得我一直在活着，

谭卓与娄烨

我有很强的生命力，有自己很强的存在感和自己的价值，永远不与这个时代脱节，永远可以和最新鲜的和最深情的在一起。

曹： 所以你是不是内心一直有这么一个不太安分的灵魂？

谭： 是的。

曹： 每分每秒希望有一些新的火花、

新的灵感、新的创造？

谭：您的形容非常准确，因为我的家人也一直就这样说我。

曹：我特别想知道，因为你刚开始入行的时候，拍过很多的艺术电影，现在变身为一个艺术家，是不是有一些比较特别的影响？

谭：我觉得我不能否定它，因为什么事情发生在你的生命里，我认为它都是有作用的。但是表面上看起来，似乎没有关联。其实艺术的这个东西和电影，我认为某种程度是融会贯通。

学习播音的谭卓，走进演艺圈纯属巧合。2009年，导演娄烨偶然间看见了她的照片，随即敲定与她合作，这也让初出茅庐的谭卓在文艺片领域崭露头角。

曹：因为最早你是从艺术电影起步的，最早是和娄烨导演，第一次和这样一位比较特别的导演合作，现在回忆起来，那是一种什么样的感觉？

谭：我觉得自己无比地幸运。因为在我还是一个新人的时候，对一切一无所知，一个剧组是什么样的，导演应该是什么样子的，都一无所知。我完全是一张白纸，就像一个小朋友降生到一个家庭，那时候对我来说似乎既是某种天意，又不是我能去选择的。就像小朋友降生在一个家庭，父母给你一切，告诉你外面的世界是什么样。所以我的幸运很大一部分也是，我就这样"降生"到了娄烨的这个剧组，他像一个原生的家庭，给了我这一切，包括您说的工作态度、认知审美等等。所以现在当你明白了之后，你再去想，真的觉得自己是无比地幸运，因为这些事情真的是可遇不可求。

曹：你还记得拍第一场戏是什么感觉？

谭：不记得了，但是整个回想起来，反倒是没有任何的紧张，整个的记忆是非常愉悦的，甚至近乎我小时候童年的那些记忆的碎片，是非常美好的。因为娄烨是一个很有方法的导演，他对演员非常呵护，都说做娄烨的演员最幸福，他会创造最大的空间和最大的尊重，你可以自由地去创作，这当然来源于他本人的修养。那对我来说，其实我不知道什么是创作，我就是一个任性和被溺爱的孩子，我在那里想干什么就干什么好了。李安导演的《十年一觉电影梦》里面写道，当你选择一个演员，他和这个角色是非常地合适的时候，这个戏就近乎成功一半了。可能是我觉得个人的那种特质更贴合，所以就完全地很放松的，没有任何负担地去了，然后在一起非常开心。

曹：你一直说自己是一个靠直觉演戏的人，所以你觉得从演员的角度看，娄烨是特别保护你的那种直觉？

谭： 对。

曹： 所以你如果用一个字来形容娄烨，你会怎么说？

谭： 一个字太难了。

曹： 或者一句话也行。

谭： 我觉得所有人都会爱他吧，因为这句话包含很多意思。

曹： 所以在拍这样的一个戏，当你接触到一个和你过往的生活背景完全不同的人物，怎么能够在相当的一个时间里，去让角色和自己进行一个重合？

谭： 就如您所说，我是一个直觉型、感受型的演员。其实最后演出来这个角色什么样，基本上在我读剧本的时候，她就出来了。如果要是读剧本的时候没有，可能我就不太知道自己怎么去诠释她，所以那个直观感受对这个角色非常重要。而且前期的准备是我非常非常渴望的，我认为这是一个刚需。比如说大家在一起围读剧本、熟读剧本，在这个过程中，会不断地生发出来非常多的东西，因为人和世界都是复杂的，非常多的层面，你就能在这里面感受到更多。除了这个之外，大家有一些戏的相处是很重要的，我觉得这种相处，对于感性这部分其实是非常重要的。除此之外，前期的很多东西需要磨合，影视它需要各个部门的配合。最终不仅仅是演员演，你的美术置景、这个空间的结构、空间的风格；准备的道具——你的家具的质感、品牌、你的床单；服装准备的这些衣服花色、款式、颜色……都在帮这个人物说明你是谁，你是什么样的处境。因为我是比较敏感和在乎这些的，当这一切都对的时候，我一下子心里面就觉得好舒适、好开心。演员在放松工作的时候，他其实可以又衍生出来很多东西，是一种锦上添花的事情。所以我觉得那些时间都是非常必要的。

　　谭卓，出生于一个优渥家庭，她从小见多识广，似乎也就造就了一身高冷的气质。但在成长过程中，谭卓经历了一步步的蜕变，塑造了一个个性鲜明，与众不同的自我。

曹： 可能家境比较富足，所以也没有吃过什么大亏，碰过什么壁，所以有一些孤高冷傲。我过去在没有认识你的时候，会有这种感觉。所以你小的时候是一个什么样的孩子？

谭： 非常桀骜不驯，而且性格极其地刚烈，会用一些非常强烈和极端的方式来反抗。

曹： 极端到什么程度？

谭： 和家人吵架，就把家里的车砸了之类的，会用一些极端的方式，因为性格太锐了，也非常地任性。但是现在长大了，完全和过去判若两人，所以我觉得生命真的是非常奇妙。在高中阶段，自己突然有一天就觉得我要变成个淑女。但这个淑女不是我们想象说，戴着蕾丝花边的帽子、穿着公主裙的那个淑女。而是从很多的观念认知上，如何成为一个更好的女孩子。我觉得信念的力量，真的很奇妙，这

谭卓童年照

种力量非常大，一下子人的那个轨道就完全地给掰过来了。就认为之前那些方式是不好的，尽管一直在坚持自我、寻求正义等等，但其实可以有更好的一个表达。

曹：我知道你有段时间对自己演员这个身份的认同有一些游离，甚至不太愿意承认自己是一个演员，不知道当时是怎么想的？

谭：其实到现在，我对演员这个词也没有那么强的归属感。先说以前的那个部分。因为我是个外行人进来的，也就是说我没有科班学习，没有人引领我去认识和入门，是直接就跳到这个里面来，我是懵懂的，不知道这一切是什么，很多认知也是非常有失偏颇的，所以以前一直觉得行业里面非常地肤浅，很抗拒自己有这样的一个职业头衔。再加上以前也不出名，很多人也不认识你，就可以很成功地去掩饰自己职业的身份。所以以前就想，出去的时候不说演员，那有人会问你做什么工作，你怎么办呢？想过各种职业，或者说一些比较窄众的，不容易身边存在那么多的，后来想也不行，因为总有一些场合会有一些新的朋友，万一，比如说我是一个建筑师，那恰巧里面就有一个建筑师，你就穿帮了，人跟你聊，发现你对这个东西根本不懂，也不行。最后一想，就说我没有工作，他们说，那你没工作，你怎么活呢？我说我妈养我。

曹：啃老？

谭：他们说，这个工作不错。对，就是有一个阶段一直抗拒。其实到现在，这个东西倒不是抗拒了，因为了解而发生了改变，开始对专业性有敬畏，发现钻研在表演的专业里面是非常有意思的。那种钻研就像一个科学家在实验室里面，闭门不出，就在那儿一直"病态"地往里琢磨琢磨，如何把这个东西研究出来，这个细胞的密码等等，我会觉得那个特别有意思。因为表演好与更好，或者高级、精确等等，其实是微毫之间的。包括在拍戏之前，你要保持一个什么样的状态，在现场不去开玩笑，让自己稳定快速地进入，等等。这个专业性开始让我非常地敬畏，也愿意去钻研它，想要让自

449

己变成真正更具有专业性和专业高度的这样一个人。但是其他的部分，我会觉得我就是谭卓，我在做演员，我也在做艺术家，我有一天可能也会去做厨师，我是指人的一生有非常多的可能性，我们不必要也不一定会只被局限在一个区域。那我就是谭卓，她是我的一个像商品的名字，但是她可以做这个做那个。所以我一直在演员上没有一个特别强烈的归属感，我是觉得这些都代表我，我也不认为这些东西是跨界。

曹： 你好像说过 2017 年前后自己的心态上有一些变化，这个变化主要体现在什么地方？

谭： 如果我没有记错的话，应该可能是在 2015 年，那年我是在美国生活了七个多月。因为以前我是那种很清高的小孩，家里面也给你比较富足的物质生活和很多的爱，你也没有在社会上碰过什么壁。因为那时候小，很青涩，对很多的认知其实是很狭隘的，更倾向井底的一个小青蛙，就看到自己的一片天空。以前对物质，对金钱财富非常鄙视，然后看不起那些资本，也不屑与这些人为伍，看到这样的朋友都敬而远之。但是后来在慢慢长大的过程中，它其实是个累积的过程，一个慢慢引起的质变。我在美国的时候，有一天我去公园里采访，公园里去的，基本上在那遛弯儿的、遛狗的，都是最普通的老百姓。我就问他们，你们对成功的定义是什么？然后基本上大家的答案都是很多钱，大房子、豪车、名牌衣服，男孩就说我希望美女如云，有很多女朋友。一下子就豁然开朗，就觉得其实这个是世界的真相，是自己太有失偏颇了，这个认知。那可能钱、财富，它不是个丑陋的东西，它恰恰是生活的一个必需品，就是因为有了这些最基本的需求，它们才是推进世界进步的一个原动力。我那时候就突然觉得其实以前对这个世界的认知是不够准确的，所以就开始对很多东西认知有变化，发现财富、钱不是丑陋的，而是它获取的渠道，这个是我们要去正视的。它，其实某种程度是个好的东西，可以更积极的。包括对文艺电影和商业电影的认知也开始发生变化，意识到商业的东西其实某种程度来讲，是有更高难度的。如果说作者电影，它只是用作者的角度，用自己的语言讲给一小部分人听，那商业电影就要把自己作者的语言转化成更大众的电影，用一亿人、十亿人更懂的语言去讲给对方听，其实是更有要求的。而且在世界上还有一种大家都很爱的经典电影，它无论从商业的成功上还是艺术性上，都是有一定的深度，两者完美地结合。所以就开始觉得自己在长大。

曹： 所以你从艺术电影走出来，然后拍了《延禧攻略》以及后面的《皓镧传》，是不是也代表自己的这种思想上的一种更进一步的开放？

谭： 是的。其实我一直很努力地想让自己可以更打开、更开放，然后可以更大地拥抱世界。后来这根筋扭转过来，我就开始非常地接受这个，而且正视，并且在里面积极地学习。

2018 年，谭卓正式进入电视剧领域，扮演《延禧攻略》中骄横跋扈的高贵妃。这一角色的成功塑造，打破了外界对她的固有印象，让她拓宽了自己的戏路。同年，《我不是药神》在国内各大院线上映，斩获了近 31 亿的票房，当之无愧地成为该年度最受瞩目的电影。作为其中唯一的一位女性主演，"谭卓"这个名字被更多国内观众所熟知。

曹：我想很多的普通观众，真正开始对你进行关注，大概就是从《我不是药神》里面那个，看着是柔软，其实是坚韧的这么一个角色。

谭：刘思慧。

曹：其实她戏份并不是很多，但是她在一个非常有限的时间和空间里，能够打动观众。

谭：拍这个戏的时候，压力非常大。我每天都是处在一个很焦虑的状态，觉得如履薄冰。如您所说，因为她在里面的篇幅非常少，怎么能呈现这个人她这种复杂的身世背景，她当下的这种艰难。所以文牧野在里面也帮到我特别多，他是一个非常好的导演。开始的时候，我就足够清楚地认识到其实这是一个类型片，这个女性角色虽然戏份很少，但她就像很多成功的类型片，尤其是国外的一些类型片电影里面一样，她在里面起着她要解决的作用和问题。比如说一开场，她的那个钢管舞，其实美术老师开始准备的服装是有一些金色碎碎、偏长一点的，因为他也担心女演员不喜欢太暴露等等。但是后来在实际过程中，就出现了两点问题。第一个，就是发现钢管舞确实就得穿得露一点的，否则就不太好呈现，它就靠着那个肉来跟那个钢管摩擦，人才能挂在上面，当然也有自身的力量起了很大的作用。另外，她这样一个女性角色，其实在这部戏里的开场，就是要承担着一个性感的作用。那我就希望把这部分做到极致。然后我们就选了既适合跳舞，又尺度上能通过，看起来又真实的一个性感的造型。

曹：听说你练了很久？

谭：对。

曹：而且把关节弄伤了是吗？

谭：对，我两只手、两个膝盖、两个踝关节都伤了，右脚的脚踝

《延禧攻略》中谭卓扮演的高贵妃

是永久性的软骨骨折，软骨碎了，它不太能长上。但是，这就是性格决定命运，我其实有点太要强了，自尊心太强，追求完美，所以有时候这些……

曹：喜欢跟自己较劲？

谭：对，老是希望可以完成一些不可能的事，自己有很多幻想。

曹：从你的眼光看，你的几位合作者，比如徐峥、王传君，他们在整个工作当中是一个什么样的状态？

谭：我觉得在这个戏里面，徐峥老师应该是有一些压力，其实我们大家之所以感情那么亲，是因为徐老师在里面是最大咖。他无疑会影响着其他人的情绪状态，榜样的力量是无穷的，但是他做得非常好，完全没有让你觉得他有架子，或者说让你对他有紧张的东西，他和大家很亲近，而且很真诚，他会很真诚地和我们分享和贡献很多东西。所以我们都非常非常地喜欢徐老师。我们这些晚辈，觉得很幸运能有机会，因为你只有见到了，你才可以了解到更多。徐老师给我们讲，哭戏对他来说是挺难的，因为他到了这个人生的阶段，无论从人生阅历还是事业收获上等等，可能一些情绪、情感的戏，对他来说可能有一些障碍。再加上他之前担心，觉得会不会这一块没有那么容易。然后会给自己形成心理负担。他拍那场戏的时候，没有我们几个的戏，我们几个就约好了，都去楼下，又不敢上去打扰他，我们就在楼下坐着，要了烤串，边吃边喝，他在楼上哭，我们在楼下吃烤串。觉得是合适的时机我们就上去，然后每个人跟他抱抱。我们这一抱，徐老师立刻就不行了，我说，嗨，早知道早来抱你，早哭了。我觉得这就是大家在一起的那种真心以待的一个结果。

曹：所以你们在整个拍摄过程当中，演员之间也是一个互相扶持、互相帮衬的这么一个过程？

谭：我们在一起非常爱彼此，非常爱彼此。因为我们所有人都全身心地投入在这个作品里面，而且我觉得我们几个是非常相近的，我们愿意为了一个作品的质量去付出。当我们来的时候，一切对了，我们就会非常地踏实，心里面踏实。

比如说在现场，我们根本也不会担心你们准备多长时间，那些跟我们也没关系，你就准备你们的，我们总是拍不拍都很开心，拍多久我们都很开心，我们几个在一起就是很开心。我们就坐在路边上，拿小椅子，路边卖西瓜，谁买了西瓜就过来吃，或者嗑瓜子，或者他们男孩买个什么啤酒。或者是他们准备时间长，就有人说后面有个公园，咱们去吧，我们几个就躺在地上，或者脚对脚，或者头对头，或者摆各种姿势拍照，或者走走他们就吓唬我，在一起很开心，我们相互之间是一种很单纯的美好。所以后来拍那场戏的时候，我们戏里面，程勇跟我们讲要散伙，我们坐在一起吃火锅。导演文牧野说我们来先走一下戏，摄影师也要看一下机位。我和章宇一起，刚一进去，我看到那个桌子，转身就趴到章宇肩膀上，就开始抽泣，眼泪把章宇的衣服流得全湿了，我一下子就崩溃了，完全没有一个理性层面的步骤，就非常直接的那种感性的情感的东

《我不是药神》剧照

西一下就冒出来，觉得没有办法接受我们几个分开。

我们全球首映，主持人就说他从来没有见过一个女主角，在这个首映礼上全程说不出来话，一直在不停地哭，控制不了。那是我第一次看片，我坐在电影院里，整排座椅都一直在抖，我一边坐着章宇，一边坐着王传君，他们俩就按着我的肩膀，说龙龙控制、龙龙冷静。因为我看到那个戏里，王传君演的那个角色已经病入膏肓的时候，我觉得我接受不了王传君发生任何不好的事情。所以那个时候，我的那个状态，我已经分不清角色和我之间。

曹：现实和戏剧之间的界限被打破了。传君这个戏是真的演得好。

谭：对，他很棒，他们都是非常非常棒的，所以我们每个人的体验都觉得非常幸福。

曹：你好像也说过，其实在做戏的时候，希望在这个戏里边每一个演员，哪怕是一个很小的角色，那个演员都要会演戏。

谭：对，我是一个很典型的理想主义，希望每一个人都会演，其实我在乎每一个演员，希望他们真的都是有能力的，可以把那个表达出来。因为只有每一个部分好，最后才会是一个上乘的作品。所以我在工作当中，只要和我有对手戏的，哪怕有十个人，每一个人，我一定会全部认真地对戏，不会说谁戏少的，我就走开或者是不够重视谁。我觉得应该给人家足够的尊重和机会，大家都是平等的。所以我很渴望剧组里面每个部门都非常优秀，每个演员都非常会演，大家很齐心协力地共同去完成一个作品。

曹：其实《误杀》也是我特别喜欢的一部电影，听说你最早是拒绝的，后来为什么又改变主意了？

谭：因为就像我们刚才前面聊到了，我看的时候会是感受型的，我那个直觉对我很重要。《误杀》，因为她（阿玉）其实是一个比较难演的角色，她太没有特征性了，没有抓手。

《误杀》海报

我看了第一遍之后，我有点找不着，我就拒绝了。后来他们剧组方的人又过来和我聊，见面，然后我们聊了很多的故事，我觉得这个有帮我找到一些感觉，我说好，那我回来再看一下剧本。我再次看剧本的时候，确实开始出现了一些具象的东西。但是拍戏有一些更情绪化的东西，其实还是要到现场，因为你之前不会那么清楚和具象地去有一个预知。这样的情况下，接了这个戏，因为有思诚在，思诚也是我的老朋友。包括剧组的一些部门，比如说，像这次造型、美术也是《药神》的李淼，也是我们的老朋友，我会有一些安全感。再加上有陈冲老师，我觉得陈冲老师对我是个非常大的吸引力。因为这些共同的原因，最后决定参演了这个。

曹：我觉得其中有几场戏，包括看见自己的女儿可能会被欺凌，包括失手把这个男孩打死，你要去把他下葬。其实这几场戏，还是很有张力的。所以当时拍那几场戏的时候，你回忆起来是一个什么样的状态？

谭：因为到了剧组之后，觉得一切氛围都特别对，所以去了之后就开始变成一个还是挺放松的状态，演员的"放松"对角色的创作太重要了。我们的摄影师和导演也非常棒，进去之后，尤其摄影师，他愿意试各种机位来拍我，其实可能拍的时候，他也觉得这可能也用不着，但是他就愿意尝试各种机位来拍我。我就觉得在一个被大家爱的氛围里面，慢慢拍，大家开始产生这种信任，后来大家都达成一致。其实到拍这些戏的时候，反倒是没有什么特别大的分歧，比较顺畅。

曹：作为一个演员来说，怎么在一个相对比较喧嚣、嘈杂的状态当中，把自己最好的状态呈现出来，你有自己的绝招吗？

谭：因为演员的专注力是很重要的一部分，它就是客观存在的，不可避免的一个情况，而且是演员必须要自己来解决的问题，任何人帮不到你。我是要我自己必须有非常强的专注度。举一个例子，当时我和中国顶级的艺术家之一的杨福东先生，我们俩在合作他的长篇《明日早朝》的时候，就在上海的龙美术馆。这个是非常有实验性的，它的实验性一个是在美术馆拍电影，另外当时同时还有其他的展览，我们那个场馆是售票的，会有其他人进入。杨老师他也是一个非常绅士的人，就跟我沟通，他说："会有观众进来，你怎么想？"我说："您怎么想？我完全尊重您，我完全听您的。如果说您不希望这个作品提前曝光，那我们就把它封起来，我可以。但是如果说您愿意观众参与进来，甚至成为我们作品的一部分，我接受，哪怕我正在演，观众走到了我眼前，与一切都无关。他就是很近地好像在观察一个什么物件一样在看我，我也可以。因为我们接受了这个方式，我要解决的就是，无论其他的环境什么样，我是否能专注去更准确地表达我的情绪。"所以这是我对自己的一个想法。

曹：你刚才特别提到陈冲，认为她不仅是一个优秀的演员，又是一个优秀的女性。

谭：没错。

曹：我前两天看巩俐演《夺冠》，她们是一个女演员的标杆，我不知道你对自己的未来有些什么样的期许？

谭：这个好像一直是我人生中比较难的一个命题，从我小的时候，老是会有这种半命题的作文《你长大想成为什么》，这个对我来说最苦恼，因为我没有任何追求的梦想。我既不想成为科学家，也没有想成为老师，或者想成为什么，非常苦恼。最后憋了很久，因为必须要交差，写"我长大想成为奶奶"，因为我家人都非常尊敬老人，什么最好的就要给奶奶，要对奶奶非常有礼貌。可能在我很幼小的心灵里，就觉得奶奶是个至高无上的职业，所以长大想成为奶奶。到现在长大了，其实我也是，还是一直很随遇而安、顺其自然的这样一个心态，只是在不断地去超越自己，希望可以成为最好，但是否能成为最好，或者是好成什么样子，那个是未知的。所以又回到了一个非常务实和理性的心态，就是做好自己当下。

在艺术世界中的谭卓，是直觉的、沉浸的。而在业余时间里，她则是充盈的、多元的。她会去北大学习哲学，会自己开设服装店自己做设计师，也会逛街、看展、陪伴家人。生活从来都是她不可或缺的滋养。

曹：平时在日常生活当中，是怎么安排你的生活和艺术创作？

谭：我这整个的生命长河里面，每个部分对我来说都很重要。甚至它的重量、它的质量，都是相等的。比如说演员是这样的一部分，艺术家是这样一部分，但我的生活也是这样一部分，它是不可被替代的，它也没有一个轻重，它们都是同等的重要。如果你没有生活，你艺术创作的源泉就会枯竭了，因为你的一切是来源于生活，它是给你滋养的。你没有真实地活着，你是没有办法去创造一个来源于生活、高于生活的东西。其次从我个人来说，我要享受每一部分，我不想缺失它，生活对我是非常非常重要。

曹：除了拍戏之外，其实你和其他演员有很多的不同，比如说，我听说你去学哲学，当时是出于一个什么样的想法去学哲学？

谭：我觉得是对人类的思考，因为我其实非常在乎"人"，这个"人"其实是非常宏观的，"人"在这个世界上的一切。就像我们经常开玩笑，这些哲学问题：你从哪儿来？你到哪儿去？我是谁？我会很在乎"人"在这个世界上的存在，他发生的问题，人类的情感。但是这一切真的是从哪儿来呢？我们上哪儿去寻找答案呢？我们的未来结果，出处是哪里呢？我就会在思考这个世界一切，这些是怎么回事。

曹：你好像也很喜欢文学，特别推荐了托马斯曼，推荐他那本《死于威尼斯》。《死于威尼斯》其实告诉人们，你无论走向哪一个极端，也许你就会濒临危险。你推荐这本书、喜欢这本书，是不是也代表你的一种人生的态度？

谭：我认为我自己不是一个极端的人，这和我的性格有关系，而且我是一个天秤座，就是永远要掌握平衡。虽然我的感性非常强，但是我的理性也非常强。从文学的角度来说，我会非常沉醉于这些大师的作品。就拿刚才提到的托马斯曼的《死于威尼斯》来说，这本书是非常有魅力，而且层次很丰厚。我要非常感谢我很好的朋友，就是北京大学德语系主任黄燎宇教授。因为他也是世界上研究托马斯曼的专家，他说其实这本书里面，它藏着希腊神话里面的很多神，包括死神、酒神，甚至一些更古典的音乐。但是当你不是这方面专家的时候，你从它表面是没有办法解读出来的，它需要西方的美学，需要你的知识非常丰厚、立体，你才可以了解这个大师背后的心血。而且我又是一个对美学、对艺术、对文学那么地爱和向往的人，这个东西就真的是太吸引我了，所以我对它们有一种沉迷的感觉。

曹：我记得我曾经问张曼玉，你现在最快乐的时光是什么？她说："我最快乐的时光就是在巴黎街头，骑着一个单车，然后去超市买点东西，回来自己做饭，也没有人认识我，可以素面朝天。"所以，你日常的生活是一个什么样的状态？

谭：我自己平常也是这个样子。我是这么思考这个问题的，我作为这样的一个职业，我的工作特质就是曝光在镜头面前。那随着你的作品越来越多，越来越多的人认识你，这是自然和不可避免的。其实这种处境，只要你是做演员，你就会有50%和50%的可能。那我认清这个东西，如果我非常地抗拒和难以接受，那我就不要做这工作，如果我要是做了，我就别拧巴。如果面临工作带给你的这种境况的时候，那我的生活还是要保持一个属于真正的自我的生活，和一种自在。也就是说，我不把一切藏起来，我该怎么过怎么过，我不能因为这个，顾此而失去彼，它们对我同等重要。我希望可以用一个更开放、更舒适的状态，去面对和接纳一切。

"玩火"的男人——薛松专访

剪切、烧灼、拼贴、上色，这些在普通人看来重复而单调的动作，在艺术家薛松的手中却幻化出无数的可能。1990年的一场大火，让这位始终在艺术史坐标轴上寻找自我定位的年轻人灵感迸发，确定以"解构"和"再造"作为自己的基本语法，并用三十年的时间不断探索，营造出自己宏大的视觉帝国。2020年12月，薛松圆满完成了自己的最新个

薛松在访谈现场

展《中国DNA》，《可凡倾听》节目组有幸亲临现场，跟随这个"玩火"的男人，走进他的艺术世界。

曹：庚子年的疫情对全球人来说都带来非常深刻的影响，艺术家在这样一个比较特殊的时代，可能往往会有一些独特的思考，我不知道疫情最严重的那段时间，您的宅生活是怎么度过的？

薛：其实这段时间对艺术家影响不是特别大，整个M50园区就我一个人，差不多有三个半月的时间，工作效率是从来没有过的高。

曹：你这次展览是叫作"中国DNA"，这样的一个展览的主题是怎么定下来的？

薛：这次展览差不多都是2019年到2020年这段时间的创作，题目是在我创作到一半想到的，因为大家在疫情期间，都在谈到"基因"，还有"病毒"，我们增加了很多的知识。但是我作为艺术家，肯定是从文化方面来考虑基因的。是一个大的金矿，我要花功夫去挖掘、去深入。所以我选择了"中国DNA"，像《春联》那张作品，正好我家贴的春联就是这个，可以做一件作品；《十二生肖》倒是偶然的，因为我以前也画过马或者虎，把以前没画过的，集中了十二生肖，包括《龙图腾》，都是传统中国的文化基因，都涵盖在里面。

《中国 DNA》展览现场

曹：作为一个中国艺术家，是不是这种传统文化的基因是深植在你的身体当中的？

薛：是，因为在我们年轻的时候，其实对传统我们是有抗拒心理的，老觉得是过时的，传统压力太大，都喜欢新鲜的。刚刚改革开放的时候，喜欢西方的、时髦的，老想用最新的东西。随着年龄的增长，我在传统的基础上重新创造，破坏传统，然后重新建立一个新的。但传统的基础，已经在我心里。

曹：你觉得这些年创作有一些什么样的变化？

薛：年轻的时候刚学画画，窗户刚打开，扑面而来的各种信息，因为年轻，对我们来说都是新鲜的，都想去尝试一下。20 世纪 90 年代初，我们就开始意识到了纯粹地去模仿都差不多，突然发现我在哪里，因为都是前人的模式或者风格已经尝试完了，心里就很慌。我是谁？在整个的艺术史或者坐标里面，我在哪个位置上，好像突然没了方向。那段时间一直在思考这个问题。很苦闷，天天在涂鸦，试验，就是找不到方向。突然你在思考这个问题的时候，1990 年一次火灾，点亮了我，这种烧坏的残片，还有这种感觉对我的冲击力很大。冥冥之中，我感觉找到了一个语言。

曹：坊间关于那次火灾的描述非常多，其实也挺奇妙的，一次破坏性的行动催生出一种新的艺术语言。

薛：我在上海戏剧学院刚毕业分到上海歌剧院，住在常熟路的小剧场边上，小剧场在重新装修，我的工作室就在隔壁，是解放前的一个马厩，很小的八九平方，很多办公桌。我就一直在里面画画，很多老师一看我画画，他们也不来了，弄得乱七八糟，我就等于占下了。1990 年那次是 12 月 26 日，我记得很清楚这天，很大的一次火灾，因为是施工无意中引起的，当时我看上海电视台也报道了。

曹：当时火灾的时候，你人不在？

薛：我人不在，我说的这是第一次，我在外面吃饭，朋友说你家出事了，等跑回来的时候已经封路了，都是十几米高的火，很吓人。等到我赶到家门口，已经火基本上扑灭了，我就很担心我的那些画在哪里。门都是烤焦的，玻璃也是有点快熔化的感觉，但是里面没事，能打开门，很幸运。对我的心里冲击特别大。我觉得可以试试，第二天就开始在现场挑很多东西，看怎么能用在作品里边。

曹：时隔多久发生了第二次？

薛：可能不到一年，第二次就是我的原因，因为在实验期间，可能没有全部压灭，到现在也搞不清楚到底是什么原因，有可能电线老化。反正就是我的工作室着了，为此还行政拘留了7天，过失造成火灾，因为烧坏了公物，办公桌什么的还赔款。

曹：其实我们今天看到你的作品都很有意思，虽然呈现的是中国传统文化的这种元素，其实仔细看的话，当中很多你的思考。就像你说的，其实你先把这些传统的元素解构，然后重组，所以当我们在看这些画的时候，有一个奇妙的现象就是远观和近看，那个效果是不一样的。

薛：对，这得益于我的创作语言，因为我是用大量焚烧的碎片来拼贴再绘画。就像特别多的人和我一起合作，因为有文字的，图片的，特别的信息，很像写论文收集了很多论据，都是为了表现我这个图式的意义。就像电影镜头一样，远镜头、近镜头、特写的时候信息就散发出来了。

两次意外的火灾，几乎把薛松学生时代的生活痕迹全部烧毁，但又如凤凰涅槃般锻造出另一种艺术语汇。此后薛松开始尝试将海量的图像和文字残片重新组合，造就出观看与思考的全新方式。古今穿越，时空交错，中西合璧，意义重生。宏观与微观的矛盾，形式与内容的冲突，在他的画面上不断地制造出丰富的戏剧效果。

曹：你好像说过很小的时候对你影响特别大的是张乐平先生的三毛，为什么那个时候对张乐平先生笔下的三毛会产生一种特别和其他孩子不一样的想法？

薛：因为我生在安徽中原的一个小城市砀山，在那儿能接触的到外面的信息很少，还好我父亲当时有一段时间在图书馆工作，我就可以看到很多的连环画，有各种各样的人，看到这么多不同的故事，那时候就立志我一定要到上海去读书。

薛松拿着火烧的残片

曹：小时候跟父亲在农村的那

段经历，现在回想起来，对你日后成为艺术家有些什么影响，或者说当时作为一个孩子，在一个乡村里感到最大乐趣是什么？

薛：我3岁到8岁是在农村长大的，我母亲是当地的一个小学老师，她在"文革"期间生病过世了。我父亲有五个孩子，他实在养不了，就放在乡下的亲戚家，这个分两个，那个分两个。我觉得在农村一点都没有遗憾，除了生活极度贫困，在精神上我很感恩那段历史。让我了解到，比如说种一粒粮食，要怎么样播种、怎么样耕地、怎么样浇水，让它慢慢成熟，然后才有收割的这一天。

曹：所以你小的时候就在那儿开始做农事？

薛：对。很小，从5岁做一家人的饭都没问题。

曹：你刚才说其实在你很小的时候，母亲就去世了，那时候你多大？

薛：3岁。

曹：所以对母亲是不是记忆是比较模糊的？

薛：可能零零星星有几个闪的镜头，一个在医院里，我记得她人已经脱相了。还有就是她已经过世了，我还以为妈妈睡着了。因为她是校长，大概每个月有分配牛奶，周边有很多孩子没有奶水，家长就会把孩子偷偷放在她门口，她把她每天的奶喂孩子，后来家长会拿很多土特产再去感谢，这是真实的故事。

曹：男孩子的成长过程当中，会有一个叛逆期，往往在叛逆期的时候，会跟自己的父亲较劲，尤其是在母亲不在的情况下，你和父亲之间是一种什么样的关系？

薛：我上到小学二年级才回到父亲身边，我在兄弟姐妹之间是最不听话的一个，有可能挨打也是最多的一个。特别到初中以后，大家都在"学好数理化、走遍天下都不怕"的时候，我却特别喜欢画画。

曹：父亲是希望你学音乐是吗？

薛：因为我父亲是音乐老师，只有学音乐可以进到什么单位的文工团。钢琴也学过，小提琴也学过，二胡也学过，还有敲的扬琴，每一个只学了一个星期，挨一顿打就算了。因为开始可能要练基本功，我就觉得太枯燥了，拉一个满弓，一个星期一直拉，受不了。再加上我们周边有一群比我大的孩子们，他们有一个画画的小组，我就很羡慕他们，老要到他们那儿去混，就为了这个挨了很多次打。回家就是挨打、就是挨骂。我就通过朋友一个小空间躲在那儿，只有吃饭没办法只好回家，我可以一句话不说，五分钟解决问题，就会骂五分钟。迅速闪掉。差不多这样连续了两三年的时间。

曹：大概过了多少时间，父亲对你学画画那件事情开始释怀，认为儿子在这方面其实还是有点天赋的？

薛：后来拗不过就算了，我太倔了。那时候考大学，我们考艺术的应该是先考专业课，考完以后，大家就不再画画了，全部集中精力去备战文化课的考试。但是在这个时候，我还在画画，他们就受不了了，为此我考了三年才考上上海戏剧学院。我和父亲关系的缓解也是从接到上海戏剧学院的录取通知书那一天，父亲对我也开始有笑脸了。

曹：父亲有什么言语上的表达吗？

薛：没有，他就是心里一块石头落了地，觉得好像还是有出路的。

曹：儿子总算有一个将来能够靠它吃饭的家什了。当你来到上海、来到上戏，是一种什么样的感觉？小时候你可能从画片、从照片当中看到这座城市的繁华。

薛：我觉得那时候20世纪80年代初来上海，晚上8点钟就没有灯光了，也没有现在这么热闹，还是那些老房子什么的。我经常从学校走到外滩，这样转老城厢。

曹：从学校走到外滩还挺远的。

薛：对，从华山路走到外滩，一个来回，再穿很多小路。刚入学的几个月，大概那时候因为没有手机计步，我觉得每天至少有三万步，只要闲下来我就去看，强烈地想了解新鲜的东西。

曹：上海戏剧学院毕业的艺术家有两位都是"玩火"的，除了你之外，还有一个就是蔡国强。我得挺有意思，你们俩异曲同工之妙，虽然用火的方式不一样。

薛：我觉得这真是得益于上海戏剧学院的宽松环境，因为它不像美院，有一个特别标准，有很多权威。戏剧学院的老师也都是风格很迥异的，鼓励创新。

曹：你们西画和国画、水墨画、书法都同时学吗？

薛：除了书法没有，我很有幸，因为分配了张培础老师，他是画水墨的，大部分都是油画老师居多。

曹：所以你在学校的时候，其实对水墨还是有点心得？

薛：对，你看我现在有这个情结。其实是那时候扎下的源头，因为张老师看我的速写用线很好，他说你可以画国画的。当时我说宣纸太贵了，他说我可以给你宣纸，但你要坚持画，可惜我没有

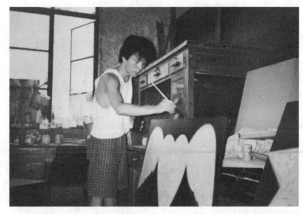

早年间薛松在自己的工作室作画

纯粹画过一张完整的国画，但是我喜欢用这个材料随意涂鸦。

曹：说到拼贴，其实中国就有一个画种，当然现在很少有人去画那种东西，就是所谓的"锦灰堆"，我不知道你创作的时候，有没有也从"锦灰堆"艺术当中获取一些灵感？

薛："锦灰堆"是我后来才发现的，之前我倒没有了解到这个，它是用工笔画出来的残片。

曹：但概念是有点类似的。

薛：对，集合在一起，我一下找到感觉，只有那个时代的上海才能产生这样的艺术。因为在其他地方都没有，是民国这段时间正好商业化，还有各种信息不同的冲击。现在倒是没有太多人研究，我觉得这是很有意思的，往往可以找到一脉相承的东西。后来因为知道这个事，我就开始慢慢地找，我自己也收藏了几件，感觉我还能和一百年前的人沟通。

曹：而且你们是无意识对话。其实你的作品当中还有很多书法的解构，为什么书法解构也成为你作品当中非常重要的部分？

薛：和我画山水是一样的，我觉得书法是中国传统文化从来没有断过、流传最有序的一门艺术，而且也是达到最高水平的艺术。因为它从事的人最多，又没有间断，我想在成千上万人里面，每个时代都会有厉害的大师出现。因为我们从小这方面真是缺失，没用过毛笔，也不会写毛笔字，就觉得也是无法超越，压力很大，你觉得这么好，我怎么就达不到？可能我作为当代艺术家唯一能做的，就是把它解构掉，只让人欣赏到它的结构、气韵，还有飞白的这种感觉，其实它很抽象。我可以把它变成当代审美的一张作品，这样我也舒坦了。

曹：1985年波普艺术家劳申伯格在中国开画展，据说你去看了画展之后，对你创作是有很大的冲击力。

薛：原来画画可以这样自由地去表达，因为之前我们都还是在一个壳里面，这个标准、那个标准，从训练开始，苏联的这种训练方法，加上中国的社会主义、现实主义。可以这样随意，我觉得是打开了我的新世界大门。

曹：作为一个当代的中国艺术家你怎么看待波普艺术？

薛：波不波普，我也搞不清楚，但是我们小的时候画画，看到太多的大字报、宣传画，其实这也都是波普的，你说是吧？民间都能接受，用各种耳熟能详的形象，只是他们更偏向于政治而已。安迪·沃霍尔处于他们那个时代已经是很商业化，针对中产阶级商业化的。

曹：你介意别人把波普艺术家这样的标签贴到你的身上，或者贴到你的作品上吗？

薛：可能是写文章总要找一个标签，我也不知道我是不是波普艺术家，但是我的有些作品会接近这个标签。人家说我是抽象艺术家，我也不同意，我可能永远就是这样的角色，都是"四不像"，在早期的时候，我们想参加展览，像20世纪80年代末、90年代初的时候，展览都是油画展、国画展、版画展、雕塑展。

曹：你哪儿都挨不进。

薛：对，他说你这个好像四不像。慢慢的现在大家都能融在一起，以前都是分门别类，这个堡垒很深厚的。现在这个墙打散了，互相交融的这种局面越来越多了。

薛松不愿意给自己贴上任何艺术标签，在此次举办的个展中，他也百无禁忌地用自己独特的理解来诠释那些经典的中国符号。从最具"中国DNA"气质的《龙图腾》，到充满民俗趣味的《十二生肖》和《春联》，又或是与传统文人墨客对话的《四君子》和《致敬颜真卿》，无不形象地凸显出中国文化基因的强大魅力，也浪漫地表达出艺术家对传统文化和现实生活的热爱和关切。

曹：其实你作品创作的过程还是挺复杂的，首先需要寻找一些相关的创作元素，各种各样的材料的残片，然后经过你的大脑和手的再创作，呈现给我们看到的这样一个作品。所以我不知道你在画画的时候，是一个什么样的程序？

薛：大部分的作品都是我先要想做一个什么，然后去寻找材料，制作过程都是可以把握的，就是找材料的时候比较费劲。但是偶尔也会有，我无意中看到一种材料，我可以根据这个材料做一件什么样的作品，这两种情况都有。可能像大厨一样，天天就想要做一盘好的菜，去选材料、配料，这种刀工都是基本功，只要学过几年画画都没问题，只是怎么弄出更好的味道，我觉得有相通的地方。

曹：比如我们背面的《十二生肖》，比如这头牛，你怎么去选取它的这些材料，来进行一个组合？

薛：这头牛是选择华尔街的那个牛，因为我在现场也看过，周边都是高楼大厦，后边的建筑，我就会选那个。里边贴的

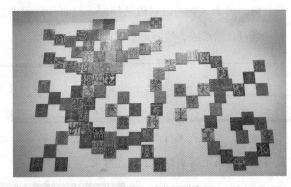

薛松作品《龙图腾》

465

书全是金融方面的书，焚烧完以后，勾轮廓的。

曹：比如说这个老虎？

薛：老虎是用花，为了把它的凶相弄得柔和一点，选择的都是牡丹花、玫瑰花。背景全是上海月份牌的美女画。我们知道"美女与野兽"，或者"女人是老虎"，反正好玩的。

曹：我刚才近看以后很好玩，就想起余光中翻译的一首外国诗，"心有猛虎、细嗅蔷薇。"

薛：对，好玩。因为我喜欢特别对比的材料，有时候会有和谐的，但是我觉得对比产生的张力更大，就是背景和主题越矛盾、越强烈越好。

曹：比如两幅山水，怎么来选取它的材料？

薛：其实又回到当时学画的感觉，为什么对传统头大，就是传统太好了，做得太完美了。我们画过几笔觉得达不到，就是压力很大，就觉得要超越这些历代的大师，太难了。我就会焚烧艺术史的图录，当然也有西方的，水或者天空的部分有西方的，在这种肢解或者焚烧过程中，一方面觉得释放自己的压力，也觉得蛮解恨的。但是我更关注的是怎么创造一个新，把老的图式创造一个新的属于我个人独特的图式。在这个过程中很辛苦，画这么大的山水，我要趴在地上画，因为胶会流，必须趴着，中间够不着，还发明了一个长的工具，有轮子推过去，跪在地上画。画完每一张，腰都要休息一个星期。虽说是辛苦，但是还是享受这个过程，因为在工作室，你在面对画面，你可以为所欲为，出了工作室的门就是一个公民，就老老实实了，只有在这个时候我特别开心，而且期待会有一个什么样的作品出来。这个过程又煎熬又辛苦，但是又兴奋，最后是完成以后的满足。

曹：焚烧因为有一些随意性，同样的一张纸片，两次不同的焚烧，出来的效果一定是不一样。

薛：对，因为火烧的时候没法控制，在制作过程中是经常有偶然的，也是一个兴奋点。通过自然形成，然后再根据这个形式再往前走。

从 1992 年第一次举办个人画展至今，薛松始终坚持用国际性的语言表达着自己的本土文化。他在不同阶段关注着不同的主题，以作品怀念故乡的山水、探索自己生活的城市、与当代流行文化碰撞，也向仰慕的前辈大师致敬。丰富多样的内容表达，让薛松的艺术永远新鲜，永远在路上。

曹：其实就绘画而言，这几十年其实架上绘画是慢慢被边缘化的，很多当代画家也颠覆了传统画家的一些做法，打破了这种所谓经典和通俗之间的这种界限。还出现一种悖论，就是普通的观众不一定能够看得懂，也许画家也不一定要你看得懂，但是它的价格又非常高。所以大家会有些迷惑，搞不清楚价值和价格之间的相对应的关系，您怎么看？

薛松与作品

薛：因为艺术是一个行业，如果你没有进入这个语境我觉得是很难理解。哪怕同样是画画的，没有进入他们那个系统也是不知道的，因为就像电脑不是一个系统。在艺术这个行业里面，他们很多认为最厉害的，谁有革命性，创造了什么新的，引领了什么，这是大家觉得最重要的。不是谁画一张画，用了多长时间，画得多么像、多么细，这些都是不被关注的。我觉得每个艺术家能有0.5毫米的突破，几万个艺术家，那整个世界就非常繁荣。有些我也不会了解，因为我没有进入那个语境。也不能怪艺术家，他们在那个语境里面都知道他在说什么，知道有点新意或者是有点突破，可能普通观众和专业圈是有不同的地方。

曹：安迪·沃霍尔很多年前就讲，可能未来某一个时间，每个人都有15分钟红的机会。实际上他的一个潜台词是可能艺术，特别是当代艺术的门槛会较过去的那种经典艺术的门槛更低一些。你会不会觉得未来这种艺术的门槛会越来越低？

薛：会，还有德国的博伊斯也说人人都是艺术家。我是觉得如果你有这个心态，你在生活中做的事可以有艺术性，不一定是艺术家。我觉得艺术没有任何用，如果能说到有点用，可能就在这一点上，让你生活得有艺术性，给你多几个思考问题的面，脑洞打开一点，可能有这点作用。当然你的修养再高一点，可以品味它的各种韵味，那就更多延伸了。

曹：所以你平时会关注这些当代艺术家吗？比如说村上隆，当然他很红，可是我怎么看都看不出他所谓的艺术性。可能就是一个非常商业的这么一个装饰画，你在里边是看不到情感的。

薛：我觉得可能你要放在日本他们的那个文化背景下看待村上隆的成功，因为他本身

467

在日本是很受排挤的，大家都不买他的账，有一个正在把持着的势力。他说他要走出一条路，不管是商不商业，他就要来做。我前年正好在日本看到他在森美术馆的那个大展，体量惊人。他可能会有一个大的团队，我想至少有50人才能完成这样的工作量。光那些草图就要十几个大的货架，每一次都是这么厚，体量很大，做工都是非常好的。两个文化不同，因为中国崇尚的肯定是高手都在写意上，能达到一种意境的，像八大山人，像徐渭这样的，我们是放在顶级的。可能日本更注重于工，做得多细，或者色彩多雅，他们会欣赏这样的，有可能岛国的心胸和中国还是有不同。

曹： 所以你是不是在古典和当代之间的这么一个位置？

薛： 我很庆幸，可能这个角色也适合我的性格，我觉得我就是在中间这条连接线，上面对当代、对现代艺术也有接触，也会喜欢，但往下挖，传统的，我也涉猎，会从中吸收营养，承上启下，我觉得这个链也不能断，我觉得我很合适在这个位置。

曹： 您的作品当中还有一些致敬先贤大师的系列，比如说梵高，蒙德里安，八大山人、徐悲鸿等等。所以这些是不是你自己喜欢的偶像？

薛： 当然是，首先是我喜欢的艺术家，然后我在和他们对话的时候，他们的东西要给我留出空间，我才能加入我的东西，变成一个新的东西。

曹： 比如说你怎么和梵高对话？

薛： 我大概在1988年画过一张，因为我会欣赏他在画画的态度。我在2000年的时候去丹佛市立美术馆，正好展梵高和高更两个人的展览，把他们当时的工作室复原在展厅中间。因为原来只看图片的时候，我觉得高更也不错，画得非常好，和梵高本来在我心里是差不多的地位。但是我看到原作这个展览以后，我就觉得梵高更高，当然技术上是高更画得更好，因为梵高当时一直崇拜高更，拜他为师。两个艺术家直面放在一起的时候，你就会感到梵高的画，你就觉得这个人直接疯狂到把他的心脏掏出来，放在你面前在跳的感觉。但是高更就没有这个感觉，高更很平和、很唯美，技术很好。这样的刺激，肯定是就觉得梵高更厉害，太让人震撼了。

曹： 你觉得如果和蒙德里安可以形成一个什么样的对话？

薛： 蒙德里安早期也是从写实到抽象表现，最后才极简到经典的一个形，我觉得后来我找到他的这个形式，和中国的博古架，民间的窗，这种感觉的结构。我就觉得好玩，把它当成博古架，有点调侃，但也是致敬吧。因为波普艺术还是要找到大家耳熟能详的这种形象，更容易交流，然后你再加入新的东西。因为所谓的传统，包括古今中外的，我觉得对我们来说都是养料。站在巨人的肩上，可以看得更高、更远。

曹： 你和中国古人怎么对话？比如和八大山人这种孤寂冷傲的风格怎么去对话？

薛：如果让我说一个让我们崇拜的中国传统的艺术家，就是八大山人。因为我觉得他们达到的那个境界，感觉就是生在身上的笔，根本不是拿着的一支笔，可以达到随心所欲的极点，他的那个修养就是无法超越的巅峰。

曹：我发现现在很有意思，大家对各种各样的展览非常感兴趣，甚至把展览看成是一个网红的打卡地。比如前段时间莫奈的画展，其实也就来了没几张莫奈的作品，但是公众是喜欢的，尤其是富有小资情调的那个族群，你怎么看待艺术和公众之间的那样的一种关系？

薛：我觉得生活在这个时代，他们真是太幸运了，我们小时候想看到一张好的西方大师原作比登天还难。我记得当时上海美术馆在做"法国250年绘画展览"。我从老家"扒火车"，因为如果买火车票就会钱不够了，然后住在一块钱地下室的招待所，到那儿排队已经买不到当天的票了，多待钱又不够了。两元钱买了一张高价票，为了看一件原作。看那些我们只能在图录上，或者印得很差的老画册上的黑白照片。现在我觉得他们可以看到原作很幸福。其实我们早期去欧洲、去西方，有时候看到幼儿园的孩子在美术馆里跪在地上画画，我们就很羡慕。现在我们也有这个条件，我觉得是特别好的事情。

曹：我接触过很多老一代的中国画家，那些中国画家都有一个特点，自己从事艺术创作，可是他们也从事收藏，并且他们可以从他们喜欢的作品当中去汲取养料。我不知道你是不是也会有一些收藏？

薛：我可能别的爱好不太多，但是收藏是我的一个爱好。

曹：你收点什么东西？

薛：差不多每次出差都会到古玩店，还有旧书摊这种地方去逛逛。上世纪九十年代中期，慢慢有点闲钱，那个时候拆迁也多，会有些版画、有些小东西，我感觉这些东西挺好的。那时候不贵，几百元钱都能买到，慢慢地成为系统。新中国美术 1949 年到 1979 年这一段，就是我学画画的这一段时间感兴趣的东西，我就慢慢收。差不多也有上千件这样的东西，但是我还没有好好整理，如果整理好出版，差不多有两三百件这样的东西。

曹：那挺有意思的，其实你可以做个这种对话，也挺有意思。

薛：是，我在想下一个展览，可能我的作品和我的收藏做一个对话，同时陈列出来。

曹：那个很奇妙。你觉得一个艺术家所生活的城市，和他的艺术有关系吗？比如说你在上海生活了这么多年，这个城市对你的艺术有一些辐射力吗？

薛：这毫无疑问，我要是一直生活在安徽，肯定我的作品不会是现在这样的面貌。因

薛松与曹可凡

为你的环境和这个是不同的，你接收的信息也不一样，周边的氛围也不一样，肯定产生的作品也会不一样。上海这个包容的城市，会很容易打开你的眼界。

曹： 作为一个艺术家，你希望在一个新的年份，在自己的艺术上，希望走一些什么样的路？

薛： 我觉得艺术家做完一个作品，就是在享受这个过程。做完了以后，其实我们就开始想下一个东西。就像我们以前小时候看到的电影，最后一个镜头总是又投入了新的战斗。

曹： 是不是你脑子里往往会有几个不同的方案，最后做出来什么方案，最开始未必能够完全清晰地看到？

薛： 对，肯定都不一样的，还有到了现场，都会有改变，随时根据情况改变。

美丽如我——吕燕专访

20岁的她颠覆美，成为中国第一个走向世界的超模；40岁的她走下T台，经营个人服装品牌，开始塑造美。昔日的T台超模也好，如今的品牌主理也罢。吕燕不但人生轨迹一直围绕着"美"这个主题，吕燕其人也曾引起过世人关于什么是"美"的思考。其实，"美"如何定义，也许就像那句名言"一千个人心中有一千个哈姆雷特"，而属于吕燕的美，则由她通过自己的故事来向世界传递着。

吕燕做客《可凡倾听》

曹：你的品牌秋冬季大秀刚刚完成，在今年这样一个特殊的年份举办这样的秀，应该说还是很有意义的，跟往年相比，自己感到最大的压力和挑战是什么？

吕：今年这个疫情，我觉得其实不光是对我自己，对公司有影响，就整个大环境来说，很多人是迷茫的，也不知道该怎么办，也没有碰到过这样的情况，未来有很多不确定性。我当时是决定放弃做这个秀的，但是正好其他品牌做了一个很大的展，然后呢，我又去参加其他品牌的大秀，当时在现场我觉得还是很鼓舞人心的，好像内心有一种感觉，生活又回到了比较正常的状态。

曹：生活重启。

吕：我当时就决定说，我要做这场秀了。

曹：激发起内心的战斗力，是吧？

吕：对，就很想做好，推动我的团队、逼我的团队，就是把所有人都调动起来，希望把这个事情能做好。

2020年8月20日，吕燕的个人品牌服装秀在上海举行，圈内好友刘涛、王琳、张歆艺、李宗翰等悉数前往支持，在2020年这个特殊的年份里，能做这样一场盛大的服装秀，并不容易，但越是在困难的时候，吕燕似乎就越是有战斗力，就像她传奇的人生一样，总是在逆流而上，也总是在一次又一次挑战中乘风破浪。

曹：因为自己是模特出身，所以当你在选择模特来参加这样的大秀，你希望选择一些有什么样特质的模特来展现你这个品牌的特色？

吕：其实我的秀导，包括和我合作很久的朋友都知道，我选的模特有一个特性，都是要率真，一看就是新人，还有点懵懂的感觉，我喜欢那种。走路脚要有劲儿，要有飒气。

曹：当你成为一个品牌的主人的时候，看到那些年轻的模特在台上走，是不是会有这种冲动，我也上去走一下。

吕：就是每次音乐响起的时候。

曹：有那种冲动？

吕：有。因为模特走台，在台上走一圈也就四十五秒，最长四十五秒。但是那四十五秒就是很自我，有那种光环，眼里无人。

曹：是不是感觉吸引了全球所有人的目光。

吕：自我享受的那个感觉，其实挺怀念的。但是同时你看着那么多姑娘在你的掌控下做那场秀，那种成就感可能也是模特给不了的。

曹：我发现每一次你的大秀，都会有很多圈内的好友来鼎力支持，比如像孙俪、刘涛。她们不仅来参加你的秀，同时她们也会在各种不同的场合穿你的服装。所以在日常的生活当中，怎么跟这些圈内的好友保持一个非常良好的互动，然后对她们有一些真切的了解，能够让你的品牌跟她们的特质有一个很好的链接？

吕：我从做模特到现在也有二十年了，她们都是我在做模特的时候认识的朋友。当时我转行做这个牌子，我的人生中自己做的第一场秀，章子怡就来帮忙。跟她认识的时候我还没做这个牌子，我觉得这些人真的就是过去那十几年、二十年建立的友谊，她们真的挺支持我的。有的时候她们经常跟我说，看着我太不容易了。特别今年的时候孙俪说，吕燕，你的秀是什么时候？我一定要来支持你。我说还好，有你们这样讲，我就已经很开心了。朋友真心帮忙，如果你真的衣服又符合她，确实适合她，穿我的和穿

众明星好友现身吕燕个人品牌秀场

472

其他人的其实是一样的嘛。那首先要真的好看，要让她们穿出去觉得符合她们的气质。因为我对她们都还比较了解，所以每次她们的衣服我会自己去帮她们挑。

曹： 其实在外人看来，超模和时装的品牌设计师，这两个职业属于一个大类，那其实这两者之间有鸿沟区别，当初你是怎么想到要做一个品牌？

吕： 我觉得可能是因为在那么多年模特生涯里，我自己本身还是稍微好学的，我在走秀或者在拍片的时候，我会观察什么样的适合，就是会建立自己的一套审美系统，我又是喜欢掌控事情的人，到了2010年的时候，感觉做模特也差不多了，因为我正好是从2000年开始做模特的，我觉得是不是可以做一个自己喜欢、自己可以掌控的事情。并不是已经有很好的计划，知道我一定要做个品牌，做成什么样。只是说我在之前也做过杂志的编辑、也做过造型、也策划过活动，那我做什么最好呢？我发现我的人际关系，我的资源其实都在时尚圈。那做服装呢，比如说怎么去做秀、怎么去搭配模特、拍片，都是我很了解的。但是对于设计、零售、供应链，我是完全不知道的。我就觉得有一部分是自己懂的，又可以学一部分新的东西，可能这是一个最好的选择。然后我就说，那就去做个牌子吧。

曹： 当你内心萌生出这样的想法，你周围的朋友或者亲人持一个什么样的意见？

吕： 因为我身边做服装的人太多了，所有人都觉得，如果要让一个人不好过，就劝他去做服装。因为做服装真的是太苦了，太细了。我身边没有一个朋友支持我，包括我的家人。

曹： 居然没有一个人支持你？

吕： 真的没有一个人。我的好朋友都劝我说，不要跳到这个"火坑"里了。我内心就有一个信念，我一定要做，而且我一定能做好，是无知无畏吧。我说哪怕不成功，也要打个水响，就是这种概念，然后就这样开始做了。如果今天，有一个人来跟我说做服装，我也会劝他还是不要做了。

曹： 从当年的三人团队发展到现在，这当中差不多有七八年时间吧？

吕： 七年了。

曹： 你觉得当中最困难的是什么阶段？

吕： 其实我觉得困难是一直都有的，只是每个时段的困难不一样。现在我再回想刚开始那个阶段，我觉得那个时候是最轻松的时候，很美好的一个阶段，大家还是充满希望的，也不知道未来是个什么样，反正很有激情。因为刚开始做买手店，就是批发生意，批发出去了就不用管了，那个时候劳累是什么？是体力累，现在是心累。我觉得我更愿意体力累，恢复得比较快。我记得我们出第一批货，连设计师，我，加上版师，我们自己包装，因为量很小嘛，我自己开车去送货，送到买手店。那个时候觉得财务不重要，不就是发一个工资嘛，后来会发现，财务太重要了，做了两年，账都没算清楚，亏得一塌糊涂，自我感觉还挺好的。那时候压力很大的，觉得不行，要找财务。

曹：你刚开始做的时候，连财务都没有吗？

吕：就一个出纳，没有财务，不懂嘛。然后再过几年发现，人跟不上了，因为开了好多店，一会儿这个辞职，一会儿那个干嘛，发现人事很重要，又要找一个人事方面很厉害的人。再过两年，发现法务很重要，要跟人打官司，要学会注册专利，要保护好自己的商标，就是在一个学习的过程当中。真的到今天，我什么最难？我觉得管理最难，你要管理那么多人，每一个人不一样，你开的店的区域也不一样。所以你说最大的困难是什么？其实就是不同时期有不同的困难。但我觉得要战胜一点，对我个人来说挑战是最大的就是坚持。别人看我可能觉得我这一路走得风生水起，一路都很顺，其实真的不是，我也很多次想放弃，我也到过低潮、抑郁。不是抑郁症，但是很焦虑、很失落的那种状态。觉得自己的公司做得不好，衣服看着觉得都很丑，自己的团队跟不上，自己的能力也不行，已经到天花板了，就只能做到这了，无法带着团队走下去了，就是那种感觉，真不想做，看所有的事情都很负面。但是那两三个月就自己要想办法，自己走出来，比如说去度假、晒太阳，或者是找人聊天。当你冲过那个瓶颈的时候，你回头再看，好像也没有那么难。

曹：会豁然开朗。

吕：对，好像自己可以做的还有很多。就是在反反复复的过程中。差不多隔两年就得来一次。而且我觉得很奇怪的，好事来的时候是成堆的，坏事也是一样。

曹：一个波浪接着一个波浪是吧？其实也很正常。

吕：可能是你走走，不敢说往下吧，肯定会有停滞不前的一个阶段。其实这个停滞不前的阶段，就是自我在学习、自我在更新。因为你的无知无畏是要付出代价的，你只有在跌倒、做错事情的过程中，才能学到东西，才能自己走上一步。

曹：你怎么去找到一条属于自己的审美的路子，让自己的品牌、让自己的设计能够更符合中国人的审美？能够在西方人的这些大品牌当中，占领我自己的领地？

吕：我觉得可以跟他们学习的东西很多。服装企业，如果说品牌文化，当然是西方在领先的。我自己做了之后才慢慢了解到，中国老一辈的时尚人，他们更多的时候，是站在经营企业的角度上，他们在营运管理上真厉害，你看中国随便一个，几乎都没听过的品牌，都有几百家、上千家店，这个在国外是很不可思议的，就是企业的体积很大。它可能在做品牌的文化、形象、创意这方面不行，现在很多品牌都在开始做文化、做内涵，它其实是可以跟年轻设计师一起合作的，多给这些年轻设计师扶持，我觉得这个市场还是很有作为的。

曹：其实时装业也是一个关于美的行业。那么东西方的文化概念当中，对美的判定是不太一样的。你是中国人，但是你很长一段时间在法国做模特。根据你自己的经历，你觉得中国人的审美和外国人的审美，它最大的差异是什么？

吕：我觉得现在这个差异越来越微化了，因为中国接受新东西太快了，什么流行，中国人马上就可以接受，不见得是最适合自己的，但是发展当中就应该是这样的，你只有尝试多了，最终才知道什么是适合自己的。欣赏方面，欧洲已经发展到很细化了，比如说它的人群划分很细，我就适合这一类，不会串。毕竟它的发展的历史比我们长远多了，中国的时装差不多在过去三十年走了人家快一百年的路。可能在版型上，对面料的理解上会有一些差别。比如说欧洲人更喜欢很特别的颜色，他们对面料这种皱、褶，相对接受度比较高。中国人对面料的触感要求特别高，有的人就讲究一定要是全麻，一定要全棉，也不见得是真理解全棉、全麻到底有什么区别，但是它的亲肤度要高。

曹：穿着舒服。

吕：对，因为亚洲人的皮肤是稍微比欧洲人要细腻一些的，敏感度高。

曹：比如你先生是法国人，他又在中国生活这么多年，你们这个家庭就是一个中西文化融合的家庭。他平时有没有跟你交流，他理解的东方美是什么。

吕：他们更注重人的个性，他们觉得人应该是比较真实的。比如说中国人看我，可能会觉得眼睛小、脸上有雀斑什么的。但他就觉得那个很真实、很美。不是说只觉得小眼睛的姑娘才长得好看，他们更多讲究的是人的个性和状态。

曹：你是一个东方文化背景下长大的女孩子，他是一个在欧洲文化背景下长大的人，你们生活在一起，按照西方的生活方式多一些，还是按照我们中国的生活方式多一些？

吕：我觉得这个就是要综合了，真的是

吕燕一家

互相容忍，互相谦让。完全向哪一方，也不是。比如说我早晨就要喝粥，我觉得这个舒服，但是我不会要求他也喝。比如说晚上他吃饭晚，我们会先照顾儿子吃完饭，把他安排睡觉了，九点钟我们两人才出去吃晚饭，这个习惯维持了十来年。所以后来他说，你的朋友怎么现在都不请我们吃饭了？我说九点，谁跟你吃啊？中国人吃饭经常在六点半、七点，他虽然很生气，但他也去。那做时尚的一帮朋友，有一些相对吃饭会晚一点，我约朋友来家里吃饭，会约到八点，大家聊聊天九点就吃饭了，所以大家来我家也习惯了。

曹：你们孩子现在多大？

吕：快九岁了。

曹：对孩子的教育，爸爸妈妈有没有不同的看法？

吕：孩子的教育全听他的。

曹：是吗？

吕：这次疫情，他们在网上上课，老师教各种生态、环保、空气、水，我小时候没学过。我就跟儿子说，阿瑟，妈妈教不了你，只能爸爸教。那我觉得他爸爸的兴趣爱好也比我们多，我更希望我儿子会像他爸爸。但是呢，我会在生活上面教他，我一直跟他讲，小时候妈妈的生活环境是什么样，我们那个时候很辛苦，我会跟他讲这些。我们家的孩子也属于"放养"的，这跟我个人也有关系，因为我从小在乡下就是"放养"长大的。虽然我出生在中国家庭，但我爸妈真的没有管我，我觉得我今天活得也挺好的，我没有那种"鸡血妈妈"的状态，一定要报名这个课、那个课，我儿子所有的课都是运动，我觉得挺好的。在这一块我赞同我先生的选择。

曹：他语言的交流是同时用法语跟中文吗？

吕：对，他三个语言。

曹：英文。

吕：对，因为我跟他爸是用英文沟通，但是我跟阿瑟只说中文，他跟他爸只说法语，然后上学他是英文。所以我们在家里三个人要一起讲话的时候，可能英文会多一点。

　　吕燕出生在江西的一个小山村里，幼时，家里五口人都仅靠父亲微薄的工资支撑生活，虽然并不富裕，但在父母的宠爱下，吕燕度过了无忧无虑的童年时期，谁也不会想到，简单的生活因为一个从天而降的机遇发生巨大改变：小眼睛、厚嘴唇，还有着不合群的大高个的吕燕，竟然有一天走进了时尚圈。

曹： 刚才也说了自己在乡下的成长环境是相对放松的，你能不能给我们描述一下小时候的生活。

吕： 现在我们一帮朋友聊天，说小时候上学写作业很痛苦。我回想我小的时候，真的没有特别不开心的时候，我是那种比上不足比下有余的一个学生，可能小的时候成绩还挺好的，我爸妈也不太管我。那个时候家长可能说，男孩子不可以去女孩子家，女孩子也不可能去男孩子家玩。但是我爸妈，特别我爸非常好客，我的男同学都愿意来我家玩。我们放学第一个往家冲，在家里同学可以来玩。

曹： 你爱做什么就做什么是吧？

吕： 对。

曹： 你们兄弟姐妹几个？

吕： 三个。

曹： 平时在家里头，兄弟姐妹是什么样的相处方式？

吕： 我妹是又听话、又会做家务活，然后我弟呢，从小受我们两个人欺负，我在家，我爸妈讲，就是那种比较野，好吃懒做。小的时候我爸经常开玩笑说，这女儿长大了，早早把她嫁出去。我跟爸妈开玩笑，我说你看，你要早把我嫁出去，今天没人伺候你了吧。

曹： 那时候你去报名参加模特班，是因为觉得自己身材是比较高挑，比较喜欢走T台的感觉吗？

吕： 不是，那时候我在乡下女孩子里应该是最高的，就一定要弓腰塌背才显得矮一点，才能跟大家能融入，但男孩觉得很没面子。我记得有个同学，我们当时一起在路上走，他说你走那边去，你这么高，显得我们很矮。所以在到了南昌读书的时候，女孩子也大了，觉得太像一大虾米了，真的形象有点难看，然后就去报了芭蕾舞班，想练形体，当时是因为这个原因才报名。

曹： 你还记得参加那个班做一些什么样的训练？

吕： 就是练形态、站直，芭蕾的一些动作，架腿、劈一字马。

1999 年，当很多人期待跨越千禧年、许愿好运常伴时，18 岁的吕燕遇见了她人生的转折点。这一次华丽的蜕变，是当初那个简单朴素的乡下女孩儿所意料之外的。一次偶然的相见，时尚圈大名鼎鼎的造型师李东田和有着"中国最佳时装摄影师"称号的冯海，透过吕燕的脸庞，看见了她独特的魅力和巨大的潜力。

吕燕和李东田

曹： 说起你的成长经历，就会提到李东田跟冯海，当时是什么样的情形下跟他们遇到？

吕： 当时在我练芭蕾，那个年代模特还是需要一个队的，是要有一个表演的形式，它得五个、六个人走队形。他们要去北京比赛，很难找到第六个那么高的姑娘。我就是凑数，就问我，愿不愿意去北京参加这个比赛。那我当然愿意，因为没去过北京，那个时候也很傻的，一想北京就是金光闪闪天安门那首歌。

曹： 那时候光想着去玩了，是吧？

吕： 有人出火车票，又有住的地方，去一趟北京何乐而不为呢？

曹： 当时是在这个比赛的场合碰到东田吗？

吕： 我碰到孟广美。广美很喜欢我，广美说，你不应该出国，你应该留在北京。我就真听进去了，因为那个时候她是大明星，我就觉得应该留下来。

曹： 就是孟广美那一句话，你就决定留下来了？

吕： 对，我记得那时候在北京走一场秀给个两百、三百吧。租房子，半地下室，几个姑娘一分，三百块钱一个月，我记得特别清楚。

曹： 走一场就搞定了。

吕： 那时候拍一本杂志，也有三百的，那我就留下来了。我记得特别清楚，有一天有一个中式设计师，他需要找几个模特，在城市宾馆一个咖啡厅里走秀，在那个时候我就认识了《现代服装》的一个编辑，他当时看了我的表演，他觉得我挺特别的。他说你能到我们杂志社来吗？你来见两个人，然后我就去了，就见到了东田和冯海，是这样认识的。

曹： 你还记得当时第一次见到他们俩，他们俩都跟你说了些什么吗？

吕： 当时是一个有长桌子的会议室，我进去的时候，只有冯海在那。冯海像一个大学生，胖乎乎的，特别"无公害"的样子坐在那，他也不说话，很安静，就从脚到头，从头到脚地打量你。看了一下，他说，你等一会儿，一会儿还有东田要来。东田那个时候在时尚圈里已经是很有名的造型师了。东田来的时候，整个气场就是不一样，他就像一阵风一样地进来了，叽里呱啦的，他看着我，哇！你太漂亮了！然后他手就上来了，在我脸上摸，在我脸上面拍，要怎么怎么样造型。我很淡定的，我没有说话，但心里也是很疑惑，说这个人什么意思？只是觉得这个男的怎么那么怪？当时就是这个感觉。

曹：后来怎么开始你们之间的合作？

吕：然后他们就决定用我拍一组照片，那天去就是面试。

曹：他们在决定要做那个很经典的造型之前，有没有跟你谈过他们的想法？

吕：没有，什么都没说。

曹：直接就开干了。

吕：对。我当时觉得挺诧异的，因为我到了那个地方，他们也不给我化妆，就拿婴儿油，给我抹了一脸，然后给我点特别多雀斑，黑黑的。我就看镜子，因为其实我不懂时尚圈，我说，不应该化得美美的吗？但是那个时候我觉得，他们都是中国最顶尖的，他们想做肯定有他们的道理。

曹：所以你从内心还是信任他的。

吕：对，我也没有意见，反正你说让我怎么样我就怎么样吧。

曹：之后大概多久开始有社会上的反馈，就是这组照片，在时装界，在普通的民众当中引起反响？

吕：就是那个杂志（《现代服装》）出来，当时那个杂志出来都"炸"了。

认识李东田和冯海这两位中国时尚圈鼎鼎大名的人物，成就了"雀斑百合花"的造型，当这幅海报挂满王府井大街的时候，引发了巨大的非议。但当其他人还执著在吕燕是美是丑的问题上的时候，法国时尚圈、好莱坞大导演，却接连向她抛来了橄榄枝。

曹：你想在那个时候，这完全是属于惊世骇俗的，跟中国人传统的所谓美的概念大相径庭。

吕：是的。那个时候杂志是跟国外版合作的，国外版的总监就特别喜欢，就是说一定要用这个照片做封面。那个时候杂志不多，不管是不是做时尚的人，都翻杂志。所以很多电影导演看到了，就很喜欢。东田开了一个东田造型，就用了这张照片，在王府井大街，挂一个巨大的广告牌。很多人就看不明白，北京人说，这是治"雀子"的吗？这是治雀斑的地方嘛？反正喜欢的人特别喜欢，不喜欢的人就特别讨厌。但是就是因为那张照片，我被好莱坞导演看中了。他当时在北京拍《面纱》，他就看到了街上那张照片，那个照片是会滚动的，他就在王府井大街等着，他说我就要这个姑娘，

经典造型——"雀斑百合花"

去帮我找来。然后，我正好那个时候已经在国外做模特，他们先是找到我法国的公司，我正好在时装周，我说拍戏我没兴趣。因为那个时候在欧洲你要工作，你不工作就没有生活费，住的都要花钱，我就没去。然后到了纽约，我经纪公司说有一个剧本，人家在找你，让你去面试。然后就给我发了剧本，我一看有爱德华·诺顿、约翰·卡兰。哇！

这是巨星！我说行啊！导演当时在中国，我在纽约，然后就让我去一个工作室，录了一个录像带，寄到中国来。然后就说，定了，就是你了。价格什么都没谈，也没管这个戏到底要拍什么，就说好，我就去吧。

曹： 一看有这么多大明星，肯定就去了。

吕： 那当然。

曹： 所以你是一个特胆大的人，也不管"三七二十一"。

吕： 我不怯场，你让我做什么就做，至于好不好，那就只能看你了。

曹： 你刚才说到去法国工作，当时是一个什么样的机缘跑到法国去？法国又是世界时装之都，一个初出茅庐的东方的女孩子，怎么在西方时装的巅峰舞台上寻找到自己的位置？

吕： 寻找自己的位置是自己给脸上贴金，其实就是看别人要不要你了。我就是要说到当时在北京留下来，认识东田、冯海了，他们对我特别好，推荐所有的杂志给我拍，有一天他们让我去新侨宾馆还是华侨宾馆，我忘了。我法国的经纪人来面试，就在那个酒店，她就看到我了，让我把裤脚挽起来，看一下腿，走两步，拍了几张照片，然后说你能不能留一个电话。我又不会说英文，我就把东田的电话给她了，她问就说，能不能去法国做模特？东田就给我翻译。

吕燕一家人与法国经纪人

那我当时很激动，我说好呀。然后她说等她回去，发邀请函。过了没多久，他们就给东田寄了一个文件夹，里面就有办的邀请函。我得回老家办护照，那时候我们矿区没有人有过护照，那个护照历经千辛万苦，先去镇上开证明，然后去县城的公安局，然后再去九江，反正还去了南昌，折腾一圈，折腾完了之后，终于拿到护照了。来北京办签证，我在火车上，那个心情是无比的兴奋，睡不着。护照就第一页没什么好看的。左翻来右翻去，一会儿塞进去，一会儿又拿出来看一看，就觉得很不真实。

曹：当你到法国之后，第一次走在法国的大街上，是不是有点如梦如幻之感？

吕：反正就觉得不真实，但是有一个很好的感觉，就是每天充满了希望。因为你也听不懂别人说什么，别人喜欢你不喜欢你，对你有什么要求你也不明白。每天公司给你十几个面试，去就行了。那时候对自己的要求就在于要接受一个新的环境，语言不通，每天要吃饭，就没有时间再去想别的。

曹：一点法语都不会说，你怎么去安排每天的事？

吕：我有一个快译通。我要说一句话，我会在快译通上面打，然后列两句给他们看，肢体语言比画，反正就是这么讲了。

曹：拿到的第一份工作邀约是什么？

吕：拍一个杂志，而且还是跟特有名的摄影师。摆造型拍照，然后那摄影师说，不要动（Don't move）！我说什么？听不懂。他就急了，后来想一个，停（stop）！停（stop）听明白了，就不动了。

曹：不要动没听懂是吗？

吕：对。就是那样的，慢慢开始有工作了，开始拍广告什么的。

曹：当时大概前后花了多久，觉得慢慢融入工作的氛围当中？

吕：半年吧，因为半年能说一些简单的单词了。

曹：在巴黎的那几年，从法国的时装圈学到最多的是什么？

吕：在乡下就是一张白纸，对审美是很空缺的，什么叫美和不美，其实是不太知道。欧洲有两个月的假期，他们都在度假，我也没事，就每天背个书包，去逛蓬皮杜、罗浮宫，各个博物馆、艺术馆。那个也比较便宜，我就去看，说它怎么样直接影响你，其实也很难说，慢慢地看多了这个东西，就是潜移默化地让自己进步了。

曹：那种润物细无声、潜移默化的影响。

吕：刚开始的时候我都看不太懂的。比如说朋友请去听歌剧，我都能在里面睡着的，因为那个时候还很年轻，没接触到。

曹：那你接触过的一些法国时尚界的朋友，有没有跟你谈起过，为什么他们能够接纳你，然让你在欧洲人的天下能够找到一份自己的位置和职业？

吕： 我觉得这个不是我的长相，因为对外国人来说，他们喜欢我，是因为我的个性，我觉得我很能跟他们融入。

曹： 你的个性是比较容易跟欧美人打交道。

吕： 对，因为我很直接。

曹： 直来直去。

吕： 对，他们喜欢这种直接的方式。我的经纪人对我很好，而且在巴黎的初期我很爱玩，有的时候真是玩疯了，回去很累，我经纪人有时候会帮我撒谎，她今天有点不舒服，面试去不了了。她现在就像我们家人一样，我爸妈去法国也去她家住。我在法国这么多年，也没有想过换经纪公司，不是说因为钱赚多赚少，我觉得更因为她像我家人，我跟她在一块比较有安全感。

曹： 很多人觉得做 T 台模特，是一件非常省力的事，不是就来回走路吗？来来回回在 T 台上走，对一个模特来说最大的挑战来自什么地方？

吕： 每天我们包里都要有一双高跟鞋，有一个自己的模特本，特别沉，还有地图。每天要去十几个面试，那就是在地铁里，上、下、走路、面试完了走。可能两个星期面试一百个，你一个都没面上，对自信心打击很大的。其实模特很惨的，不光有你一个模特，全世界最顶尖的模特都在那。你觉得你不错，比你不错的人多了。那个真的就是你得战胜对自己的自我怀疑。

曹： 你在那有沮丧的时候吗？

吕： 我觉得我比较顺的地方是，我的工作一直没断过。我老跟大家开玩笑说，巴黎是我的"福地"，我只要在巴黎做的事情，都能做成，特别奇怪。我当时还在做模特的时候，帮《芭莎》做时装编辑，在巴黎找摄影师、模特什么，都在那搞定。然后我给品牌代言高级珠宝的时候，做策划，特别成功。那都靠我朋友，因为我好多法国朋友，在巴黎还是比较有自己的圈子，就他们帮我请各种人，也帮我去谈，就很顺利。

曹： 所以你其实也是一个比较有心的人，除了自己走 T 台之外，你还尝试去做一些 T 台之外的一些工作，我觉得这些对你今天来做这个品牌都非常有益。

吕： 有莫大的帮助。因为我想尝试新的东西。我当时做编辑的时候，其实就是一个制片人的工作，那时候杂志没钱，给的预算特别少，那在特别少的预算里头，摄影师是多少、化妆师是多少，模特是多少，找场地，找品牌借衣服，都是我一个人干的，我也没别人帮忙，那个时候就是为我今天做策划，积累了很多经验。包括策划活动，你要承受压力。

曹：现在中国的很多超模在世界的 T 台上被大家看见，这也是近年来一个新的现象。

吕：我觉得为什么今天这么关注中国市场，是因为中国经济有了很大的发展，这个是跟中国经济密不可分的，中国市场占了一席之地，所以它要用更多的中国模特来展现，这也是人之常情。那时候中国模特少，所以机会少，但是竞争的人也少，但是同时也是因为模特多了，机会多，分的人也多，其实都是一样的。

曹：你平时生活当中是一个顺势而为，还是一个计划性、目标性都特别强的人？

吕：我比较顺势而为吧。人家都是十年八年

吕燕和曹可凡

计划，我不是。我觉得尽力就行了，不勉强，不纠结。而且我是特别不纠结的人，不行就算了，没关系，咱们换条路。

曹：你进入时尚圈这么多年，自己变化最多的是什么，不变的是什么？

吕：我觉得不变的是我对人处世没有怎么变过。变化最大的是，我以前会比较自我一点，觉得这个东西不是黑就是白，因为模特的个性就是自我，反正我一个人。

曹：把自己的事做好了就行了。

吕：对，搞好就行了，顾及不到别人。自己做了公司之后，要照顾的人很多，你会发现，灰色其实有很大一片。有的时候是需要你退一步让一步的，不用事事都去针锋相对。靠一个吕燕，十个吕燕都不行的，但是一定有一个特别团结的团队，每一个人都很重要。我希望我可以培养出几个不错的设计师，可能大家的风格不一样，但他们都可以有自己的一片天空去发展。以前我可能心里想，我一定要一百分，其实你做不到一百分，我现在给自己要求，八十分也不错了。因为你没有办法要所有的人都按照你的要求去走，这是不可能的。我觉得可能说句俗一点的，顾全大局。

曹：特别好。我们也期待在今天这样一个很注重创意的年代，看到有中国的品牌能够慢慢崛起，而且就全球的格局来看，中国时尚业的发展在全球是最快的，我们也期待你为更多中国成熟女性带来一种新的美的认识。

文字"鬼才"的创作秘密——马伯庸专访

马伯庸：畅销小说作家、中国作家协会会员，因其想象力丰富、创作手法不拘一格而被冠以文字"鬼才"的头衔。中短篇代表作《风雨〈洛神赋〉》获人民文学奖散文奖。《宛城惊变》《破案：孔雀东南飞》获朱自清散文奖；长篇代表作有《风起陇西》《龙与地下铁》《古董局中局》系列、《长安十二时辰》《草原动物园》《七侯笔录》等；在作

马伯庸做客《可凡倾听》

家当中，马伯庸属于高产者，从事写作十余年间，已出版长篇小说十余部，短篇集四部，累计创作中短篇小说、杂文散文三百余篇。在一部部作品背后，是他每日至少写作四千字的习惯和坚持，同时，他的本名"马力"，以及他的笔名"伯庸"似乎也是对自己"认真勤恳、诚实老实"的勉励。

曹： 在没有认识你之前，当我看到"马伯庸"这三个字，我以为是一个老伯伯、一个特别资深的专家。可是当我第一次跟你碰到的时候发现，啊？是位"翩翩佳公子"。这个名字据说来自屈原的《离骚》是吧？为什么取一个这样名字？

马：《离骚》嘛，"帝高阳之苗裔兮，朕皇考曰伯庸"。我是高阳氏的后人，所以也叫了"伯庸"这个名字。当时我就觉得这个名字中正平和，"伯"就是老大；"庸"就是比较平庸、中庸，"长兄为父"，看着比较稳重。

曹： 比较憨厚。

马： 比较憨的一个感觉。后来我就觉得，我很喜欢这种感觉，看着很稳当，很安全，反正骨子里也是觉得和中国传统文化的审美比较像。而且还有一个意想不到的好处，比如说，我要是起一个笔名叫"花褪残红青杏小"，你对我的印象就是一个"翩翩佳公子"。一见面，这人怎么长这样？但是我起个名字叫"伯庸"，你脑子里首先就想到

七八十岁的老头一看我，觉得比预期中还要年轻点。

曹： 我一直以为马伯庸是一个恂恂长者。

马： 这个名字还挺有意思，因为我后来查资料，在元代有一个诗人，叫马伯庸，名字完全一样，他号"石田先生"。我买了一本他的诗集，叫《石田先生文集》，他写诗写得很好，我经常抄一段诗发到网上去，说是马伯庸写的诗。有些人就说，你写的什么鬼东西？写得这么烂。因为他没有鉴赏能力。然后我就很淡然地把截图发出去，说这是元代的马伯庸先生写的。"钓鱼"嘛，挺好玩的。

曹： 我看网上很多人管你叫"马亲王"，这个雅号从何而来？

马： 这个雅号是当年我在上外上学的时候，上外旁边，大连路上面有一个网吧，叫"上外小屋"，其实是在东体育会路上面，我去那上网。那会上网特别贵，20块钱1小时。我当时每个礼拜，攒一个礼拜的早餐钱去上网，一个小时每周，认识了很多朋友，那时候大家都年轻，都喜欢在网上给自己封各种官职，当时我认了一个妹妹，这个妹妹现在也很有名，叫"萧如瑟"，她就自称是"女皇"。后来我就跟她说，我是你干哥哥，那我算什么？她说，那你就算"亲王"吧，所以后来就叫出来了，叫出来之后，圈子越来越大，包括我妹妹也越来越有名，我也越来越出名，后来大家都随大流，其实好多人已经不知道这个是怎么回事了。

　　刚刚出版的小说《两京十五日》，是马伯庸的最新力作，讲述明太子朱瞻基从南京奔赴北京继承皇位的十五日历程，该作在对史实严谨考证的基础上，进行了大胆丰富的艺术创作，颇受读者喜爱，首印50万册短短20日就全部售罄，其人气指数可见一斑。

曹： 非常高兴又收到你的这本新著《两京十五日》。先给我们说一下，为什么想到写这么一段历史，写这么一个太子？

马： 因为我当时在查阅明史的时候，看到一段记载，讲宣德皇帝，他当太子的时候去南京出差，到了南京忽然发现他爸洪熙皇帝在北京暴毙，传来急报。这个时候他的叔叔朱高煦想篡位，所以他必须从南京以最快的速度返回北京。当时明史就大概记载四十多字，写了日期，几月几号，从哪出发，最后几月几号到北京。我算了一下路上大概十五天。然后，我就觉得，他要是登基之后跟叔叔怎么斗，那属于"宫斗"，没什么意思。但是这十五天路上怎么走，就很好玩。尤其是历史上又记载，他叔叔确实是派了人在半路拦他，但是没拦住，我就觉得这一段故事应该很好看。

《两京十五日》

曹：其实是给你提供了一个舞台、一个想象的空间。

马：没错。而且我算了一下，从南京到北京，以最快的速度回去，骑马是不行的。骑马是正常的急报，快递八百里，一匹马一口气跑完，下面换另外一匹马，但是人也得换。而这个太子是不能换的，他不可能像正常的急报一样，一匹马接着一匹马这么跑，唯一能够及时回去的办法，只有坐船。坐船走的是哪儿呢？京杭大运河。

曹：所以实际上当时水路是唯一的交通航线。

马：交通快路。而且京杭大运河本身又有特别丰富的文化内涵，沿途的这些风光、人情，包括大运河上面的很多建筑设施，都很有意思。所以我就觉得，借这个故事可以把京杭大运河捋一遍。

曹：可以写成一个"明代清明上河图"。

马：没错，清明上河图。

曹：把各地的风俗人情，把你对历史的想象全部容纳在里面。

马：对，所以我觉得这是一个特别好的机会，既有一个足够有张力的故事，同时又能够有一个足够广阔的舞台。

曹：相对过去那些大家比较熟悉的你的著作：《三国机密》《古董局中局》，以及前段时间火爆的《长安十二时辰》，这本书跟以往的这些作品最大的不同是什么？

马：我觉得最大的不同在于，我第一次尝试写一个在广阔空间下的一个故事。以前的故事，比如《长安十二时辰》，它就是在长安城里面，一天一夜之内发生的事情。但这个是十五天的故事，从南京到北京，路程大概两千两百多里地。因为咱们传统的历史小说，很少有在局限时间内，在局限的空间下发生的故事。所以我觉得可以尝试一下。

曹：我发现这几年，大家似乎对明代有非常浓厚的兴趣，包括当年明月写的《明朝那些事儿》，除此之外还有很多人写了有关明朝的故事。为什么大家突然对明朝那段历史发生如此浓厚的兴趣？

马：我没法代别人来说话，但是就我个人而言，明朝是一个非常有魅力的朝代，不光有正面的魅力，也有反面的魅力。明朝对我来说最好玩的一点就在于它是极其复杂的，我们从皇权角度可以有很多解读，比如说以前的皇帝，咱们最多就讲讲他们征战四方，或者是英明神武，或者比如像隋炀帝，咱们编排他们各种坏事做尽，但是明代的人们看皇帝是像看一个演员的心态，比如正德皇帝下江南和李凤姐的故事在民间的流传。

曹：京剧传统剧目《梅龙镇》。

马：《梅龙镇》被传了多少回，已经完全超脱了这个皇帝是好是坏的问题，我们关心的是我们能编排这个皇帝多少事。

曹：所以留下了这样的戏。

马：明代是一个非常有现代性的朝代，我们现代人在看明代的时候会有一种亲切感。然后，从士权角度又有很多解读，举一个最简单的例子就是中国人对考试的狂热，对科举的崇拜，其实是从明代开始的。在这之前，唐代科举是开头，主要是门阀、贵族的争执，北宋相对开始慢慢开放起来了，到了明代科举才真正变成中国人心中一个完全无法逾越的情结。这个情结不用说了，现在大家都很熟，我们高考的第一名都要叫"状元"。而且还有明朝的市井文化非常发达，像《金瓶梅》《西游记》《三国演义》都是那个时代出来的。另外，明代的复杂性也给它提供了一个非常高的思想深度，王阳明、黄宗羲这些大家提供的著作、想法，实际上也给我们带来很大的启发。我一直认为，明代是古代中国的一个高光时期，同时它又是现代中国的一个萌芽。

曹：其实从《长安十二时辰》之后，读者就在期盼着你下一本的新作，自己觉得从写作的心态来说，从《长安十二时辰》到这本《两京十五日》，自身有一些什么样的变化？

马：当时写完《长安十二时辰》的时候，我很害怕。因为《长安十二时辰》确实很成功，我很担心。

曹：而且是太成功了。

马：担心什么呢？我觉得这本书太成功了，不如再来一本。重复自己，是我最害怕的事。所以说写完《长安十二时辰》之后，我果断地没有再继续写小说，出了另外一本书叫《显微镜下的大明》，史普类的书。它讲的是我在明代挖出来的六个小案子，梳理、考证，最后出了一个肯定没有小说的可读性那么高的书，但是第一，它奠定了我对明代历史的一些基本了解；另外一个也让我自己冷静一下，不要一下子被成功冲昏了头脑，然后去随波逐流。写完那个之后，我说再写一本明代的吧，这回可以写个小说了。所以后来就有了《两京十五日》，这个和《长安十二时辰》出版之间已经隔了四年。

《长安十二时辰》中雷佳音剧照

曹：我们刚才说到《长安十二时辰》，这部作品可以说达到了火爆的程度。现在看来，你觉得为什么这本书会得到这么多读者，甚至后来改编成电视剧以后，引起观众如此强烈的反馈？

马：我觉得最主要的原因还是在于它和我们传统概念中的历史小说不太一样，我们传统概念中的历史小说，像姚雪垠先生的《李自成》，徐兴业先生的《金瓯缺》，包括还有一些其他著名的历史小说，比如二月河先生的。它是慢慢悠悠的，事情在一个一个发生，两个人谈话也是慢慢悠悠的。实际上《长安十二时辰》是一个节奏特别快的故事，它只是在一天一夜，在一个封闭的环境下发生的事情，是西方类型小说的套路。那么我把西方类型小说的套路和中国古代题材结合到一块尝试一下，有一些意外的火花出现，读者看起来比较新鲜，我觉得这可能是大家评价比较高的一个原因。

曹：据说这个灵感也是从一个并不起眼的帖子延伸出来的，是吧？

马：对，很多灵感都是在网上和别人交流的时候迸发的。当时有一个游戏，一个刺客在国外的比如君士坦丁堡、意大利的罗马这些地方跳来跳去，到处去"刺杀"别人。当时就有人问说，如果这个故事发生在中国，那么应该选在什么时候？我就在想，这是个好问题。如果对城市的要求非常高的话，那么我觉得长安城特别合适，"盛唐长安"。那我在想，主角是不是李白会更好？所以当时就写了一段。写李白是一个刺客，在长安城里面来回跳、来回打、来回走。写完之后意犹未尽，反响很好。我觉得只是写一段太可惜了，不如把它扩成一个长篇，那要重新规划，首先我查了一下时间，设定在天宝三年，李白不在长安城，而且李白这个人物太伟大了，我不能去写他，所以就换了一个角色，把故事也换了，慢慢的就有一个新的故事从一个"脑洞"诞生出来了。

曹：你现在回看起来觉得自己这本书，哪一个桥段是最喜欢的？

马：别人问张小敬，你为什么要这么忙活？你是个死囚犯，临时被拽出来拯救长安城，你何必这样？他就说了一段话，他当了十年的"公安干警"，城里有很多普通老百姓：卖骆驼的、卖金鱼的、跳舞的、唱歌的这些人，每一个人他都能数得出来，保护长安城不是为那些皇亲国戚，就是想保护这些普通老百姓过着普通的生活，那么才做这个决定。这段我当时写的时候也是灵感突发，因为需要给这个角色找一个落点，这个落点一定要和我们现代人有声气相通之处，所以说就选择了这么一个方式。其实他的思想是典型的现代人的思想，现在我们讲究人人平等，每一个人的价值都需要尊重，但是在唐代，这种想法实际上是很少的。

曹：这本小说六十多万字，花了多少时间写完的？

马：差不多写了一年，前期准备可能还得加半年左右，搜集资料。

曹：写的时候，脑子里是不是会把文字上的扁平的形象自动地在自己大脑当中生成一个立体的影像？

马：很多人说画面感强，就是这个原因。我在写的时候，我的脑子里存在一个摄像机，这个摄像机会带着读者拉近、拉远、横移，或者是慢镜头、慢动作，我会有一种镜头的意识感在里面。

曹：当你小说的版权出售给片方以后，还会不会后期介入到影视剧的创作？

马：不会了，完全不介入。我一直觉得这个就像嫁女儿一样，女儿嫁出去了，交给了她的选择，或者别人选择的人，那么小两口就过他们的日子就完了。作为家长，不要老扒着门，你今天怎么样？招人烦。而且咱们回过头说，小说跟影视开发是两个完全不同的语境，小说的表达方式跟剧本的表达方式也完全不一样，这是两种专业，所以我觉得要充分尊重专业，交给专业的团队来做，每个人只是做自己擅长的事。

曹：你现在看起来，觉得雷佳音和易烊千玺这两位演员对你笔下人物的诠释，能不能达到你写的时候对人物所赋予的那种情感？

马：对，不光是符合，甚至有些升华。选定他们两个人的时候，我会觉得有点疑惑，因为在当时我刚看完雷佳音的《我的前半生》，"前夫哥"是一个很温柔、很善良的人。易烊千玺当时年纪比较轻，我就在想他们两个配这个形象合适吗？结果后来发现导演到底是导演，曹盾导演选角的功力还是厉害。选定这两个人之后，雷佳音一下子就颠覆了他原来的形象，就是一个糙汉、一个硬汉。易烊千玺就是一个心高气傲的年轻精英，这两个人完全达到了，都很恰如其分。

曹：据说在雷佳音之前，有很多其他的演员都憋着一口气想争到这个角色。

马：这个我听说了，但是最后可能是觉得雷佳音体能比较好。因为当时我跟导演聊天，导演也问我心目中谁比较合适？我说重点不在于谁合适，是谁有这个体力能把这个片子拍下来。我虽然是外行，但我能想象得到，这个片子里面大量的动作戏，一部电影的动作戏就已经很折磨演员了，一个四十八集的电视剧从头跑到尾，对雷佳音来说，包括说对任何演主角的人来说，这是一个多大的挑战？

曹：在今年上海电视节白玉兰奖的候选名单当中，这个戏有六项入围：最佳电视剧、最佳导演、最佳编剧、最佳男主角、最佳摄影、最佳美术。你觉得为什么无论是观众还是专家，都会对这样一部网络剧给予如此大的肯定？

马：我觉得服、化、道的精致，剧本的故事，包括演员的演技，这些都是重要因素。但是归根到底，我觉得它的成功之处在于，它唤起了中国人的一种情怀，一种对传统文化的热爱，从最小的一个例子说，里面有一条狗，曹盾导演特意找了一条中国的细犬，不是国外的哈士奇、狼狗什么的，而是真正属于中国古代的犬，中国传统的田园犬，如果我们看古代壁画，二郎神带的哮天犬就是中国细犬。而且最重要的一点，它是发生在盛唐的长安城，盛唐长安城实际上是海纳百川、多元文化彼此冲撞，而且有极高的文化自信，每一个人来到这之后都会成为我的文化的一部分。

曹：而且唐朝其实也是中国历史上最开放的朝代，那个时候差不多有上万外国人居住在长安。

马：没错，实际上盛唐的长安城就像现在的大都市，像现在的纽约、现在的上海、现在的北京。

曹：国际大都市。

马：没有区别。各地的国际友人都能看到。这种感觉我觉得是盛唐长安城能体现出来的气质，而这种气质实际上也是现在我们中国人能够亲身体会到，同时也能够希望有文艺作品产生共鸣的。

曹：你的文学作品最早成为影视作品的是不是《三国机密》？

马：对，《三国机密》是第一个。

曹：第一次看到自己的文字能够变成立体的影像，从原作者的角度来说，是一个什么样的感觉？

马：就是有一种熟悉的陌生感，所有的人物，所有的故事，包括一部分台词都是我写的，但是我看他们演出来的时候，和我想象中的不太一样。从那个时候我就能感受到，什么叫文字作品，什么叫影视作品，这两者之间的区别在哪。

曹：大家都会认为《古董局中局》是你写作当中一个重要的转折点，对你个人而言是有点划时代的意义，当时是怎么想到写《古董局中局》这个题材的？

马：《古董局中局》是一个很有意思的作品，在当时正好鉴宝节目很流行，我也喜欢古董，有时候会看。我就在想，每一件文物背后都有一个好故事，那我想写这么一个故事。开始动笔的时候，我又在想，这个故事既然是属于中国的传统故事，又非常市井，它能不能具备一些要素在里面。以前我写东西抠字酌句，一句话的主谓宾写得又有创意、又美、又带有诗意，又有节奏感，但是在《古董局中局》里，我第一次尝试了口语化的写作，不再斟字酌句，而是专注于故事本身。那么从结果来看，很成功。而且最有意思的一点在于，我的很多粉丝跟我讲，他们一开始看《古董局中局》，根本不相信是我写的，会觉得是不是代笔？看了一段先搁在那了，冷静一下再说。搁在那之后过两天找不着了，去哪了？原来爸妈在看。《古董局中局》让我多了很多中老年读者，他们很喜欢看，而且看完一本，催着问下一本在哪。很多我的读者去签售会，都是代爸妈要签名。所以我后来发现《古董局中局》算是一个"破圈"，不再局限于我身边的一批读者，而是扩展到更广阔的领域。

曹：通常你写作是什么样的状态？比如说选择的环境，选择的时间有没有讲究？

马：我这个人比较"变态"。

曹：怎么"变态"法？

马：我最喜欢吵闹的地方，一定要特别吵，安静的地方我写不了。之前有人请我去杭州，在西溪湿地给我找了一幢别墅，那别墅环境非常好，他说你坐这写吧，我玩了三天游戏机，最后回去的时候在萧山机场候机厅里，咔嚓咔嚓开始写字。就是我的习惯一定要特别吵，而且是不规律地吵。就像一直在嗡嗡的这种声音，或者下雨的声音，对我来说不够，一定要"重口味"的。就是在上个礼拜，我当时特别高兴，发了个微博，我说我找到一个完美的地方，旁边是一个建筑工地正在打地，咣咣咣咣一下，过了一会儿咣咣咣咣又一下，背后这个商城又在装修，旁边就是一个中央空调的出风口，三个声音，一会儿咣咣咣，那边哒哒哒，这边风嘟嘟嘟出来，我坐那就觉得，哎哟！太舒服了！灵感勃发，那天我一上午一口气写了三千多字。后来我拍成视频发给别人，人家都说我是个"变态"。

曹：我觉得如果旁边还有两个大姐或者大妈在吵架，你是不是就可以写六千字了？

马：哎！非常好！我喜欢去咖啡厅就在这个原因，因为有周围的人在说话。有的时候我起得很早，咖啡厅十点多才开门，我八点钟起来，这两个小时去哪呢？我会给我朋友打电话，我说我能去你公司吗？给我找一个工位，靠近厕所或者靠近会议室。你别管我，我就坐那自己写，你们该吵架吵架，该做生意做生意。

曹：我听说你还曾经去过学校，坐在人家教室里头是吧？

马：对，有的时候蹭到学校去。我去大学做讲座，比如说晚上七点钟做讲座，我三点钟就到，他们给我接待去会议室，我说不用，给我找一个自习教室，最好有课的。我进去之后打开笔记本，坐最后一排开始打字，写着写着发现周围的人进来了，甚至有的时候，还会被老师叫出来提问。

曹：真的？

马：对，有一次我在武汉就是。

曹：上什么课？

马：还好，运气特别好，那次我上的是近代史公共课，我心里想这个我答得上。

曹：你还记得问你什么问题？

马：就是辛亥革命的意义，我"咣咣咣"发挥了很多，但是离正确答案还有点差距。

曹：其实你刚才说每天写作的量是非常大的，这是传统作家不能想象的，每天差不多有三四千字？

马：对，每天四千字。

曹：是全部谋篇布局想好，还是说倚马可待，大致有个框架，写着写着人物慢慢会出来。哪种状态比较多一点？

马：应该算是第二种。我一直把写作比喻成登山，远远地看着一个山顶，我知道我最终要登上这个山顶，但是这个山顶和我之间有大量的丛林，不知道哪有沟壑，哪有峡谷，但是我一步一步往前迈的时候，我会仔细看前面是什么情况，再临时做调整，但是大方向永远是对着那个山尖。所以不是事先都规划好，做一个非常精密的计划，然后实现。写作还是靠冲动。

曹：我觉得你写作一个很大的特点，就是把枯燥的历史变得更加生动、有趣，但实际上这是一个冒险的行动。因为很多对历史熟悉的人，或者对历史有"考据癖"的人会来跟你较真。但如果你太拘泥于历史的话，就变成一个历史研究了，不是小说。这两者之间的把握，如何进行？

马：其实影视圈里有一个特别流行的原则，叫"大事不虚，小事不拘"。"虚"是指虚构，就是历史的大事，我们不去改变它。"小事不拘"是细节上我们可以发挥。比如像写《长安十二时辰》，我不能最后把唐玄宗弄死，因为人家没死，人家还活着，而且活得好好的。也不能把元载弄死，人家后来还当了宰相。那这种情况之下，首先尊重历史，我不去改变它，不去写一个穿越回去之后，改变历史的故事，历史的大事永远是这样定住的。那么我的乐趣，也是最艰难的地方就在于，在这些历史的空隙中找出一些事来，找出一些历史中没有记载的空

《长安十二时辰》中易烊千玺剧照

492

间，把它们发挥出来。

马伯庸写作的爱好，与他童年和青少年时期的经历相关，少年时因为父母工作的原因，他总随之到处迁徙，身边没有固定的玩伴，马伯庸不是自己跟自己玩耍，就是待在家里看书，但这一系列经历，也丰富了他的眼界，让他对周围的一切都保持着极高的好奇心，所以，也才有了今天这般扎实的文学功底、天马行空的想象能力和对未知的无穷探索欲。

曹： 你是从网络写作起家，但这几年也得了一些传统文学类的奖项，比如朱自清文学奖、人民文学散文奖。过去大家认为这些好像都是传统作家应该获得的奖项，你作为一个从网络新媒体入手的写作者，怎么去看待那些传统的文学的奖项？

马： 就是以网络为平台写作，和传统的以纸稿和杂志为平台写作，本质上没有任何区别。但是网络有一个好处，发布的门槛无限降低。20世纪80年代至90年代初，少数的人才能登上省级文学刊物，极少数的人登上国家级的文学刊物。但是在网络时代，随时都可以发，任何人都可以发，写不完也没关系。而且写完之后实时有反馈，发出去二十分钟之内，你就能看到回帖了。这种情况之下，对写作是一个极其严苛的训练，你稍微放松一点可能就被淘汰了。我原来写很多都是比较好玩的，没有任何文学上的追求。但是写多了之后，自然而然会开始思考，这个事情我想表达什么，情怀在哪？实际上这个时候已经进入到正统写作的范围内。所以说后来侥幸得了一些传统文学奖。我觉得任何写作都是殊途同归，最终都会走到一块去。

曹： 你在刚开始起步写作的时候，受哪一些作家的影响比较大一点？

马： 比如说像王小波先生、老舍，这是国内的。那么国外的像马克·吐温、儒勒·凡尔纳、茨威格，包括英国的毛姆、莎士比亚。从立意、从人物的塑造、从语言丰富程度、从对历史的解构种种方面，我觉得每个作家都有值得学的一面。

曹： 你是从什么时候开始发现自己迷上写作，而且觉得自己在写作方面的确是有潜力的？

马： 对阅读的爱好，从小就有了，写作的契机还真是跟上海有着非常密切的关系，当时我在上外念书，原来上网是去看东西，但是看东西有一个问题，太费时间了。我只有一个小时，不可能都看完，怎么办呢？现在的孩子可能已经不知道软盘是什么东西了，我那时拿一个软盘，把小说拷贝下来，拿到学校机房，一块钱一个小时，插进去，打开，看。看完之后回家，很开心。有一次我拷贝完这个文件，放在机器里一打

青年马伯庸

开，只有上半面，下面全变成乱码了，磁道可能受损了。我很沮丧，再想看新的要等下个礼拜了，不像现在随时上网就有。我不小心碰了下键盘，因为输入法有联想，后面打了几句话、几个词，和前面就接上了。我忽然发现，这个字是我打的，但是跟前面这个句子就能连成一句完整的话，好像是一个小说又往下发展了一段。我说那我再试试，又打了一段话，觉得看起来还挺通顺的，又往下打，又往下打，结果发现很有意思，比看别人还好玩。所以从那以后，整个生活的节奏就改变了，不是每次去网上拷贝东西下来，而是每天在机房打字，打一个礼拜的字，那个时候打字也慢，写一段东西，周末的时候去发到网上，下一个礼拜再过来看回帖。对现在的年轻人来说简直是不可想象的慢节奏。

曹：现在年轻人看就是"原始社会"。

马：对，真是"原始社会"，"从前慢"。

曹：比如说这个礼拜发上去，下个礼拜去看回帖的时候是一种什么样感觉？通常有一些什么样的回复？

马：现在的人简直无法想象，那时候我看到回帖会脸红、心跳。

曹：真的？

马：就好像跟女孩子告白一样的感觉。网上这些从来没见过的人，竟然给我回帖了，跟我说话了，特别激动。而且那个时候网络风气也比现在好，如果大家稍微发生一些争吵的话，会给你发一个邮件，发一个电子贺卡，贺卡会安慰你，说之前说得太激动了，请你不要介意，我们还是做好朋友。特别纯朴。

曹：听说你小时候读书是属于那种特别偏科的孩子，是吧？

马：对，偏科。反正数学特别差，语文还行，但不能说好。

曹：是不是当时在课堂上就爱写作？

马：这就说到刚才一个话题，刚才您不是问我，为什么在特别吵的地方写吗？后来追根溯源，就是因为我在中学的时候，喜欢在数学课上写东西，因为数学课我听不懂，也不爱听，怎么办呢？我在桌洞里拿一个小本，趴在这开始写，写得非常沉迷。时间长了我就养成一个习惯，如果周围很吵，说明老师在上面讲课，大家在听课，在热烈讨论，我就很安全。什么时候写着写着，忽然发现周围极其安静，针尖掉下都能听见声音的时候，肯定事情不妙了，老师一定站在背后冷冷地瞪着我，看我什么时候发现。所有同学都会同情地朝我这望过来，极其尴尬的一个场面。所以从那以后，当我发现周围很安静的时候，我的内心就会很不安，落下的童年阴影。

曹：你现在所谓的"变态"，实际上是在那个时候落下的"病根"。

马：童年阴影。

曹：我觉得挺有意思的，你从小到大，迁徙的地方特别多，先是在内蒙古，然后桂林是吧？

马：对，桂林。

曹：然后到上海。

马：海南、广州都去过。

曹：然后又去新西兰读书。因为你还很年轻，在从小到大的过程当中，可以迁徙在不同的地方，这点对你后来写作是不是也是挺有帮助的？是另外的一种经历。

马：对，非常有帮助。因为转学多了，就有一个最大的问题，你没有朋友，你可能还没来得及跟大家深入交往就转学走了。转学一多，有的时候连同学都认不全，就已经走掉了。

曹：对。

马：这种情况之下也没人找我玩，人家也不认识你。那怎么办呢？自娱自乐，在家里自己待着，自己看书，自己玩游戏。甚至说因为经常搬家，坐在火车上三十几个小时，我干嘛呢？趴在车窗上，看外面的雨滴，滴在车窗上的形状。想象它是一个什么东西，一吹过之后还有一个动画效果，它会不会是一个什么变化。所以在那个时候我给自己发明了很多自娱自乐的思维游戏，给自己解闷。

曹：对一个孩子来说，会不会觉得有点孤单？

马：对孩子来说没想那么多，不会觉得我

童年马伯庸与父母

没有友情，跟社会没有联系，就是觉得无聊。我一个人，没人跟我玩，那怎么办？

曹：自己跟自己玩。

马：自己跟自己玩，所以有的时候就有点像精神分裂的那种情况，我想我是谁，我想我还是谁，两人会对话，其实写小说就是精神分裂。

曹：对。

马：这种情况时间长了，有时候老师也问我爸妈，你们家孩子是不是有点问题？也不好明说。我妈说什么问题？他走路的时候在自言自语。

曹：还有表情和动作吗？

马：还有表情和动作，一边走一边想，确实有点跟神经病一样。

曹：对，所以老师会觉得很紧张。

马：对。

曹：爸爸妈妈那个时候跟你聊过吗？

马：问过我，我说我这写东西，琢磨东西呢。他们说，那就行了。我爸妈特别好，我一直心存感激，他们从小到大没逼过我，学习不好也没强迫我一定要学成什么样，表现有点古怪，也没给我拽到医院去矫正。家里买足了书，随便看，包括当时没多少人有电脑的时候，他们就给我买了一个电脑，我也特别高兴，在家里天天玩游戏，也没人管。他们对我就是放养，和"走地鸡"是一样的，屋里随便溜达，没有加以限制。所以我觉得能有今天的成就，跟他们也有关系。

曹：你原来在外企工作过一段时间，是什么样的原因促使你成为一个职业的作家？就靠写作为生。当然这个对你来说好的一面就是可以自由驰骋，可能也有一些不好的，就是朝不保夕，生活处在一个不太稳定的状态。

马：做了十年的上班族，在本职工作之外，我也一直在写书、在出书，当然那个时候出书就是印个几千册，一万多册就到头了。我都送给我的同事和老板，他们就知道我这个人写东西好像比较擅长。老板有的时候说马上要去做一个演讲，要去做一个报告，但是没时间自己弄了，把要点给你，写成一篇稿子。我说可以，没问题，然后马上就写出来，写得很快，质量也很好，不惭愧地说确实质量还好。所以后来老板就觉得还挺好，就又让我来写，我帮我们部门领导写，然后帮我们大部门的总监写，最后一直写到中国区总裁，后来就变成了，一方面我做市场方面的工作，另外一方面，我就有点像秘书。

曹：文秘。

马：或者用更精准的一个词，叫做"司礼监秉笔太监"。皇上就说了句："我把这事办了"，这是口语，但是你要写成报告，必须得写成文言文，四句骈文，"骈俪四六"，我就干这个。帮他们把这个PPT也罢，报告也罢，写得非常完整，要提炼出观点，最后还要总结。这个工作就很有意思在于，别人干不了。而且对我来说，我是一个特别怕麻烦的人，老板说给你升个职。我说不要给我升职，你给我涨点工资我接受，升职了就要管人，管人我不愿意管。

曹：你希望待在自己的舒适区。

马：对，待在一个舒适区。其实我运气很好，那儿的老板，企业文化都特别好，容忍我在那待了十年。待了十年为什么辞职呢？原因也很简单，就是因为我算了一下版税收入，比我的工资收入要高多了，非常现实的一个理由。后来去跟老板聊的时候，老板还说要不要给你涨一点？我说别涨了，算算看涨也没法涨，我就辞了算了。

曹：你现在算是落户在上海吧？

马：两头跑，北京、上海都待得比较多。

曹：上海等于也是你非常重要的一个生活的城市。

马：对。

曹：你也跑过这么多的城市，上海在你作为作家的眼中，是一个什么样的城市？

马：我去过很多古都，比如西安、南京、广州，包括北京，这些城市我感觉的是一种文化气息的厚重。上海的古迹也很多，这些古迹实际上是跟中国近代史有着密切的关系，那上海的近代史实际上就是一个中国现代化的过程。比如说我有一次去城隍庙附近，那边有一个古迹叫"四明公所"，是当年的宁波会馆，而且是跟法租界曾经发生过很剧烈的冲突，为了维护自己的权益，坚持了自己的立场，导致法租界在这就没迁走，算是一次小小的胜利。我每次来上海，都会到处去看一些古迹，这些古迹也非常好看，每一个背后的故事都非常好。

曹：最后还有一个问题，也挺有趣的。网上有个段子说，马伯庸教你如何和别人聊自己没有看过的书。

马：因为现在人们不可能把所有书都看完，但是有些书很流行，又不得不聊，不聊的话就显得自己很没文化。那怎么

马伯庸和曹可凡

497

办呢？针对这一部分需求，我当时写了一篇文章，叫做《怎样评价一本你没读过的书》。这个里面有很多技巧，你要知道这一本书，如果你没看过，别讨论剧情，你不知道，别讨论它的思想意义。讨论文笔，文笔这个东西虚无缥缈，怎么都能聊得出来。你拿着这本书说，你这个文笔很好，介于粗犷和细腻之间，这是一个很微妙的表达。仔细想想，这句话一点信息量没有，但是会让人觉得，好像这本书很有意思，说这话的人是真看了，而且有些思考。其实就是一些社交技巧。

曹：非常有意思。看你的书，再听你今天聊创作背后的故事，特别受教。我们也希望你这本书能够大卖，希望根据这个书所改编的剧集可以赶紧出来。

读书是一辈子的事——樊登专访

从工科"学霸"，成为远近闻名"讲书人"，樊登的经历颇为传奇。毕业于西安交通大学材料专业，又相继获得管理学硕士和电影专业博士，之后又在央视担任策划与主持，同时，也在大学任教。由于从小热爱阅读，兼有口吐莲花之口才，创办"樊登读书"，开创网络知识付费先河，如今已拥有数千万用户。

樊登

对于"樊登读书"，他将其视作教育，而非商业，因其终极目标在于改变，而不是迎合。而今，当可凡遇见樊登，会碰撞出怎样的火花？

曹： 对于普通人来说，读书可能就是一种业余爱好，你现在可以把自己的爱好和自己的事业结合在一块儿，是不是也是一件特别奇妙的事？

樊： 我发现好的事业可能都是这样，因为我研究创业，创业里边容易成功的就是你本身并不是特别想靠这个事赚钱的。像扎克伯格，他去做这种网站，他的目的是为了能够更方便地交流。像日本那个"寿司之神"，从小就学这个，就觉得把寿司做得特别好，这是一个梦想，必须的。所以当你对一个事产生了这种热爱，你自然而然去做它，这个本身并不奇怪，然后做着做着，你发现了它的社会价值，发现了它能够帮到更多的人。我以前在做樊登读书之前，一直有一个习惯，就是我读完一本书以后，有时候会写一个PPT，我觉得这书写得特好，写个PPT吧，把这个书就整理出来，整理大概两三千字或三五千字那么一个东西。整理完以后，方便我回头再看，有时候因为我讲课，我那时候是大学老师讲课，我要引用这个书里的东西，我就会用PPT，直接就用了。后来有一次我去被人请到一个地方讲课，我以前讲的主题都不合适，我过去讲领导力、讲营销，在那上面都不合适。我就说干脆给你们讲本书，我就挑了本

499

书，我记得是《疯传》那本书，是一本关于传播学的书，那本书在论坛上讲了，结果反响特别好，比我讲我特别熟的那些课反响还要好，大家就纷纷买那个书，很多人就买那个书。我就意识到说可能这个社会上很多人是需要别人告诉他哪本书比较好，因为书不像衣服，衣服这个东西，每个人会有自己的品位，会有鉴赏力，一看橱窗试一下就知道了。但是书这个东西，放在书架上，如果完全无感的话，你根本不知道该看哪一本。所以为什么我们会运作的人，运作图书的人，他们就买堆头，书店前面买堆头，网站上买榜单，买前几名。这个其实对于大量的普通人来讲，是一个障碍，见不到好书，不知道什么书值得看。所以我就觉得既然有那么多人可以给人推销保险，有那么多人可以给人推销珠宝，可以推销汽车，为什么不能推销书呢？把最好的书推销出来，让更多的人看到，这就一步一步地走到这件事上来。

1976 年，樊登出生于陕西一个知识分子家庭，父亲是大学数学教师，母亲是小学语文教师。樊登自小是学霸，却也是一个坐不住凳子的小孩儿，爱跑爱动，还经常让父母和老师非常头疼。

曹： 你现在回想起来，自己的这个成长经历，是不是小的时候就养成这种读书的习惯？或者说父母因为知识分子，是老师，就比较有意识地培养你那种阅读的习惯？

樊： 其实没有，我爸爸是不让我读书。

曹： 为什么呢？

樊： 我爸爸是个数学教授，所以他学得特别奇怪，他到现在都很奇怪，我一直觉得我爸是个很怪的人，很好玩。他反对我读任何数理化以外的书。

曹： 是吗？

樊： 比如说我初中考试，我记得很清楚，我初中历史考了 45 分，地理考了 56 分，分我都记得，两门课考完回来不及格，我拿给我爸，两门课不及格，我爸看都没看，我爸说数学呢？我说数学 100 分，行。我们家族聚会的时候，我爸还特得意，跟别人讲数学 100 分，

樊登参加"1999 年国际大专辩论会决赛"

历史、地理不及格，挺好。他根本不认为文史哲重要，他就相信学好数理化、走遍天下都不怕。

曹：我父亲其实也信奉这个信条，但是他很奇怪，他是个化学工程师，可是他的爱好是在文史哲。

樊：我们家没这氛围，我们家书架上就没有这样的书，所以反过来这个叫作反脆弱，我讲的《反脆弱》那本书里面讲的哲学，在我们家读好书变成了"禁书"，"禁书"有一个特点，很有吸引力。所以我看小时候儿童文学、少年文艺，什么金庸的小说、古龙的小说，或者是《红楼梦》这样的东西，都是偷着看，都是藏在桌子底下。

曹：如果父亲发现的话，会苛责你吗？

樊：没收了，还骂一顿，打得倒不多，但是会骂，会觉得你老浪费时间，老干这个事。我在他面前，就只能做数学题，物理、化学，背英语，就这几样。我小学一年级过生日，我妈送了我一本字典，《新华字典》，送你这个。我说送我这个干吗？她说你有了这个字典，你就可以看任何书，因为任何一本书有不认识的字，你查这个字典就能够查得到。

曹：这个和我家差不多，我爸送我一本英文词典，我到现在还在用。

樊：你那洋气，你现在还用小时候的英文词典？

曹：对。

樊：我的天，我已经找不着了，不知道上哪儿去。

曹：封皮不见了，但是我现在还在用。

樊：拿钢笔在边上画ABCDEFG。所以我觉得这是和父母的关爱有关系，而不是和引导有关系，他没有引导我读这些东西。

曹：你小时候记忆当中，哪本书对你来说，你看了印象特别特别深，可以触动自己？

樊：我读东西，最早都是读那些不花钱的东西，在这儿捡到一本，在那儿找着一本，有时候逛旧书店，两分钱或者一毛钱买一本，就那种。所以都是小部头的，我记得我上初中读了一本特神奇的书，叫《静坐、修道与长生不老》。但这书的作者很厉害，是南怀瑾先生，南怀瑾先生有这么一本小书。我走到旧书店里边，还能长生不老，这不是迷信吗？我就买了这本书回家看，我以为是武侠小说，回家看，看完以后觉得挺有意思，就开始对国学感兴趣。我就记住南怀瑾这个名字，然后就开始读南先生的《论语别裁》《孟子旁通》《老子他说》《金刚经说什么》，我觉得真是挺莫名其妙的，我的阅读是从《静坐、修道与长生不老》开始的。

曹： 你后来读材料学这个专业，是自己想要去读，还是父母的想法？

樊： 这个太逗了，我舅舅是读材料学的，他是82级的，我是93级，他也是西安交大读材料学的。我上大学的时候，因为考的成绩，当时我觉得考不上，高三一年在读金庸，我把金庸的小说高三全读完，考试下来物理不及格，高考物理不及格、政治不及格，两门不及格。所以我当时一看，完了，今年肯定考不上，我估分估了507分，我们上一年的本科线是540分，我只估了507分，我说肯定完蛋，上不了了。结果第二天到学校去一说，他们都估400多分，后来成绩发下来，我考了509分。

曹： 估得很准。

樊： 对，很准，连作文分都没差多少。但是那一年高考的重点线才460多分。

曹： 是不是题特别难？

樊： 贼难，我都不知道那年怎么搞的。很多人物理不及格，我的物理如果考80分，我就上清华了。我爸让我填志愿，你看交大，你选哪个志愿？我一看，因为你知道学校起志愿的名字都起得特别好听，学校都挺"鸡贼"的，特别好听。我看计算机也挺好，管理也挺好，我就跟我爸讲都行，我说上哪个都行，除了有一个我觉得不太好，我爸说什么？我说那个"金属材料及热处理"，我觉得这个不好。为什么呢？我说这个太热，金属材料热处理，每天你想打铁，这个不上，别的专业我觉得都行。后来我爸说你看这个怎么样，这个叫"材料科学与工程"，这个怎么样？我说这没问题，因为我知道材料，未来很重要，就上"材料科学与工程"，就是我舅舅的专业。结果报名去，我是直到入学报名那天，拿着我的录取通知书走到我们的摊上，我才知道那老师跟我们讲说，咱们材料科学与工程系只有一个专业，叫"金属材料与热处理专业"。然后一个女生都没有，我登记名字的时候，因为是按姓氏笔画排的，我姓樊，最后一个。然后我就登记，

樊登在读书日活动

登记完了以后，全是男男男男下来的，我就翻下一篇，我说老师，女生呢？女生名单呢？上中学习惯了一半男生、一半女生，老师说没有女生，当时就被暴击了，还有这样的班？

但是我保持了一个记录，整个四年上下来没有一门不及格，所有的课程虽然我不喜欢，但是所有的课程最低60分。像我这样的没几个，交大，那天我们一桌聊，交大校友，就我一个人全是这样，很难的，我们全班大概只有10个人能够保持……

曹： 而且你是读一门自己不喜欢的专业。

樊： 一学期可能都不听课，我参加辩论赛、看录像，出去干这些文艺的事，然后到了还有俩礼拜要考试了，赶紧钻图书馆开始自学。所以说我现在为什么讲什么书都不怵？自学能力强，那么难的材料力学，我都能自学考60分。后来别人都读研究生，我也想读个研究生，觉得硕士好听，选一简单的，管理。管理和材料比起来，基本上简单多了，数学就一点点微积分、一点点统计、一点点概率就完了，所以我很轻松就把管理读了。读完了以后在中央电视台工作，那时候在《实话实说》，最头疼的事是没有北京户口，我们台里边好多聘的人，外聘的人，有时候走在路上就查你的暂住证，很麻烦。我还好，做主持人，但是你也没有北京户口，我想怎么才能弄一北京户口呢？考博士吧。

曹： 如果博士毕业的话，可以留在北京？

樊： 就有机会了，我就去考博士，我看什么博士比较好考。后来发现电影学，我这个上大学别的事没干，看电影看得多。那时候有录像厅，上大学的时候整天钻录像厅看录像。其实是为了看那些港台片去的，结果顺带手也看了很多好片子，那种文艺的，什么《钢琴课》《阿甘正传》都看。所以我盘算了一下，我大概看过2000部电影，就是90年代那段时间，看了2000部电影绝对是有的。所以我就说我干脆考电影学吧。

曹： 从材料学到电影学。

樊： 没问题，一考就考上了，而且英语还免修，英语免修，专业课什么的都是导师上，约个时间上一上。唯一要上的课是政治，每周去上政治课，不妨碍我在外边接着做节目什么的，所以就这么来。

曹： 你刚才说到在大学期间参加辩论赛，作为一个大学生，当时去参加这种辩论赛，对于自己的表达能力，自己的这种逻辑思维能力，包括发散思维的能力，都建立一个什么样的基础？

樊： 太重要，我整个大学上完，我觉得最有收获的就是参加辩论队。而且我发现上海是一个对我特别友好的城市，我第一次得冠军就是在上海，同济大学，来了以后，全

樊登书房照

发英雄帖，全世界的学校发，各自准备。那时候我们为了准备一个辩题，至少要读几十本书。

曹：你们怎么去准备？这么短的时间里。

樊：一两个月的时间准备三个题目，然后这三个题目，我们学校就给我们把图书馆的权限开通了，图书馆随便进，我们就拉一三轮车去，整个满满一三轮车和这个辩题有关的书，全部拉回宿舍，集训，这些学生们都在一块儿。中央台的主持人叫路一鸣，《今日说法》，就是我们当时一个队的，我们俩都在一块儿。大家年轻的小伙子、小姑娘住在一个楼里边。每天读书、讨论、辩论，然后练声，练逻辑、练形体，从早到晚安排满。这就是刻意练习，短短一个月的时间，能让你整个焕然一新，你过去对于东方哲学、西方哲学，你是一头雾水的，完全不知道的，现在必须加强进来。朱熹讲的那句话，也是曾国藩所用的，叫作急火煮、慢火温，一个人按照自己的节奏这么走，你是不可能发生变化的，你不可能突然跳上一个台阶，所以说急火给你来一下，一个月的时间，把你激起来了，让你到这个高度，然后慢火温，你再慢慢地读，到下一个阶段再来一下，这个台阶就跳了。所以我们1996年参加一次比赛，上海的，得了冠军，1998年参加中央电视台的，得了冠军，全国大学生辩论会，1999年国际大学生辩论会，得了冠军。只要我们这个队伍参赛，都是冠军，没输过。

曹：你后来去湖北卫视做主持人。

樊：我是辩论赛完了以后就硕士毕业了，然后找工作。后来有一天在《中国经营报》上半版广告，50万年薪招聘节目主持人。

曹：当年这个事在我们行业内是很震动的。

樊：您都知道？

曹：人家都拿过广告来给我看的。

樊：您那时候年薪有50万吗？

曹：没有。

樊：那时候他们说最高的人，好像是湖南台的什么主持人，说30万一年，2000年。

我那时候硕士毕业，我说干什么工作呢？特别俗，我那时候找工作，唯一的指标就是能挣多少钱。我记得特别无耻地去参加面试，中国银行面试，面试到最后一关，银行觉得我不错，就说可以，你愿意来的话可以。我就问人家一个月挣多少钱？我在面试上就问人家，太嚣张了，一个月挣多少钱？他说这个问题，我们一般不回答，我说不回答，那我肯定不去了。他说那这样吧，一开始至少三千到五千吧，不去。

曹：太少了。

樊：就不去了。你跟他说什么职业生涯规划，什么央企，完全不懂，我就说能挣多少钱，俗死了。结果一看报纸，50万招聘节目主持人，这个行。我们家邻居，我记得特别逗，邻居一大姐，也不熟，看到我后来得了这个，说50万，挣一年就够吃一辈子了，说你别怕他骗你，不要紧，挣一年够吃一辈子。太俗了，我就去了，去了以后，我第一名。但人家不愿意给我这么多钱，人说你这么小，那么年轻，20岁，你要这么多钱干吗？这话问的，我还觉得有点不知道该怎么回答。

曹：怎么说话不算数？

樊：一期节目两千，整个一个月下来大概有一到两万。但你想2000年，我是一个大学毕业生，别人都是一个月挣几千元钱的，我上来就两万，我觉得挺好，我也挺感恩的，也没太抱怨人家。但那时候我要在武汉买个房就好了，那时候武汉洪山广场的房子一千元一平，我一个月挣两万，你想多风光。每个月坐火车，绿皮车到武汉录节目，回去写论文。

曹：西安和武汉两头跑，做着做着做不下去了。为什么？

樊：电视这事，你还不懂吗？你一期节目挣两千，人家编辑一期节目挣二百，节目做得不好，全都是你的责任。播出版上，咱俩说了一句话，一跳，又说一遍，一跳又说一遍，连着三遍，就能剪成这样，乱来。我现在肯定都不敢回去看那些节目，傻得要命，特别傻。

结束了奔波，也结束了所谓"高薪"，大学毕业后的樊登，在中央电视台谋了一个差事。按说能够进入央视，并担任主持人，这是很多人梦寐以求的工作。但是樊登在央视的日子，远没那么一路顺畅。

曹：到央视钱就比较少。

樊：少多了，穷的，每天都"偷盒饭"回家吃。央视不是有盒饭吗？中午可以吃一个，下午也可以吃，下午吃完还可以带一个，脸皮比较厚，所以我就下午耗到吃饭的

在中央电视台担任主持人时的樊登

点去吃了，吃完以后再带一个回去给女朋友吃一个。就这么混，我去了三个月，没有发过钱，从来没有人问过说你有钱没钱，没有。我就纳闷，我说这是不是被骗来了？完全没有钱。到后来我鼓起勇气问别人的时候，别人说一个月有一千元，才给我补了一个月一千元，我就这么弄了三个月。后来转正，不是办了聘任吗？台里给你发证，终于可以领，您知道中央台可以领一包洗涤用品，上面写着CCTV，那就是身份的象征。不管你是什么聘，你是部聘、台聘，你是正式的，反正每个月有一天能领劳保，领着劳保拎着，上面印着CCTV，从大楼里面走出来。

曹：挺威风。

樊：你就觉得这就是厉害了，其实里边有什么呢？我有一次算过，全部摊开，肥皂、洗衣粉、牙膏、手套，一大包放那儿。查了一下价格，一算，不到二百元钱，领这么一包东西，但这是身份的象征，你被一个组织认可了，拎着。后来有一次我走在马路上，一个大姐过来问我，说小伙子，你们是干传销的吗？说你们所有的人都拎着这个包从里面走出来，乐死我了，就为了得到这么一个小包袱。

曹：你前后在央视待了多久？

樊：到考博士，我2004年考的博士，2001年到的中央电视台，然后大概老老实实干了三年。但是我那个博士是可以做节目的，所以我一边做着节目，一边还在央视兼着《三星智力快车》《选择》这样的节目，又做了一段，一直是游走在边缘上。我其实对央视没有特别强的归属感，一直没觉得我是央视的人，但现在走哪儿，别人介绍还是前央视节目主持人。

曹：不管怎么说，你拿过洗涤用品。

樊：对，就那个东西有荣誉感。

曹：你好像说过在央视那几年，学到了很多东西，但是没有达到一种预期的想要达到的目标。

樊：我一直觉得我的脸可能不适合电视屏幕。

曹：为什么呢？

樊：你看手机屏幕是竖的，所以我的脸宽一点也能看。

曹：这什么话？我脸这么宽，我干这么多年。

樊：上海人不挑吧。他们说我横向扫描。

曹：那个扫描，对。

樊：横向扫描，每次一上电视，我录现场特别好，我不管是录

樊登主持《三星智力快车》

《实话实说》的现场，还是我后来录其他节目的现场，现场录完，连领导看了都说这节目行，有意思，这小伙子不错，挺好。但是一播出就不行，觉得好像不像那么回事。你看那个时候央视红的都是瘦子。

曹：小脸。

樊：可能也是缘分的问题，在央视从来没有找到过那种大牌主持人，像您这样，没有，绝对没有。

曹：所以那时候你会有那种自我怀疑的心情吗？

樊：是《论语》帮助了我，肯定有自我怀疑。像北京最艰难的时候，大概是一个月挣一万多元钱的时候。人最艰难的不是一个月挣三千元钱的时候，挣三千元钱的时候，你基本上每天"偷盒饭"，其实你还挺高兴，够花了。但是你挣一万多元钱的时候，就买了房，就买了车，按揭贷款，然后还好多利息。这时候你就开始焦虑了，因为你会失去这些东西，你要是哪个节目被停了，你就没了，所以就觉得是不是不行。最焦虑的时候，开始看《论语》，我就把孔夫子的那套东西拿出来看，真的对我帮助很大。其中有一句话，我到现在都是微博签名，"君子忧道不忧贫、君子谋道不谋食"，这话对我冲击力太大了。我一看这个，人家在琢磨什么呢？人家琢磨房贷吗？人家根本不考虑这些事，房子身外之物，道，你应该有一个更高的追求，所以就开始看书。那段时间，我觉得这种不自信，这种困顿，其实给了你一个很好的契机，相当于是用猛火激了你一下，让你开始老老实实读书。

就在这段颇为焦虑的日子里，樊登辞去了央视的工作，也拿到了北京师范大学的电影学博士学位。后来他选择回高校任职，不难想象，曾经的国际大专辩论会冠军，央视主持人，一直以口才闯江湖的知识分子，在讲台上是多么如鱼得水。

曹：其实相对于电视台比较多彩的生活，其实重新回到"象牙塔"，回到校园，那是个相对波澜不惊的这么一个氛围，当中有落差吗？

樊：我这人走哪儿其实都能折腾。

曹：你怎么折腾？

樊：我首先让他们组成很多"公司"，我说你们分成小组，小组式学习，每个小组组成一个"公司"，Logo、"公司"名称都要搞清楚，《公司法》研究一下，怎么注册，除了不去真注册之外，我让他们把搞一个公司的流程全搞明白。

曹：就是一个模拟的公司。

樊：对，然后这一学期所有的分都是按照"公司"的收入来做，让他们去完成各种项目、任务，因为传播学，将来出来是要做广告、做新闻、做公关。我请我社会上的很多朋友，来给我的学生上课，大公关公司的老板、广告公司的老板，都请来给大家上课。我那批培养出来的学生，现在效果非常好，很多小孩到今天都跟我讲说樊老师，我们特别幸运在上大学那段时间遇到你，告诉我们人是可以折腾的。你知道我最看不惯的是有的老师在课堂上吓唬孩子，说就你们这样的，将来能挣四千元就不错了，老这么欺负小孩，咱们这么好的学校的孩子凭什么将来只能挣四千元呢？我说你们一个月挣三万，算少，你知道吗？你们必须折腾。然后就带着孩子们，我的学习方法是这样，比如说我要教报纸，传播学教报纸这一章的时候，我说你们这个小组给我们负责研究《华尔街日报》，你们负责研究《先驱论坛报》，你们负责研究《文汇报》，都不是我布置的，我是让他们挑，我是让他们在全球的范围内寻找一个他们最感兴趣的要研究的报纸的对象。然后好了，回去做功课，下一节课你给我讲。所以他们对于报纸，因为这个我很有感触，如果你自己愿意学习的话，一个礼拜能成为半个专家。所以过一个礼拜回来以后，他们就把报纸整个的过程，用一个很漂亮的PPT，整个做下来。我那时候请奥美的一个创意总监到我的课堂上，我说你来听听我的学生讲广告，讲什么智威汤逊、奥美广告公司，他坐在底下听。听完之后他跟我讲，他说这PPT做的比我们的创意做得好，说我要拿回去给我们的创意看看，人家一个大学生能够做出这样的PPT。我相信被教育者自身的能力，所以我在学校里面过的一点都不寂寞，就是带着孩子们折腾。但是和学校的氛围确实不能融洽，比如说我经常会带孩子出去上课，说这节课外头阳光明媚，特别好，草地上去。然后我就带着学生跑到外头花园里边，草地上聊天、上课。学孔子，户外上课。学校一查，说教室里怎么没人？学校是要查的，查完通报批评。所以我们在于我们太看重KPI指标，太看重校长或领导怎么想，孩子，你有没有激发孩子好学的心，他有没有动力，这才是最重要的。所以后来我说这没法干了，老要求我，老通报批评我，我就辞职了，不干了。

正如樊登自己说的那样，他是一个爱折腾的人，敢于挑战未知、不甘于安逸这才是他想要的生活。于是他决定走出舒适圈，去开始创业。

曹： 当时父母是一个什么想法？因为他们那一代人是习惯在体制里工作和生活的。

樊： 我的父母早就管不了我了，自从我到了北京，他们基本上，我上大学，他们就不管我，我还是比较让他们放心的。但是我爸就老觉得我的选择不对，父亲和儿子就是这样，你做什么，他都会挑出毛病来。我那时候进中央电视台，我爸说你这工作正式吗？你这工作算是正经职业吗？青春饭吧。后来我中央台辞职，我爸说这么好的工作说辞就辞了，又不对。后来我创业，那时候已经挣钱了，读书已经做得不错了，我回家，我爸跟我讲，我现在最担心的就是你，我说你担心我什么，我这不挺好的吗？我现在创业做得挺好。我爸说你现在没工作，说我现在没工作，我说你开玩笑，我没工作，我雇好几百人，我给好几百人发工资，我怎么会没工作呢？我爸一句话就给我怼回来，他说你又评不了职称。

曹： 对，他们那一代人对职称很看重。

樊： 对，他这辈子最得意就是有个教授，他说你评不了职称，给我气的，堵在心口，没法反驳，人家说的也是对的。他就老希望我回西安交大，我的母校，你回西安交大，当个老师多好。他现在就觉得目前来讲，因为身边的人都认识我了，他的那些老朋友都认识我了，他就觉得我的事可能还像个正经事。反正父母对我不太担心，因为我是中规中矩的人。

曹： 当你开始准备把读书这个事情，把爱好做成一个事业，实际上正赶上一个知识付费的这么一个热潮。

樊： 不，这个我要打一句，不是我赶上这个热潮，是我创造了这个热潮。在我做这件事之前，没有知识付费这词，那个时候大家都是免费的概念，好像我的师弟余建军，喜马拉雅的创始人，那是和我住同一个宿舍楼的师弟，都是西安交大的，我在四楼，他在一楼。他那时候喜马拉雅已经做起来，很大了，后来看我做讲课收费这个模式，他还特忧心，他说你这个不符合互联网精神，我说啥叫互联网精神？

曹： 免费。

樊： 互联网精神就是免费，大量的免费，让大家看，烧钱。我说我烧不起，你能烧得起，我扛不住，没钱了怎么办？所以我这人就是不当生意，能挣一点算一点，慢慢挣。所以最开始大家是不看好这个模式，大家不觉得卖知识能赚钱。但我为什么这么坚信呢？是因为我有一套方法论，我讲过一本书叫《低风险创业》，我自己写的，还讲过一本书叫《精益创业》，道理一样，你不能猛地扎下去，说这事肯定行，你得做实验，第一步验证它的价值假设，价值假设就是这事我有没有人愿意买单，有人愿意买单，说明这事是真的。第二个，你要验证它的增长假设，能不能从一百个人变成两百个人，两百个人变成四百个人。我做读书会的时候，我是先在线上讲了那么多的课，我说我给你们讲本书，你们愿不愿意要？他们说愿意要，有人就给我交钱，三百元三百元地收，所以我相信这事有价值。增长，我从一个群变成两个群，变成四个群、变成八个群，一两个月的时间，我觉得增长很快。所以这两件事都验证了以后，你再做这个东西就不是冒险。

曹：你等于是先前做了一个实验。

樊：对，所有的创业都要这样，创业最怕先拿钱，先卖套房吧，先卖套房开始干，完了，为什么？这套房的钱不花完，你都不觉得自己错，它会掩盖特别多的错误。所以我们不投钱，没投过一分钱，就是朋友圈里开始卖，电子邮件开始发，不花钱。所以我们做完了以后，才慢慢的其他人都开始发现说这能不能赚钱，有人开始做客，现在的几个平台都是在我们后面慢慢用这个模式做起来。

曹：你觉得樊登读书主要是做对了什么？

樊：核心其实很简单，就是你要把书讲好，你要相信他人的成长动力，你看我们现在很多互联网公司赚钱，利用的是他人的人性弱点，比如你刷一个视频，你刷不停，你喜欢看狗，老给你刷狗。这种算法，是利用人的弱点。但是我们是坚信除了那些弱点之外，人是有光辉的，人是有向上的精神，人是会突然想要读一些高尚的东西。在电视的时代，高尚的东西很难传播，因为它是个大众媒体。我们讲传播学里面有个原则，为什么电视节目都越来越俗？像您那么高尚的节目，只能放在深夜播，为什么呢？就是因为人虽然有高尚的需求，但是人和人高尚的需求都不一样，低俗的需求，大部分人都一样，所以电视节目这种大众媒体就会低俗化。但是手机的媒体是分开的，所以你可以去满足不同人高尚的需求，所以我就开始相信人们听到好东西能识别，而且一旦他识别了，觉得好，他愿意付费所以我们做对的事，就是重视内容本身，只要内容本身足够好，这个东西就是能够传播。

曹：你觉得在你的概念当中，樊登读书是商业的比重占多一点，还是教育的比重占多一点？

樊：教育。怎么区别呢？这里边有一个非常简单的区别方法，就是商业的本质是满足和迎合，教育的本质是改变。比如说我们的算法，经常是说发现这个用户老看育儿类的书，我们觉得不行，我们给他推创业的书，我们给他推爱因斯坦，给他推埃隆马斯克。为什么呢？君子不器。教育的目的是为了让一个人变得更丰富，变成他生命中可能成为的那种形态。但如果你把这个人视作一个用户，商业思维，就是说这个用户的标签是什么，给这个用户推什么样的产品肯定会买。

曹：大多数的互联网都是用这种模式。

樊：最后就把用户变成一东西了，就把这个用户变成了一个看猫的机器，或者一个看狗的机器，变成一个这样的东西，这个是商业。所以我们甚至都不太在乎我们每一本书的播放量，有的人会担心说你看这个书怎么播放量低了这么多，我说正因为如此，这本书挺好。因为你只要上育儿的书，肯定播放量高，你只要上夫妻关系的书，肯定播放量高。但是你上一本哲学书，我们上周上《思想实验：当哲学遇见科学》，他们故意放长假上，他们知道这书看的人少，然后就放长假，上了这本书，到现在才三百多万，不到四百万播放量。我们以往的书，两三周快千万了，然后就失落，很多人觉得很失落。我说不用失落，你看看评论，大量的评论，有两种，一种评论说看不懂、听不明白，不知道在说什么，一种评论说谢谢，虽然听不懂，我也愿意听，还有的说好过瘾，觉得特别棒。你得给用户选择的空间，让他们知道有很多东西是我们以前没有接触过，但是偶尔碰到了很美好的东西，这就是教育。

作为一个读书受益的人，樊登本人不遗余力地推广读书会，做线下演讲，搞樊登书店，樊登小读者等产品线的延伸，在电视上做"我是讲书人"的电视节目，正如他自己说的"尽可能地多折腾，多尝试一些新事物，没有坏处。"

曹：你觉得你的成功的经验是能够复制的，还是不能够被复制的？

樊：所有的成功，这个世界上所有的成功，都有着极大的运气成分，运气成分很大。所以复制，基本上不是一个容易的事，我花了好多力气复制，最想复制的人是我，我想培养很多讲书人，搞讲书人大赛。但是到现在为止，还没有特别成功，只是出来一个。所以这里边肯定是有很多机缘巧合。还有就是练习，比如这个孩子20多岁，现在开始讲书，一直不怎么火，也未可知他30岁的时候火了。因为我也是，我讲书的前五年，可能也没有那么多人知道我，但是我相信的是什么？我相信的是一千铁粉原则，互联网上的原则，你有一千个铁粉，觉得你这事特好，行了，你不用管了，你饿不死了，你指着这一千个人就能活下去了。然后先把300元钱都卖给他们，这不就

30万了吗？这一千个人好了，他再找下一千个人。你永远没法让全互联网的人都说你好，你只需要找到足够养活你的那批人，就行了。所以我始终觉得不用复制我，而是你要长成你的那个样子，年轻人要长成自己最后的那个形态，这就厉害了。所以维护好自己的核心用户，这里边有个比喻，我经常跟我们的销售讲，他们一开始卖我们的东西特别难，有的人说我做樊登读书了，请你们读书。他的朋友就说读啥书，我给你300元钱，就这样，不要读书，给你300元钱，打麻将。他伤心得要命，他觉得太难推了，根本就没人买，开始就这样。然后我就跟他们讲一个道理，我说你看到火车上卖盒饭的大姐吗？推着卖盒饭，盒饭、啤酒、花生米，这么走。你有没有觉得她很孤独？一节车厢走过去以后，发现没有人理她，这工作太惨了，太失落了。但是走两个来回，没了，走两个来回，车就空了，你想买没有了。说明什么？你根本不需要去满足那些不愿意尝试的人，不愿意理解你的人，你不用管他们。因为这个世界上想尝试的人多是的，你只需要找着那个想尝试的，唯快不破就够了，你能需要多少钱？你能卖有几十万、几百万，足够你一个公司生活得很好了。

曹： 实际上樊登读书成功就是你个人作为一个IP的成功建立，现在我们看到很多的直播带货，其实也是这个道理，无论是薇娅还是李佳琦，都是个人IP的成功。所以你的观察，未来是不是个人的IP，可能未来相当长的一段时间，可能会起到一个非常重要的引领作用？

樊： 一定会，这是数学决定的。我讲过一本书叫《深奥的简洁》，那书就是一个复杂体系的书，整个世界很多看起来莫名其妙的事，背后都有数学原理，都有幂次法则。包括咱们说话这个声音，咱们说话的声音能够成为被对方理解的语意，那个音频都是符合幂次法则的，这个叫作1/F频率，一旦求一个"lg"以后，它就是一条斜线，有规律。音乐也是这样，噪音没有，比如说杂音，你听起来很烦的那种东西，它不会有这个效果。但是你把莫扎特，你把轻音乐拿出来一算，高音、低音都是这样。上海堵车，1/F频率，堵车符合1/F频率，不需要撞车就能堵车，只是因为前面的车踩了刹车，刹车、刹车、刹车，越刹越厉害，后面就堵

樊登

起来，全都有数学规律。个人的影响力也是一样，人类历史发展的整个过程就是为个人在不断赋能的过程，因为人需要成长，像人发展了蒸汽机，一个人就能看十台纺织机，人发展了火车，一天可以去两个城市，发展了飞机，你一天可以跨越一个大洋，发展了电话，你一个人可以管理很多人。所以人类发展的过程就是一个不断地为个人赋能的过程，而这个为个人赋能的过程，在今天到了一个巨大的拐点，人工智能都来了。所以将来很有可能就是这些强大的个人，死了都不要紧，死了，他的思维方式，他的算法，他大脑里的算法，他长的样子，他说话的声音都在。

曹：其实挺可怕的。

樊：很可怕，你看原来能够留下来的是靠文字，像《红楼梦》，像JK罗琳这样的人能成为世界女首富，写一本小说就够了。今后音频、视频、个人形象、个人能力，甚至武术演员，您知道《黑客帝国》里边的邹兆龙，咱们中国香港的武打演员，到现在还在挣着《黑客帝国》的钱。这事，好多人都不了解，他当时和人签的约是我把这套动作给你打出来以后，你用"动作捕捉"下来，我有我的专利，《黑客帝国》所有的播放都要给人交钱。个人的能力在今后会变得越来越强，因为互联网不断地赋能，互联网和其他工具的属性是一样的，就是让一个人变得更强大。所以这不是我的简单判断，这是来自数学原理的推动，将来就这样。

曹：所以你觉得未来，比如说两三年，你可以培养出多少能够讲书的这种 IP？

樊：小 IP，社区 IP，我们现在至少都有一万人。所以我觉得使使劲，搞上十万个，遍布在各处，我们还开书店，我们每个书店里面都可以有这种负责讲解的人。我们大概有两三百家樊登书店，线下的。

曹：是实体书店吗？

樊：实体书店，线下的。我们的核心就是一件事，让这个社会上更多的人读到好书，而且相信读书能够改变生活。

樊登与曹可凡

图书在版编目(CIP)数据

可凡倾听.五味有情/《可凡倾听》栏目组编. —
上海:上海人民出版社,2021
ISBN 978 - 7 - 208 - 17158 - 9

Ⅰ.①可… Ⅱ.①可… Ⅲ.①名人-访问记-世界-
现代 Ⅳ.①K812.6

中国版本图书馆 CIP 数据核字(2021)第 111069 号

责任编辑 崔美明 马瑞瑞
特约编辑 施中宪
封面设计 陈 楠
封面绘画 薛 松

可凡倾听——五味有情

《可凡倾听》栏目组 编

出　版　上海人民出版社
　　　　（200001　上海福建中路 193 号）
发　行　上海人民出版社发行中心
印　刷　上海商务联西印刷有限公司
开　本　787×1092　1/16
印　张　32.75
插　页　2
字　数　592,000
版　次　2021 年 7 月第 1 版
印　次　2021 年 7 月第 1 次印刷
ISBN 978 - 7 - 208 - 17158 - 9/G · 2072
定　价　98.00 元